DK
拆解科技大百科

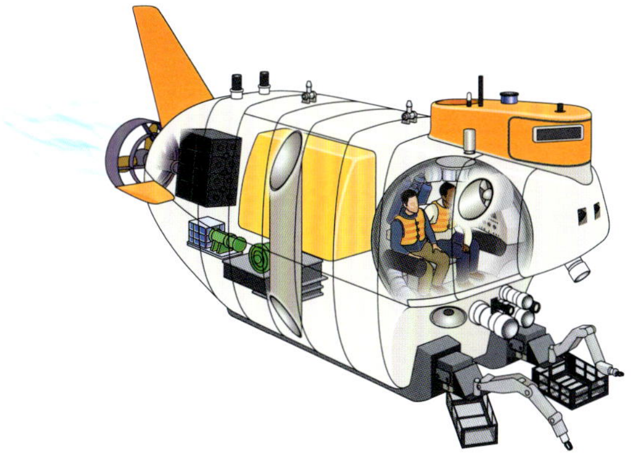

英国DK公司 编著
刘宣谷 商陆 狄逸焕 译

中信出版集团 | 北京

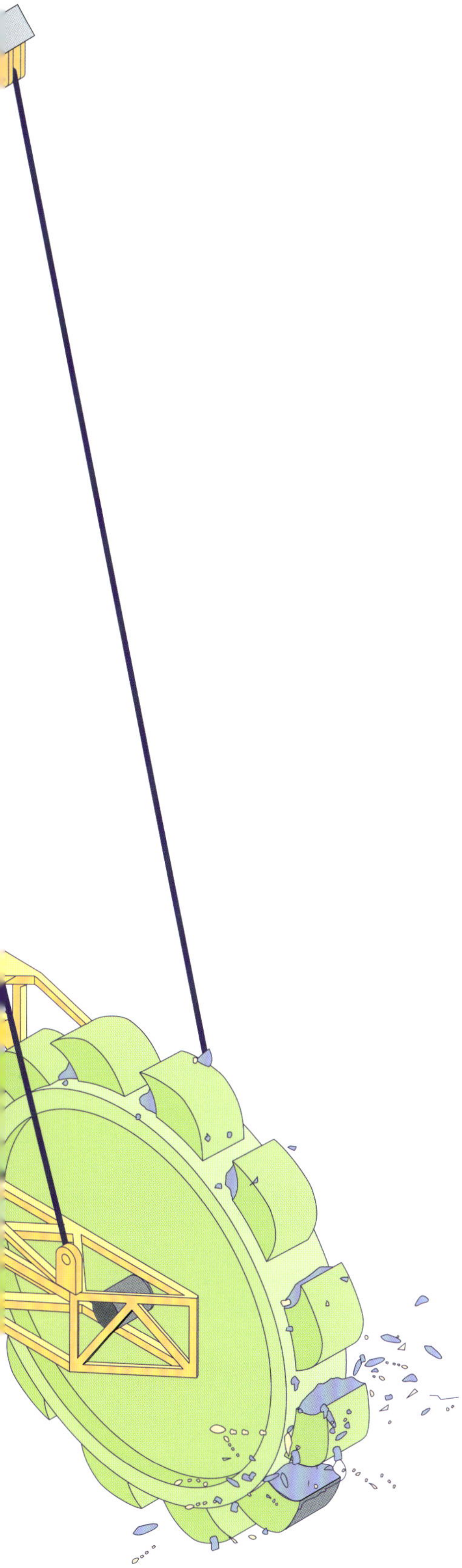

DK
拆解科技大百科

DK

图书在版编目（CIP）数据

DK 拆解科技大百科 / 英国 DK 公司编著 ; 刘宣谷，商陆，狄逸焕译 . -- 北京 : 中信出版社，2025. 9.
ISBN 978-7-5217-7714-7
Ⅰ . Z228.2
中国国家版本馆 CIP 数据核字第 2025V1C089 号

DK 拆解科技大百科

编 著 者：英国 DK 公司
译　　者：刘宣谷　商陆　狄逸焕
出版发行：中信出版集团股份有限公司
（北京市朝阳区东三环北路 27 号嘉铭中心　邮编　100020）
承 印 者：北京顶佳世纪印刷有限公司

开　　本：889mm × 1194mm　1/16
印　　张：13　　字　　数：542 千字
版　　次：2025 年 9 月第 1 版　　印　　次：2025 年 9 月第 1 次印刷
京权图字：01-2025-2732
审 图 号：GS 京（2025）1210 号（此书中插图系原文插图）
书　　号：ISBN 978-7-5217-7714-7
定　　价：128.00 元

出品　原创绘本中心
策划编辑　陈瑜
责任编辑　刘杨
营销编辑　李彤　周惟　张志颖
装帧设计　刘潇然　京狮堂

目录

当科技走进人体医学

医疗检查 10
医学影像 12
微创手术 15
身体修复 16
假肢 18
脑内植入体 22
疫苗 24

智能家居大揭秘

房屋 28
供水系统 30
电 33
供暖 34
热泵 36
空气供给 40
家庭安全 43
烹饪 45
电加热元件 46
洗碗机和洗衣机 48
花园 50
运动服装 54
数字成像 56
打印机和扫描仪 58
智能家居 60
电话通话 63
钟表与卫星导航 64
游戏 66
传声器和扬声器 68
计算机 70
互联网 73
半导体 74
智能手机 77

能源与工业新纪元

供水和污水处理 81
发电厂 82
核能 84
核废料 86
水力发电 88
风力发电机 91
太阳能 92
生物燃料 94
电力系统 97
天然气 99
采矿 100
炼钢厂 102
塑料 105
工业机器人 106
工厂 111
机械制造与 3D 打印 112
回收 114
挖掘隧道 116
起重机 121
摩天大厦 123
桥梁 125

交通技术驱动未来

自行车和电动滑板车 130
简单机械 132
摩托车 136
汽车 138
电动机 142
电动汽车 144
消防车 149
高速公路 150
火车 152
铁路 154
帆船 157
货船 158
潜水 160
潜艇和潜水器 162
机翼 164
客机 167
直升机和无人机 170
飞机着陆 172
联合收割机 174

太空科技最前线

火箭 180
返回舱 184
空间站 186
行星漫游车 189
望远镜 190
空间望远镜 192
空间探测器 195
新兴技术 196

索引 200
致谢 208

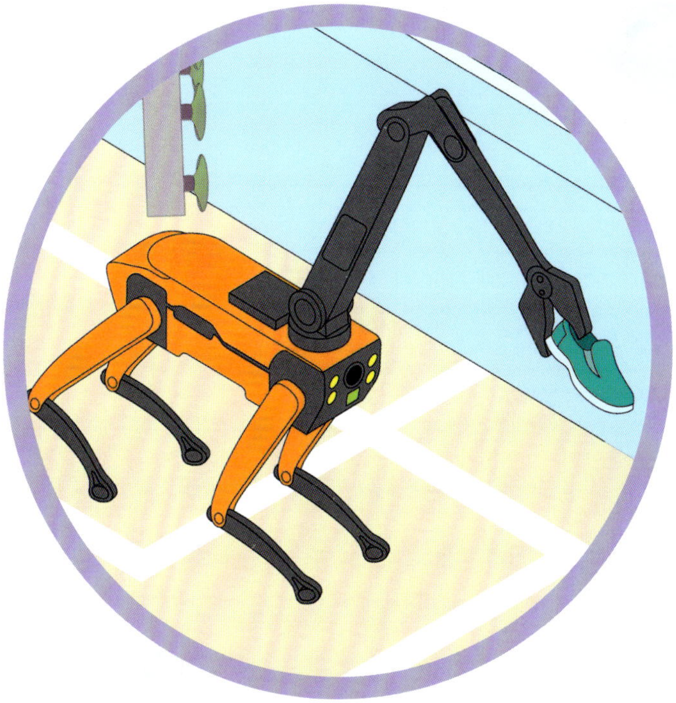

如果你仔细研究书中的插图，可能会发现一些有趣的东西或从未有过的想法。

当科技走进人体医学

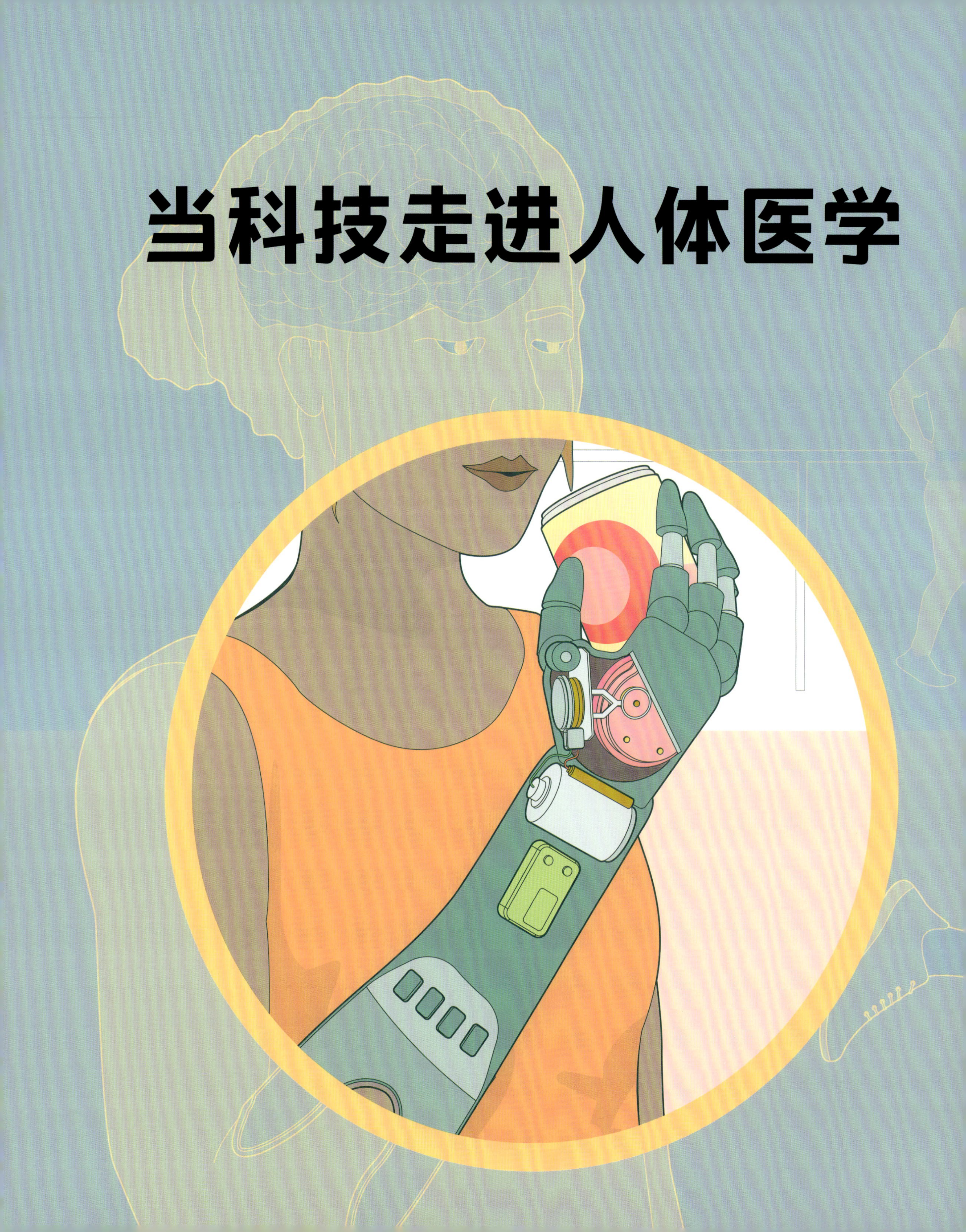

当我们的身体出了问题，没办法正常运转时，医疗科技产品常会以救兵的角色出现，前来支援。医学影像设备等可以帮医生确定问题所在。接下来是解决问题，这也会用到很多现代科技——从义肢的制作到三维打印身体“部件”，不一而足。

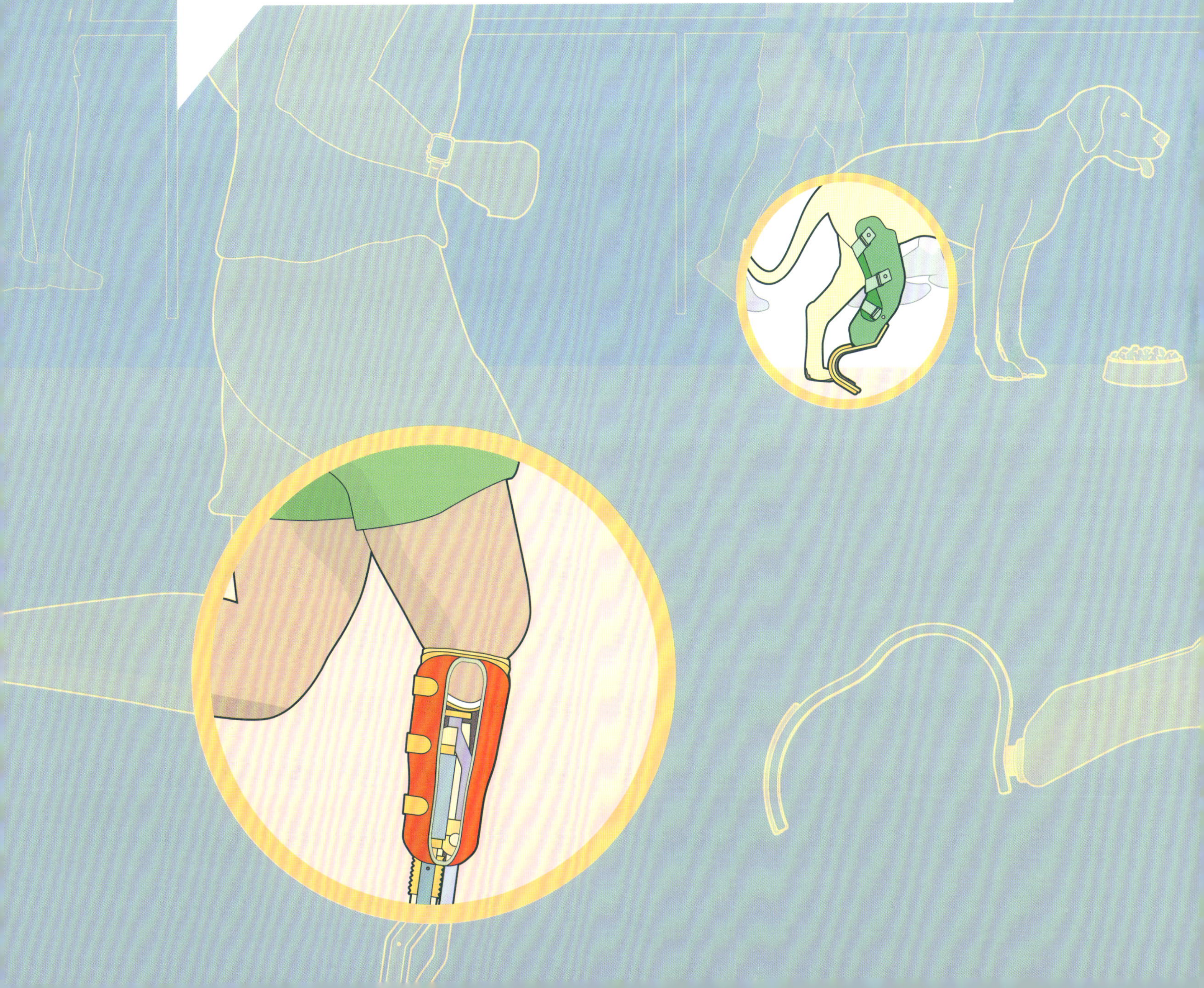

医疗检查

无论是在接受治疗前、治疗中，还是治疗后的恢复阶段，要了解患者身体各项指标的变化都离不开医疗技术。医疗技术在对患者的血液、尿液、其他体液或粪便样本等的医学检验方面起着举足轻重的作用。根据这些检查结果，医生能对患者的身体状况做出更准确的诊断。

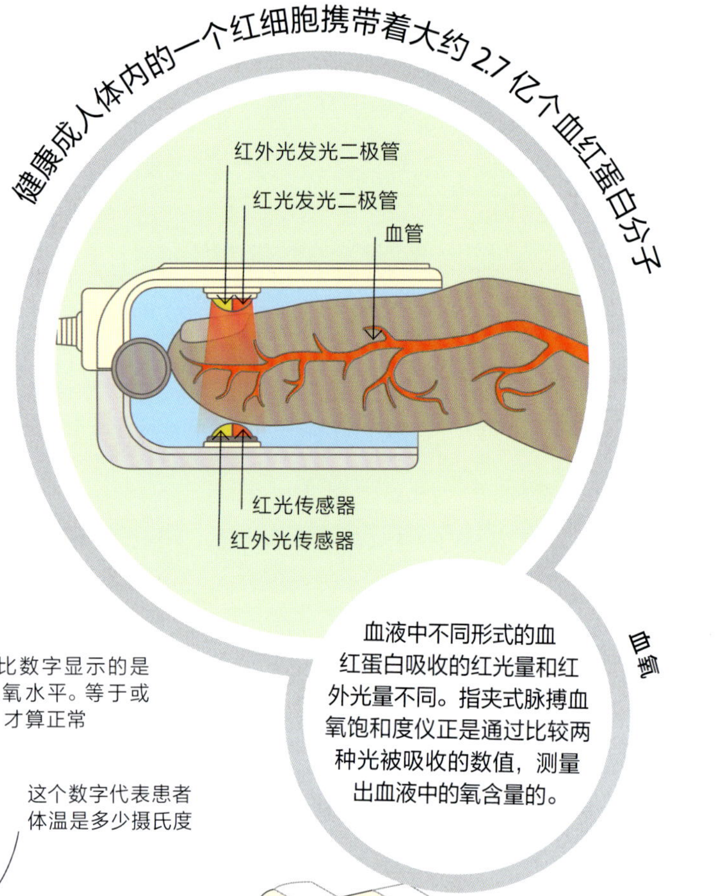

健康成人体内的一个红细胞携带着大约2.7亿个血红蛋白分子
红外光发光二极管
红光发光二极管
血管
红光传感器
红外光传感器
血氧
血液中不同形式的血红蛋白吸收的红光量和红外光量不同。指夹式脉搏血氧饱和度仪正是通过比较两种光被吸收的数值，测量出血液中的氧含量的。

监测生命体征

监测生命体征就是对人体各项基本功能加以测量，得出的结果能反映出患者的身体状况。接受加强监护的患者，身旁会有一台与之相连的设备，对其生命体征进行持续监测。

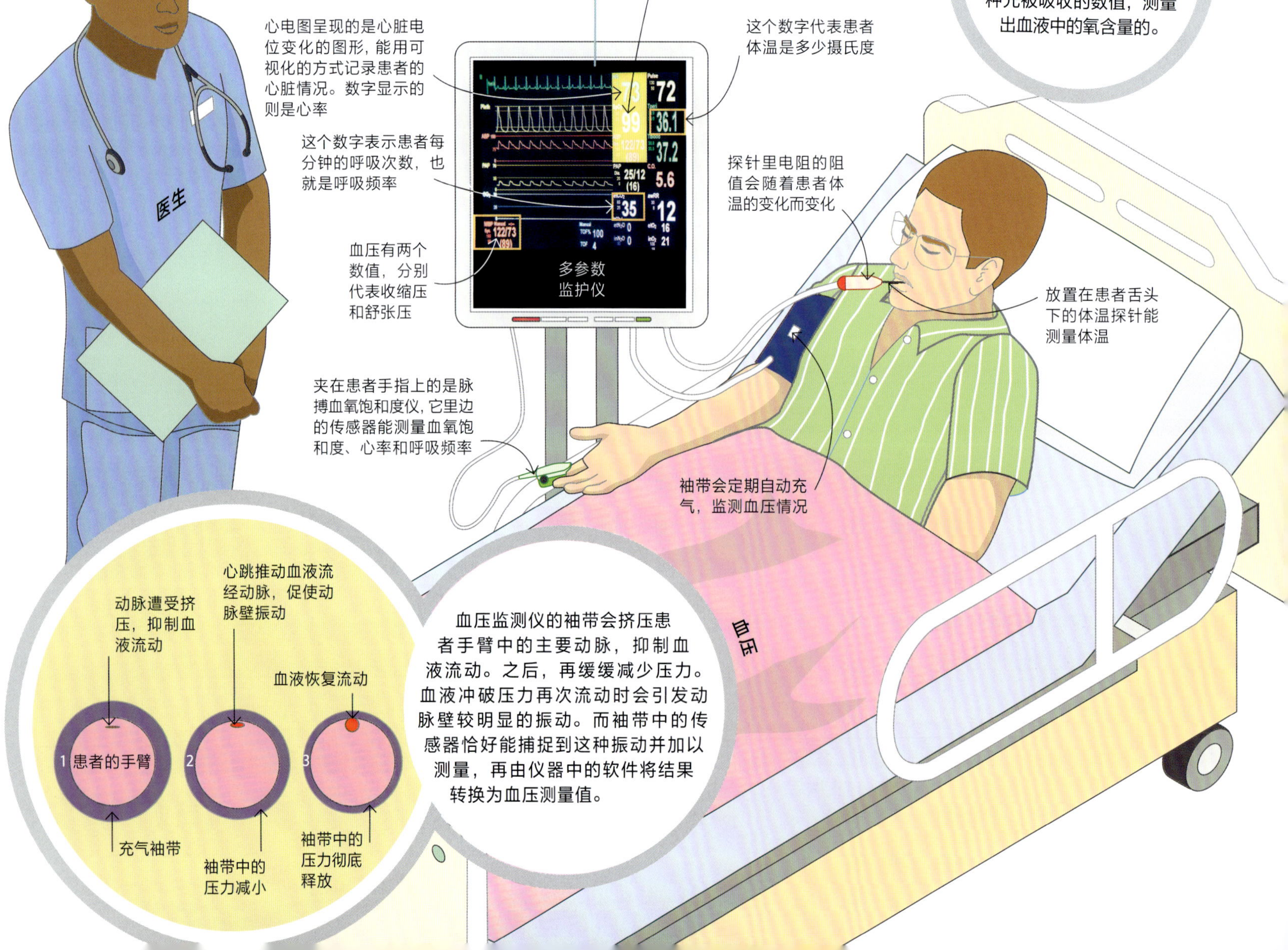

这个百分比数字显示的是患者的血氧水平。等于或高于95%才算正常
心电图呈现的是心脏电位变化的图形，能用可视化的方式记录患者的心脏情况。数字显示的则是心率
这个数字代表患者体温是多少摄氏度
这个数字表示患者每分钟的呼吸次数，也就是呼吸频率
探针里电阻的阻值会随着患者体温的变化而变化
血压有两个数值，分别代表收缩压和舒张压
多参数监护仪
医生
放置在患者舌头下的体温探针能测量体温
夹在患者手指上的是脉搏血氧饱和度仪，它里边的传感器能测量血氧饱和度、心率和呼吸频率
袖带会定期自动充气，监测血压情况
血压
动脉遭受挤压，抑制血液流动
心跳推动血液流经动脉，促使动脉壁振动
血液恢复流动
1 患者的手臂
2
3
充气袖带
袖带中的压力减小
袖带中的压力彻底释放
血压监测仪的袖带会挤压患者手臂中的主要动脉，抑制血液流动。之后，再缓缓减少压力。血液冲破压力再次流动时会引发动脉壁较明显的振动。而袖带中的传感器恰好能捕捉到这种振动并加以测量，再由仪器中的软件将结果转换为血压测量值。

微生物检验

医学实验室里有各种用来识别病原体的设备。在研究样本之前，需要先增加微生物的数量，这个过程叫作“培养”。

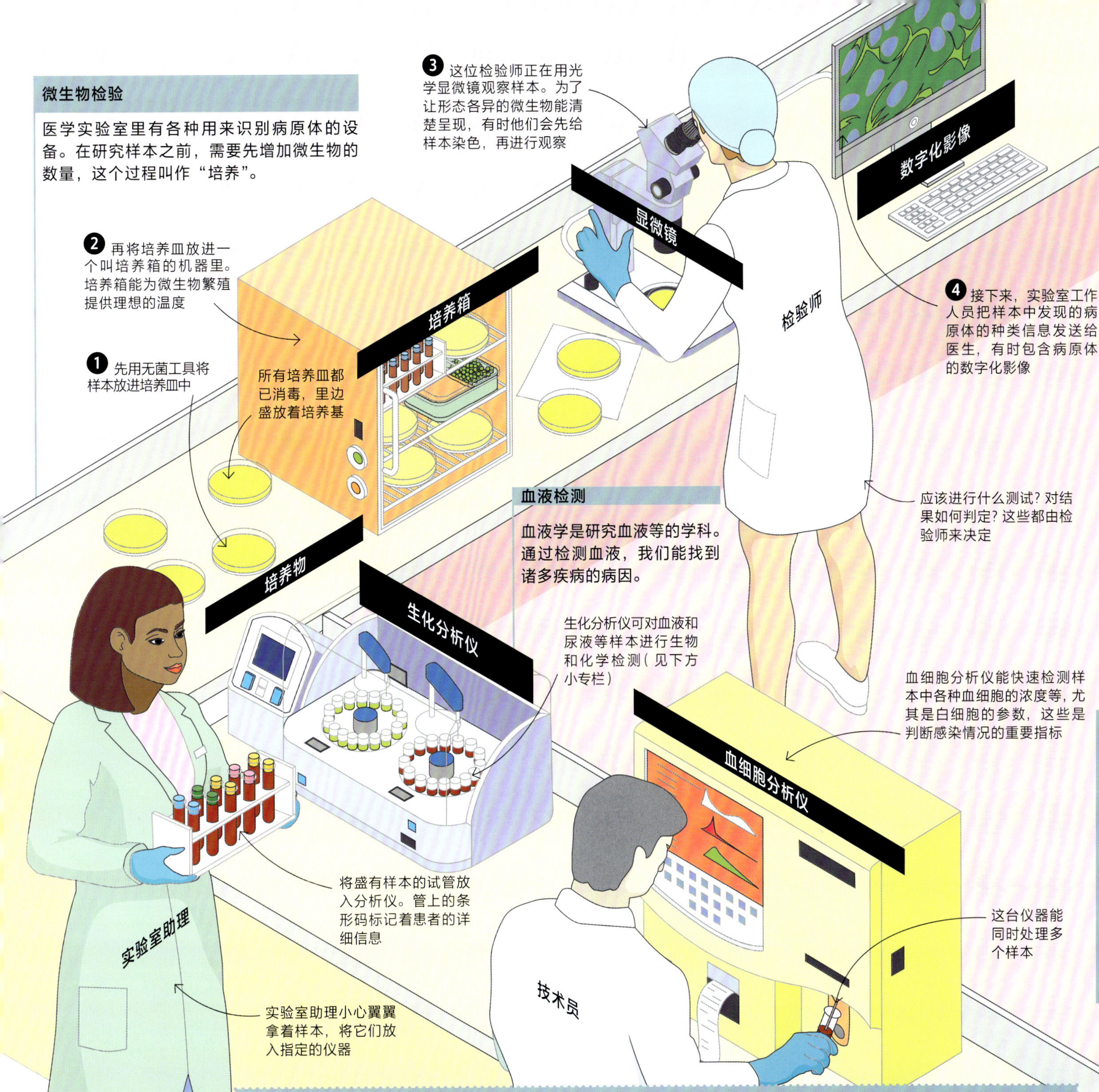
❸ 这位检验师正在用光学显微镜观察样本。为了让形态各异的微生物能清楚呈现，有时他们会先给样本染色，再进行观察
显微镜
数字化影像
❷ 再将培养皿放进一个叫培养箱的机器里。培养箱能为微生物繁殖提供理想的温度
培养箱
检验师
❹ 接下来，实验室工作人员把样本中发现的病原体的种类信息发送给医生，有时包含病原体的数字化影像
❶ 先用无菌工具将样本放进培养皿中
所有培养皿都已消毒，里边盛放着培养基
应该进行什么测试？对结果如何判定？这些都由检验师来决定
培养物
生化分析仪
生化分析仪可对血液和尿液等样本进行生物和化学检测（见下方小专栏）
血细胞分析仪能快速检测样本中各种血细胞的浓度等，尤其是白细胞的参数，这些是判断感染情况的重要指标
血细胞分析仪
将盛有样本的试管放入分析仪。管上的条形码标记着患者的详细信息
这台仪器能同时处理多个样本
实验室助理
技术员
实验室助理小心翼翼拿着样本，将它们放入指定的仪器

血液检测

血液学是研究血液等的学科。通过检测血液，我们能找到诸多疾病的病因。

比色计是如何工作的

不少用于医学分析的仪器中都装有比色计。要知道，各类化学物质对不同颜色光的吸收量是不同的：对某些颜色的吸收量要多于其他颜色，而且该物质浓度越高，吸收量就越大。正是依据这一原理，比色计得以测量出体液（如血液和尿液）中各类化学物质的含量。

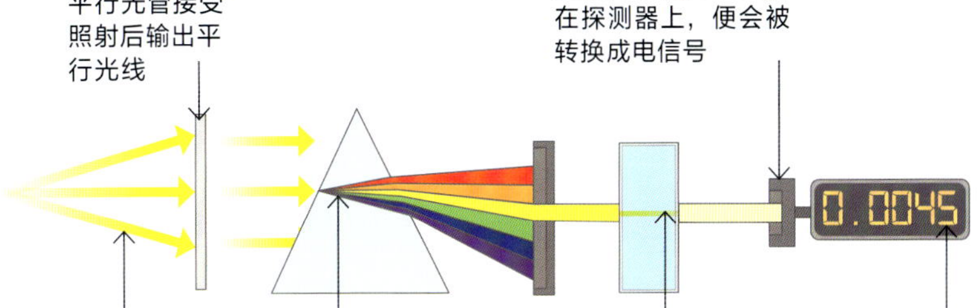
平行光管接受照射后输出平行光线
透过样本的光一旦落在探测器上，便会被转换成电信号
0.0045
光源发出光
棱镜能将光分解成不同的颜色
样本会有选择地透射、反射和吸收某些波长的光波
最终以数字形式呈现该化学物质的量

医学影像

有些医疗检查设备能捕捉到患者的体内状况并形成图像，从多方面辅助医生诊治。比如，它们有的可以显示骨折的情况，有的能检查静脉和动脉中的血流状况，还有的能在手术前、手术后拍摄肿瘤的照片。这些技术主要有磁共振成像（MRI）、计算机体层摄影（CT）、X 射线成像和超声波扫描。

磁共振成像仪所产生的磁场，比地球磁场还要强数千倍，甚至数万倍。

磁共振成像仪

水、脂肪等物质虽各不相同，但都含有一定浓度的氢原子。氢原子有个特点：一旦它被特定频率的射频信号激发，便会在强磁场中共振发出射频信号，而这种信号我们能检测得到。利用这个原理，磁共振成像仪可以对骨骼、肌肉等不同类型的组织进行识别、区分。

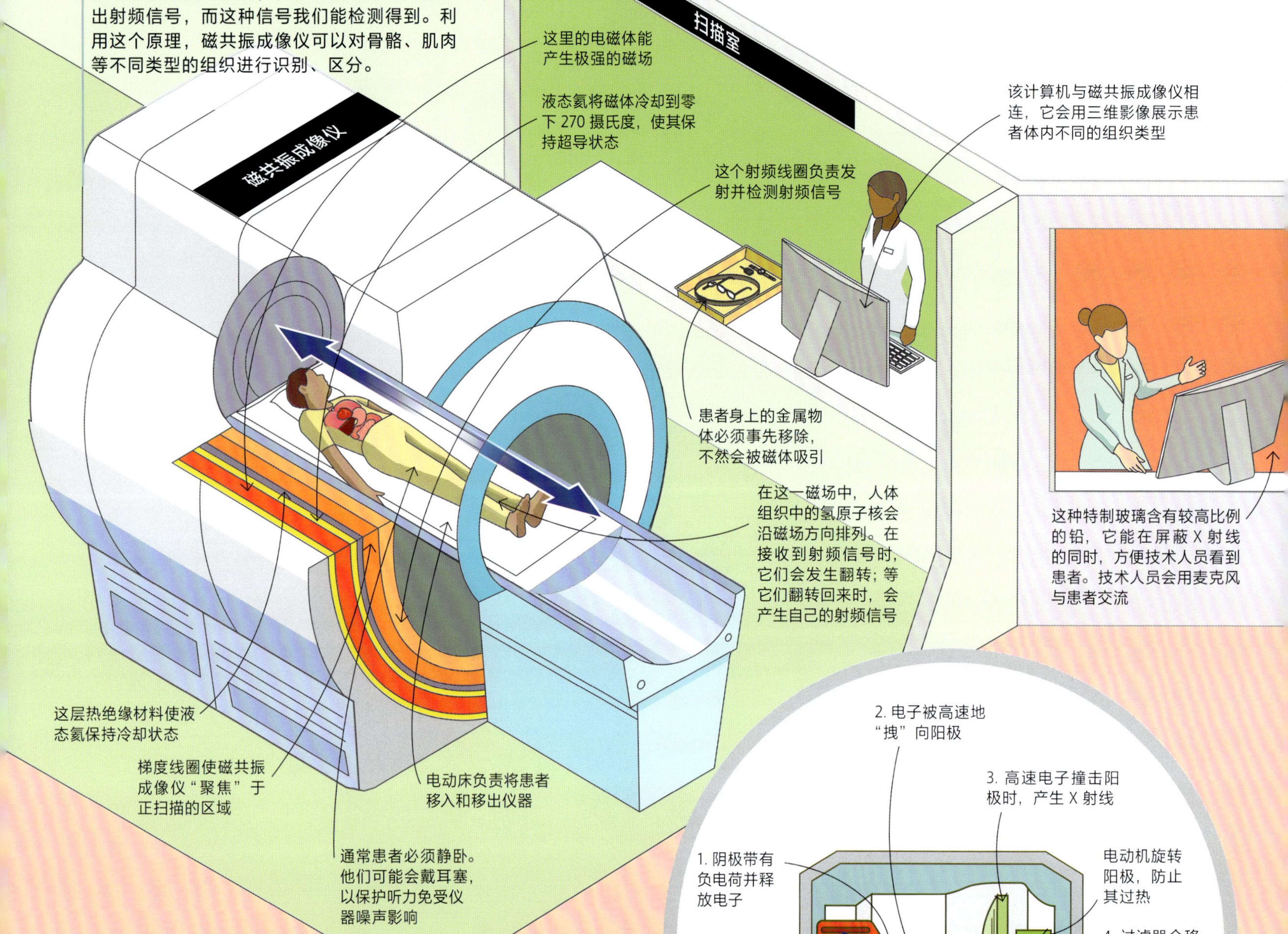
磁共振成像仪
扫描室
这里的电磁体能产生极强的磁场
液态氦将磁体冷却到零下 270 摄氏度，使其保持超导状态
这个射频线圈负责发射并检测射频信号
该计算机与磁共振成像仪相连，它会用三维影像展示患者体内不同的组织类型
患者身上的金属物体必须事先移除，不然会被磁体吸引
在这一磁场中，人体组织中的氢原子核会沿磁场方向排列。在接收到射频信号时，它们会发生翻转；等它们翻转回来时，会产生自己的射频信号
这种特制玻璃含有较高比例的铅，它能在屏蔽 X 射线的同时，方便技术人员看到患者。技术人员会用麦克风与患者交流
这层热绝缘材料使液态氦保持冷却状态
梯度线圈使磁共振成像仪“聚焦”于正扫描的区域
电动床负责将患者移入和移出仪器
通常患者必须静卧。他们可能会戴耳塞，以保护听力免受仪器噪声影响

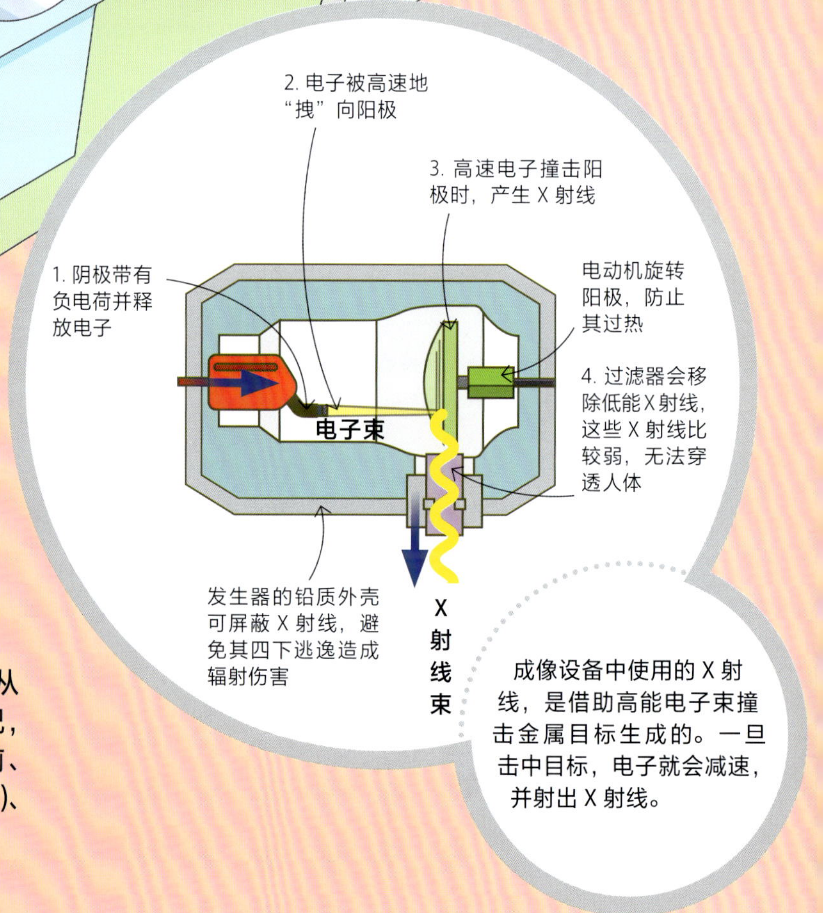
2. 电子被高速地“拽”向阳极
3. 高速电子撞击阳极时，产生 X 射线
1. 阴极带有负电荷并释放电子
电动机旋转阳极，防止其过热
4. 过滤器会移除低能X射线，这些 X 射线比较弱，无法穿透人体
电子束
发生器的铅质外壳可屏蔽 X 射线，避免其四下逃逸造成辐射伤害
X 射线束
成像设备中使用的 X 射线，是借助高能电子束撞击金属目标生成的。一旦击中目标，电子就会减速，并射出 X 射线。

X 射线发生器

技术人员操作室

由于 X 射线机等扫描设备会造成辐射危害，所以操作设备的技术人员通常要在特定的空间里工作。

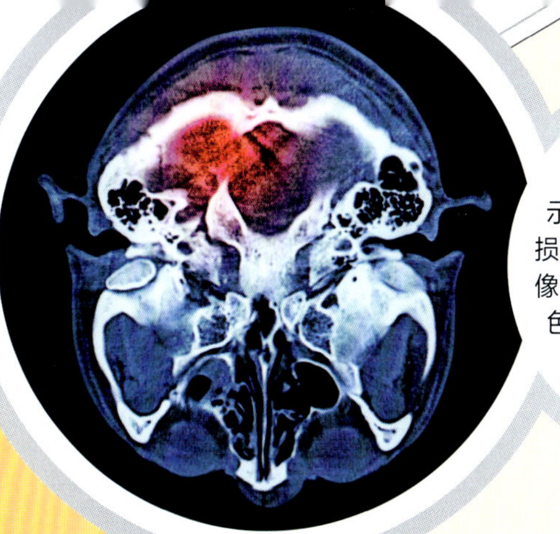

这张 CT 扫描图像显示了该脑卒中患者脑部损伤的位置和范围。在图像中，骨骼部分呈现为白色，出血位置流出的血液显示为红色。

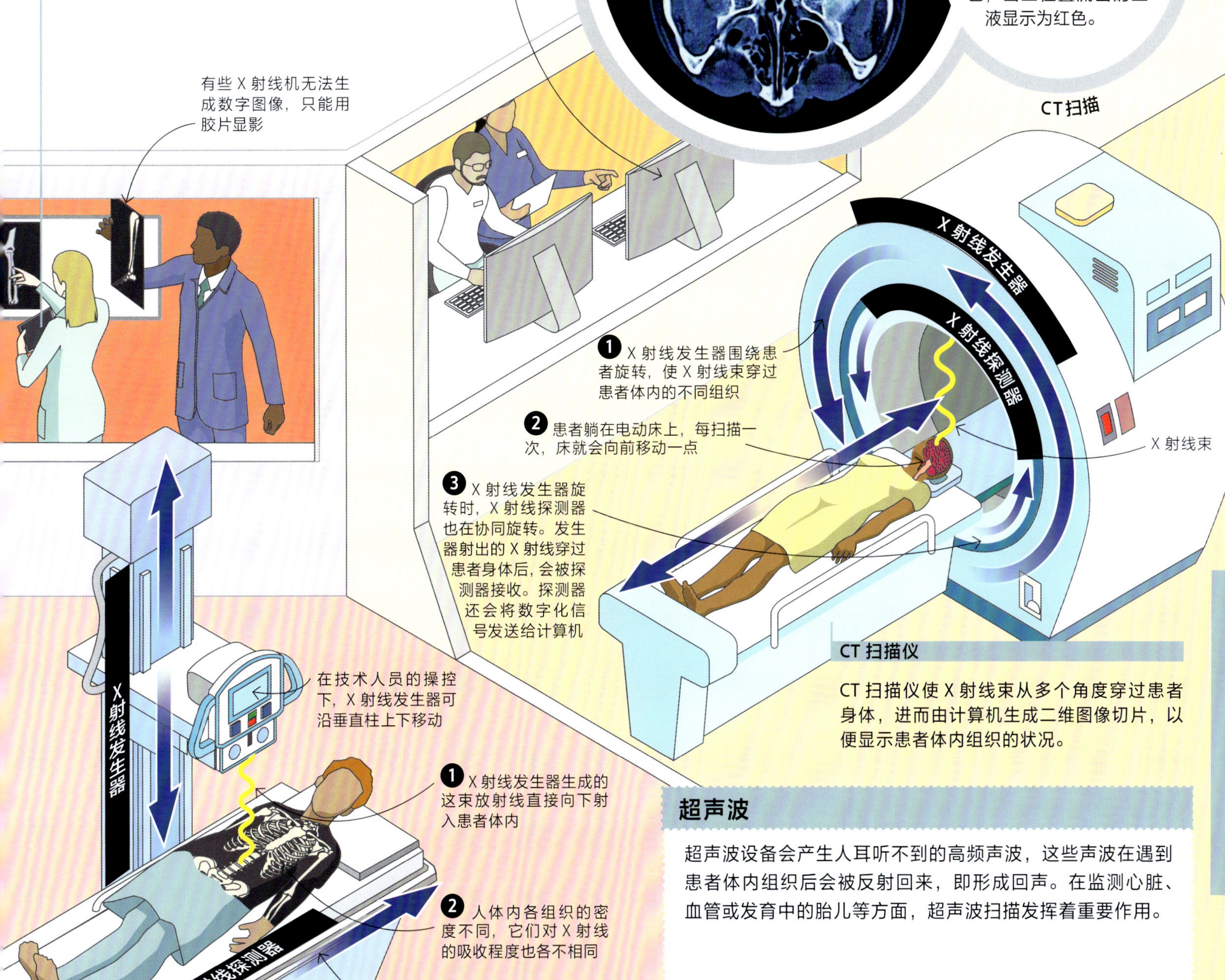

这台计算机与 CT 扫描仪相连，能将二维图像拼接并生成三维图像
有些 X 射线机无法生成数字图像，只能用胶片显影
CT 扫描
X 射线发生器
X 射线探测器
1 X 射线发生器围绕患者旋转，使 X 射线束穿过患者体内的不同组织
2 患者躺在电动床上，每扫描一次，床就会向前移动一点
X 射线束
3 X 射线发生器旋转时，X 射线探测器也在协同旋转。发生器射出的 X 射线穿过患者身体后，会被探测器接收。探测器还会将数字化信号发送给计算机
X 射线发生器
在技术人员的操控下，X 射线发生器可沿垂直柱上下移动
1 X 射线发生器生成的这束放射线直接向下射入患者体内
2 人体内各组织的密度不同，它们对 X 射线的吸收程度也各不相同
X 射线探测器
3 X 射线探测器上的这块平板能捕捉那些穿过人体的 X 射线，生成数字信号并发送给控制室
这个平台会水平移动，以调整患者的位置
制作该平台的材料能让 X 射线穿过，到达平台下的探测器

CT 扫描仪

CT 扫描仪使 X 射线束从多个角度穿过患者身体，进而由计算机生成二维图像切片，以便显示患者体内组织的状况。

X 射线机

X 射线是一种电磁波。由于有极高的能量，它能穿透人体组织。与皮肤、肌肉之类较软的组织相比，骨头、实体性肿瘤这样的致密组织吸收的 X 射线更多，故而会在 X 射线图像上呈现为白色。

超声波

超声波设备会产生人耳听不到的高频声波，这些声波在遇到患者体内组织后会被反射回来，即形成回声。在监测心脏、血管或发育中的胎儿等方面，超声波扫描发挥着重要作用。

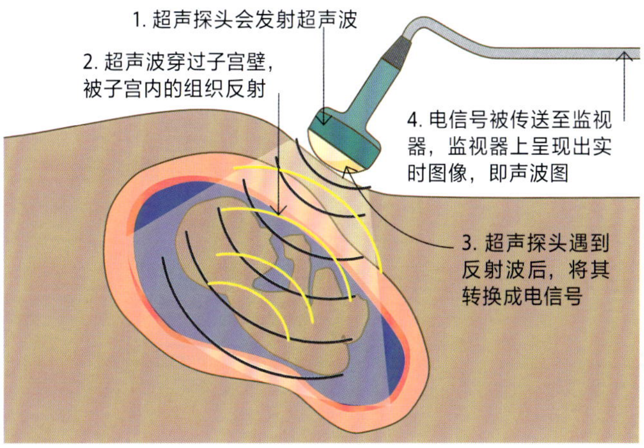

1. 超声探头会发射超声波
2. 超声波穿过子宫壁，被子宫内的组织反射
4. 电信号被传送至监视器，监视器上呈现出实时图像，即声波图
3. 超声探头遇到反射波后，将其转换成电信号

医疗机器人

别看名叫医疗机器人，但它并不能自己给患者动手术，而是须由医生操控。这种医疗器械相当精密，它不但能为医生提供三维放大视图，往往还有好几个机械臂，每个机械臂都能在毫米级的水平上精确移动。它甚至能将医生手部的细微颤抖过滤掉，让操作更稳定。

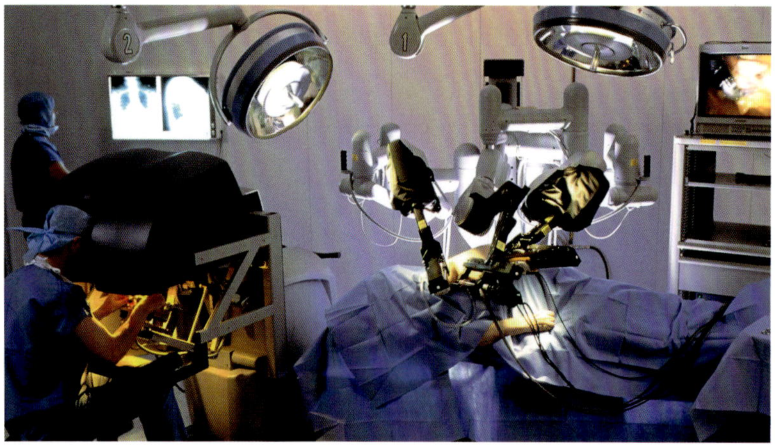

麻醉剂

为了维持麻醉效果，麻醉医师有时会借助面罩让患者吸入气态麻醉药物，有时则用注射泵向患者静脉输注液态麻醉药物（如下图所示）。

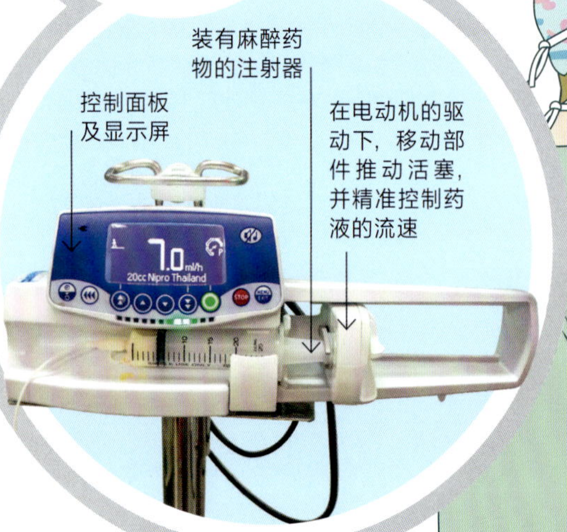

装有麻醉药物的注射器
控制面板及显示屏
在电动机的驱动下，移动部件推动活塞，并精准控制药液的流速
7.0 ml/h
20cc Nipro Thailand

麻醉医师

麻醉医师既要确保患者感受不到疼痛，又要监测患者的生命体征。他们还负责患者手术前、手术中和手术后的疼痛管理工作。

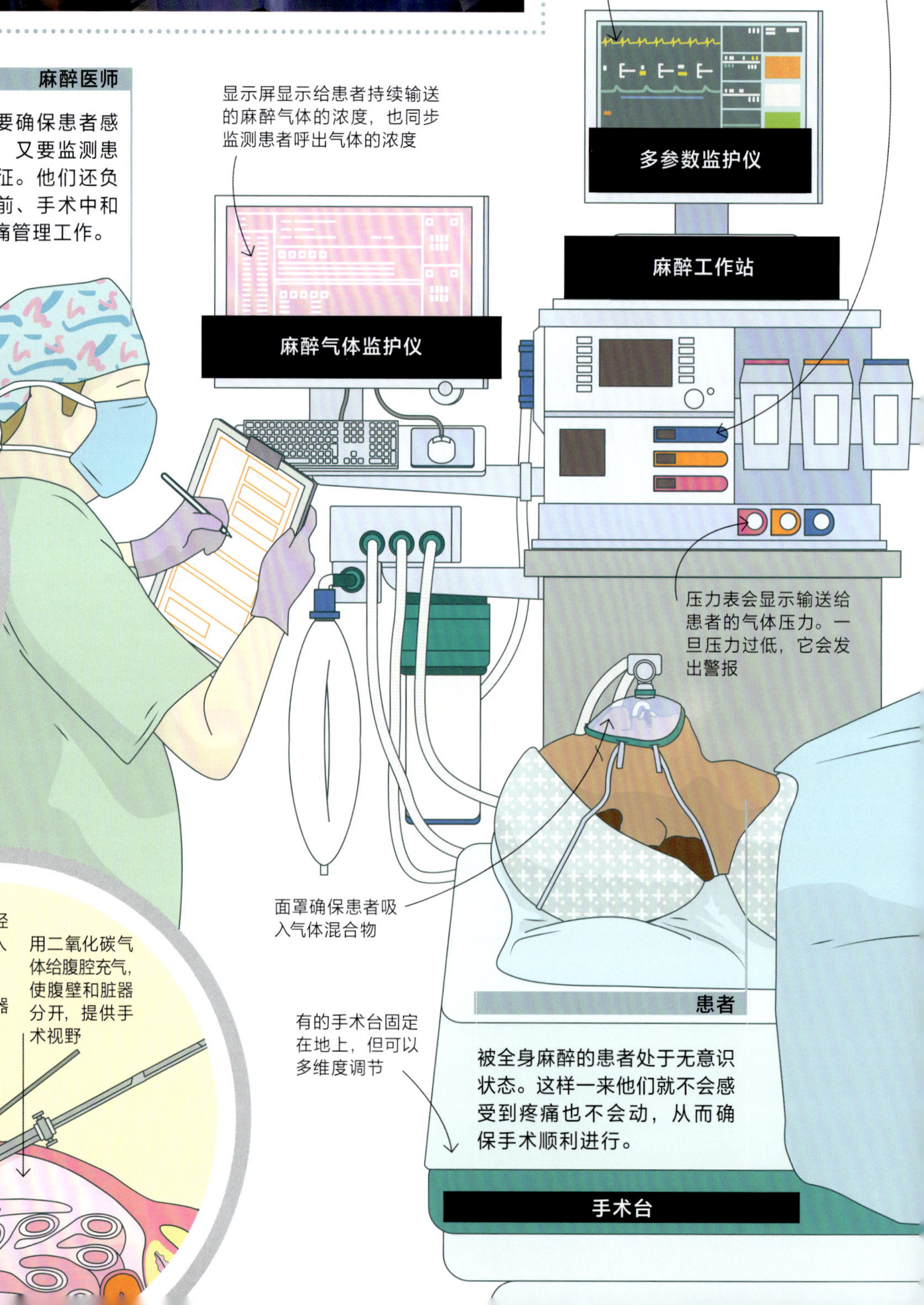

流量计显示空气、氧气和气态麻醉剂（如一氧化二氮）的输送速率
多参数监护仪显示患者的心率、呼吸频率、血压和血氧水平，还有体温等（详见第 10 页）
显示屏显示给患者持续输送的麻醉气体的浓度，也同步监测患者呼出气体的浓度
多参数监护仪
麻醉工作站
麻醉气体监护仪
压力表会显示输送给患者的气体压力。一旦压力过低，它会发出警报
面罩确保患者吸入气体混合物
有的手术台固定在地上，但可以多维度调节
手术台
硬式内窥镜经由小切口进入
用二氧化碳气体给腹腔充气，使腹壁和脏器分开，提供手术视野
吸引管
穿刺器

患者

被全身麻醉的患者处于无意识状态。这样一来他们就不会感受到疼痛也不会动，从而确保手术顺利进行。

硬式内窥镜

进行腹腔镜手术时，外科医生会用硬式内窥镜来观察手术部位，借助又细又硬的管子（即穿刺器）将手术器械推入腹腔。

微创手术

顾名思义，微创手术就是无须在患者的皮肤、肌肉上制造大切口，即可在患者体内施行手术。医生可以在内窥镜的帮助下看到患处的情况并进行手术。这种设备有的通过小切口进入患者体腔，有的则是通过喉咙或肠道进入人体内。

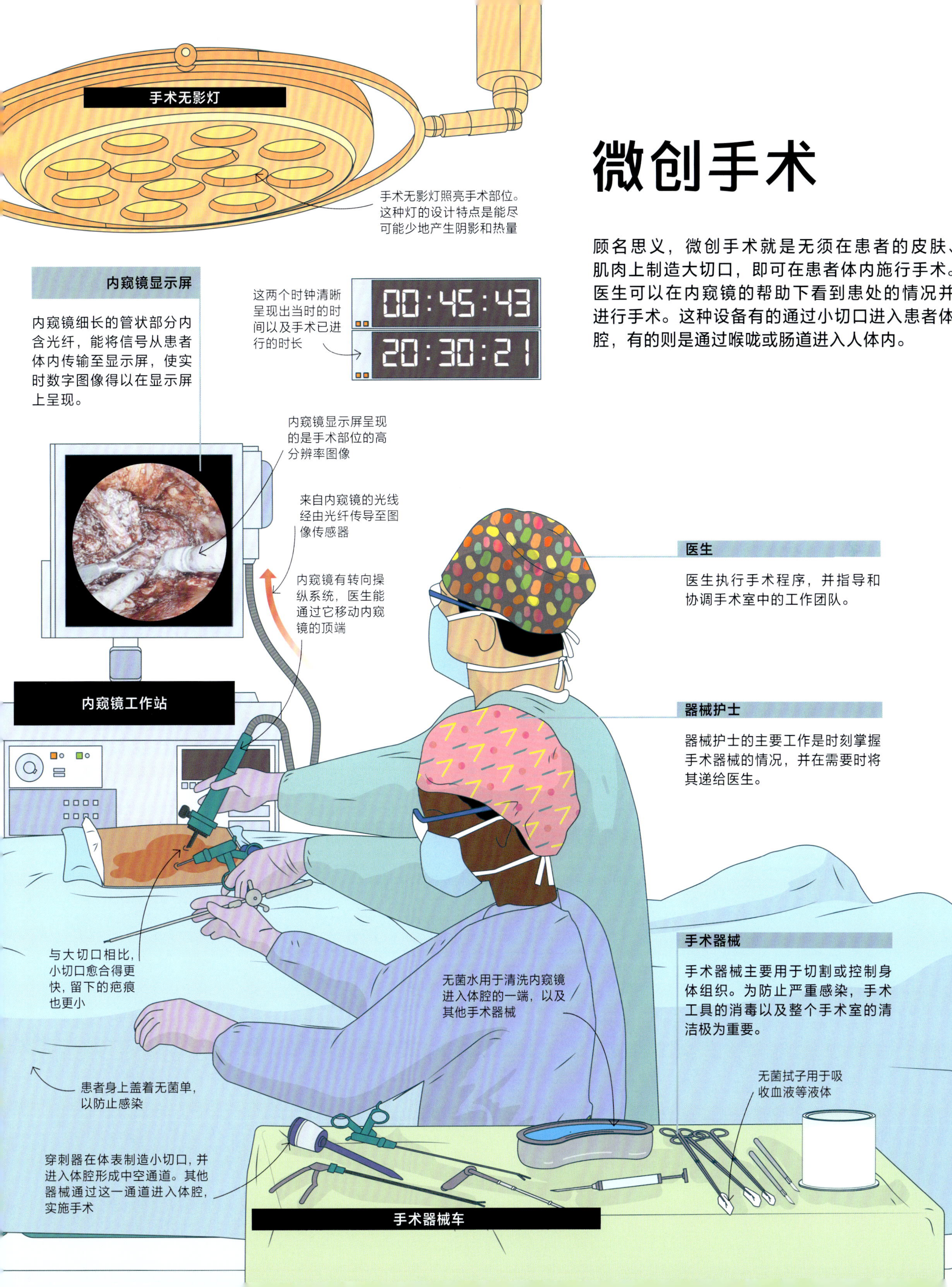

手术无影灯
手术无影灯照亮手术部位。这种灯的设计特点是能尽可能少地产生阴影和热量
内窥镜显示屏
内窥镜细长的管状部分内含光纤，能将信号从患者体内传输至显示屏，使实时数字图像得以在显示屏上呈现。
这两个时钟清晰呈现出当时的时间以及手术已进行的时长
00:45:43
20:30:21
内窥镜显示屏呈现的是手术部位的高分辨率图像
来自内窥镜的光线经由光纤传导至图像传感器
内窥镜有转向操纵系统，医生能通过它移动内窥镜的顶端
内窥镜工作站
医生
医生执行手术程序，并指导和协调手术室中的工作团队。
器械护士
器械护士的主要工作是时刻掌握手术器械的情况，并在需要时将其递给医生。
与大切口相比，小切口愈合得更快，留下的疤痕也更小
无菌水用于清洗内窥镜进入体腔的一端，以及其他手术器械
手术器械
手术器械主要用于切割或控制身体组织。为防止严重感染，手术工具的消毒以及整个手术室的清洁极为重要。
无菌拭子用于吸收血液等液体
患者身上盖着无菌单，以防止感染
穿刺器在体表制造小切口，并进入体腔形成中空通道。其他器械通过这一通道进入体腔，实施手术
手术器械车

身体修复

我们身体的某些部位可能会因突发事故、疾病而受损甚至缺失，抑或因为经年累月的使用而严重磨损。遇到这种情况时，可以考虑用人造装置加以修复或替换，这些可长期埋入人体内的人造装置叫作植入体。选择合适材料制成的植入体，可以使身体部位恢复功能，重新工作好多年。

美国每年进行的髋关节置换手术超过450 000例。

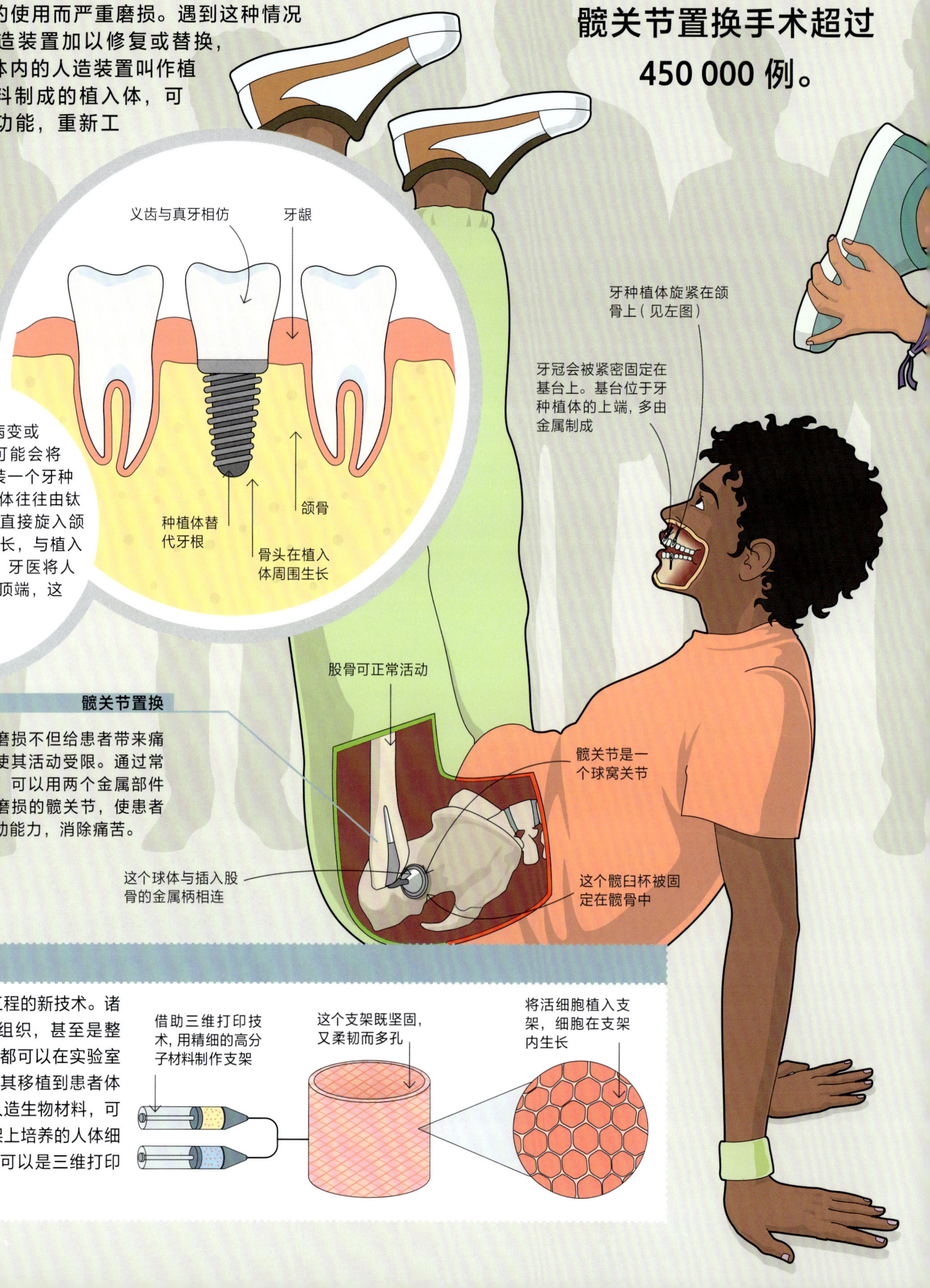

义齿与真牙相仿
牙龈
种植体替代牙根
颌骨
骨头在植入体周围生长
牙种植体旋紧在颌骨上（见左图）
牙冠会被紧密固定在基台上。基台位于牙种植体的上端，多由金属制成
股骨可正常活动
髋关节是一个球窝关节
这个球体与插入股骨的金属柄相连
这个髋臼杯被固定在髋骨中
借助三维打印技术，用精细的高分子材料制作支架
这个支架既坚固，又柔韧而多孔
将活细胞植入支架，细胞在支架内生长

牙种植体

当一颗牙齿发生病变或是严重磨损，牙医可能会将它连根拔起，然后安装一个牙种植体取而代之。牙种植体往往由钛等金属制成，医生将其直接旋入颌骨后，骨头在其周围生长，与植入体结合。一段时间后，牙医将人造牙冠安装在种植体顶端，这才算大功告成。

髋关节置换

髋关节磨损不但给患者带来痛苦，还使其活动受限。通过常规手术，可以用两个金属部件替换已磨损的髋关节，使患者恢复活动能力，消除痛苦。

组织工程

目前有一种名为组织工程的新技术。诸如皮肤、软骨这样的组织，甚至是整个器官（比如肾脏），都可以在实验室“制作”出来，然后将其移植到患者体内。其原材料可以是人造生物材料，可以是合成材料生物支架上培养的人体细胞（如右图所示），也可以是三维打印的人体细胞。

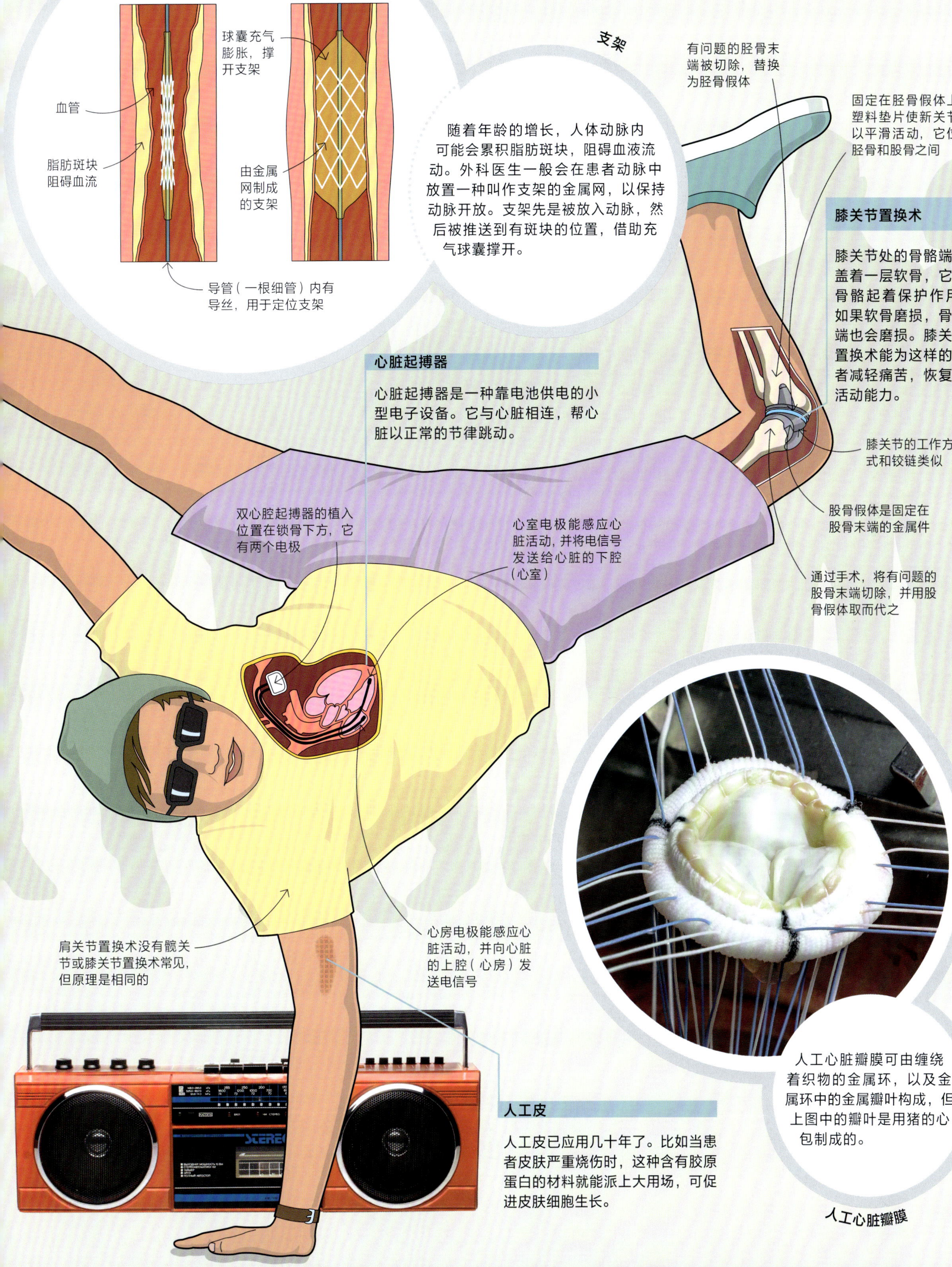
球囊充气
膨胀，撑
开支架
血管
脂肪斑块
阻碍血流
由金属
网制成
的支架
导管（一根细管）内有
导丝，用于定位支架
有问题的胫骨末
端被切除，替换
为胫骨假体
固定在胫骨假体上的
塑料垫片使新关节得
以平滑活动，它位于
胫骨和股骨之间
膝关节的工作方
式和铰链类似
股骨假体是固定在
股骨末端的金属件
通过手术，将有问题的
股骨末端切除，并用股
骨假体取而代之
双心腔起搏器的植入
位置在锁骨下方，它
有两个电极
心室电极能感应心
脏活动，并将电信号
发送给心脏的下腔
（心室）
肩关节置换术没有髋关
节或膝关节置换术常见，
但原理是相同的
心房电极能感应心
脏活动，并向心脏
的上腔（心房）发
送电信号

支架

随着年龄的增长，人体动脉内可能会累积脂肪斑块，阻碍血液流动。外科医生一般会在患者动脉中放置一种叫作支架的金属网，以保持动脉开放。支架先是被放入动脉，然后被推送到有斑块的位置，借助充气球囊撑开。

膝关节置换术

膝关节处的骨骼端覆盖着一层软骨，它对骨骼起着保护作用。如果软骨磨损，骨骼端也会磨损。膝关节置换术能为这样的患者减轻痛苦，恢复其活动能力。

心脏起搏器

心脏起搏器是一种靠电池供电的小型电子设备。它与心脏相连，帮心脏以正常的节律跳动。

人工皮

人工皮已应用几十年了。比如当患者皮肤严重烧伤时，这种含有胶原蛋白的材料就能派上大用场，可促进皮肤细胞生长。

人工心脏瓣膜可由缠绕着织物的金属环，以及金属环中的金属瓣叶构成，但上图中的瓣叶是用猪的心包制成的。

人工心脏瓣膜

假肢

有些人的手臂或腿部因为事故、疾病而不幸截肢，这时该怎么办呢？先进的医疗技术可以为他们提供人造替代品，也就是假肢。其实人类使用假肢已有千百年的历史，不过时至今日，新研制出的高性能材料为现代假肢提供了新选择，就连计算机处理器也可为假肢提供助力。种种科技成果让截肢患者不再被动，能获得更多的舒适性与自由。

假肢手设计

我们的手极其灵活敏感，这也使假肢手制作面临巨大挑战。于是，现代设计将电动机和感觉反馈技术加入其中。

前臂假肢

现如今，许多前臂假肢已能根据佩戴者肌肉的电信号来控制其手腕、手指的活动。其中有些甚至能将信号从手部传感器发送给脑部。

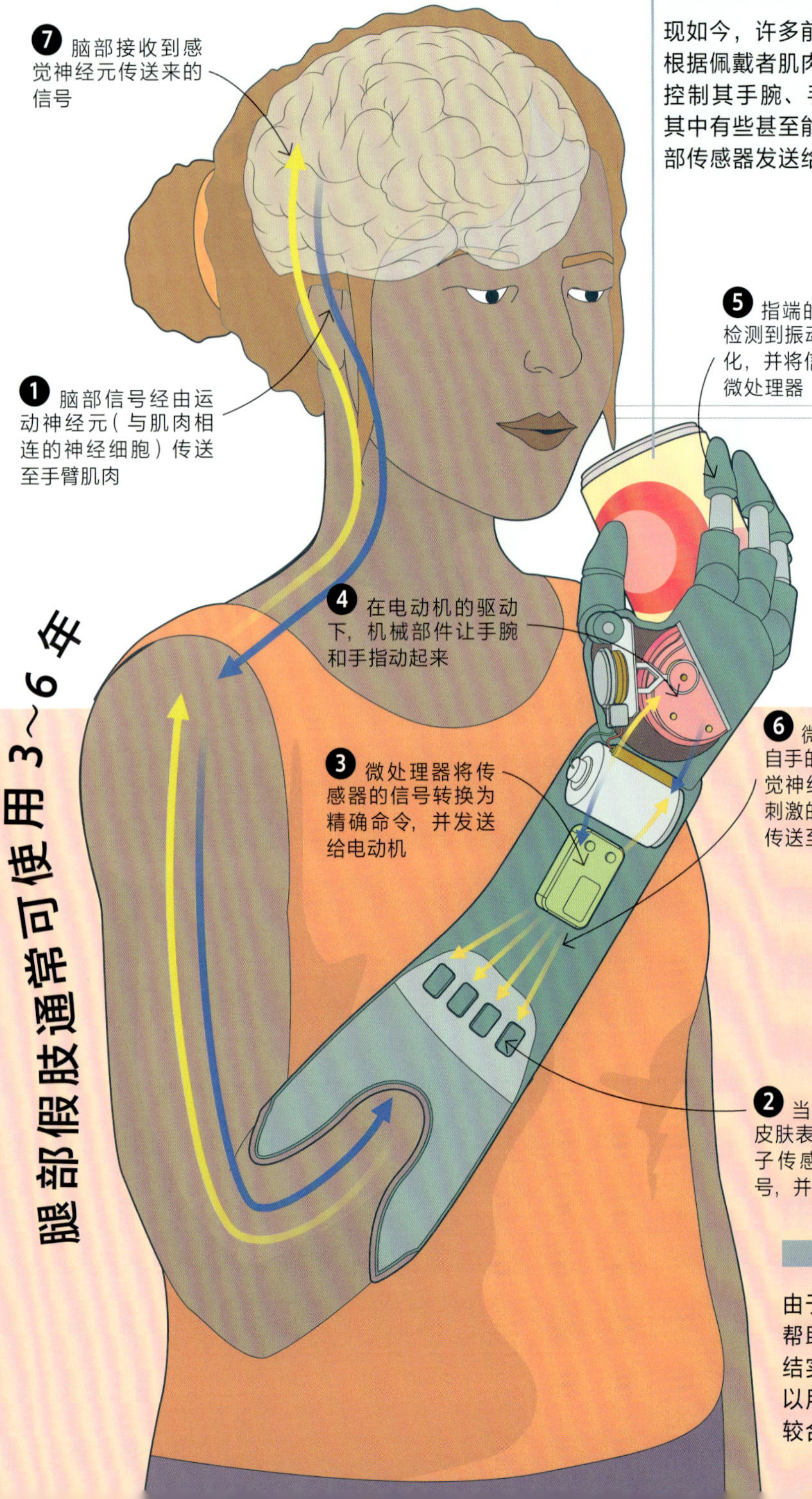

7 脑部接收到感觉神经元传送来的信号
1 脑部信号经由运动神经元（与肌肉相连的神经细胞）传送至手臂肌肉
5 指端的传感器能检测到振动和压力变化，并将信号传送至微处理器
4 在电动机的驱动下，机械部件让手腕和手指动起来
3 微处理器将传感器的信号转换为精确命令，并发送给电动机
6 微处理器接收到来自手的信号，会通过感觉神经元（可感觉环境刺激的神经细胞）将其传送至脑部
2 当肌肉收缩，置于皮肤表面或肌肉内的电子传感器检测到该信号，并将信号放大

腿部假肢通常可使用3～6年

假肢接受腔里有凝胶或硅胶衬垫，佩戴起来更舒适
假肢接受腔能分散佩戴者的体重，还能吸收部分冲击力
腿部活动时，活塞能吸收下方传上来的冲击力
支撑体的设计可长可短，取决于佩戴者的身高
脚部有类似弹簧的结构，它能吸收能量并向上释放，推动人前行

机械腿

由于需承受佩戴者的体重，还要帮助减缓冲击力，腿部假肢必须结实耐用，可它又不能太重，所以用碳纤维和钛等材料来制作比较合适。

感觉反馈

当人失去肢体时，他失去的不仅仅是肌肉和骨骼，还有为其提供外界信息的神经末梢。在健全人体内，这些信息经由神经被传送至脑部的躯体感觉皮质。对于假肢佩戴者而言，假手的指尖、手腕中的电子传感器和机械传感器依然能将信号经神经传至脑部，让他找回用手感受压力、振动和热度的感觉。在诸多日常任务中，对手指活动的精细控制极为重要，所以让患者恢复手部感觉反馈的重要性不言而喻。

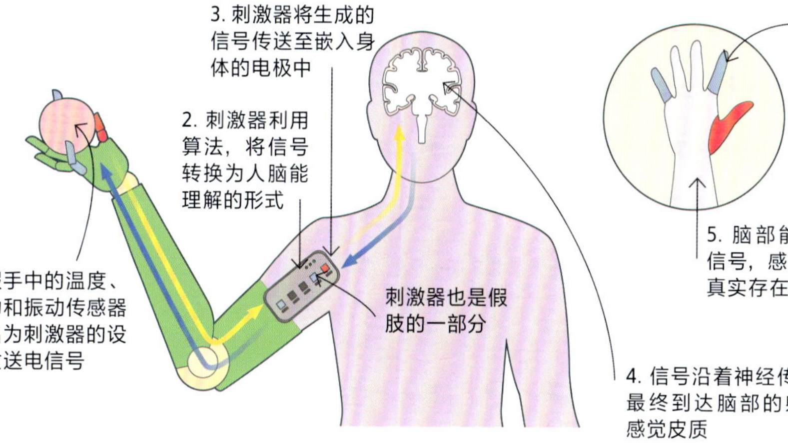

1. 假手中的温度、压力和振动传感器向名为刺激器的设备发送电信号
2. 刺激器利用算法，将信号转换为人脑能理解的形式
3. 刺激器将生成的信号传送至嵌入身体的电极中
刺激器也是假肢的一部分
4. 信号沿着神经传递，最终到达脑部的躯体感觉皮质
人脑学会将各类信号模式与各种手部感觉联系起来
5. 脑部能理解神经信号，感觉就像手仍真实存在一样

学习用假肢走路，需要一定的时间和努力，还有专业人士的指导
失去一条腿的动物也许还能行走，但假肢可以改善其活动能力
尽量调整到让佩戴者感觉舒适的程度
接受腔部分将假肢和残肢连接了起来
腿部下压时，“刀片”这一弯曲部位会储存能量。“刀片”离地时释放能量，推动跑步者向前
连接支架使“刀片”与接受腔相连
制作“刀片”的碳纤维可多达 90 层，这能使它更强韧

装配假肢

先由这方面的专业人士为患者设计、装配假肢。之后，物理治疗师会帮患者调整、适应假肢。

奔跑的“刀片”

截肢者可穿戴刀片式假肢跑步。这种假肢极具柔韧性，它能部分替代脚部和小腿肌肉的功能，在奔跑中不断储存和释放能量。

仿生腿

有些腿部假肢配备有陀螺仪和运动传感器，这些传感器每秒能向处理器发送数千个信号，以规划腿部运动。

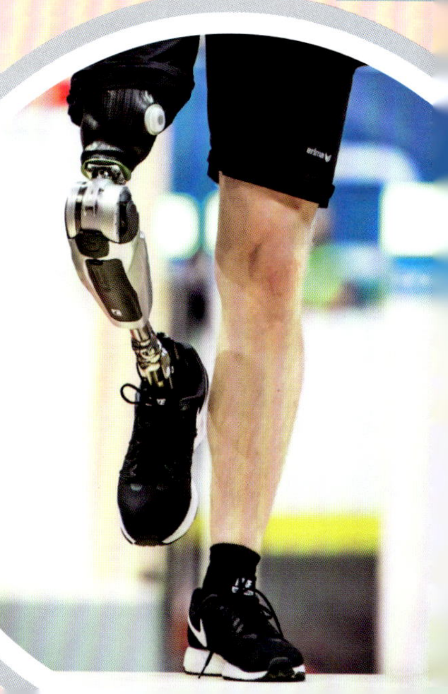

据估计，全球每年因为糖尿病而截肢的人数就有 100 万。

弹簧般的“刀片”腿

自碳纤维刀片式假肢诞生以来，残奥会运动员的表现提升了不少。这种假肢的设计理念源于猎豹的后腿——模仿了猫科动物奔跑时腿部肌腱的功能。不过，由于“刀片”不太容易保持平衡，而且需要运用特殊的跑步技巧，运动员们安装假肢后，仍需锻炼自身的肌肉力量。短跑运动员多使用 J 形刀片式假肢；长跑运动员更适合用 C 形刀片式假肢；用于跳跃的刀片式假肢的尖端往往被设计得更长，因为这样会产生更大的向上的推力。

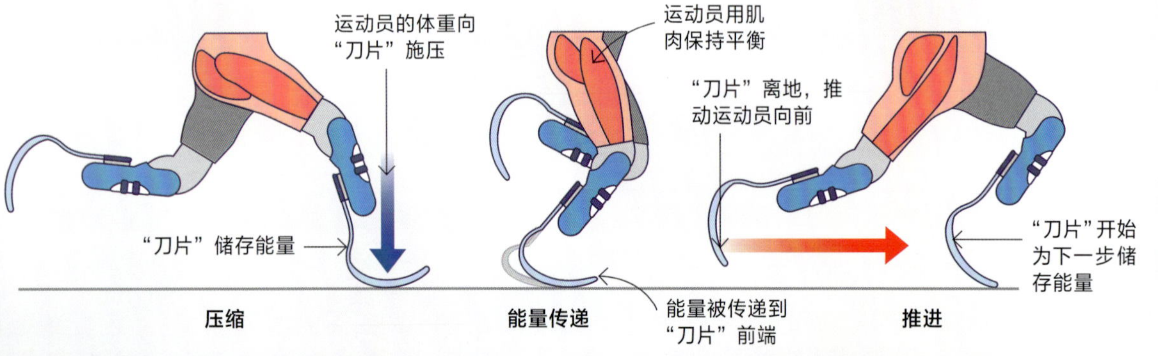

运动员的体重向“刀片”施压
“刀片”储存能量
压缩
运动员用肌肉保持平衡
能量传递
能量被传递到“刀片”前端
“刀片”离地，推动运动员向前
推进
“刀片”开始为下一步储存能量

TH AFRICA
AHLANGU

脑内植入体

人类身体中的神经信号是电信号，所以让电子设备与人脑直接通信显然是行得通的。比如，万一有人视力或听力受损，可以借助植入眼睛或耳朵的设备，将视力或听力恢复到一定水平；又比如，不幸瘫痪的人可以借由脑机接口来控制计算机、机械臂和电动轮椅等。

人工耳蜗由两部分组成。头外的麦克风和言语处理器能察觉到声音，并加以处理。接着，它们将信号传送给植入头部的接收器，再由这个接收器刺激耳蜗处的神经。

恢复听力

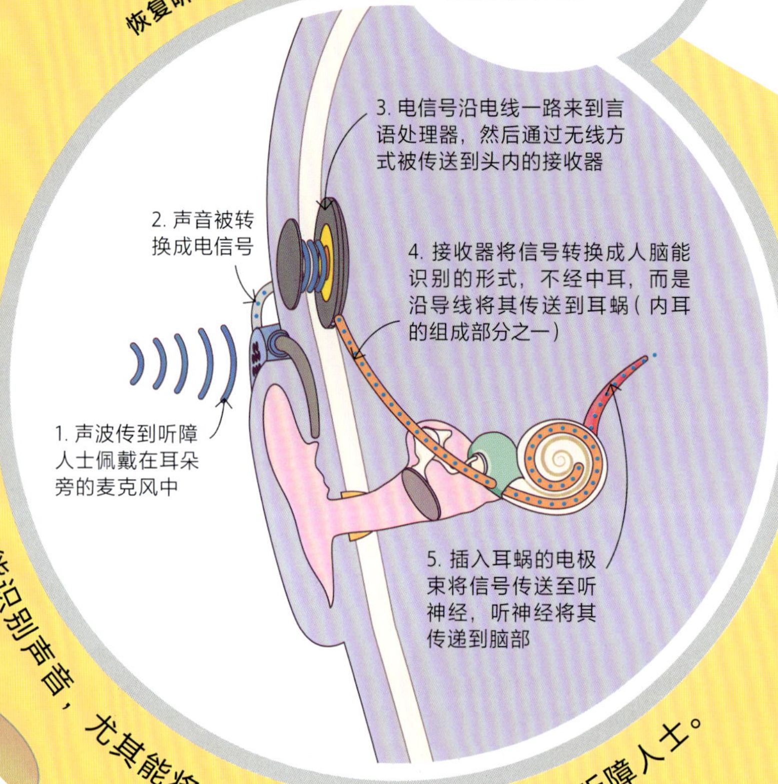

3. 电信号沿电线一路来到言语处理器，然后通过无线方式被传送到头内的接收器
2. 声音被转换成电信号
4. 接收器将信号转换成人脑能识别的形式，不经中耳，而是沿导线将其传送到耳蜗（内耳的组成部分之一）
1. 声波传到听障人士佩戴在耳朵旁的麦克风中
5. 插入耳蜗的电极束将信号传送至听神经，听神经将其传递到脑部

人工耳蜗能识别声音，尤其能将人类说话的语音清晰呈现给听障人士。

视网膜植入体

人类眼睛里的感光细胞要是缺失或受损了怎么办？视网膜植入体中的电子传感器能够代替这些细胞，沿着神经向大脑传送信号。

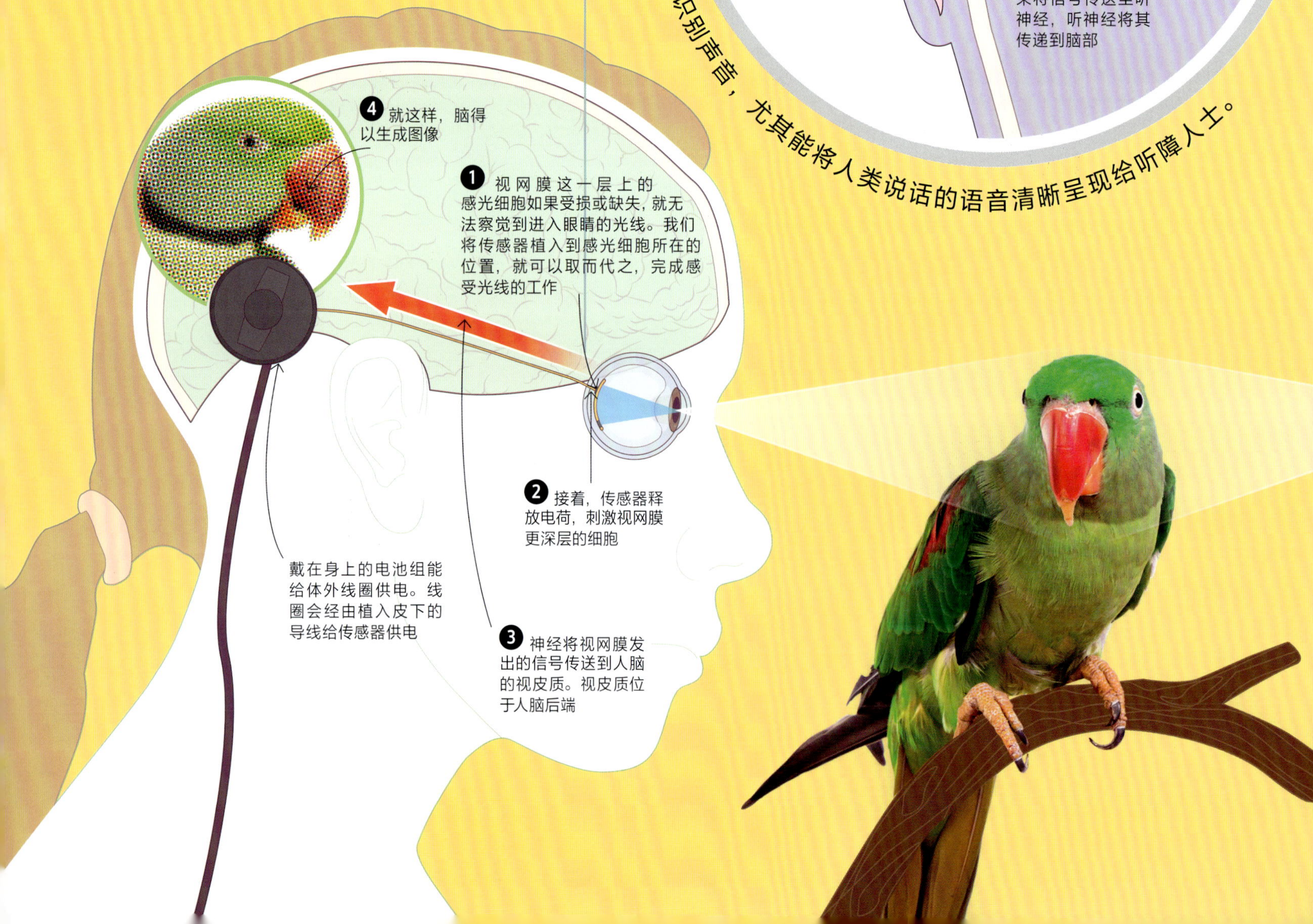

4 就这样，脑得以生成图像
1 视网膜这一层上的感光细胞如果受损或缺失，就无法察觉到进入眼睛的光线。我们将传感器植入到感光细胞所在的位置，就可以取而代之，完成感受光线的工作
2 接着，传感器释放电荷，刺激视网膜更深层的细胞
戴在身上的电池组能给体外线圈供电。线圈会经由植入皮下的导线给传感器供电
3 神经将视网膜发出的信号传送到人脑的视皮质。视皮质位于人脑后端

1 头戴式电极能探测到脑部的诸多活动，人脑中的电信号自然也不例外
2 头戴式设备会将信号传送给笔记本计算机，或轮椅上的内置处理器，然后处理器会将信号翻译成行动指令
3 一旦接收到指令，轮子中的电动机便会立刻行动，按指令调整轮椅的速度和方向

脑机接口

虽然目前尚处于实验阶段，但脑机接口的确能让瘫痪者与计算机直接通信。通常，先由接触头皮的外戴电极探测脑中的电信号，再对信号进行处理，继而将其发送至计算机，最后由计算机来操控轮椅等设备。

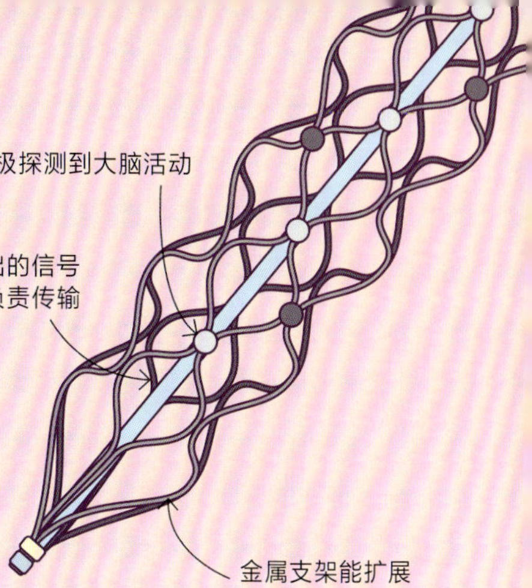

铂电极探测到大脑活动
电极发出的信号由导线负责传输
金属支架能扩展到 8 毫米宽

脑机接口技术的成果之一是一种叫支架电极的小小装置。这个小金属管先是被放入动脉，继而被推送至人脑中特定的部位。一旦到位，金属管支架会立刻撑开，使血液能顺畅流动。与此同时，电极开始读取四周的脑电信号。

支架植入体

视网膜植入体及相关眼镜

有些视网膜植入体会从内置在眼镜里的摄像头接收信号。计算机可对这些信号加以处理，再以无线方式将其传送至视网膜植入体。然后，植入体会沿视神经将其一路传送至脑部。

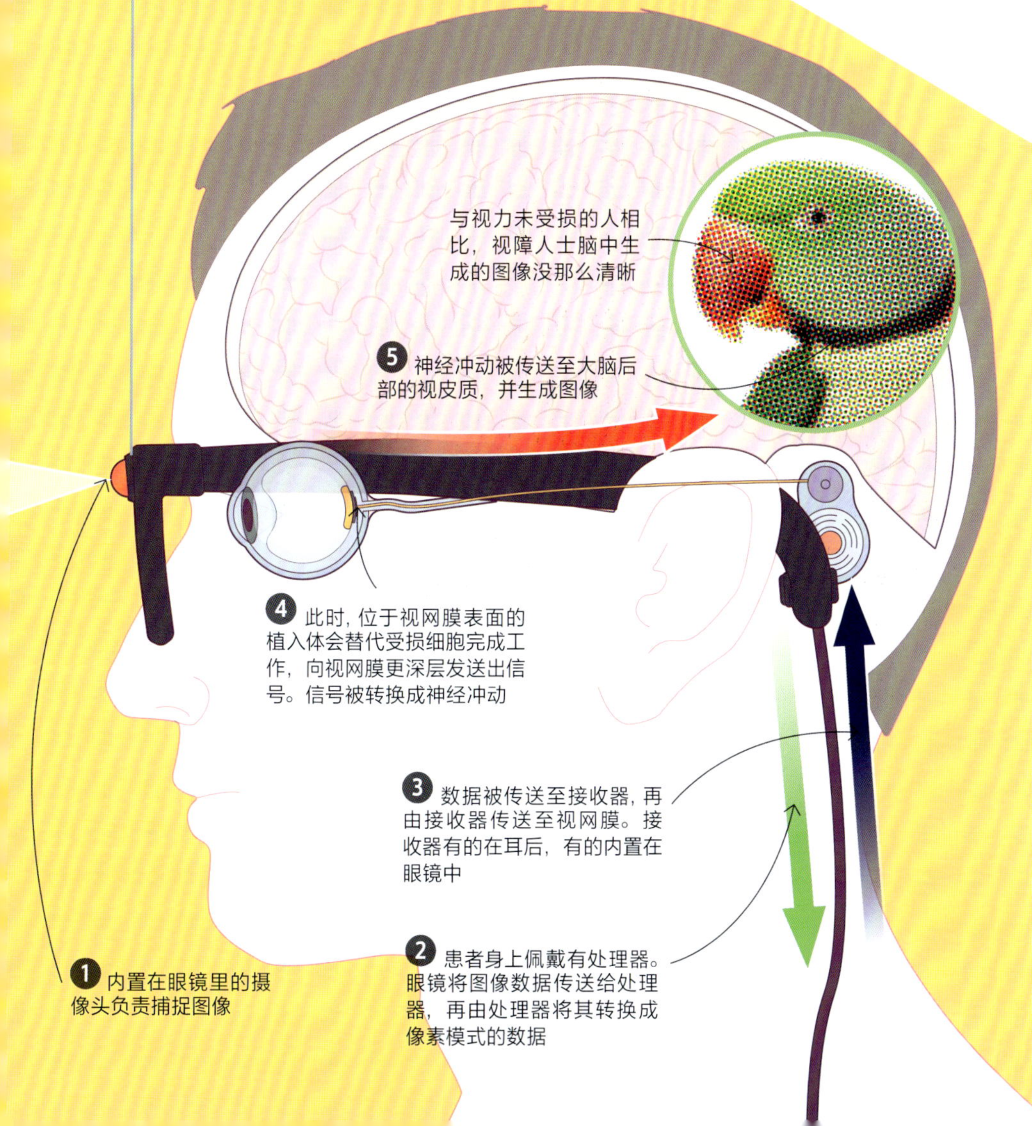

与视力未受损的人相比，视障人士脑中生成的图像没那么清晰
5 神经冲动被传送至大脑后部的视皮质，并生成图像
4 此时，位于视网膜表面的植入体会替代受损细胞完成工作，向视网膜更深层发送出信号。信号被转换成神经冲动
3 数据被传送至接收器，再由接收器传送至视网膜。接收器有的在耳后，有的内置在眼镜中
2 患者身上佩戴有处理器。眼镜将图像数据传送给处理器，再由处理器将其转换成像素模式的数据
1 内置在眼镜里的摄像头负责捕捉图像

脑深部电刺激

针对某些脑部疾病，尤其是那些有不由自主（无意识地）震颤症状的疾病，比如帕金森病和癫痫，目前有一种叫作脑深部电刺激的治疗方法，即将电极植入人脑特定区域，用它产生的电脉冲影响脑部活动。电刺激的强弱通常由植入患者胸部皮肤下的设备来控制。

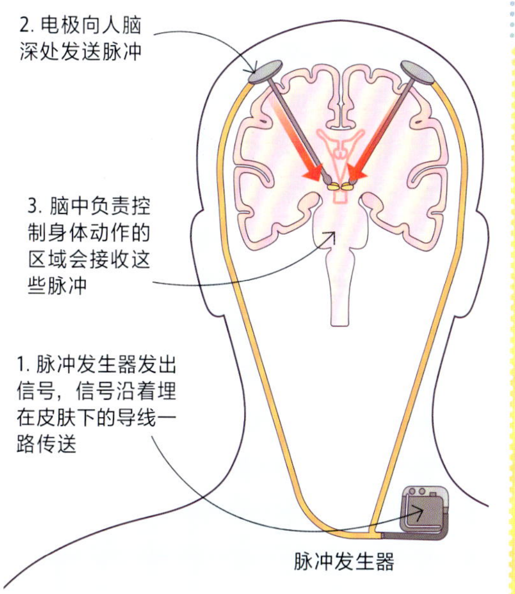

2. 电极向人脑深处发送脉冲
3. 脑中负责控制身体动作的区域会接收这些脉冲
1. 脉冲发生器发出信号，信号沿着埋在皮肤下的导线一路传送
脉冲发生器

疫苗

疫苗是一种能预防人类感染某些疾病的生物制剂。它通过“训练”人的免疫系统，让它识别病原体（病毒或细菌等），促使其生成具有保护作用的蛋白质，即抗体。抗体能在感染加剧之前有效阻挡、杀死病原体，使其失去活性。

传播疾病

当细菌、病毒或真菌等在我们体内迅速繁殖，就会造成感染。在上边这张显微图像中，新型冠状病毒（红色部分）正从肾脏细胞离开。

14 世纪，由细菌引起的黑死病使欧洲大约三分之一的人失去了生命。

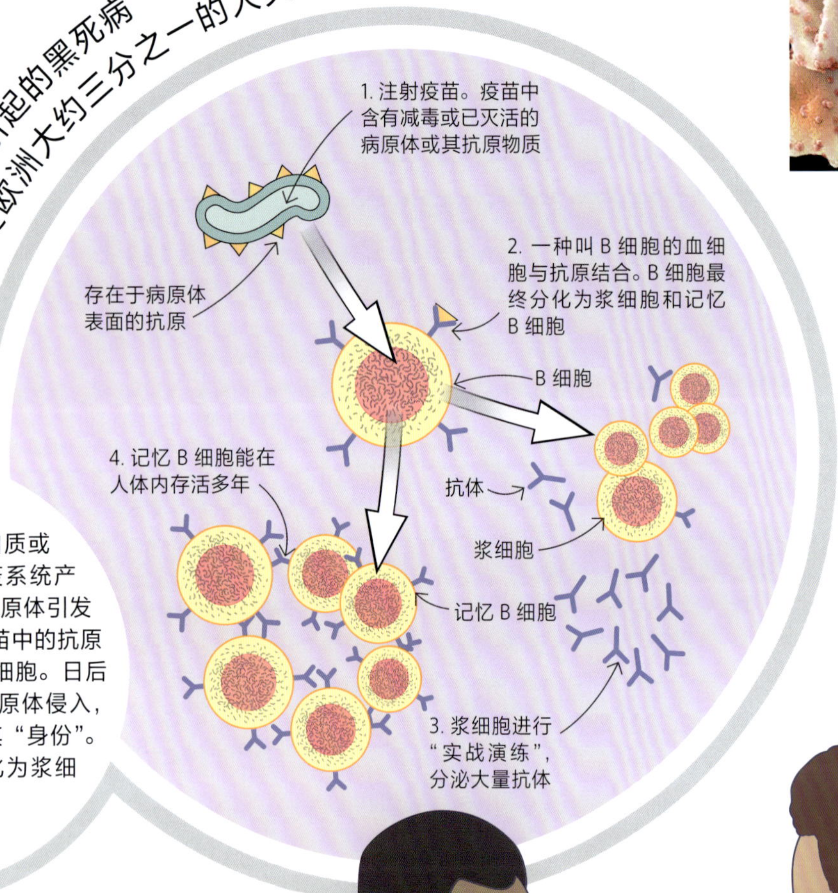

1. 注射疫苗。疫苗中含有减毒或已灭活的病原体或其抗原物质
存在于病原体表面的抗原
2. 一种叫 B 细胞的血细胞与抗原结合。B 细胞最终分化为浆细胞和记忆 B 细胞
B 细胞
抗体
浆细胞
4. 记忆 B 细胞能在人体内存活多年
记忆 B 细胞
3. 浆细胞进行“实战演练”，分泌大量抗体

疫苗中的抗原是蛋白质或其他物质，能促使免疫系统产生抗体，从而对抗特定病原体引发的感染。免疫系统会对疫苗中的抗原产生反应，并形成记忆 B 细胞。日后一旦有携带这些抗原的病原体侵入，记忆 B 细胞能立刻识破其“身份”。这些记忆 B 细胞会分化为浆细胞，以攻击病原体。

疫苗接种

疫苗接种

疫苗需要进入人的血液中，才能促使免疫系统产生抗体。所以大多数疫苗是直接注射到人的肌肉或脂肪中的。注射位置通常在上臂。

疫苗的储存

疫苗含有不稳定物质，因此大多必须冷藏，有些甚至要在 0 摄氏度以下的环境中储存。

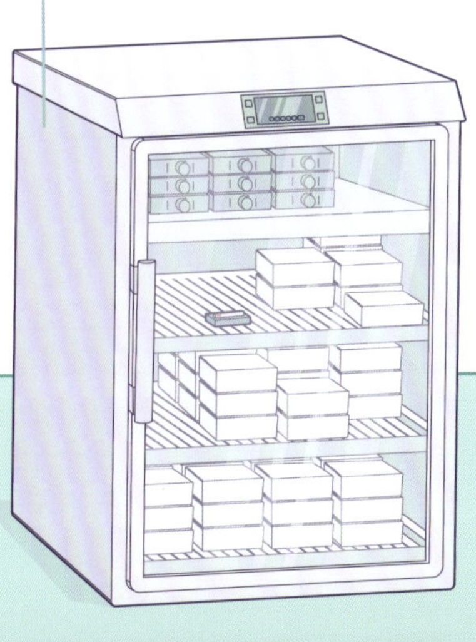

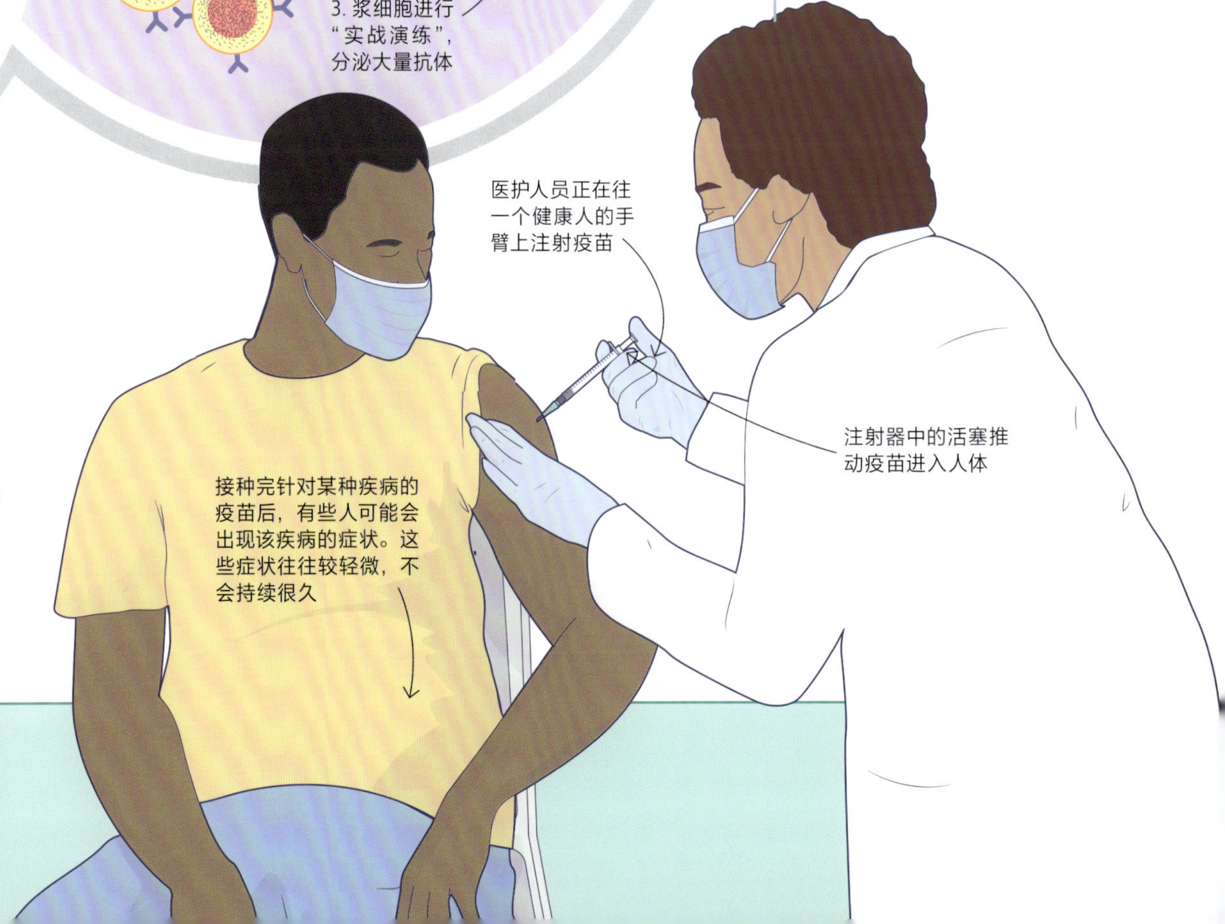

医护人员正在往一个健康人的手臂上注射疫苗
注射器中的活塞推动疫苗进入人体
接种完针对某种疾病的疫苗后，有些人可能会出现该疾病的症状。这些症状往往较轻微，不会持续很久

核糖核酸疫苗（RNA 疫苗）

与其他疫苗不同，新型的核糖核酸疫苗并不提供抗原蛋白，而是提供抗原的遗传密码。一旦注射到体内，人体自身的细胞就会根据密码制造抗原，从而促使人体产生免疫反应。

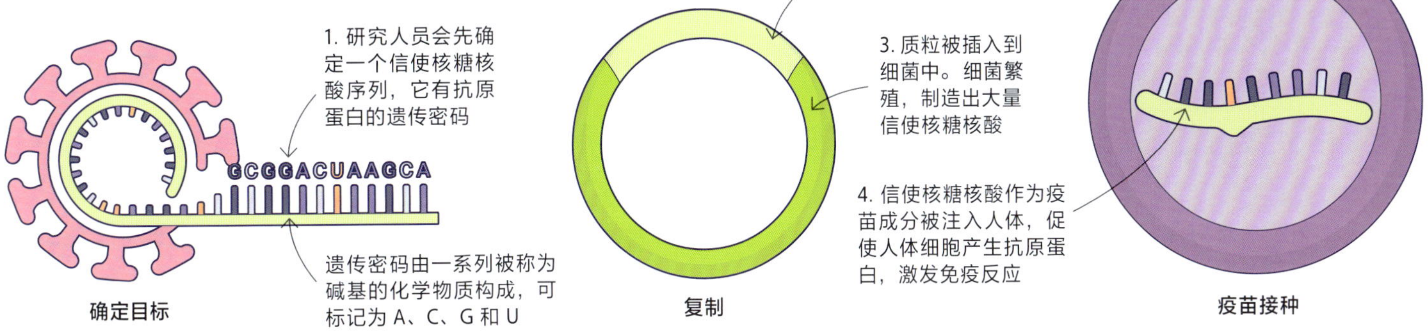
1. 研究人员会先确定一个信使核糖核酸序列，它有抗原蛋白的遗传密码
GCGGACUAAGCA
遗传密码由一系列被称为碱基的化学物质构成，可标记为 A、C、G 和 U
确定目标
2. 带有抗原蛋白遗传密码的基因被插入到一个名叫质粒的 DNA 环中
3. 质粒被插入到细菌中。细菌繁殖，制造出大量信使核糖核酸
复制
4. 信使核糖核酸作为疫苗成分被注入人体，促使人体细胞产生抗原蛋白，激发免疫反应
疫苗接种

在新型冠状病毒感染疫情期间，信使核糖核酸疫苗得到了首次广泛应用。

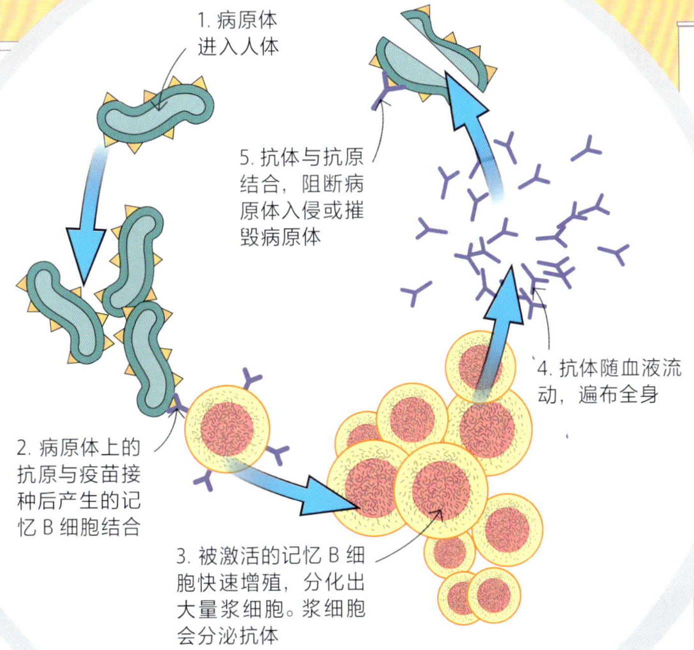
1. 病原体进入人体
2. 病原体上的抗原与疫苗接种后产生的记忆 B 细胞结合
3. 被激活的记忆 B 细胞快速增殖，分化出大量浆细胞。浆细胞会分泌抗体
4. 抗体随血液流动，遍布全身
5. 抗体与抗原结合，阻断病原体入侵或摧毁病原体

在通常情况下，如果免疫系统之前曾感染过某种病原体，那么当该病原体再次侵入时，免疫系统会自然而然地与之对抗。疫苗的原理也是如此，只不过它可让人体免受第一次病原体感染，直接被套上“保护罩”。当致命病原体来势汹汹，疫苗就有可能救人性命。

对抗感染

未接种疫苗的人

当未接种疫苗的人遭遇病原体，病原体会在其体内繁殖，使其因感染加剧而发病。

病原体的传播

病原体通常经空气或水等传播，尤其以空气传播最为常见。当感染者咳嗽时，病原体会随着飞沫排出，继而被他人吸入体内。

已接种疫苗的人

已接种疫苗的人大多不会发病，因为他们的免疫系统已做好了对抗病原体的准备，可阻止它们繁殖，从而阻断感染。

现代家庭生活中充满了科技产品的身影：从水源清洁系统，到空气温度控制系统；从家里没人也能远程开灯的应用程序，到厨房一有东西烧焦就即刻发出警报的报警器……真是不胜枚举。

智能家居大揭秘

木框架的房屋

木料按设计被连接在一起，构成立体框架，以支撑外墙和屋顶外部。

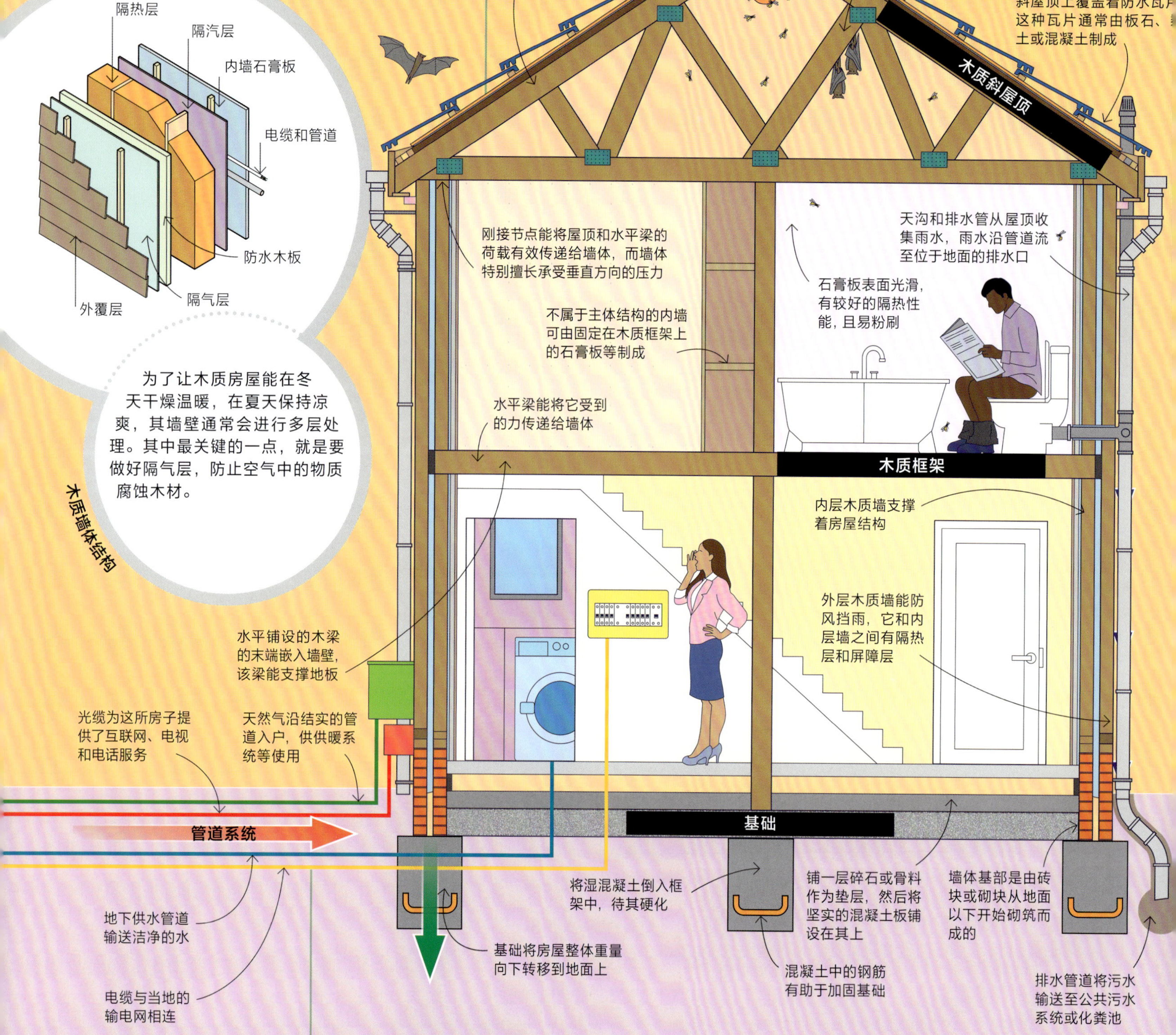

隔热层
隔汽层
内墙石膏板
电缆和管道
防水木板
隔气层
外覆层
为了让木质房屋能在冬天干燥温暖，在夏天保持凉爽，其墙壁通常会进行多层处理。其中最关键的一点，就是要做好隔气层，防止空气中的物质腐蚀木材。
木质墙体结构
屋顶重量会沿着屋脊斜向传递，最终由外墙承担
这种屋顶有三角形框架结构，即三角形桁架结构。桁架结构的绝佳之处在于，它能有效分散材料重量，对抗荷载引起的弯曲下垂
斜屋顶上覆盖着防水瓦
这种瓦片通常由板石、
土或混凝土制成
木质斜屋顶
刚接节点能将屋顶和水平梁的荷载有效传递给墙体，而墙体特别擅长承受垂直方向的压力
不属于主体结构的内墙可由固定在木质框架上的石膏板等制成
水平梁能将它受到的力传递给墙体
天沟和排水管从屋顶收集雨水，雨水沿管道流至位于地面的排水口
石膏板表面光滑，有较好的隔热性能，且易粉刷
木质框架
内层木质墙支撑着房屋结构
外层木质墙能防风挡雨，它和内层墙之间有隔热层和屏障层
水平铺设的木梁的末端嵌入墙壁，该梁能支撑地板
光缆为这所房子提供了互联网、电视和电话服务
天然气沿结实的管道入户，供供暖系统等使用
管道系统
基础
将湿混凝土倒入框架中，待其硬化
铺一层碎石或骨料作为垫层，然后将坚实的混凝土板铺设在其上
墙体基部是由砖块或砌块从地面以下开始砌筑而成的
地下供水管道输送洁净的水
基础将房屋整体重量向下转移到地面上
混凝土中的钢筋有助于加固基础
排水管道将污水输送至公共污水系统或化粪池
电缆与当地的输电网相连

房屋

房屋能遮风挡雨，让人安全温暖地生活，是我们长久的庇护所。作为最古老的技术之一，房屋建造的历史至少有 10 万年了。然而不论时光如何流转，房屋设计的基本要素（比如门窗和支撑屋顶的墙体）始终存在。

住房相关服务

房屋通常与供水、通信网络和电力供应等公共服务管线相连。废水经下水道排出。

抗震设计

有些传统建筑的设计理念极具抗震智慧。比如阿富汗地区的一个房屋，其屋顶木梁的构架固定无须使用钉子、螺丝或其他刚性紧固件，而是通过一套凹槽系统彼此嵌合。屋顶坚固又富韧性，会随地震摇摆而不致轻易开裂或坍塌。

在某些地域，洪水对房屋也存在巨大威胁。为防患于未然，当地人用结实的桩柱将整个建筑抬高，让水从房屋下方流过。在泰国，甚至有整个村庄都建在桩柱上的，渔民捕鱼、出行都很方便。

水上村庄

砖质房屋

砖通常是用黏土等烧制成的标准尺寸的坚硬块材。砌筑墙体时，人们用一种叫砂浆的糊状黏合剂将砖一块块黏合，并逐行排列整齐。

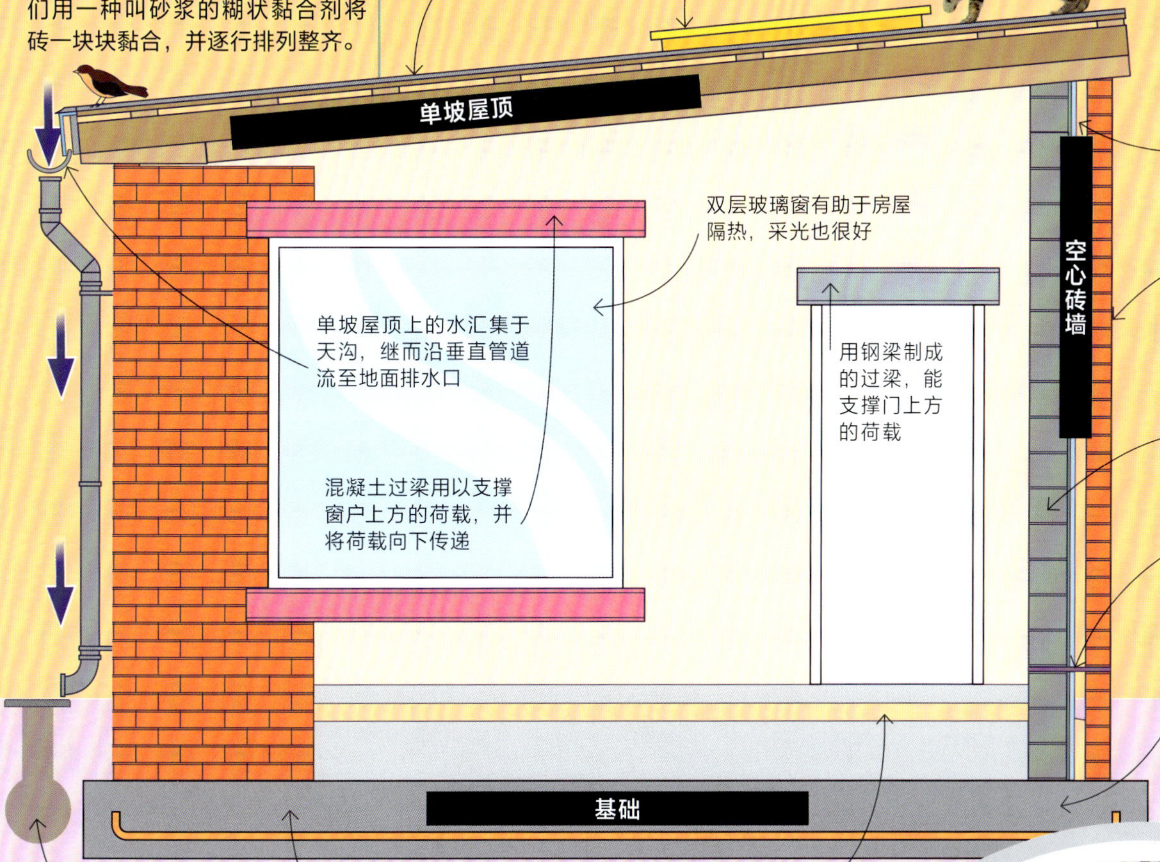
屋顶通常覆盖有耐腐蚀的富锌材料。屋顶微斜，以防积雨
屋顶的太阳能电池板将太阳能转化为电能，为屋内设施供电
单坡屋顶
这层空腔内充满隔热物质，如泡沫或空气，用以阻止热量穿过墙壁
双层玻璃窗有助于房屋隔热，采光也很好
空心砖墙
外部墙体由砖砌筑而成，上面涂有防水涂料
单坡屋顶上的水汇集于天沟，继而沿垂直管道流至地面排水口
用钢梁制成的过梁，能支撑门上方的荷载
用砌块（由混凝土和煤渣等制成）砌筑的内部砌体墙通常隐而不见
混凝土过梁用以支撑窗户上方的荷载，并将荷载向下传递
置于地面之上的防潮层，能阻止土壤中的水分穿墙而入
地下的基础支撑着上方结构，并将荷载向下传递至地面
基础
汇聚的雨水经排水管流入公共下水道
钢筋混凝土板承载着房屋重量
将类似橡胶的膜状材料铺设在房屋地面下方，以防潮防湿

钢筋混凝土

混凝土的优点在于能承载建筑物的重量，缺点是容易开裂。于是人们为其添加钢筋框架，这样一来，就坚固得多了。

在美国，依照低能耗设计理念建造的房屋，其能源消耗量要比常规新建住宅少 75%~95%。

供水系统

现代家庭离不开洁净的自来水供应。自来水通过埋藏在街道之下的给水管道输送，进入建筑后再经由大大小小的管道流进厨房、浴室等房间，或被饮用，或被用于烹饪、洗涤等。与之相应的，污水经由排水管道离开千家万户，最终流入公共下水道系统。

U 型管

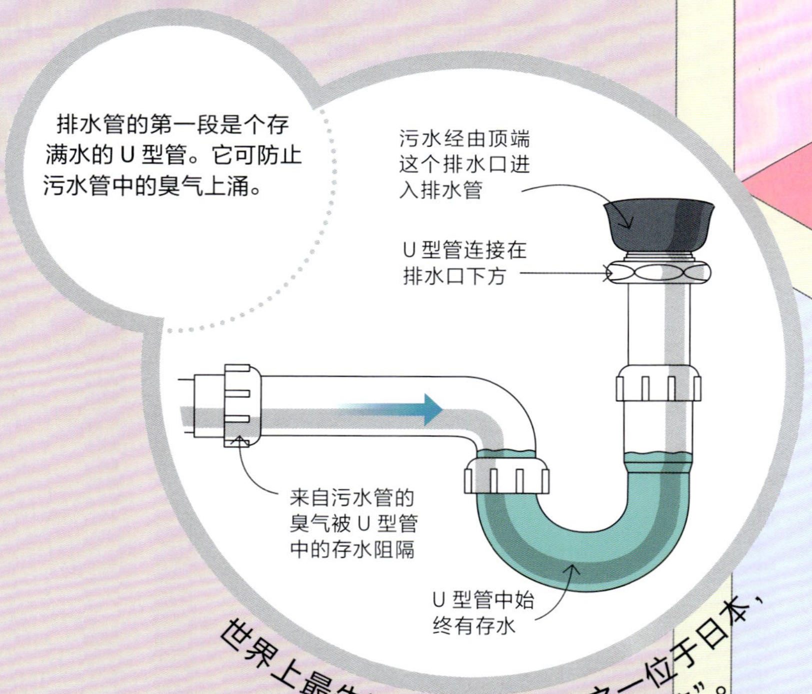

排水管的第一段是个存满水的 U 型管。它可防止污水管中的臭气上涌。
污水经由顶端这个排水口进入排水管
U 型管连接在排水口下方
来自污水管的臭气被 U 型管中的存水阻隔
U 型管中始终有存水

世界上最先进的下水道系统之一位于日本，被称作“首都圈外围排水系统”。

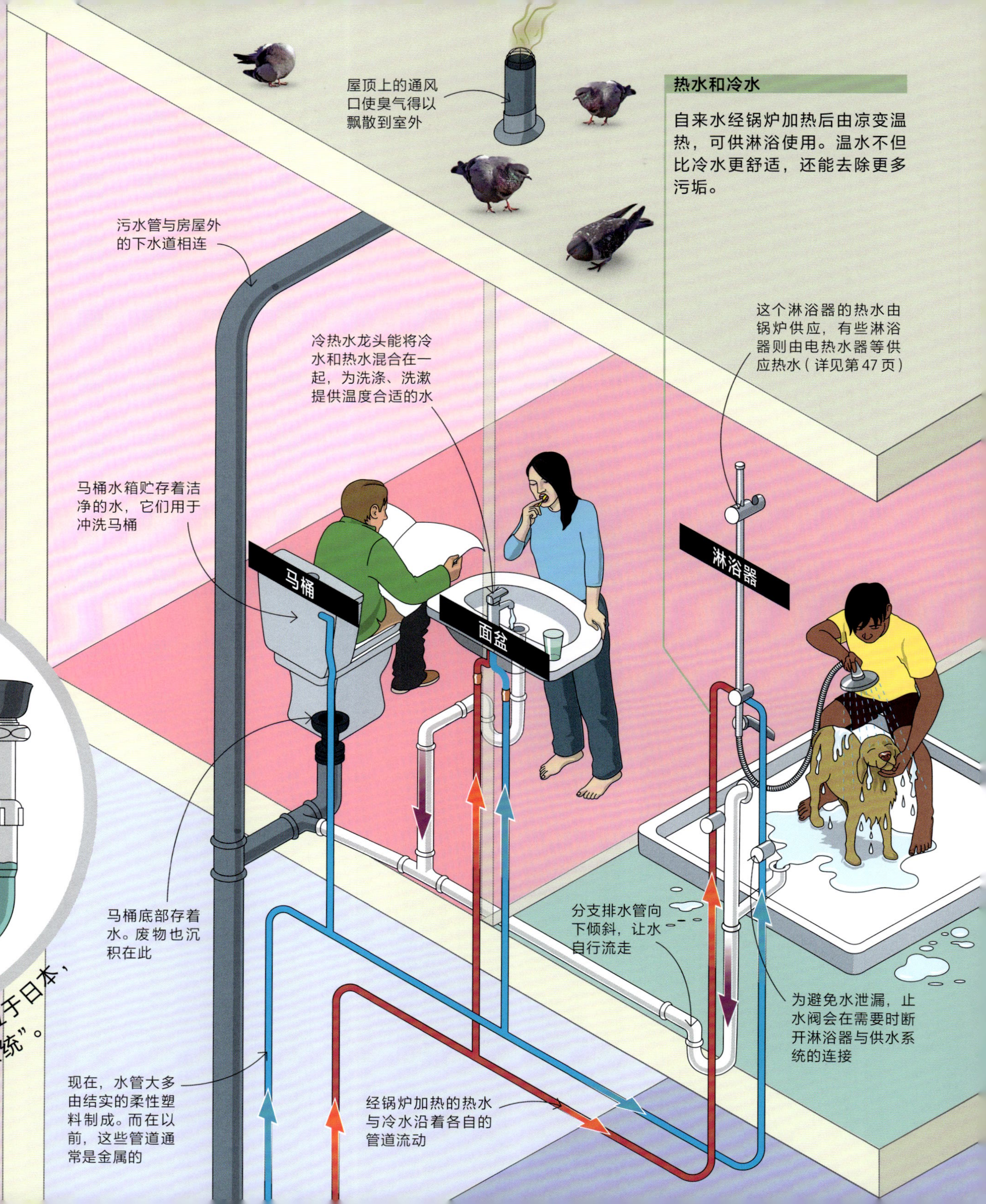

屋顶上的通风口使臭气得以飘散到室外
污水管与房屋外的下水道相连
冷热水龙头能将冷水和热水混合在一起，为洗涤、洗漱提供温度合适的水
这个淋浴器的热水由锅炉供应，有些淋浴器则由电热水器等供应热水（详见第 47 页）
马桶水箱贮存着洁净的水，它们用于冲洗马桶
马桶
面盆
淋浴器
马桶底部存着水。废物也沉积在此
分支排水管向下倾斜，让水自行流走
为避免水泄漏，止水阀会在需要时断开淋浴器与供水系统的连接
现在，水管大多由结实的柔性塑料制成。而在以前，这些管道通常是金属的
经锅炉加热的热水与冷水沿着各自的管道流动

热水和冷水

自来水经锅炉加热后由凉变温热，可供淋浴使用。温水不但比冷水更舒适，还能去除更多污垢。

化粪池

有些地区由于太过偏远，那里的房屋无法与当地下水道系统相连。这时可以因地制宜，让废水就近汇聚于大型地下化粪池中。这种化粪池的设计要兼顾两方面的需求：一方面收集固体废物，另一方面让水慢慢渗入地下。一旦化粪池中的固体废物积满，就用泵将其抽出，运走处理。

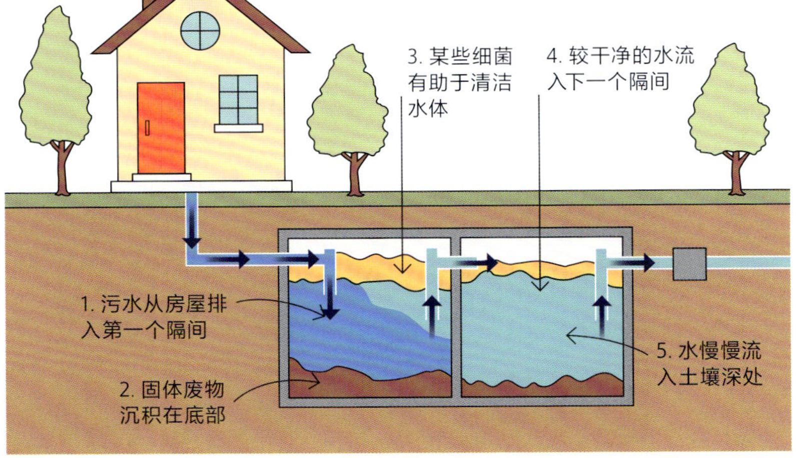

1. 污水从房屋排入第一个隔间
2. 固体废物沉积在底部
3. 某些细菌有助于清洁水体
4. 较干净的水流入下一个隔间
5. 水慢慢流入土壤深处

水上乐园使用的水的水质要靠循环清洁来维持，比如用氯等化学物质去除水中的病菌。

水上乐园

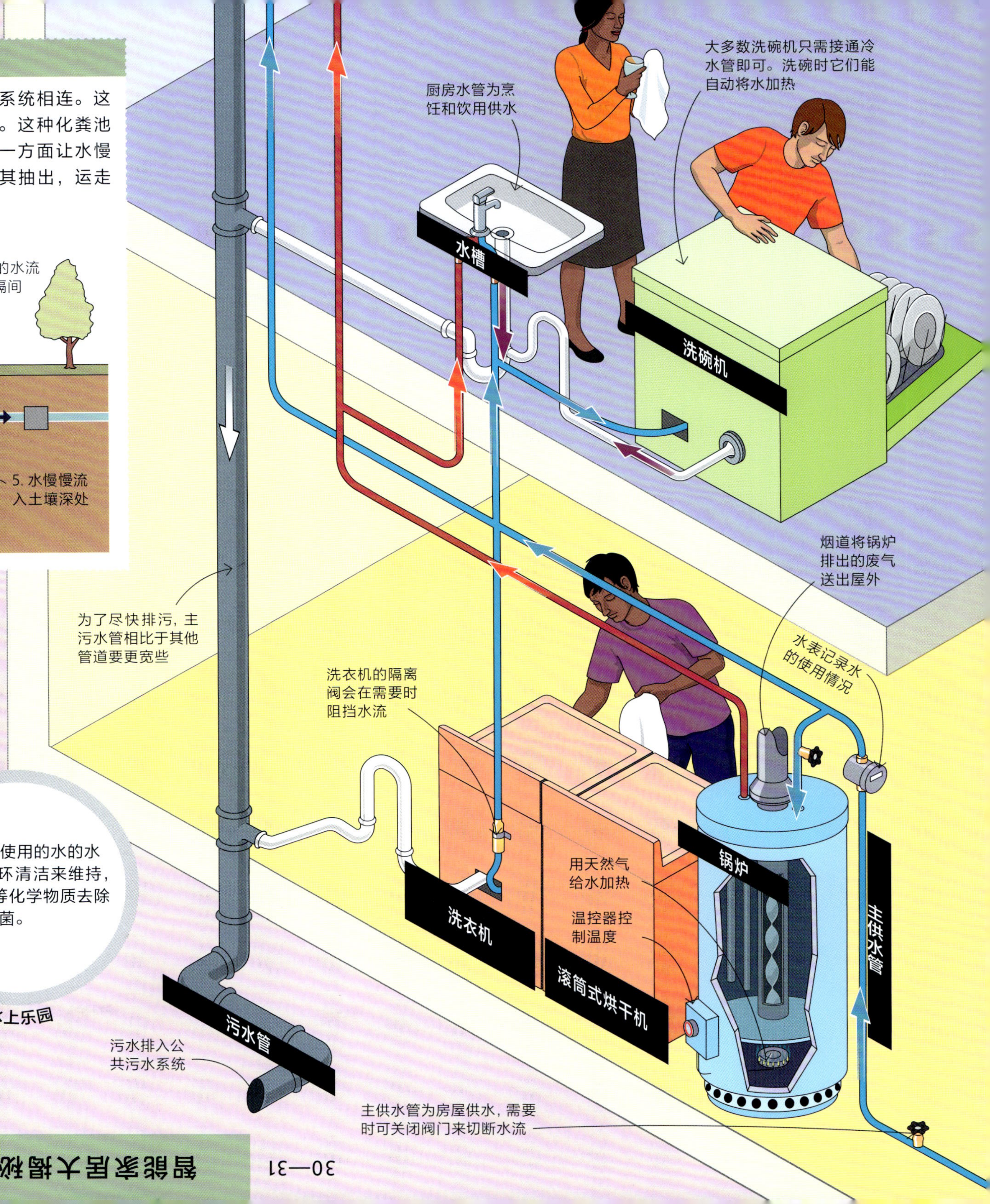

大多数洗碗机只需接通冷水管即可。洗碗时它们能自动将水加热
厨房水管为烹饪和饮用供水
水槽
洗碗机
烟道将锅炉排出的废气送出屋外
水表记录水的使用情况
为了尽快排污，主污水管相比于其他管道要更宽些
洗衣机的隔离阀会在需要时阻挡水流
用天然气给水加热
温控器控制温度
锅炉
主供水管
洗衣机
滚筒式烘干机
污水管
污水排入公共污水系统
主供水管为房屋供水，需要时可关闭阀门来切断水流

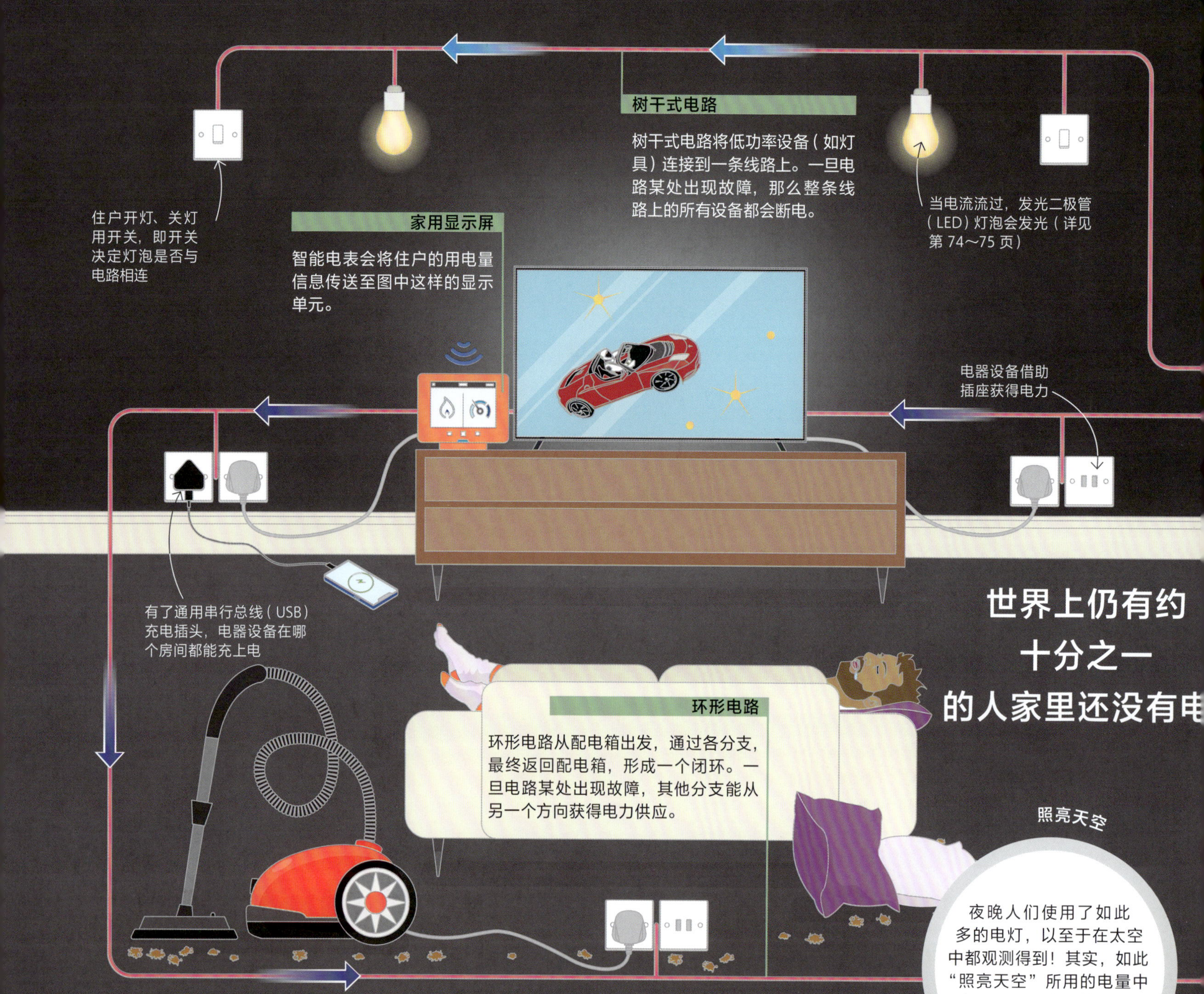
住户开灯、关灯用开关，即开关决定灯泡是否与电路相连
当电流流过，发光二极管（LED）灯泡会发光（详见第 74～75 页）
电器设备借助插座获得电力
有了通用串行总线（USB）充电插头，电器设备在哪个房间都能充上电

树干式电路

树干式电路将低功率设备（如灯具）连接到一条线路上。一旦电路某处出现故障，那么整条线路上的所有设备都会断电。

家用显示屏

智能电表会将住户的用电量信息传送至图中这样的显示单元。

环形电路

环形电路从配电箱出发，通过各分支，最终返回配电箱，形成一个闭环。一旦电路某处出现故障，其他分支能从另一个方向获得电力供应。

世界上仍有约十分之一的人家里还没有电

磁力断路器

房屋中每条电路在配电箱中都有一个安全开关，即磁力断路器。其作用在于防止电路过载电流，不然可能会导致电器着火。正常情况下，电流会流过磁力断路器。一旦电流过大，就会导致电磁铁拉动杠杆，从而切断电路。

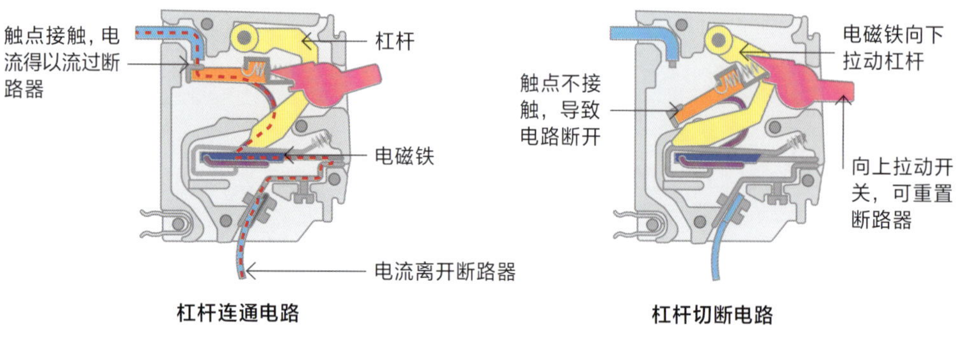
触点接触，电流得以流过断路器
杠杆
电磁铁
电流离开断路器
触点不接触，导致电路断开
电磁铁向下拉动杠杆
向上拉动开关，可重置断路器

杠杆连通电路　　杠杆切断电路

照亮天空

夜晚人们使用了如此多的电灯，以至于在太空中都观测得到！其实，如此“照亮天空”所用的电量中有 30% 是不必要的浪费。

电

电能是能量的一种，人类的大多数科技产品都是用电驱动的。房屋的电力供应来源于电网（详见第 96～97 页）。在房屋内部，电力供应是这样实现的：电流经由隐藏在墙壁、天花板中的电线电路到达各个房间。

闪电带有大量的电能，当它从空中传导到地球表面时，有可能会造成破坏。为了减少闪电给高层建筑带来的风险，人们给这些建筑安装了避雷针，让它们将电流安全引至建筑物外部并导入地面。

避雷针

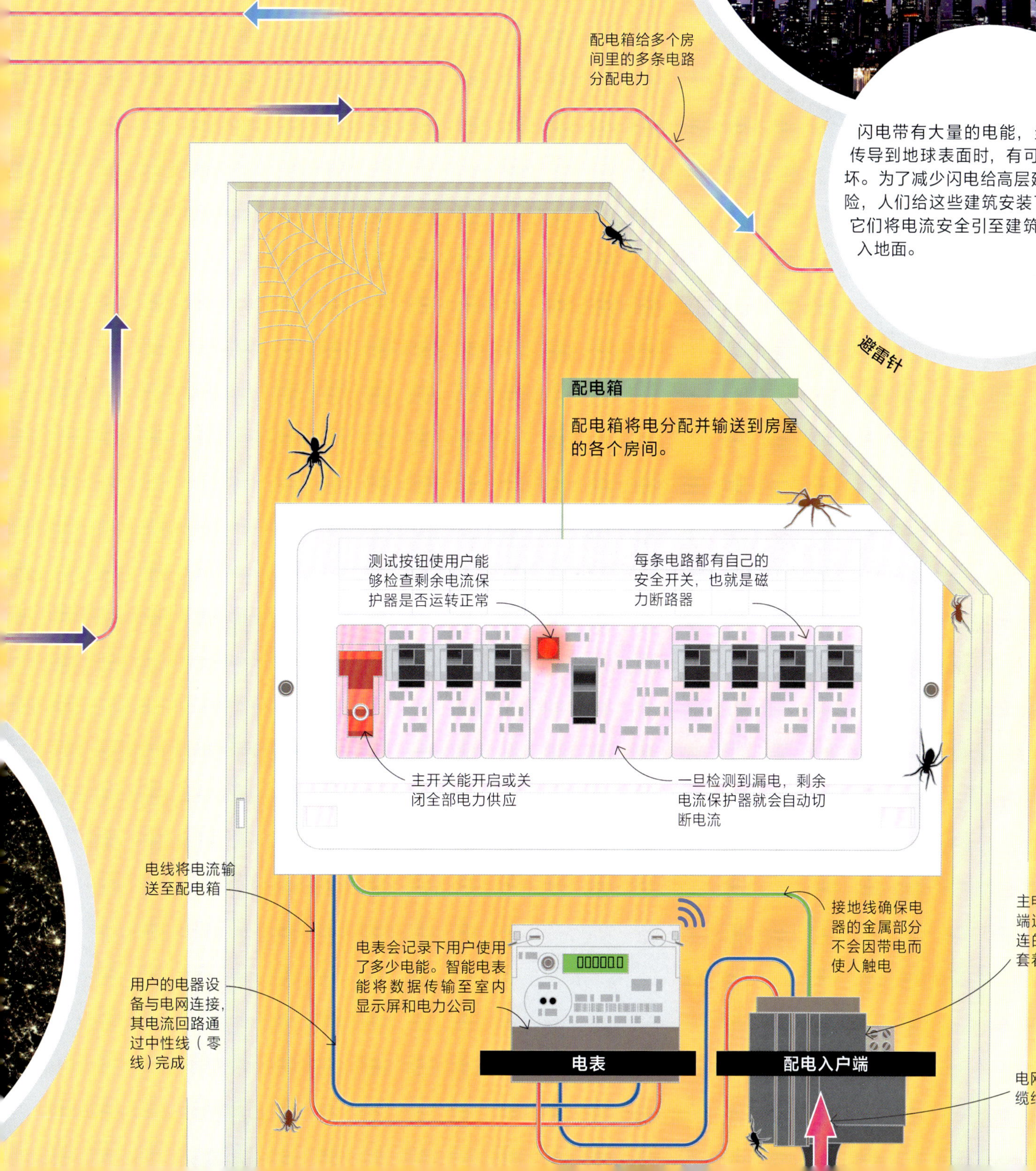
配电箱给多个房间里的多条电路分配电力
配电箱
配电箱将电分配并输送到房屋的各个房间。
测试按钮使用户能够检查剩余电流保护器是否运转正常
每条电路都有自己的安全开关，也就是磁力断路器
主开关能开启或关闭全部电力供应
一旦检测到漏电，剩余电流保护器就会自动切断电流
电线将电流输送至配电箱
用户的电器设备与电网连接，其电流回路通过中性线（零线）完成
电表会记录下用户使用了多少电能。智能电表能将数据传输至室内显示屏和电力公司
接地线确保电器的金属部分不会因带电而使人触电
主电缆是在配电入户端这里与房屋布线相连的。配电入户端外套着个防水盒子
电网是通过主电缆给住户供电的
000000
电表
配电入户端

供暖

为了提升室内气温，供暖技术得以应用。供暖系统多种多样，其中常见的一种是用锅炉给水加热，然后通过管道网络将热水输送到各个房间。热水流经哪个房间，就会将热量散发到哪个房间。

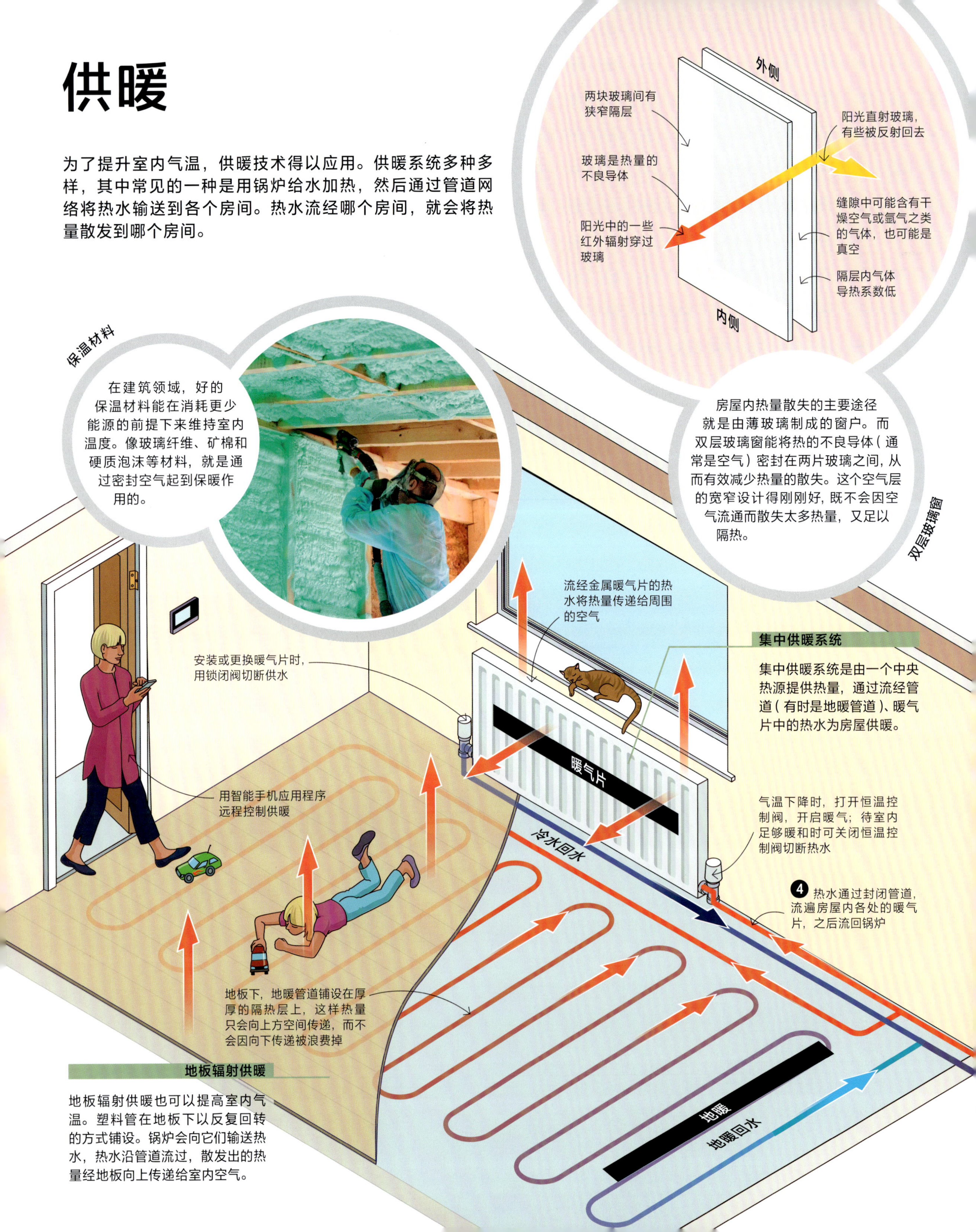

外侧
两块玻璃间有狭窄隔层
阳光直射玻璃，有些被反射回去
玻璃是热量的不良导体
缝隙中可能含有干燥空气或氩气之类的气体，也可能是真空
阳光中的一些红外辐射穿过玻璃
隔层内气体导热系数低
内侧
保温材料
在建筑领域，好的保温材料能在消耗更少能源的前提下来维持室内温度。像玻璃纤维、矿棉和硬质泡沫等材料，就是通过密封空气起到保暖作用的。
房屋内热量散失的主要途径就是由薄玻璃制成的窗户。而双层玻璃窗能将热的不良导体（通常是空气）密封在两片玻璃之间，从而有效减少热量的散失。这个空气层的宽窄设计得刚刚好，既不会因空气流通而散失太多热量，又足以隔热。
双层玻璃窗
流经金属暖气片的热水将热量传递给周围的空气
安装或更换暖气片时，用锁闭阀切断供水
暖气片
用智能手机应用程序远程控制供暖
冷水回水
气温下降时，打开恒温控制阀，开启暖气；待室内足够暖和时可关闭恒温控制阀切断热水
4 热水通过封闭管道，流遍房屋内各处的暖气片，之后流回锅炉
地板下，地暖管道铺设在厚厚的隔热层上，这样热量只会向上方空间传递，而不会因向下传递被浪费掉
地暖
地暖回水

集中供暖系统

集中供暖系统是由一个中央热源提供热量，通过流经管道（有时是地暖管道）、暖气片中的热水为房屋供暖。

地板辐射供暖

地板辐射供暖也可以提高室内气温。塑料管在地板下以反复回转的方式铺设。锅炉会向它们输送热水，热水沿管道流过，散发出的热量经地板向上传递给室内空气。

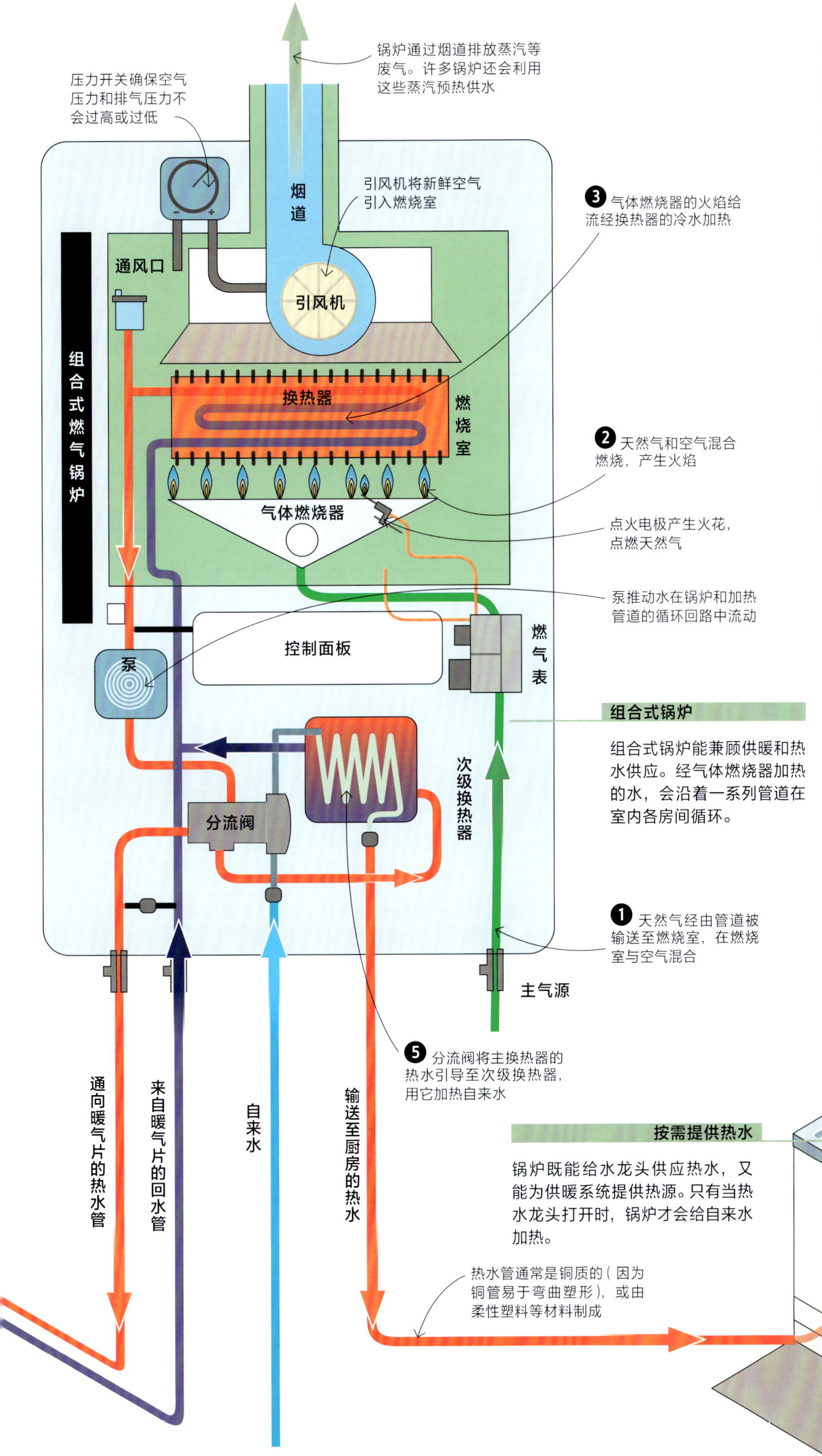

锅炉通过烟道排放蒸汽等废气。许多锅炉还会利用这些蒸汽预热供水
压力开关确保空气压力和排气压力不会过高或过低
烟道
引风机将新鲜空气引入燃烧室
❸ 气体燃烧器的火焰给流经换热器的冷水加热
通风口
引风机
组合式燃气锅炉
换热器
燃烧室
❷ 天然气和空气混合燃烧，产生火焰
气体燃烧器
点火电极产生火花，点燃天然气
泵推动水在锅炉和加热管道的循环回路中流动
控制面板
燃气表
泵
次级换热器
分流阀
❶ 天然气经由管道被输送至燃烧室，在燃烧室与空气混合
主气源
❺ 分流阀将主换热器的热水引导至次级换热器，用它加热自来水
通向暖气片的热水管
来自暖气片的回水管
自来水
输送至厨房的热水
热水管通常是铜质的（因为铜管易于弯曲塑形），或由柔性塑料等材料制成

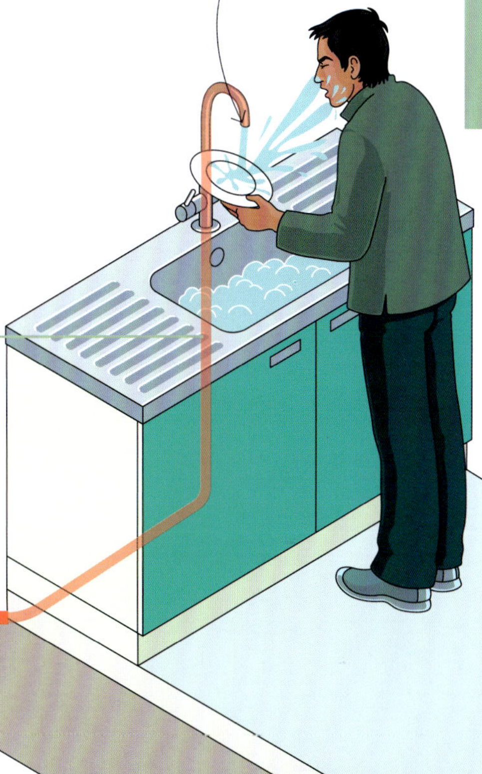

从水龙头流出的热水与供暖系统中的水没有交集

组合式锅炉

组合式锅炉能兼顾供暖和热水供应。经气体燃烧器加热的水，会沿着一系列管道在室内各房间循环。

按需提供热水

锅炉既能给水龙头供应热水，又能为供暖系统提供热源。只有当热水龙头打开时，锅炉才会给自来水加热。

热损失成像技术

在给房屋供暖的过程中，可能存在着热能散失而造成浪费的情况。要想找出哪里热量散失最严重，方法之一是用热成像摄像机拍摄外墙和窗户。比如下图中的亮色部分，就是热量散失较多之处。

中国新疆发现的一处地暖系统遗址，已有1 000多年的历史。

热泵

热泵能将热量从一个地方转移至另一个地方。冰箱就是一种热泵，它能去除多余热量，让冰箱内部保持低温。如果把这个系统反过来用，空气源热泵和地源热泵就能让房屋暖起来，而不是冷下去。总之，热泵是一种节能的家庭供暖装置。

冰箱的回收

冰箱回收时必须小心，因为旧冰箱可能含有一种叫氢氟碳化物的制冷剂，这是一种强效温室气体。

工作原理

热量是物质中原子和分子运动时产生的能量。热泵让液态制冷剂反复蒸发、冷凝，从而在吸收热量释放热量之间循环。

蒸发

当液体所受压力减少，它变成气体的速度就会加快。其分子从液体中逸出时所需的能量来自液体周围的环境。

冷凝

当气体被压缩到一个更小的空间，它的分子会被推挤在一起，从而凝结成较暖的液体。然后，液体会释放出多余的热量。

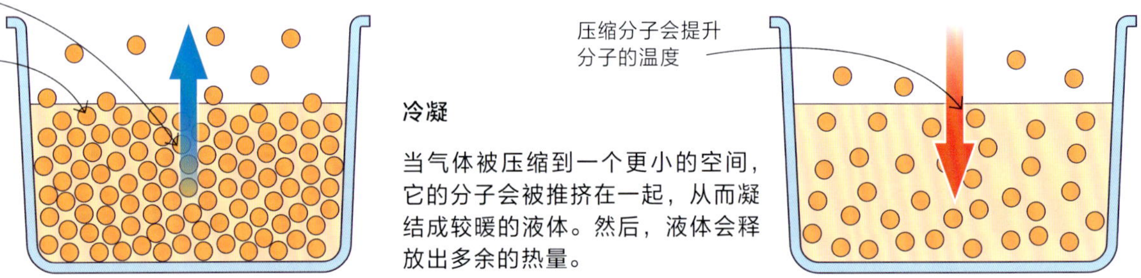
液体变成气体
液体在蒸发时会吸收热能，所以蒸发会使液体冷却
液体中的分子比气体中的分子排布得更紧密
气体变成液体
压缩分子会提升分子的温度

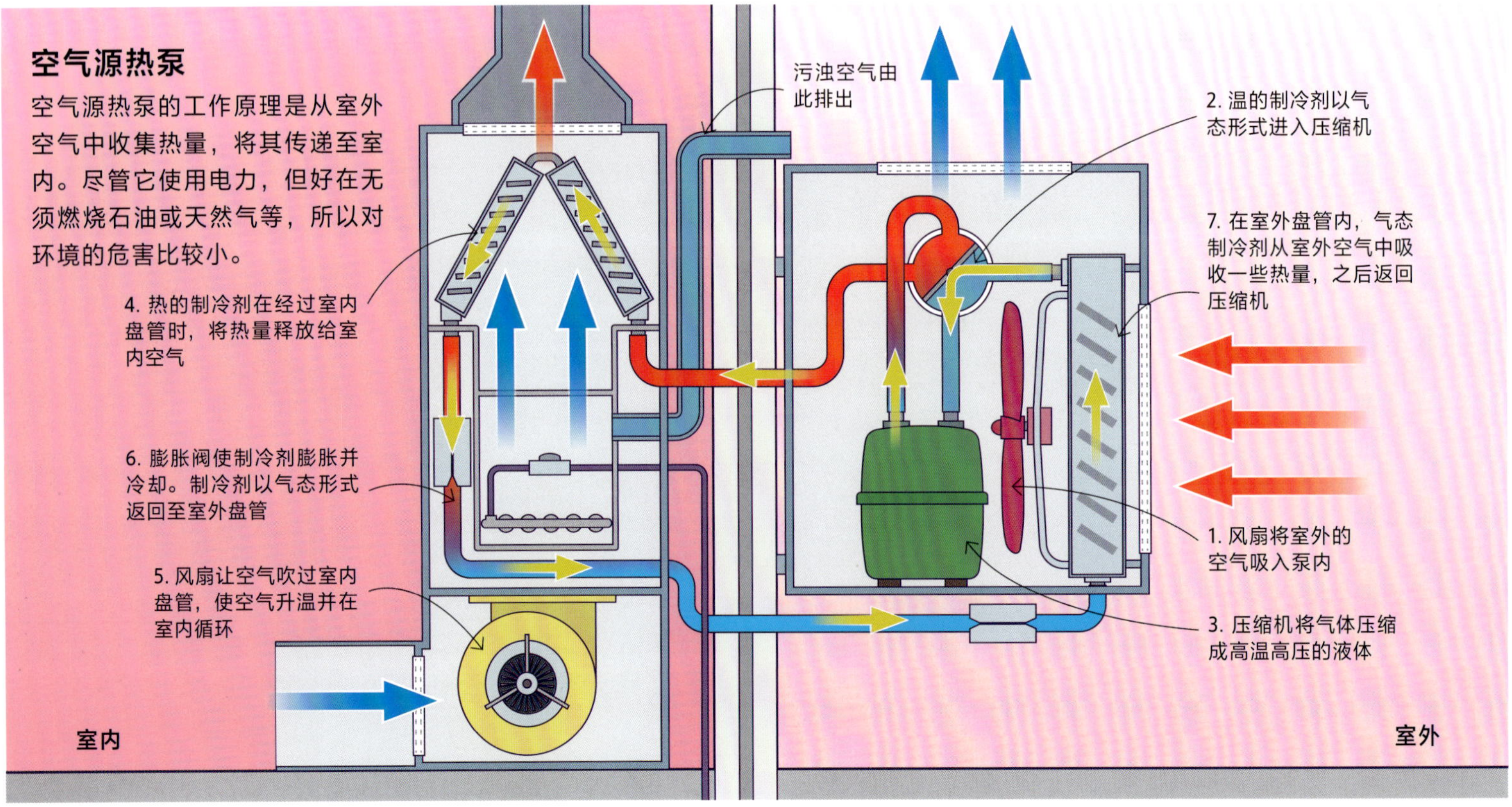
空气源热泵
空气源热泵的工作原理是从室外空气中收集热量，将其传递至室内。尽管它使用电力，但好在无须燃烧石油或天然气等，所以对环境的危害比较小。
污浊空气由此排出
2. 温的制冷剂以气态形式进入压缩机
7. 在室外盘管内，气态制冷剂从室外空气中吸收一些热量，之后返回压缩机
4. 热的制冷剂在经过室内盘管时，将热量释放给室内空气
6. 膨胀阀使制冷剂膨胀并冷却。制冷剂以气态形式返回至室外盘管
5. 风扇让空气吹过室内盘管，使空气升温并在室内循环
1. 风扇将室外的空气吸入泵内
3. 压缩机将气体压缩成高温高压的液体
室内
室外

地源热泵

地源热泵是从地下收集热量，然后经由暖器或地板下的管道网络将其释放到室内，为房间供暖的。这种热泵会压缩气态制冷剂，以进一步提升室内温度。

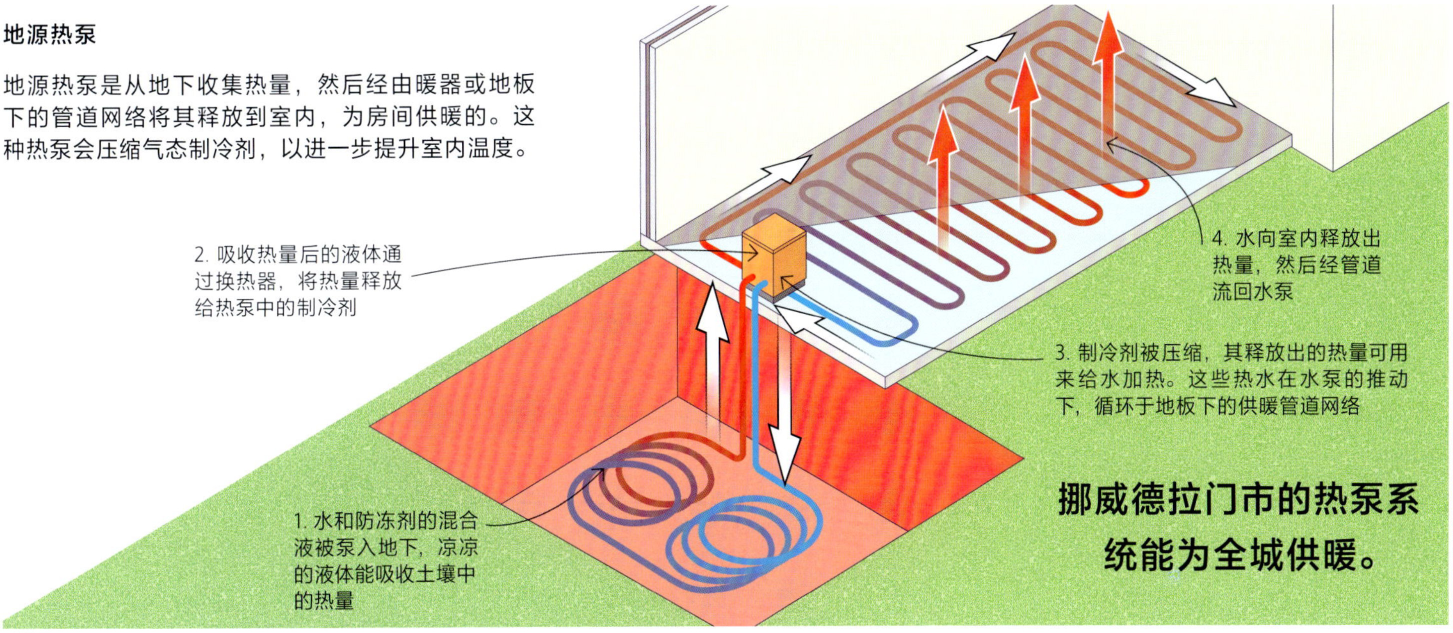

1. 水和防冻剂的混合液被泵入地下，凉凉的液体能吸收土壤中的热量
2. 吸收热量后的液体通过换热器，将热量释放给热泵中的制冷剂
3. 制冷剂被压缩，其释放出的热量可用来给水加热。这些热水在水泵的推动下，循环于地板下的供暖管道网络
4. 水向室内释放出热量，然后经管道流回水泵

挪威德拉门市的热泵系统能为全城供暖。

冰箱

冰箱也是一种热泵，它能将冰箱内部空间的热量排出，确保食物凉爽且新鲜。冰箱内部的热量被转移到了冰箱周围的空气中。

1. 膨胀阀为液态制冷剂减压，使其膨胀并降温
2. 降温后的制冷剂吸收了冰箱内的热量
3. 吸收了热量的气态制冷剂进入压缩机
4. 压缩机把气态制冷剂压缩成温度更高的液态制冷剂
5. 液态制冷剂流经冰箱背面的散热器
6. 液态制冷剂的热量释放到冰箱外的空气中
7. 液态制冷剂现已冷却，回流至膨胀阀
气态制冷剂在冰箱壁内的管道中流动
冷藏状态下的食品比在常温下保鲜时间更长

清凉时刻

坐落于迪拜某购物中心的这个人工雪场，其实就是一台“巨无霸冰箱”。它的空调系统和隔热墙能让温度保持在零下 2 摄氏度左右。等到夜间，极速冷冻机和造雪机（见下图）协同运转，气温便会降得更低。已作冷却处理的防冻液在雪坡下的冷却管道系统中不断循环，带走了滑雪坡底部的热量，使其保持最佳使用状态。

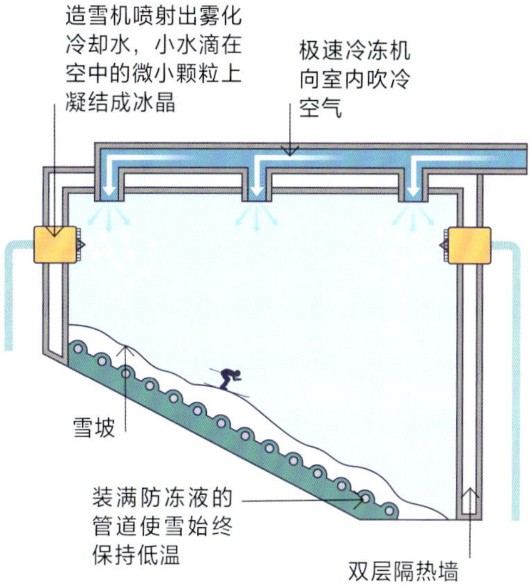
造雪机喷射出雾化冷却水，小水滴在空中的微小颗粒上凝结成冰晶
极速冷冻机向室内吹冷空气
雪坡
装满防冻液的管道使雪始终保持低温
双层隔热墙

人工造雪

到了夜晚，安装在雪坡上方的造雪机会喷射出雾状冷却水，小水滴结成冰晶后逐渐变成雪，飘落到雪坡上。此时这里的气温会降至零下 6 摄氏度左右。

位于沙特阿拉伯麦加的麦加大清真寺，拥有巨大的空调系统。
通风管道四通八达，通常隐藏在天花板和墙壁中
管道通常由钢质或铝质的硬金属板制成
通风系统
6 冷却后的空气经通风口进入房间，让室内保持舒适的温度
杂物间

大空中的空气供给

为了让空间站里的空气保持洁净，必须用化学物质清除不需要的二氧化碳和水蒸气。这些航天员正在研究二氧化碳清除装置。

空气供给

大型现代建筑内部往往都安装有空气供给系统：空气不是通过打开的窗户进入建筑，而是由通风系统为其循环泵送。空气供给系统有助于控制温度，能在需要时通过空调保持室内凉爽，还可以去除房间里的湿气。

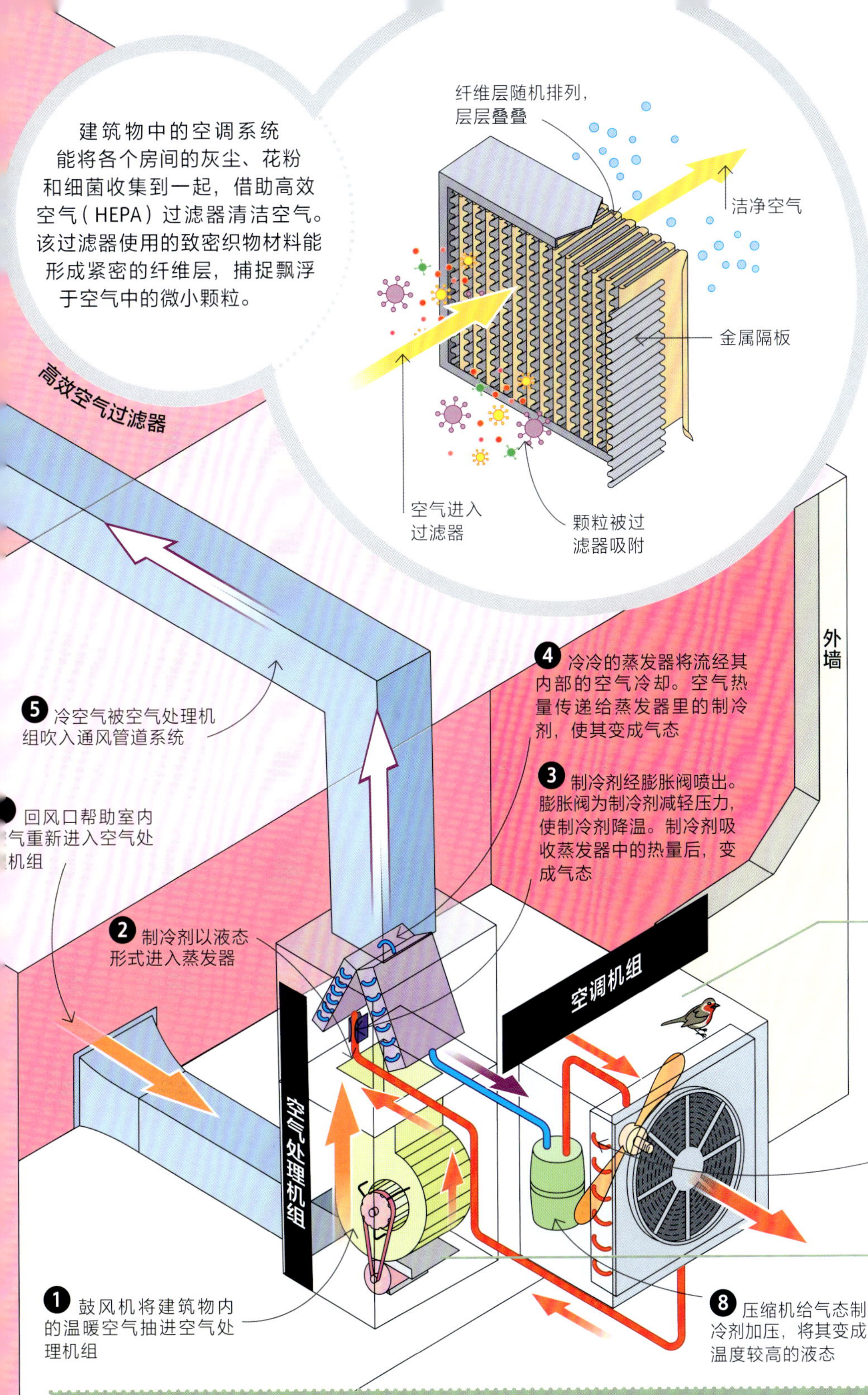
建筑物中的空调系统
能将各个房间的灰尘、花粉
和细菌收集到一起，借助高效
空气（HEPA）过滤器清洁空气。
该过滤器使用的致密织物材料能
形成紧密的纤维层，捕捉飘浮
于空气中的微小颗粒。
纤维层随机排列，
层层叠叠
洁净空气
金属隔板
空气进入
过滤器
颗粒被过
滤器吸附
高效空气过滤器
外墙
4 冷冷的蒸发器将流经其内部的空气冷却。空气热量传递给蒸发器里的制冷剂，使其变成气态
5 冷空气被空气处理机组吹入通风管道系统
3 制冷剂经膨胀阀喷出。膨胀阀为制冷剂减轻压力，使制冷剂降温。制冷剂吸收蒸发器中的热量后，变成气态
回风口帮助室内
气重新进入空气处
机组
2 制冷剂以液态形式进入蒸发器
空调机组
空气处理机组
1 鼓风机将建筑物内的温暖空气抽进空气处理机组
8 压缩机给气态制冷剂加压，将其变成温度较高的液态
9 在冷凝器盘管中，制冷剂向外部释放热量。然后制冷剂返回膨胀阀，开始新一轮循环

电力消耗居高不下

随着气候的变化，全球变暖，需要靠空调保持凉爽的家庭也变得多了起来。目前空调消耗的电能约占全球建筑物电力供应的五分之一。

空调机组

空调机组的工作原理类似冰箱，它会在封闭的管道系统中泵送一种能在液态、气态之间轻易转换的物质（制冷剂）。当空气流经这些管道，空气会被冷却，空气中的热量传给了制冷剂，而制冷剂又将热量传递至室外空气中。

空气处理机组

这个空气供给系统由两个机组协作运转。处理机组让冷空气吹遍整个房间，并将温暖的空气送回空调机组中冷却。它还能根据需要让室内空气升温。

空气离子化技术

空气中的某些灰尘和细菌可以用离子发生器清除。当氧分子经过机器，它们会被赋予电荷（离子化）。随后，这些带电的离子会与灰尘和其他颗粒接触，使它们也带电。这样一来，灰尘便会附着在地面等处，而不是被人体吸入。

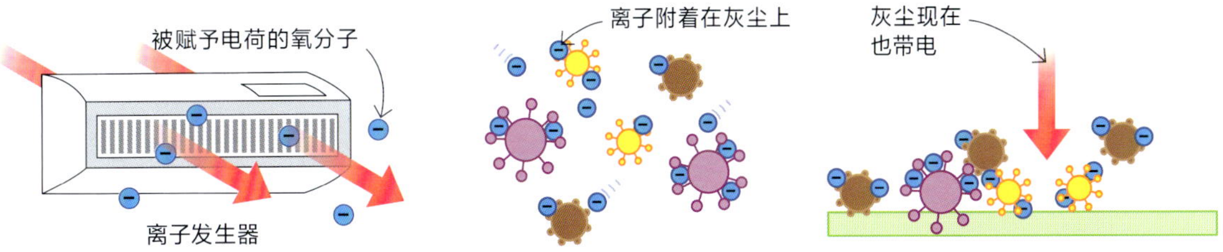
被赋予电荷的氧分子
离子发生器
离子附着在灰尘上
灰尘现在
也带电

带电的氧分子
高压电使空气中的氧分子离子化，赋予它们负电荷。

捕获污染物
氧离子被空气中的灰尘和细菌颗粒吸引，使这些污染物也带上了电。

落至地面
带电的污染物颗粒被吸到更方便清洁的墙壁和地面上。

圆柱形弹子锁

为了确保家庭的安全，人们最常用的装置就是锁，因为锁能靠硬实的金属锁舌把门锁住，只有形状与锁内部结构相匹配的钥匙才打得开。生活中最常见的锁是圆柱形弹子锁。由弹簧加载的弹子各有各的分隔点，当钥匙把弹子向上推到正确的高度时，分隔点才能对齐，锁芯才能转动。

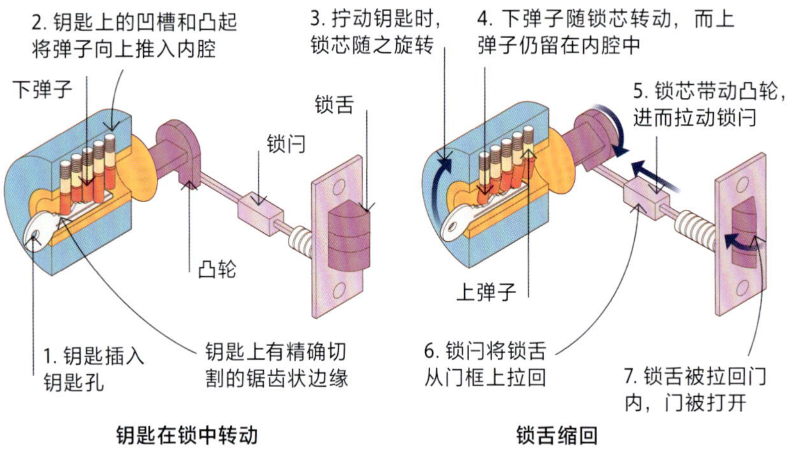

下弹子
2. 钥匙上的凹槽和凸起将弹子向上推入内腔
锁舌
锁闩
凸轮
1. 钥匙插入钥匙孔
钥匙上有精确切割的锯齿状边缘
钥匙在锁中转动
3. 拧动钥匙时，锁芯随之旋转
4. 下弹子随锁芯转动，而上弹子仍留在内腔中
5. 锁芯带动凸轮，进而拉动锁闩
上弹子
6. 锁闩将锁舌从门框上拉回
7. 锁舌被拉回门内，门被打开
锁舌缩回

一氧化碳探测器

设备发生故障时，可能会释放出名为一氧化碳的有毒气体。这种气体无色无味，因此在其浓度足以夺人性命之前，有探测器发出警报极为重要。

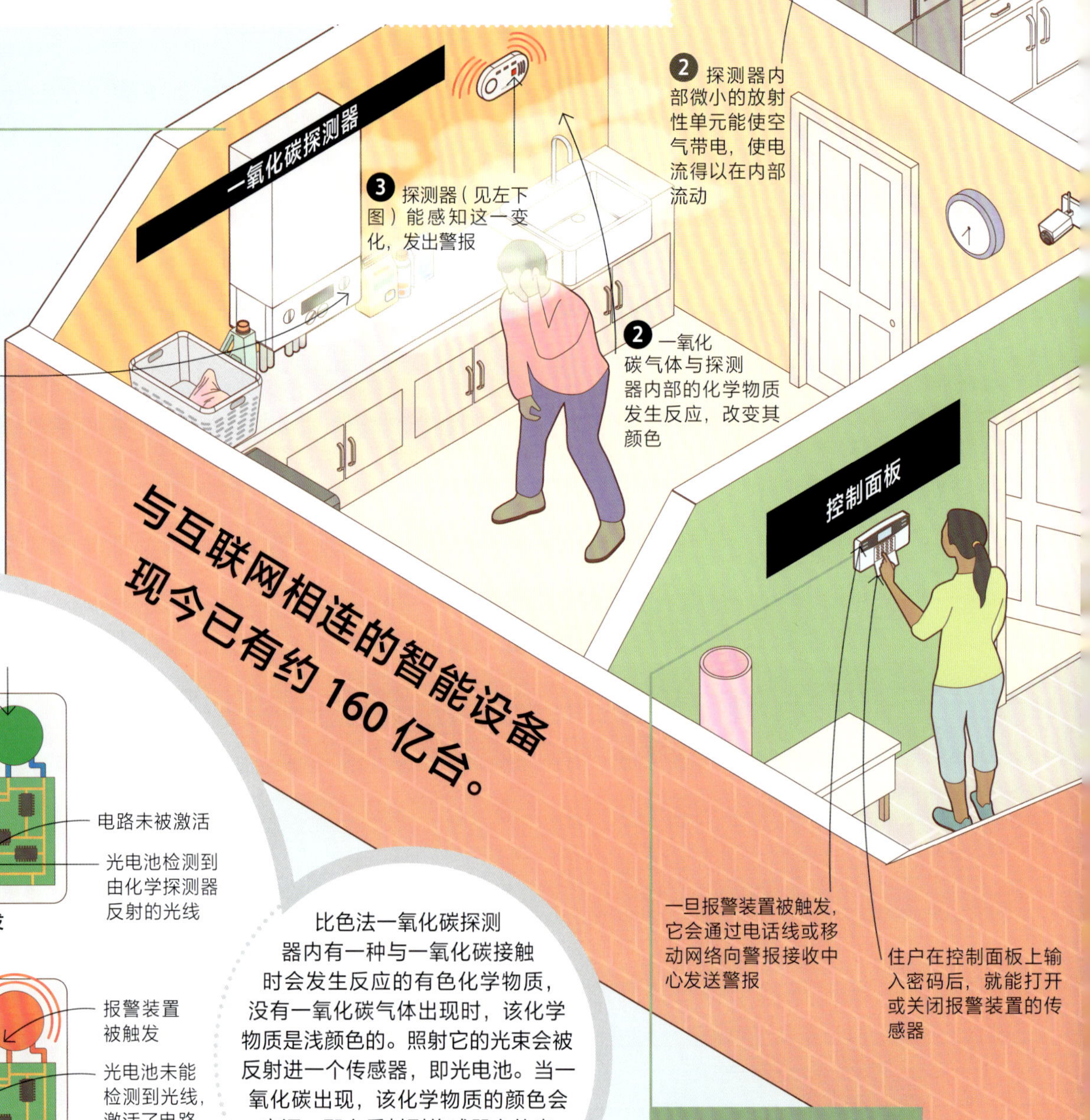

3 烟雾颗粒进入探测器，扰乱电流，进而触发报警装置
2 探测器内部微小的放射性单元能使空气带电，使电流得以在内部流动
一氧化碳探测器
3 探测器（见左下图）能感知这一变化，发出警报
1 某些燃烧天然气等燃料的设备（如锅炉）一旦发生故障，便有可能产生并散出大量一氧化碳，比如当天然气未能充分燃烧时
2 一氧化碳气体与探测器内部的化学物质发生反应，改变其颜色
控制面板
一旦报警装置被触发，它会通过电话线或移动网络向警报接收中心发送警报
住户在控制面板上输入密码后，就能打开或关闭报警装置的传感器

与互联网相连的智能设备现今已有约 160 亿台。

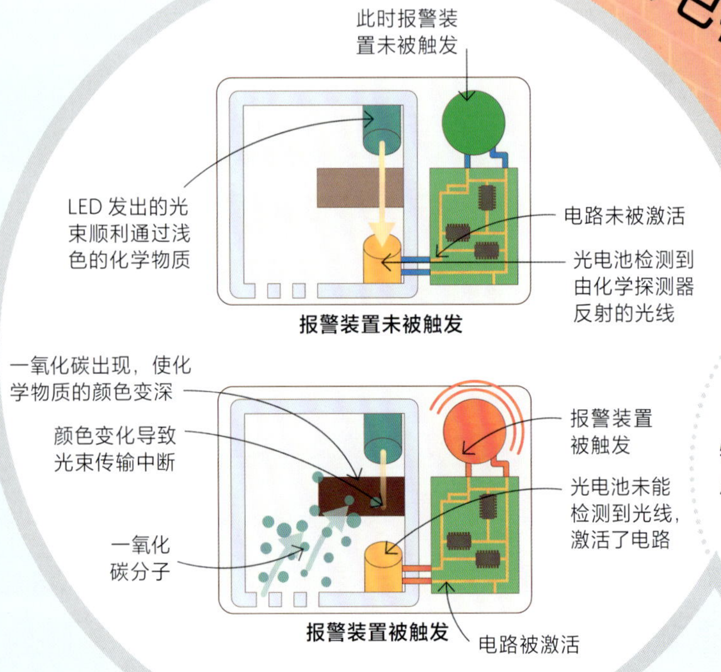

此时报警装置未被触发
LED 发出的光束顺利通过浅色的化学物质
电路未被激活
光电池检测到由化学探测器反射的光线
报警装置未触发
一氧化碳出现，使化学物质的颜色变深
颜色变化导致光束传输中断
一氧化碳分子
报警装置被触发
光电池未能检测到光线，激活了电路
报警装置被触发
电路被激活

比色法一氧化碳探测器内有一种与一氧化碳接触时会发生反应的有色化学物质，没有一氧化碳气体出现时，该化学物质是浅颜色的。照射它的光束会反射进一个传感器，即光电池。当一氧化碳出现，该化学物质的颜色会变深，那么反射到传感器上的光线就会减少，由此触发报警装置。

一氧化碳探测器

家庭报警系统

智能家庭报警系统与警报接收中心相连，以便能及时呼叫急救中心或消防部门。

家庭安全

为了保证家庭和财产的安全，人们会利用多种技术。比如，锁具能保持门窗关闭，当火灾发生或入侵者进入房屋内部时，探测器和报警器能发出警报。

烟雾探测器
❶ 火灾会生成微小的碳烟颗粒，它们混进空气后形成烟雾
摄像头能将每个房间的情况处理成视频。我们可以经由应用程序，从屏幕上实时查看摄像头视域内的情况
多面镜头能从广泛视域中捕捉到红外辐射
人单凭肉眼看不见红外辐射
运动传感器
到了晚上，运动传感器一感知到运动就会开灯
智能门铃装有摄像头，不但能将来访者记录下来，还能通过互联网发送实时视频给屋主

烟雾探测器

烟雾探测器能提前发出火灾警报。一旦探测到烟雾，它就会发出响亮的警报声。

入侵者警报

入侵者警报可提醒生人“非请勿入”。如果入侵者非法闯入，设备能立刻检测到。

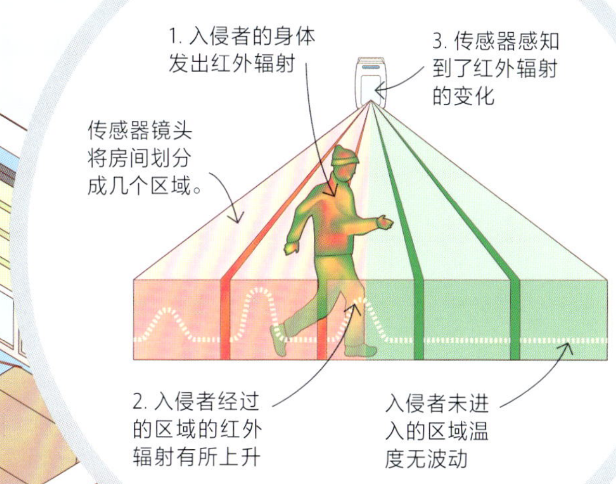

1. 入侵者的身体发出红外辐射
3. 传感器感知到了红外辐射的变化
传感器镜头将房间划分成几个区域。
2. 入侵者经过的区域的红外辐射有所上升
入侵者未进入的区域温度无波动

被动式红外传感器

当入侵者在住户家中走动时，被动式红外传感器能将他的一举一动“尽收眼底”。当然，传感器并未扫描房间，而是靠检测红外辐射（即热量）的变化来探测动静。入侵者身体的温度高于房间的温度，一旦传感器捕捉到移动的温暖物体，就会触发警报。

远程安全系统

有些家庭安全摄像头能与互联网相连。住户即便外出，也能通过摄像头看到家里的情况。

工厂可以大量制作多种食品。机器组成的自动化生产线能快速且低成本地烹饪、包装食品。

食品的大规模生产

人们至少在 14 000 年前就开始烘焙了。

磁控管通过操控电场和磁场，产生微波辐射
水龙头提供冷热水，有些还提供过滤后的饮用水
波导装置将微波辐射导向食物。有些微波炉里承载食物的玻璃盘会转动
微波炉
密封盖保持热空气在锅内循环
微波在炉腔内反射，使食物中的分子振动
空气炸锅
在空气炸锅中，热空气以高速循环的方式烹饪食物

微波炉

微波炉能快速给食物加热，靠的是强大的电磁波（即微波）。食物中的水分会吸收微波中的能量，使食物变热。

热传递

热量可以通过 3 种方式传递——辐射、传导和对流，烹饪时对这 3 种方式都可以加以利用。热烤架发出红外辐射，向食物传递肉眼不可见的热量；传导是在彼此直接接触的物质之间传递热量；对流是在水和蒸汽中形成旋涡流，将热量传递给食物各部分。

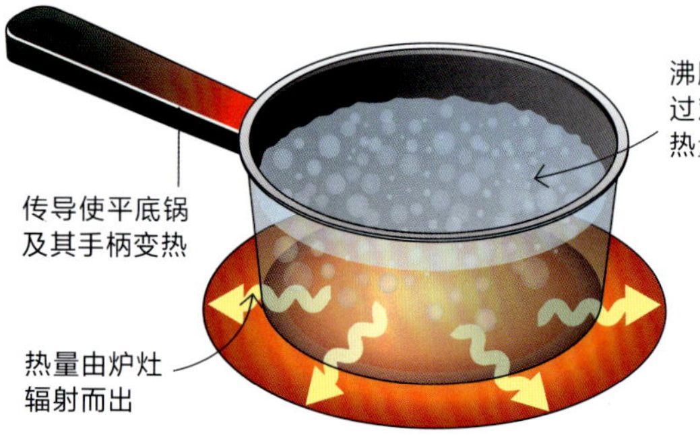

沸腾的水通过对流传递热量
传导使平底锅及其手柄变热
热量由炉灶辐射而出

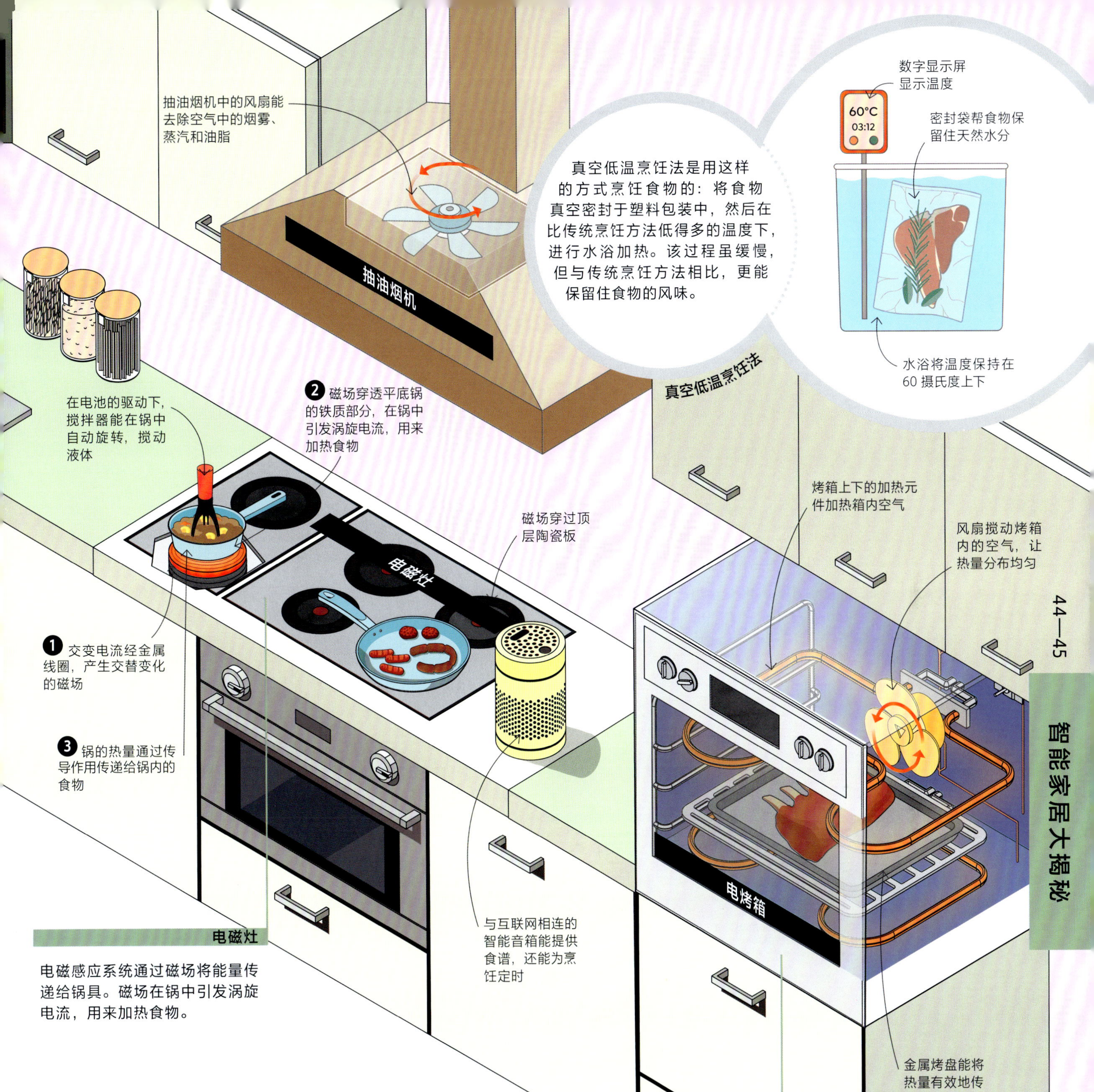
抽油烟机中的风扇能去除空气中的烟雾、蒸汽和油脂
抽油烟机
数字显示屏显示温度
60°C
03:12
密封袋帮食物保留住天然水分
水浴将温度保持在 60 摄氏度上下
真空低温烹饪法
在电池的驱动下，搅拌器能在锅中自动旋转，搅动液体
2 磁场穿透平底锅的铁质部分，在锅中引发涡旋电流，用来加热食物
磁场穿过顶层陶瓷板
电磁灶
1 交变电流经金属线圈，产生交替变化的磁场
3 锅的热量通过传导作用传递给锅内的食物
与互联网相连的智能音箱能提供食谱，还能为烹饪定时
烤箱上下的加热元件加热箱内空气
风扇搅动烤箱内的空气，让热量分布均匀
电烤箱
金属烤盘能将热量有效地传递给食物

真空低温烹饪法是用这样的方式烹饪食物的：将食物真空密封于塑料包装中，然后在比传统烹饪方法低得多的温度下，进行水浴加热。该过程虽缓慢，但与传统烹饪方法相比，更能保留住食物的风味。

电磁灶

电磁感应系统通过磁场将能量传递给锅具。磁场在锅中引发涡旋电流，用来加热食物。

烹饪

如今，大多数家庭在准备和烹饪食物时都会用到现代科技产品。它们使用不同的热量传递方式，以不同方法烹饪生食，或烧烤、烘焙，或煮沸、煎炸。经过烹饪的食物更易于食用，也更利于消化和吸收。而且熟食通常比生食更美味，更可口。

电烤箱

烤箱内，热空气围绕着食物。电烤箱中的空气是由放置在烤箱腔室壁、底部和顶部的加热元件（详见第 46～47 页）加热的。

电加热元件

电加热元件是将电能转化为热能的元件，而热能这种能量形式缘于原子等粒子的运动。电流流过导线时，电子发生移动，原子产生振动，于是导线发热。热量会随着电流以及导线电阻（导线对电流流动的阻碍程度）的增大而增加。人们会用一种叫电阻器的组件控制电阻，好让元件变得更热或不太热。

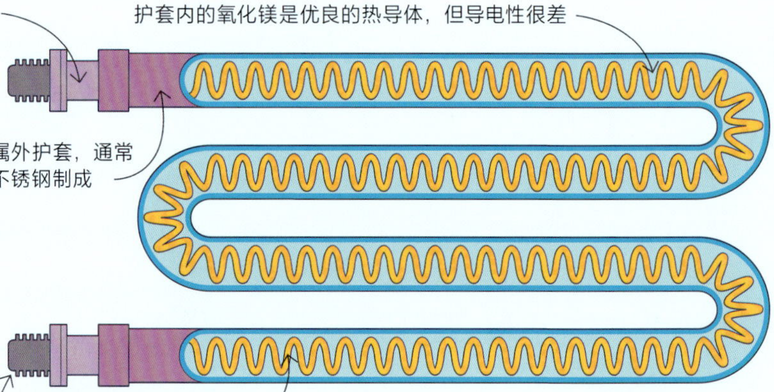

绝缘体
护套内的氧化镁是优良的热导体，但导电性很差
金属外护套，通常由不锈钢制成
导线是卷曲的，这样小小的空间内才放得下足够多的导线，以产生所需热量
金属端子将加热元件连接至电路中（其中可能包括一个电阻器，用以调高或调低温度）

工作原理

加热元件其实是一段导线。制作它的金属必须经得起多重考验：加热时不会变得太热、太亮，也不会膨胀太多。由于电流与水接触时极其危险，所以水壶等设备中的加热元件都被包裹于保护性护套里。

当年电烤箱烹制的第一餐有苹果派，还有巧克力蛋糕。

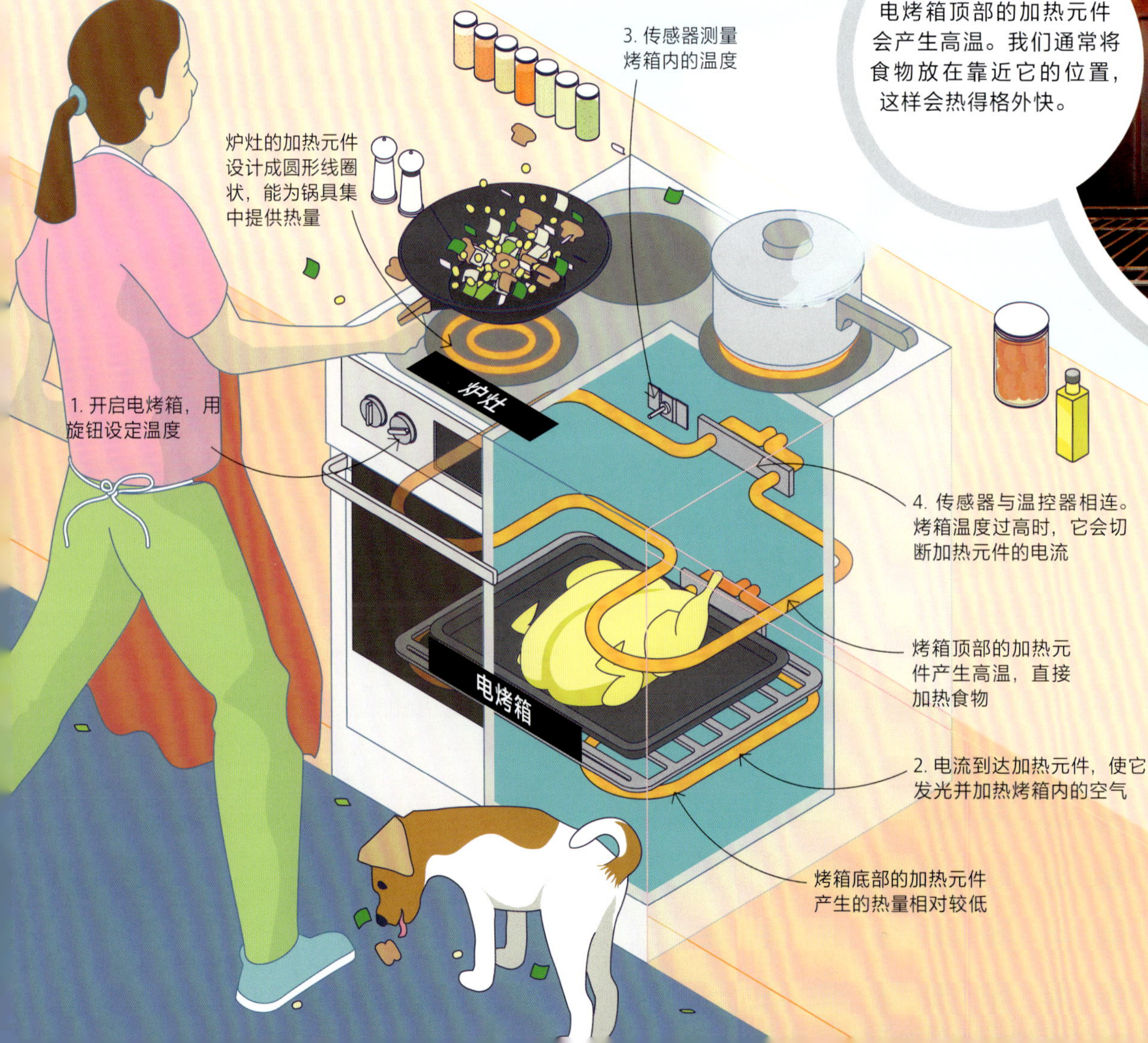

3. 传感器测量烤箱内的温度
炉灶的加热元件设计成圆形线圈状，能为锅具集中提供热量
炉灶
1. 开启电烤箱，用旋钮设定温度
4. 传感器与温控器相连。烤箱温度过高时，它会切断加热元件的电流
烤箱顶部的加热元件产生高温，直接加热食物
电烤箱
2. 电流到达加热元件，使它发光并加热烤箱内的空气
烤箱底部的加热元件产生的热量相对较低

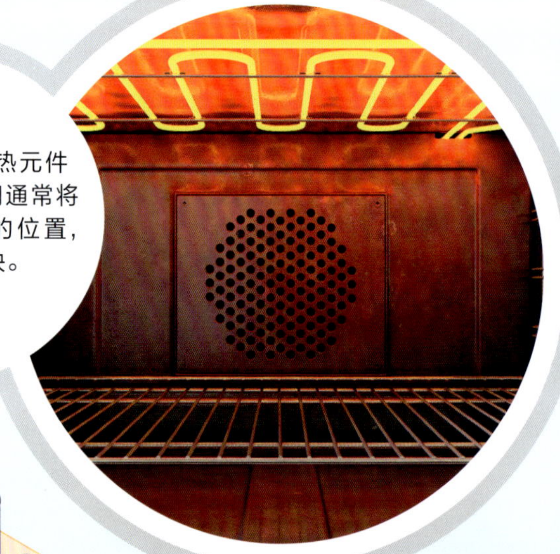

加热元件

电烤箱顶部的加热元件会产生高温。我们通常将食物放在靠近它的位置，这样会热得格外快。

电磁炉烤箱一体机

这种灶通常有两个加热元件用来加热烤箱内的空气。炉灶上还有独立加热元件，负责将热量传递给锅具。这些加热元件表面通常覆盖着玻璃、陶瓷或金属，方便清洁。

蒸汽熨斗

加热元件将热量传递给金属底板，以便压平衣物。一旦温度过高，温控器会切断电流。

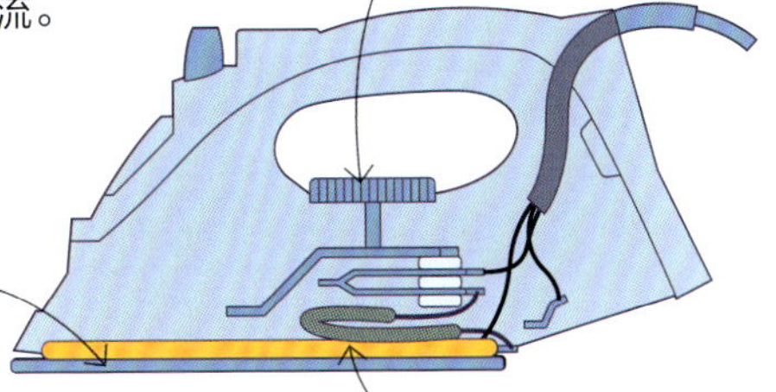
可用温度控制旋钮调节温控器并切断电流
金属底板由加热元件加热
加热元件的电流来自主电源

即热式电热水器

冷水流入即热式电热水器，流经加热元件时会变热，之后经花洒流出。

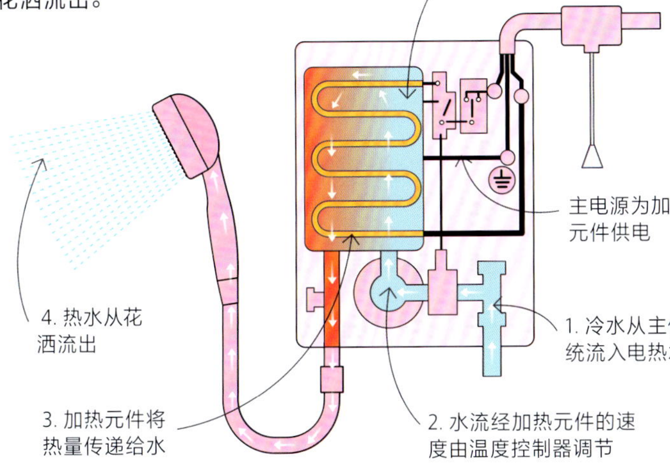
绝缘层防止加热元件直接与水接触
主电源为加热元件供电
4. 热水从花洒流出
1. 冷水从主供水系统流入电热水器
3. 加热元件将热量传递给水
2. 水流经加热元件的速度由温度控制器调节

暖风机

这种电加热器结构简单，主要由加热元件和保护罩构成。由于增加了风扇，冷空气被吸入加热器后经元件加热并即刻排出，所以房间升温很快。

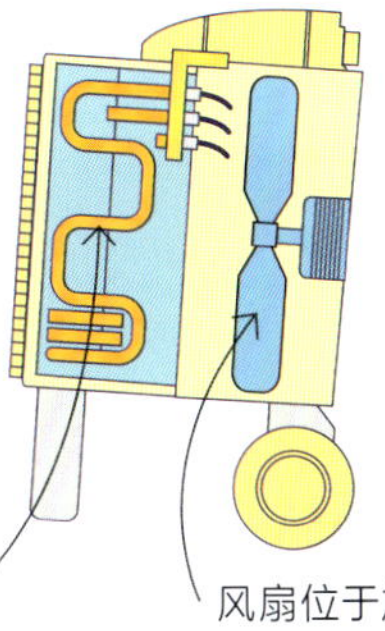
加热元件与温控器相连，一旦过热立即断电
风扇位于加热器后部，由电动机驱动

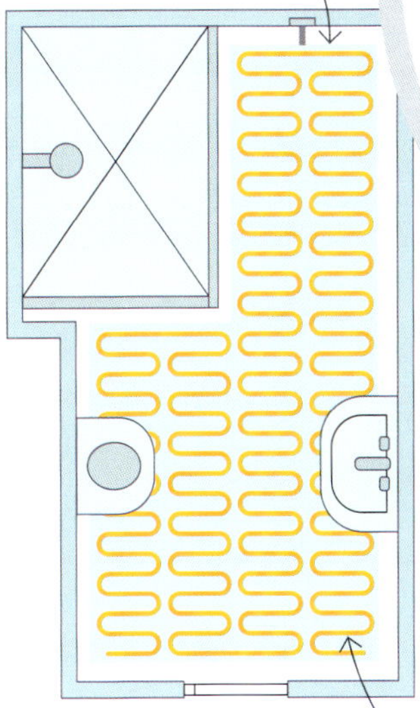
加热元件由铜或镍铬合金制成
加热元件固定于导热塑料垫上，呈波浪状排布

在铺设地板之前，用胶带将加热元件固定在塑料垫上。加热元件被包裹在防水材料中，避免与水接触。

安装地暖

电热地暖

有种地暖技术是用电能加热地板，进而提升房间内的气温。具体来说，它是将导热塑料垫隐藏于地板下方，由加热元件给塑料垫加热。

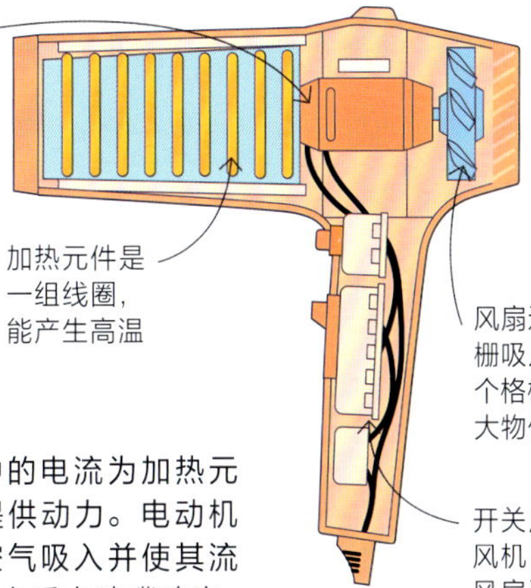
电动机驱动风扇
加热元件是一组线圈，能产生高温
风扇通过安全格栅吸入空气，这个格栅可防止较大物体被吸入
开关用以开关吹风机，还能控制风扇速度

吹风机

吹风机电路中的电流为加热元件和电动机提供动力。电动机驱动风扇将空气吸入并使其流过加热元件，之后由喷嘴喷出。

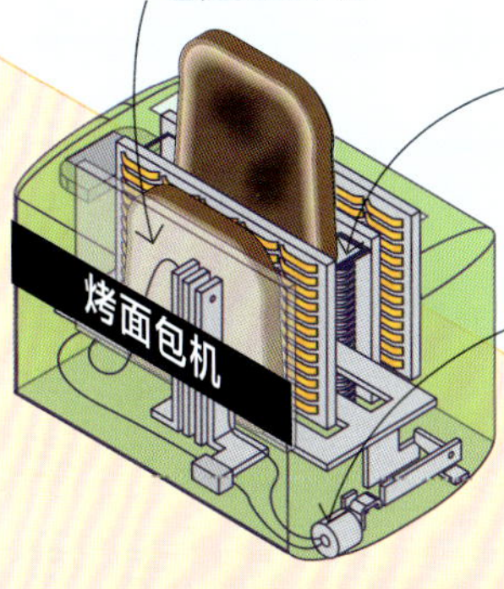
烤面包机
1. 将面包放在托盘中，按下杠杆，面包随托盘下降
3. 电磁铁会一直吸住托盘，直至内置计时器到达设定时间
2. 托盘一下降即与电路相连，电流得以流向加热元件

烤面包机

烤面包机中的加热元件由镍铬丝制成。面包会在烤面包机中停留，一直到计时完毕。有些烤面包机还配有可变电阻器，以控制导线中的电阻。

电烤面包机诞生于 1893 年。

世界上还有许多人的家里没有洗衣机，他们可能会把衣服送到洗衣店去洗。位于印度孟买的玛哈拉克希米露天洗衣场是世界上最大的洗衣场之一，那里有约 8 000 人徒手清洗衣服和酒店的床单，洗好后就露天晾干。

户外洗衣店

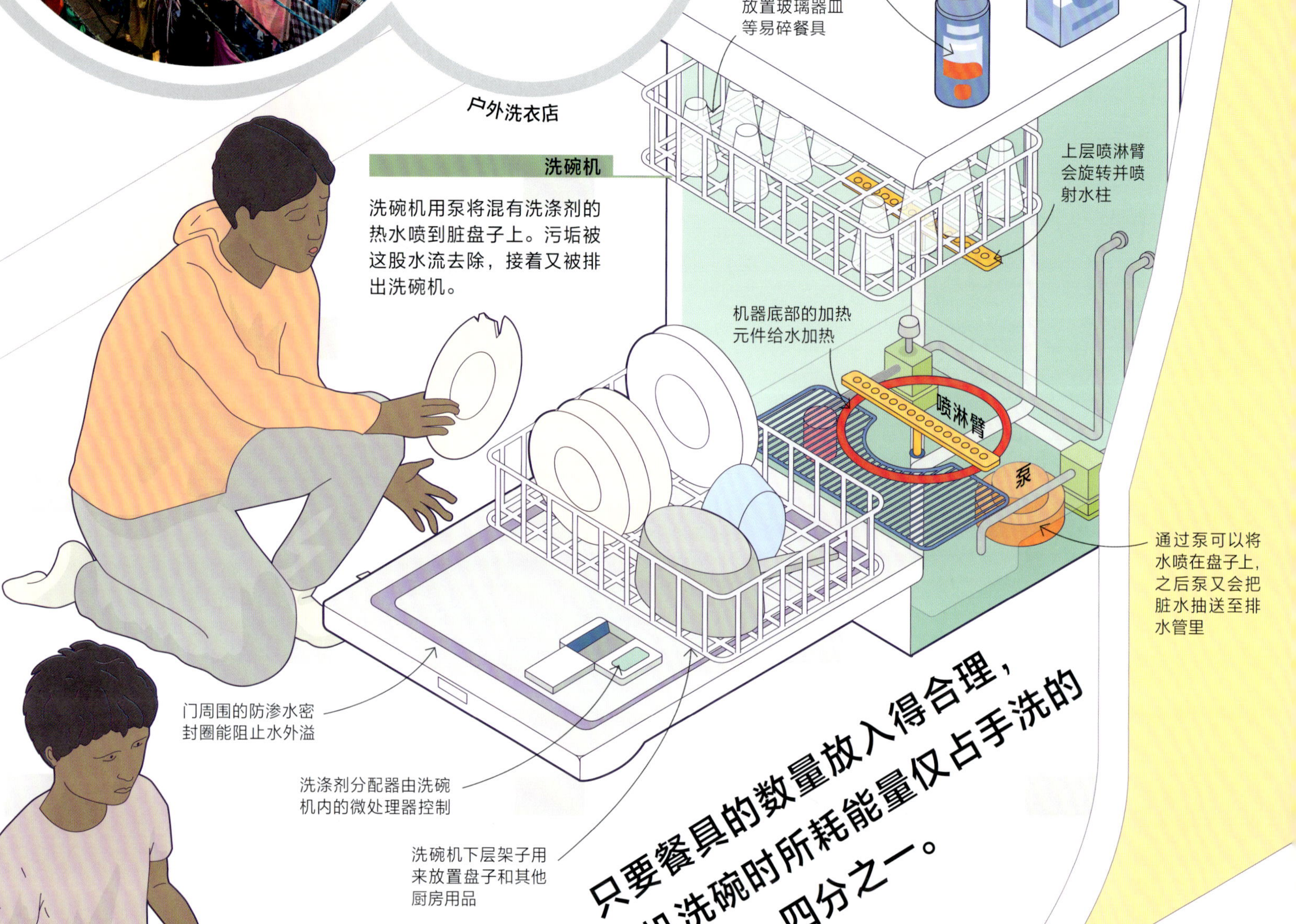
漂洗剂能防止玻璃器皿上形成水印
洗碗机专用盐能去除水中的矿物质。在没有矿物质的水中洗涤效果更好
上层架子用来放置玻璃器皿等易碎餐具
洗碗机
洗碗机用泵将混有洗涤剂的热水喷到脏盘子上。污垢被这股水流去除，接着又被排出洗碗机。
上层喷淋臂会旋转并喷射水柱
机器底部的加热元件给水加热
喷淋臂
泵
通过泵可以将水喷在盘子上，之后泵又会把脏水抽送至排水管里
门周围的防渗水密封圈能阻止水外溢
洗涤剂分配器由洗碗机内的微处理器控制
洗碗机下层架子用来放置盘子和其他厨房用品

只要餐具的数量放入得合理，洗碗机洗碗时所耗能量仅占手洗的四分之一。

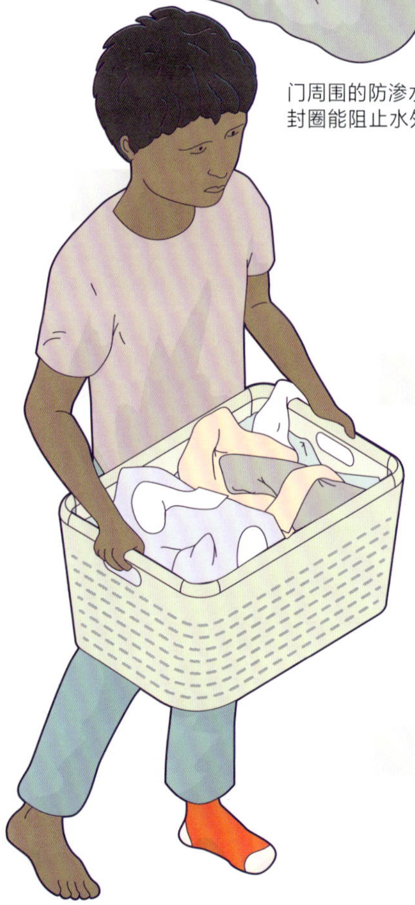

洗碗机和洗衣机

如果你觉得徒手洗衣服、刷碗碟挺累人，可以让机器来帮忙。洗衣机会将衣物与温水、洗涤剂混合后加以搅动，以去除污垢。洗碗机则是用热水喷淋的方式和强效化学制剂来清洗餐具。

滚筒式烘干机能让洗好的衣物尽快变得干燥。首先，将洗好的湿衣物放进烘干机可旋转的金属筒内。接下来，金属筒一边翻动衣物，一边向其吹送暖风，暖风能让衣物中的水分转化为蒸汽。随着潮湿空气被排出机器，衣物也就逐渐变干了。

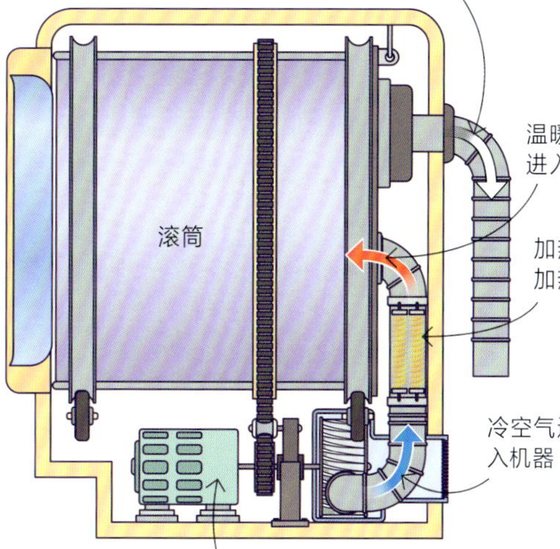

潮湿空气经排气管排出
温暖空气进入滚筒
滚筒
加热元件加热空气
冷空气进入机器
电动机和皮带让滚筒旋转

滚筒式烘干机

洗涤剂为何能洗净衣物

光靠水没法将脏衣物彻底洗净，还需要洗涤剂这个化学助手。洗涤剂能让污垢与织物分离并混在水中，最后将衣物漂洗干净即可去除污垢。

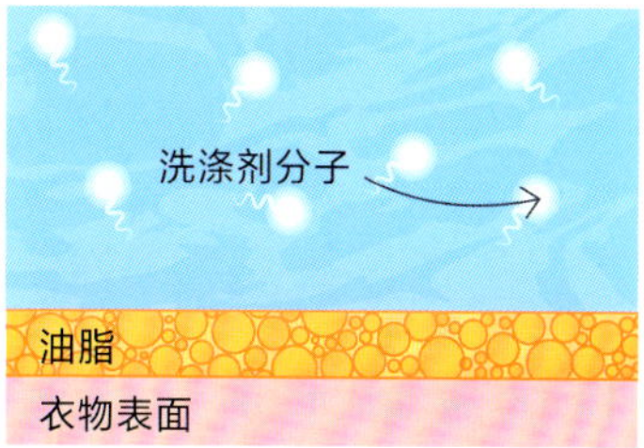

洗涤剂分子
油脂
衣物表面

洗涤剂溶解

洗涤剂分子有两端：“头部”亲水，与水结合；“尾部”亲油，与各类油脂结合。

附着在污渍上

分子尾部附着于织物表面，与污渍中的油性物质混合。

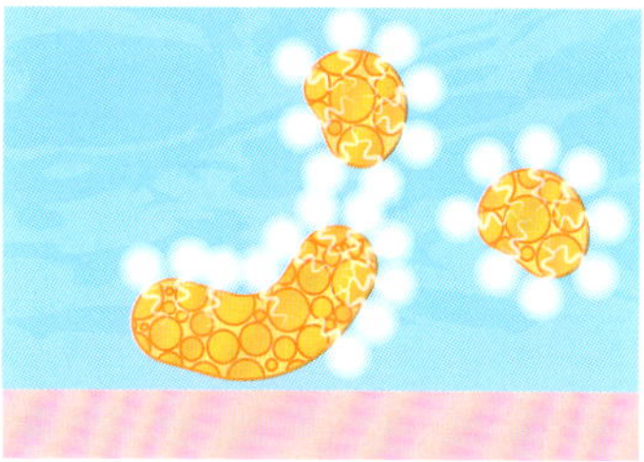

分离污垢与织物

搅动的水会促使分子头部将带着污渍的尾部从织物上拉进水里。

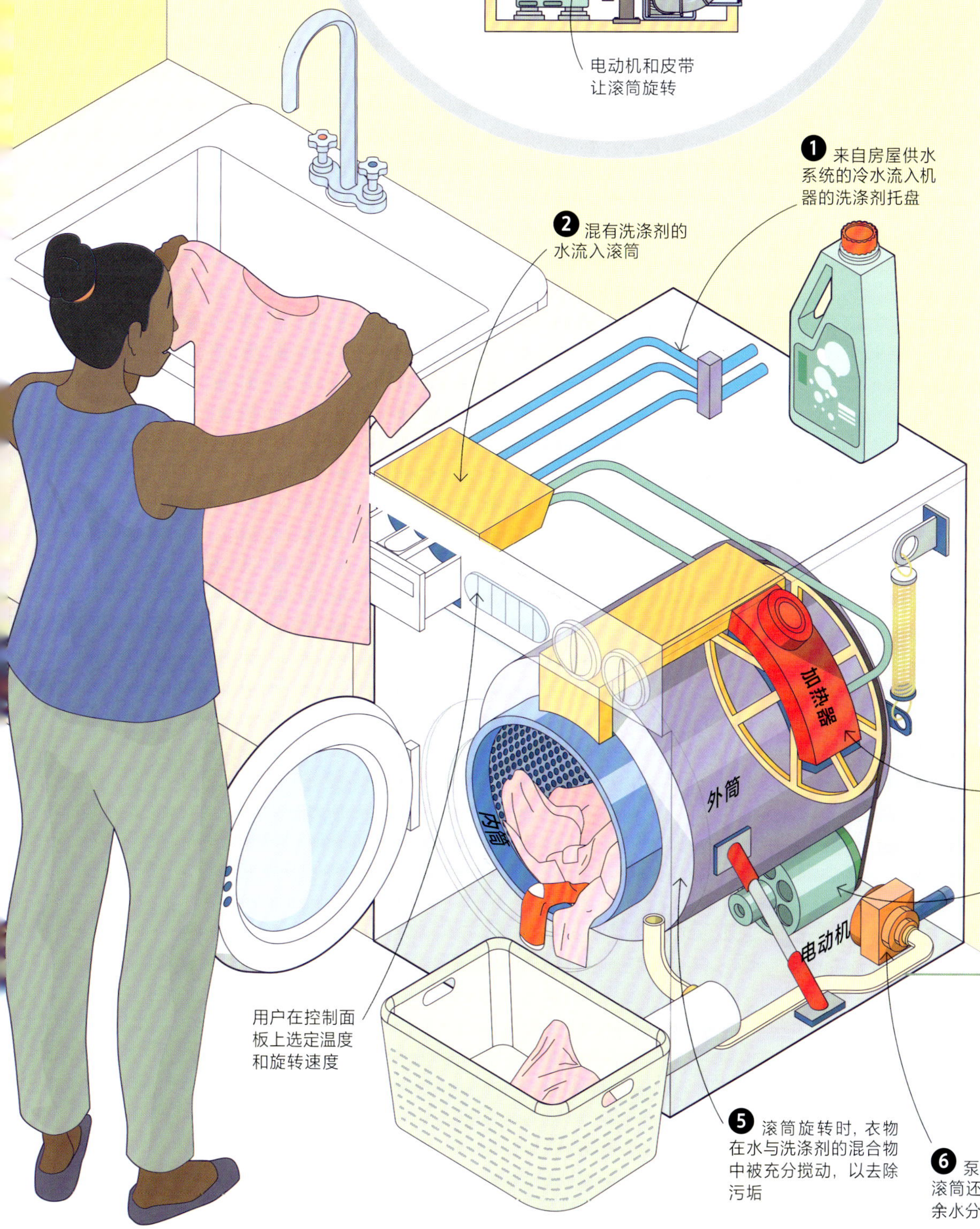

❶ 来自房屋供水系统的冷水流入机器的洗涤剂托盘
❷ 混有洗涤剂的水流入滚筒
加热器
外筒
内筒
电动机
❸ 当水与洗涤剂的混合物流入滚筒后，电加热器为其加热
❹ 电动机靠皮带与内筒相连。当电动机转动皮带时，内筒也随之转动
用户在控制面板上选定温度和旋转速度
❺ 滚筒旋转时，衣物在水与洗涤剂的混合物中被充分搅动，以去除污垢
❻ 泵将脏水排出。之后滚筒还会高速旋转，将残余水分甩出

洗衣机

洗衣机的电动机转动装满脏衣物的滚筒。水与洗涤剂的混合物经洗衣机加热器加热后，流入滚筒，在滚筒转动时将污垢带走。

花园

花园离不开人的精心照料，费时费力在所难免，不过好在有先进的设备能让劳作变得更轻松。比如灌溉系统能为植物供水，割草机和修剪机能除掉植物上我们不需要的部分。技术设备不但能帮忙干活儿，还能让这些工作变得有趣。

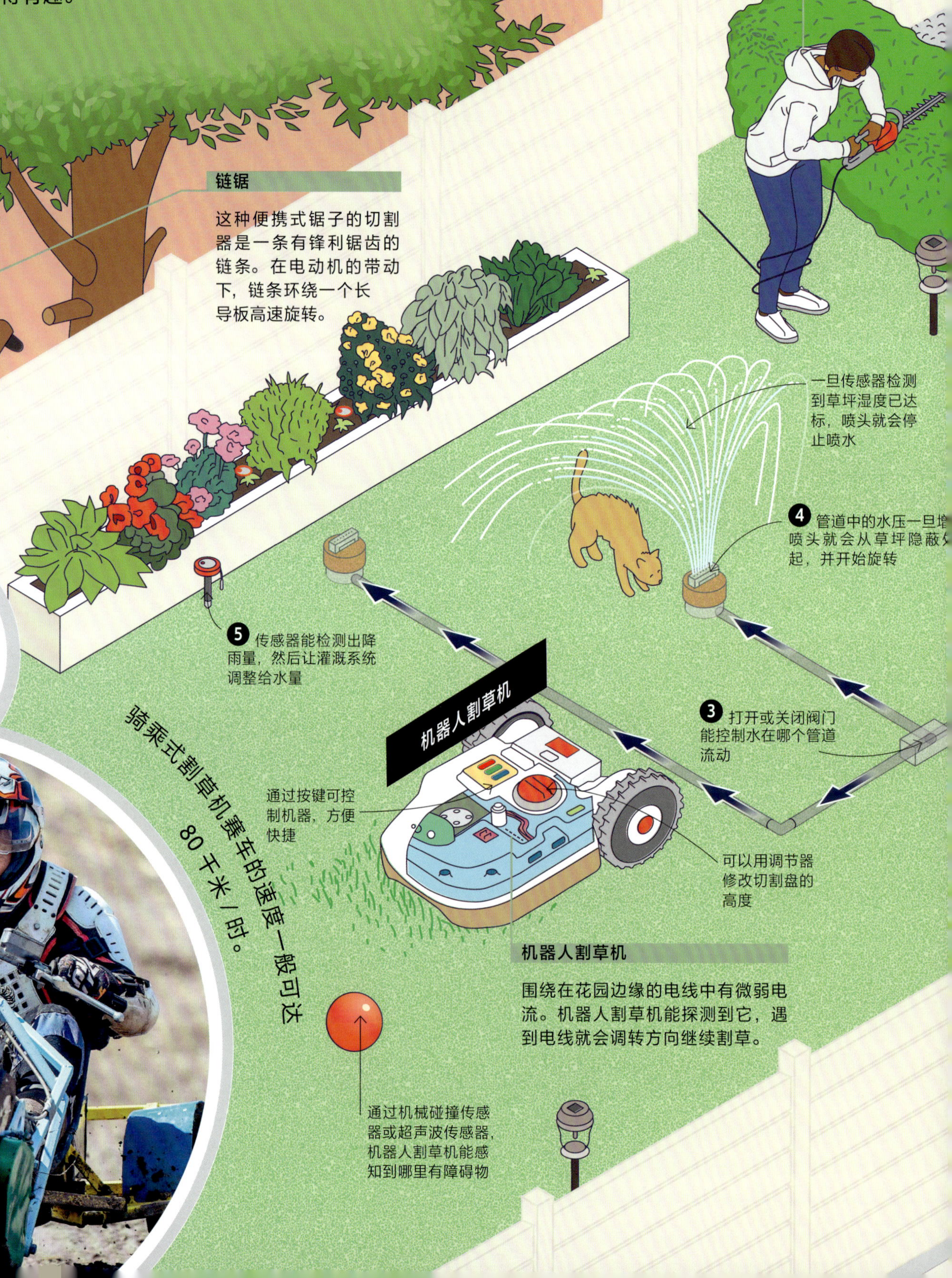

一旦传感器检测到草坪湿度已达标，喷头就会停止喷水
4 管道中的水压一旦增喷头就会从草坪隐蔽处起，并开始旋转
5 传感器能检测出降雨量，然后让灌溉系统调整给水量
3 打开或关闭阀门能控制水在哪个管道流动
机器人割草机
通过按键可控制机器，方便快捷
可以用调节器修改切割盘的高度
通过机械碰撞传感器或超声波传感器，机器人割草机能感知到哪里有障碍物

绿篱修剪机

绿篱修剪机有两层形状如牙齿一般的刀片。一层刀片固定不动，一层刀片在电动机的带动下前后移动。

链锯

这种便携式锯子的切割器是一条有锋利锯齿的链条。在电动机的带动下，链条环绕一个长导板高速旋转。

机器人割草机

围绕在花园边缘的电线中有微弱电流。机器人割草机能探测到它，遇到电线就会调转方向继续割草。

割草机赛车

骑乘式汽油动力割草机可以改装成赛车！拆除割草刀片后，它们就能在赛道上比赛了。

骑乘式割草机赛车的速度一般可达 80 千米/时。

59

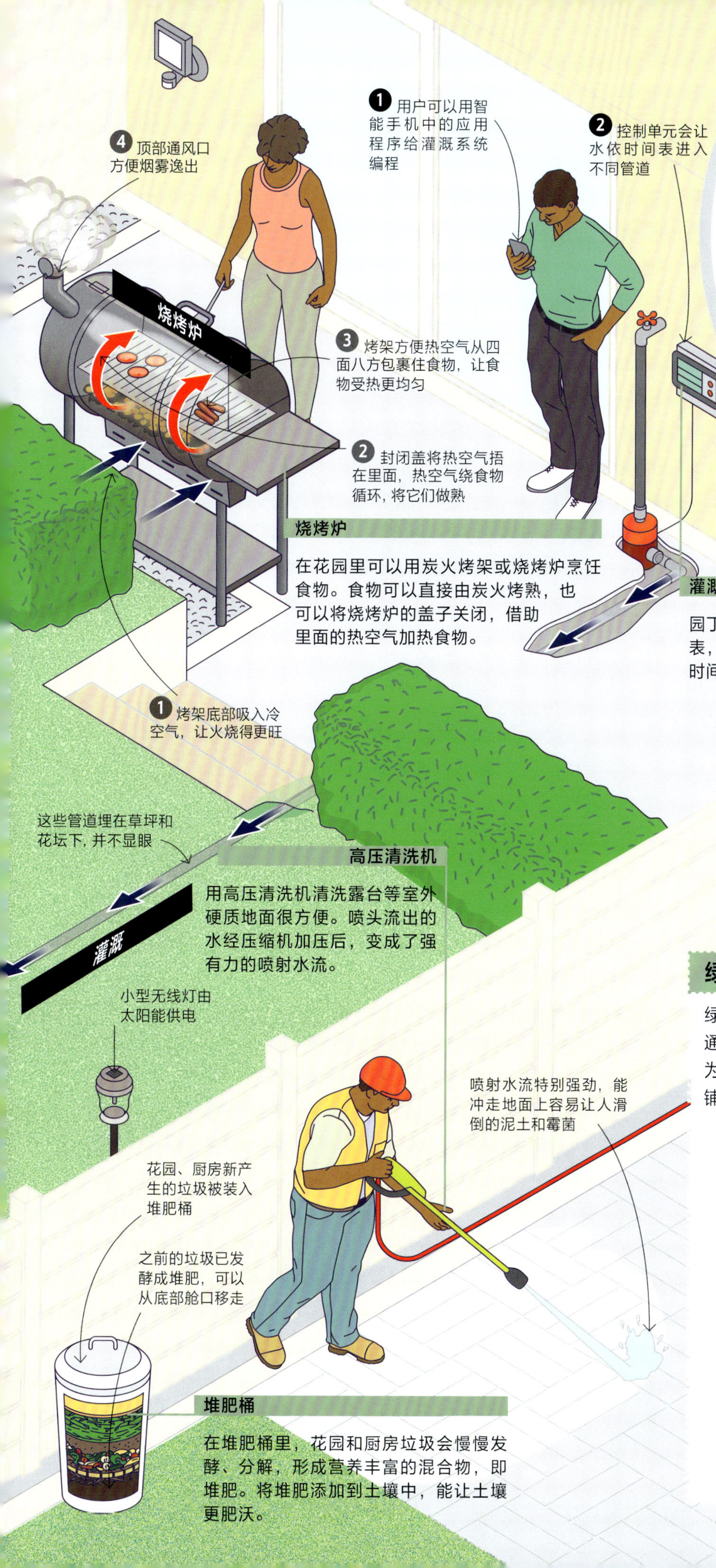

❹ 顶部通风口方便烟雾逸出
烧烤炉
❶ 用户可以用智能手机中的应用程序给灌溉系统编程
❷ 控制单元会让水依时间表进入不同管道
❸ 烤架方便热空气从四面八方包裹住食物，让食物受热更均匀
❷ 封闭盖将热空气捂在里面，热空气绕食物循环，将它们做熟
❶ 烤架底部吸入冷空气，让火烧得更旺
这些管道埋在草坪和花坛下，并不显眼
灌溉
小型无线灯由太阳能供电
花园、厨房新产生的垃圾被装入堆肥桶
之前的垃圾已发酵成堆肥，可以从底部舱口移走
喷射水流特别强劲，能冲走地面上容易让人滑倒的泥土和霉菌
高压清洗机的泵系统是由电动机驱动的

烧烤炉

在花园里可以用炭火烤架或烧烤炉烹饪食物。食物可以直接由炭火烤熟，也可以将烧烤炉的盖子关闭，借助里面的热空气加热食物。

灌溉系统

园丁可以自己制订浇水时间表，自动灌溉系统会在预设时间将水送往指定区域。

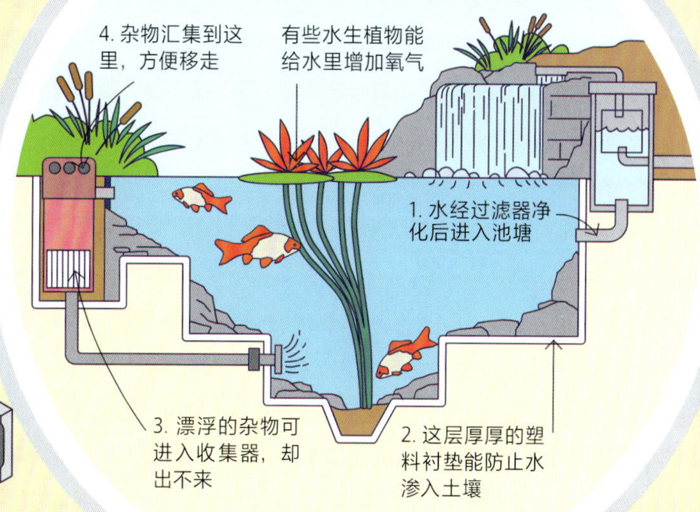

4. 杂物汇集到这里，方便移走
有些水生植物能给水里增加氧气
1. 水经过滤器净化后进入池塘
3. 漂浮的杂物可进入收集器，却出不来
2. 这层厚厚的塑料衬垫能防止水渗入土壤

池塘可以成为花园中不少野生动物的家。每个池塘都要有能稳定流注的活水，这样才能保证环境的洁净和健康。水在流入池塘时会经过滤器净化，而收集器能清除落入池塘的杂物。

花园池塘

高压清洗机

用高压清洗机清洗露台等室外硬质地面很方便。喷头流出的水经压缩机加压后，变成了强有力的喷射水流。

绿化屋顶

绿化屋顶像一座生长在建筑物顶部的花园。这种屋顶通常会种植青草，也会种些根系不深的其他小型植物。为了避免水分或根系对屋顶造成损害，土壤下方需要铺设几层保护层。

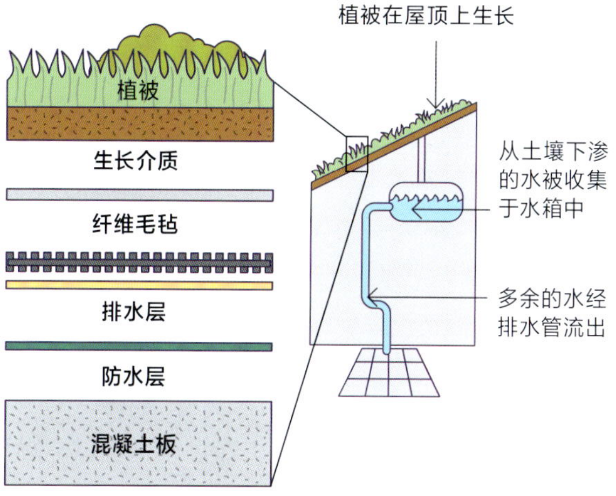

植被在屋顶上生长
植被
生长介质
纤维毛毡
排水层
防水层
混凝土板
从土壤下渗的水被收集于水箱中
多余的水经排水管流出

堆肥桶

在堆肥桶里，花园和厨房垃圾会慢慢发酵、分解，形成营养丰富的混合物，即堆肥。将堆肥添加到土壤中，能让土壤更肥沃。

未来的花园

新加坡滨海湾花园拥有巨大的人工擎天树丛。这些“擎天树”披青戴翠，其上种植着许许多多的植物。它们还能捕获阳光用于太阳能发电，收集雨水用于水力发电。除此之外，擎天树丛还能将该公园大型植物温室中的暖湿空气排出，同时抽出人行步道下方被水管冷却的凉爽空气，造就宜人的微风，游人行走其间时会感到十分舒适。

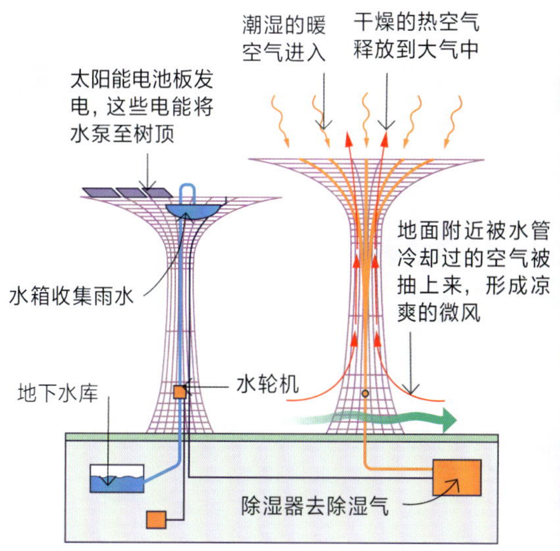

潮湿的暖空气进入
干燥的热空气释放到大气中
太阳能电池板发电，这些电能将水泵至树顶
地面附近被水管冷却过的空气被抽上来，形成凉爽的微风
水箱收集雨水
水轮机
地下水库
除湿器去除湿气

点亮自己

这些“擎天树”借助太阳能电池板和水轮机发电，电力足够树丛上所有灯具使用。

运动服装

制作服装的技术是最古老的技术之一。出于保暖和表达尊重等目的，人类用服装遮盖自己的身体已有很长的历史。如今服装制造已高度工业化，不但生产成本低廉，而且成品经久耐用。有些户外运动服装使用了最先进的技术，穿上它们，人类才可能涉足那些气候恶劣的荒凉之地。

加热手套使双手可以在寒冷环境下工作。其内部或是装有由小型电池供电的加热元件，或是借由化学物质释放热量
透气的上衣方便空气和水蒸气透出，同时又能挡雨
尼龙搭扣让手套紧密贴合手部
绑腿上有防水塑料覆层，其顶部和底部用的是弹性材料，可防止碎屑进入
裤子上涂有防水的化学物质，水滴上去时会滑落而不渗入
登山靴是双层的，使双脚温暖且舒适
头盔外壳由坚固的模压塑料制成
头盔里有柔软的泡沫内层，能缓解冲击
太阳镜表面涂有一层化学物质，能阻挡有害的紫外线
保护层为下方的多孔膜层提供缓冲
带有微小孔洞的膜层使汗水能以水蒸气的形式逸出
光滑的内衬让衣服穿起来很舒适
口袋上的拉链可防物品掉落

专业装备

登山者的装备关系到生死。在极端条件下，它们必须让登山者的身体保持温暖和干燥。

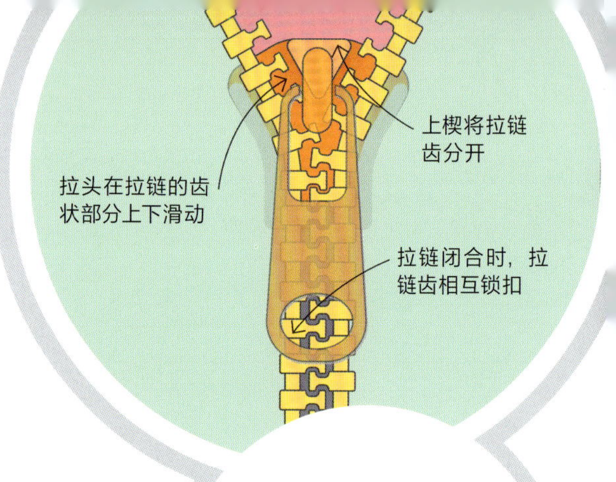
上楔将拉链齿分开
拉头在拉链的齿状部分上下滑动
拉链闭合时，拉链齿相互锁扣

拉链的系紧系统既牢固又方便解开。它有两条彼此锁扣的齿状带。位于拉头上部的上楔，在拉头向下拉动时能将拉链齿分开；当拉头向上移动时，拉头的下楔又会将拉链齿重新锁合在一起。

拉链

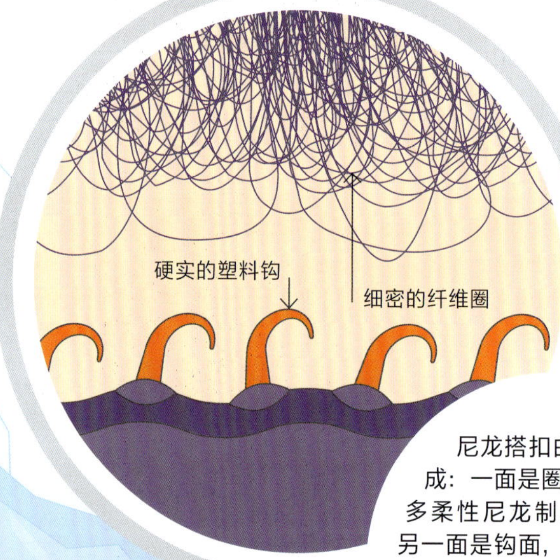
硬实的塑料钩
细密的纤维圈

尼龙搭扣由两面构成：一面是圈面，上有许多柔性尼龙制成的纤维圈；另一面是钩面，分布着密密麻麻的硬实小钩。被按到一起时，小钩与纤维圈便会紧密相钩。用力拉扯时，两者又会彼此脱离。

尼龙搭扣

织物是怎样制成的

织物由许多细细的纱线彼此交错连接而成。如何将纱线织成布料呢？传统方法一般是使纱线十字交叉，或彼此套环勾连。而现在则可通过加热让纱线黏合在一起，形成整片布料。

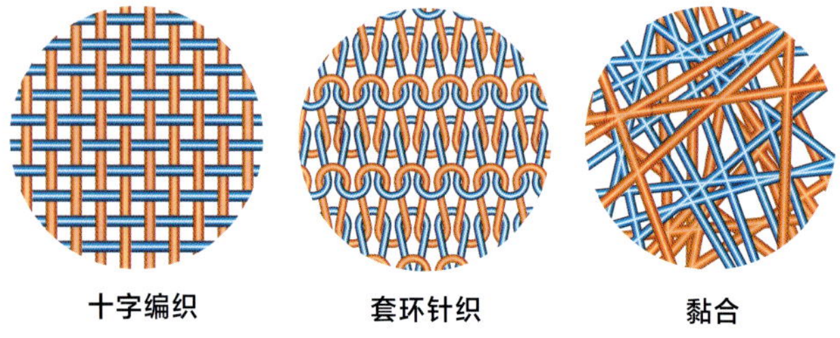
十字编织
套环针织
黏合

翼装

翼装的手臂和腿部由承力织带连接，它能“捕捉”风，让飞行者从高空下落时可以掌控方向。承力织带由防撕裂尼龙制成，而且运用了交叉层加固技术，就算出现小洞，也不会撕裂或变大。

数字成像

相机很善于模仿人眼的工作方式，它们用镜头将光线聚焦成清晰的画面。相机内部的某种感光表面能捕捉到这些聚焦图像。在数字成像中，由于探测器或传感器能将光呈现的图像直接转换成数字文件，所以即刻就能在屏幕上观看、编辑或是与他人分享图像或视频。

人们每年拍出的数字照片大约有 1.5 万亿张，其中用智能手机拍摄的占比超 90%。

工作原理

数字相机中有两种传感器：电荷耦合器件（CCD）图像传感器和互补金属氧化物半导体（CMOS）传感器。它们都能利用光粒子（光子）产生可移动电荷。相比之下，CCD 传感器通常运转速度较慢且耗电量大，不过它生成的图像往往分辨率更高、颜色更准确。

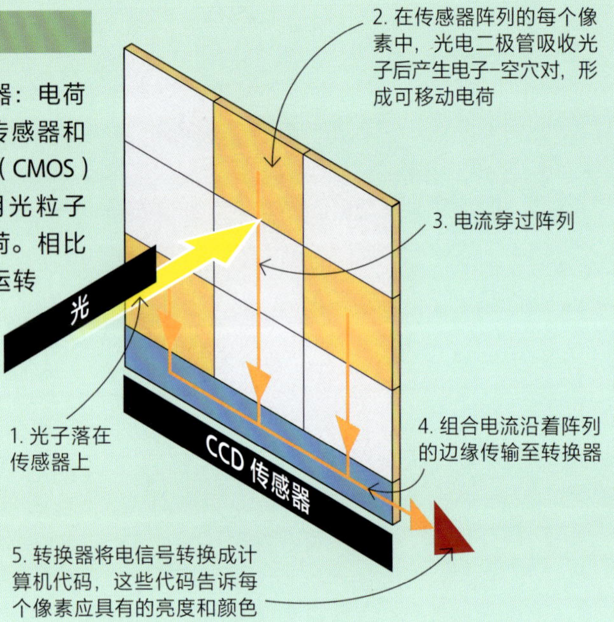

2. 在传感器阵列的每个像素中，光电二极管吸收光子后产生电子-空穴对，形成可移动电荷
3. 电流穿过阵列
光
1. 光子落在传感器上
CCD 传感器
4. 组合电流沿着阵列的边缘传输至转换器
5. 转换器将电信号转换成计算机代码，这些代码告诉每个像素应具有的亮度和颜色

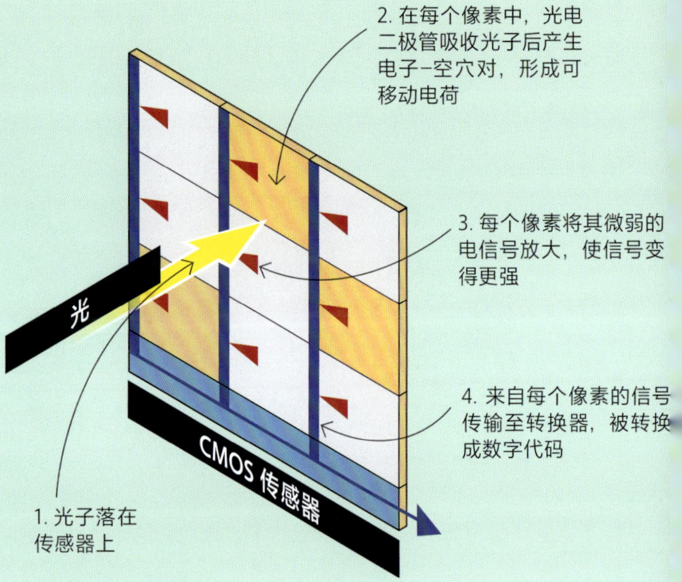

2. 在每个像素中，光电二极管吸收光子后产生电子-空穴对，形成可移动电荷
3. 每个像素将其微弱的电信号放大，使信号变得更强
光
4. 来自每个像素的信号传输至转换器，被转换成数字代码
1. 光子落在传感器上
CMOS 传感器

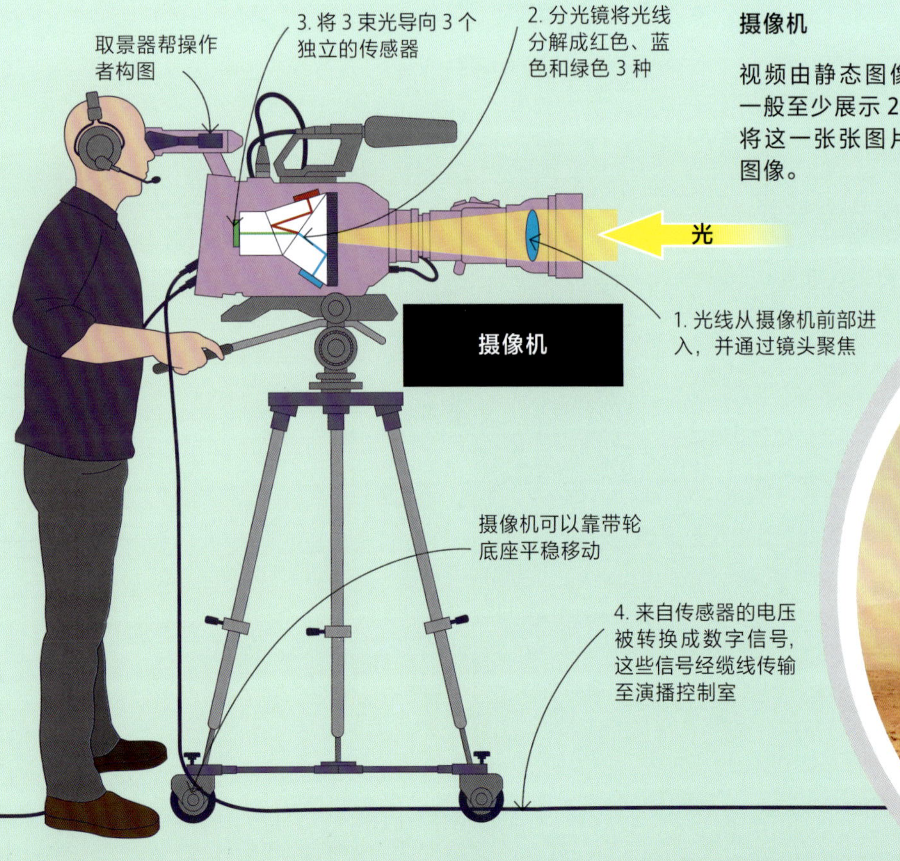

取景器帮操作者构图
3. 将 3 束光导向 3 个独立的传感器
2. 分光镜将光线分解成红色、蓝色和绿色 3 种
光
1. 光线从摄像机前部进入，并通过镜头聚焦
摄像机
摄像机可以靠带轮底座平稳移动
4. 来自传感器的电压被转换成数字信号，这些信号经缆线传输至演播控制室

摄像机

视频由静态图像组成，每秒一般至少展示 24 张。人脑能将这一张张图片连缀成动态图像。

火星上的相机

火星探测器上装有数台数字相机。有些用来观察探测器前方的地面，以便提前发现障碍物；有些负责向地球上的科学家展示火星上的景象。它们拍下的清晰数字图像会被转换成无线电信号，通过绕火星轨道运行的轨道器传送回地球。

数码单反相机

单反是单镜头反光的简称。这种设计的特点在于，摄影师观察场景取景和捕获图像拍摄用的是同一镜头。所以单反相机最适合用来拍摄精确构图的照片或视频，而且还有其他精细控制功能。

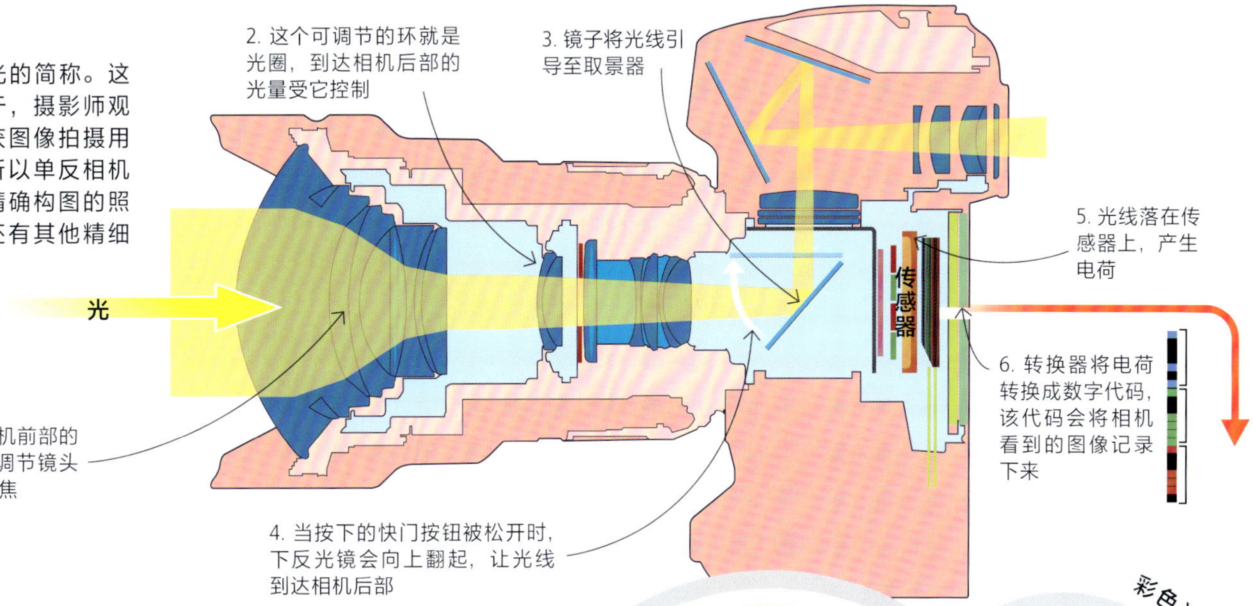

光
1. 光线从相机前部的镜头进入。调节镜头能使图像聚焦
2. 这个可调节的环就是光圈，到达相机后部的光量受它控制
3. 镜子将光线引导至取景器
4. 当按下的快门按钮被松开时，下反光镜会向上翻起，让光线到达相机后部
5. 光线落在传感器上，产生电荷
传感器
6. 转换器将电荷转换成数字代码，该代码会将相机看到的图像记录下来

智能手机

手机的主摄像头朝后方，而自拍摄像头朝前对着用户。这些小型相机使用CMOS传感器，因其所需电量大约仅有CCD传感器的1/100。

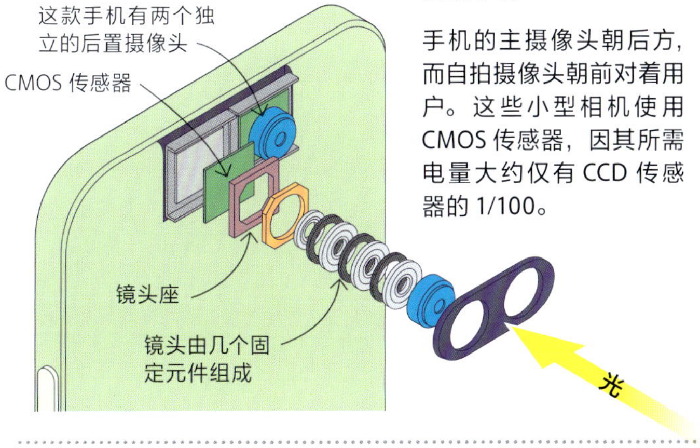

这款手机有两个独立的后置摄像头
CMOS 传感器
镜头座
镜头由几个固定元件组成
光

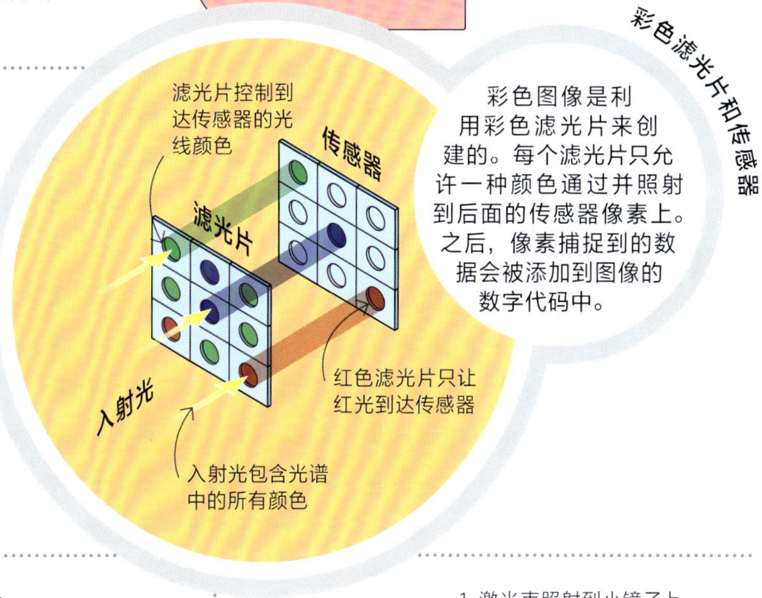

彩色滤光片和传感器
滤光片控制到达传感器的光线颜色
传感器
滤光片
入射光
红色滤光片只让红光到达传感器
入射光包含光谱中的所有颜色

彩色图像是利用彩色滤光片来创建的。每个滤光片只允许一种颜色通过并照射到后面的传感器像素上。之后，像素捕捉到的数据会被添加到图像的数字代码中。

光学显微镜

这种显微镜使用双镜头将微小样本的图像放大，以便观察细节。如左图所示，光线可穿过样本，使数字相机拍摄出明亮的图像。

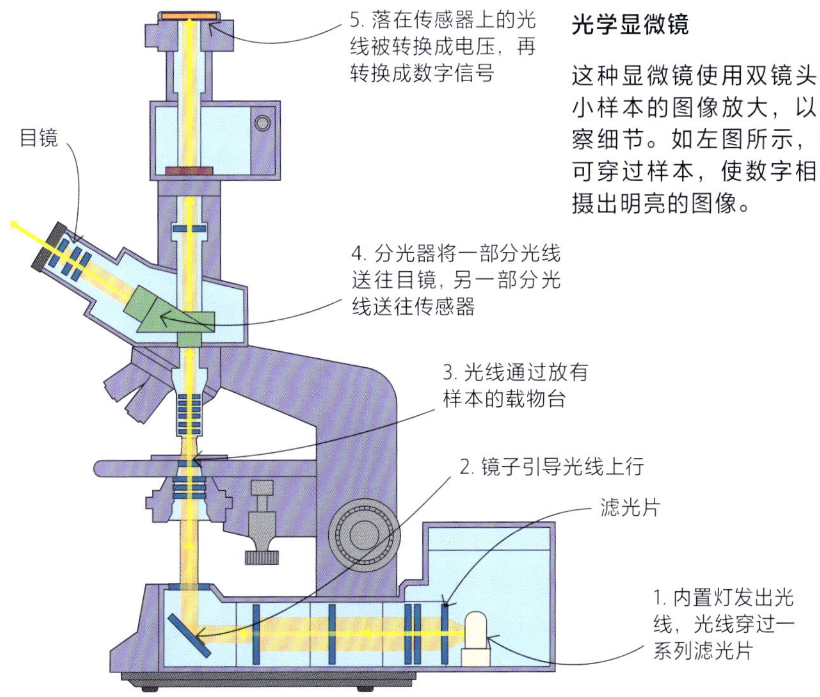

5. 落在传感器上的光线被转换成电压，再转换成数字信号
目镜
4. 分光器将一部分光线送往目镜，另一部分光线送往传感器
3. 光线通过放有样本的载物台
2. 镜子引导光线上行
滤光片
1. 内置灯发出光线，光线穿过一系列滤光片

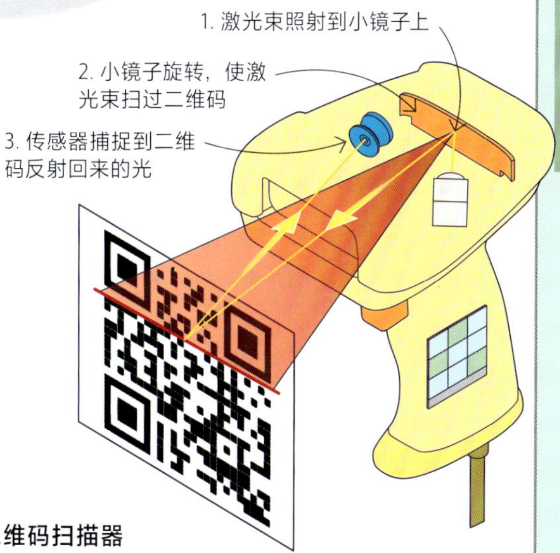

1. 激光束照射到小镜子上
2. 小镜子旋转，使激光束扫过二维码
3. 传感器捕捉到二维码反射回来的光

二维码扫描器

二维码是一种信息标签，一般呈现为独特的方块图案。当扫描器用激光束照射二维码，只有白色区域反射光，黑色区域几乎不反光。扫描器也可以识别一维条形码，一维条形码呈现为一系列竖线。

打印机和扫描仪

打印机是最常见的计算机输出设备之一，它负责将存储在计算机里并显示于屏幕上的文字、图像，用墨水印在纸面上。扫描仪功能正好和它相反，是将纸面上的内容转换为像素组成的数字图像。计算机软件可以显示和编辑这些数字图像，还能分享给其他设备。

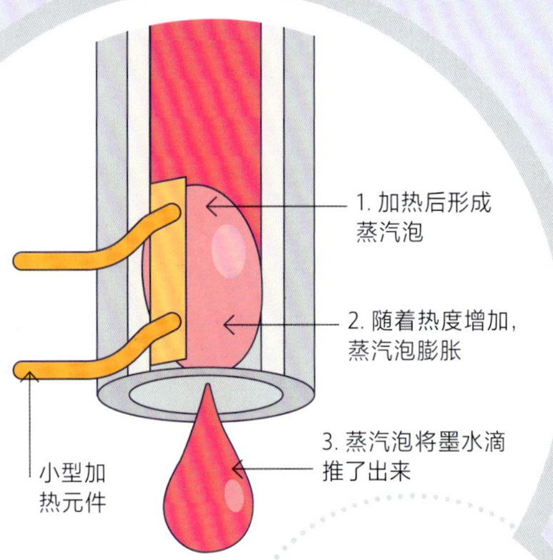

1. 加热后形成蒸汽泡
2. 随着热度增加，蒸汽泡膨胀
3. 蒸汽泡将墨水滴推了出来
小型加热元件

热感应式喷墨打印喷头中有个元件，能把墨盒中的墨水加热至沸腾，产生蒸汽泡。在蒸汽泡的推动下，墨水会经由一个小孔喷到纸面上。

喷墨打印喷头

将空白纸张整齐放在打印机后部的托盘中
4 个墨盒分别存储有蓝色、红色、黄色和黑色的墨水
盖子能固定住纸张，还能阻挡来自外部的光线
4 传感器将反射的图像转换成数字文件
打印机输出最终图像。纸面上的所有颜色都由这 4 种墨水混合而成
2 玻璃下的倾斜镜面捕捉到反射的光，将其传送至传感器
1 透明玻璃下的灯照到纸上。浅色区域比深色区域反射的光更多
3 带有镜子和灯的扫描头，缓缓扫过整页纸

DPI 指每英寸可打印的墨点数，点数越多图像越清晰。

平板扫描仪

先将印有文字和图像的纸面朝下放在玻璃平台上。扫描仪能捕捉印在纸面上的图案。

喷墨打印机

用喷墨打印机进行彩色打印经济又实惠。喷嘴能喷出微小的墨水滴，在纸上形成图案。

文本图像识别

计算机用光学字符阅读器（OCR）将扫描下来的文字图像转换成能在屏幕上编辑的文档。这一过程有 3 个主要阶段（见下图）。该系统最适用于识别印刷文字，不过也有更先进的 OCR 系统，能识别手写文字。

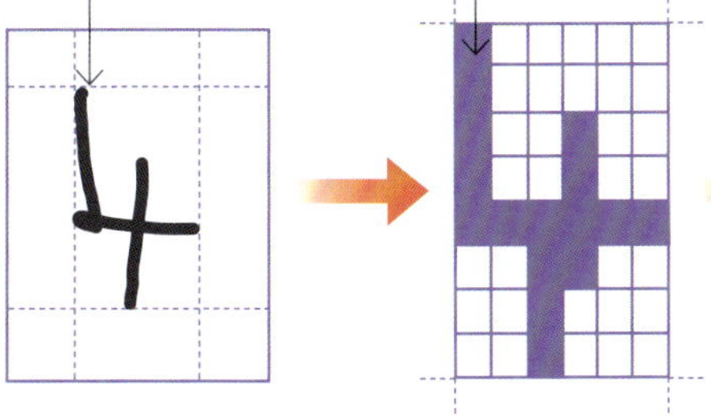
1. 识别字符的边界线
2. 将形状与现有模式匹配
3. 由 OCR 软件计算匹配的可能性

4	79%
5	42%
2	40%
9	38%
0	35%
8	34%
7	31%
1	7%

彩色打印

打印机会生成微小的彩色点，这些点的大小或间距不同，会让我们的眼睛产生视错觉，最终大脑会将其解读为平滑图像。

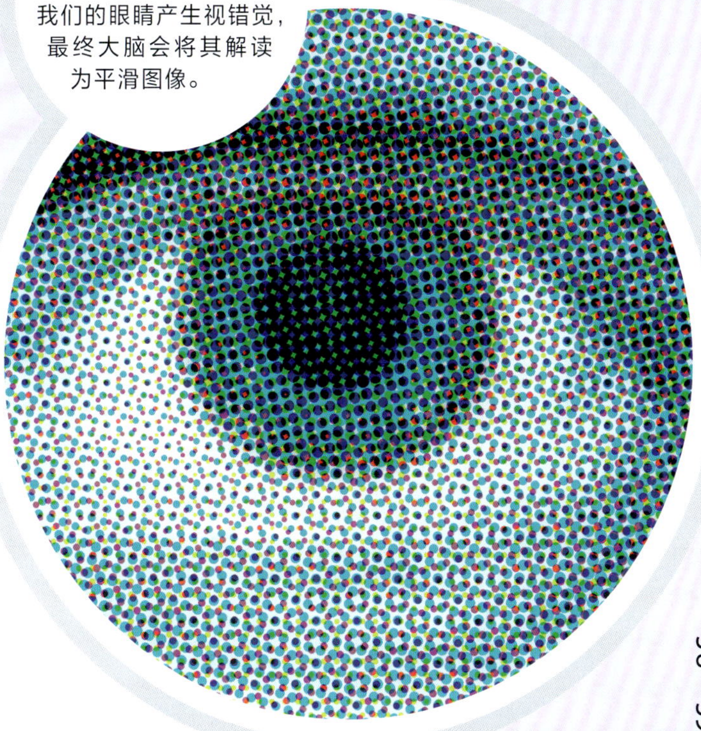

笔记本计算机

扫描仪和打印机都可以由计算机控制。打印之前，数字文件能显示在计算机屏幕上，我们可以调整其大小和形状。

激光打印机

激光打印机借助激光在纸上打印图案，可以快速打印图像。

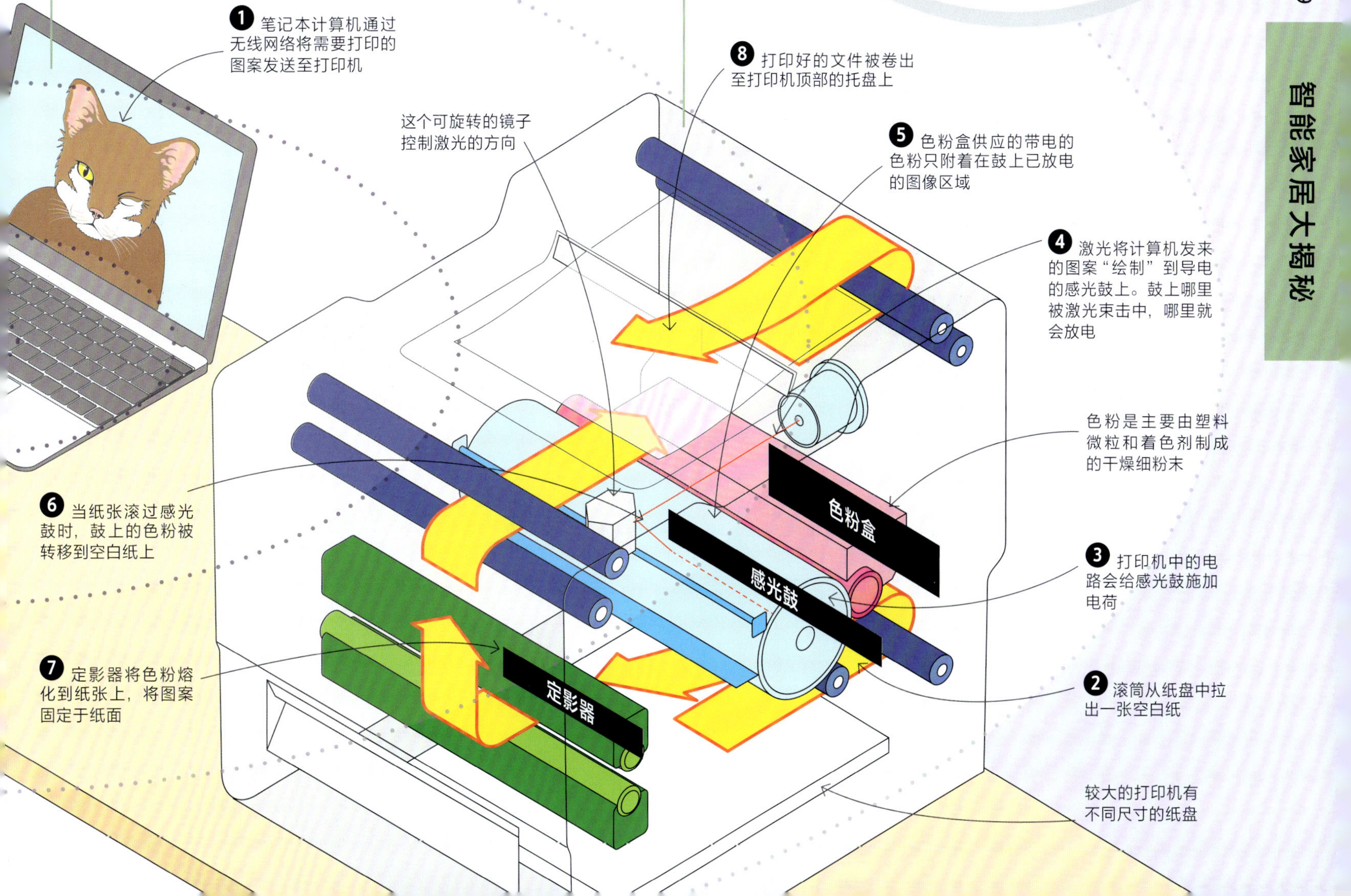
❶ 笔记本计算机通过无线网络将需要打印的图案发送至打印机
这个可旋转的镜子控制激光的方向
❽ 打印好的文件被卷出至打印机顶部的托盘上
❺ 色粉盒供应的带电的色粉只附着在鼓上已放电的图像区域
❹ 激光将计算机发来的图案“绘制”到导电的感光鼓上。鼓上哪里被激光束击中，哪里就会放电
色粉是主要由塑料微粒和着色剂制成的干燥细粉末
色粉盒
感光鼓
定影器
❻ 当纸张滚过感光鼓时，鼓上的色粉被转移到空白纸上
❼ 定影器将色粉熔化到纸张上，将图案固定于纸面
❸ 打印机中的电路会给感光鼓施加电荷
❷ 滚筒从纸盘中拉出一张空白纸
较大的打印机有不同尺寸的纸盘

无线保真（Wi-Fi）信道

设备距离路由器越远，Wi-Fi 信号就越弱。数据是通过天线，以 2.4GHz（千兆赫）和 5GHz 频段的无线电波形式发送的。每个频段都由几个较小的间隔（信道）组成。这能提升通信速度，就算设备有很多，也能各用各的信道，实现同时连接。2.4GHz 频谱上有 14 个信道，5GHz 频谱上有 24 个信道。各国开放的信道不尽相同。

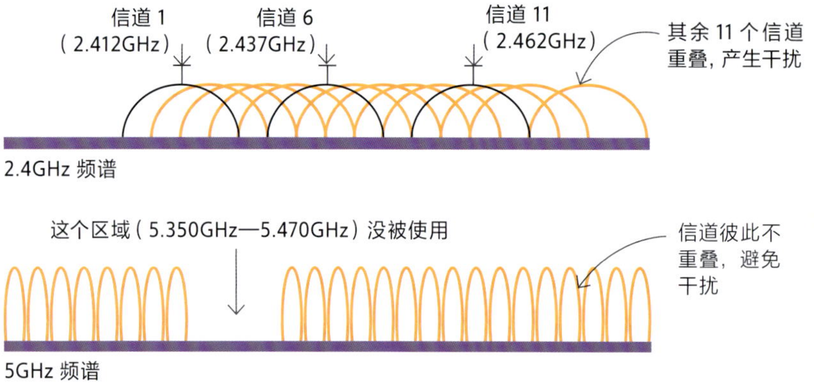

信道 1（2.412GHz）
信道 6（2.437GHz）
信道 11（2.462GHz）
其余 11 个信道重叠，产生干扰
2.4GHz 频谱
这个区域（5.350GHz—5.470GHz）没被使用
信道彼此不重叠，避免干扰
5GHz 频谱

智能家居

现代住宅往往配备有各种智能设备，能帮忙处理简单的家务事。住户可以通过互联网远程控制，还能预设自动化操作。结合人工智能技术，它们还能随机应变，比如遇到恶劣天气时调整设置，或是在家中无人时处理送来的快递。

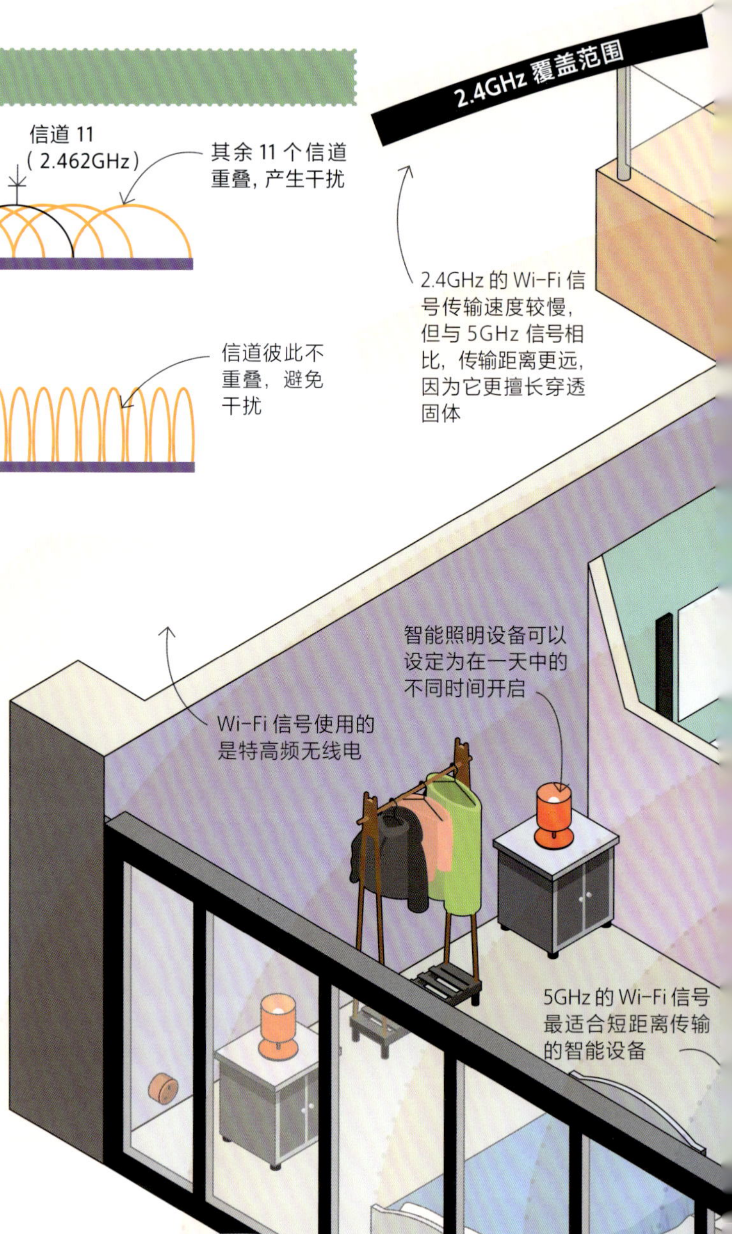

2.4GHz 覆盖范围
2.4GHz 的 Wi-Fi 信号传输速度较慢，但与 5GHz 信号相比，传输距离更远，因为它更擅长穿透固体
智能照明设备可以设定为在一天中的不同时间开启
Wi-Fi 信号使用的是特高频无线电
5GHz 的 Wi-Fi 信号最适合短距离传输的智能设备

智能家居应用程序

通过智能手机上的应用程序，我们可以使用家中的许多设备和服务，比如照明、供暖、娱乐和安全系统。

应用程序与各种智能系统相连，一台设备就能搞定全屋
住户可以像这样滑动应用程序上的按钮，以调整设置，如家中灯光的亮度

智能宠物喂食器会在预设时间自动投放食物。它们能储存足量食物，宠物即便独自在家数日也不会挨饿。

智能化地照料宠物

智能音箱
智能音箱是一种能响应口头命令的数字助理设备。我们可用它搜索信息、播放音乐，或控制网络上的其他智能设备。
一般来说，房屋的 Wi-Fi 信号在屋外也能接收得到。于是有黑客会利用该信号连接上住户的网络及其智能设备，然后收集用户及其发送的数据信息。所以家庭网络应该使用 Wi-Fi 保护接入，该系统会生成加密密钥，且需要输入密码才能连接。
黑客攻击 Wi-Fi
可能会发送敏感数据
发送者
由于连接未受保护，接收者易受到攻击
接收者
互联网
原始连接
收集发送者 Wi-Fi 中的数据
拦截接收者收到的数据
黑客
启动后，智能音箱处于随时听候指令的状态
智能镜子能打开娱乐应用，还能显示最新热点新闻
使用智能插座能远程开启自家设备
5GHz 覆盖范围
扫地机器人用激光或摄像头探测前进路上的物体
Wi-Fi 路由器
智能设备是通过路由器与互联网相连的。路由器用 2.4GHz 和 5GHz 两个频段的无线电信号，让屋内诸多设备连上网络。
烤箱可远程控制
洗衣机能根据衣物脏污程度调整用水量
如果某种食品即将过期，智能冰箱能重新订购
住户可以用智能电视随心播放节目，还能把直播节目录下来
笔记本计算机用内置无线网卡连接上 Wi-Fi
智能手机能访问并调节家中各种智能设备
智能灯具的颜色和亮度皆可调节
智能音箱可以用作各房间的对讲机，还能在全屋播放同一首曲子
通过 Wi-Fi，平板计算机与房屋中所有智能设备相连

卫星电话通话

世界上如今还有些偏远地区没有蜂窝移动电话网，普通手机在那里没办法接打电话，不过卫星电话可以。

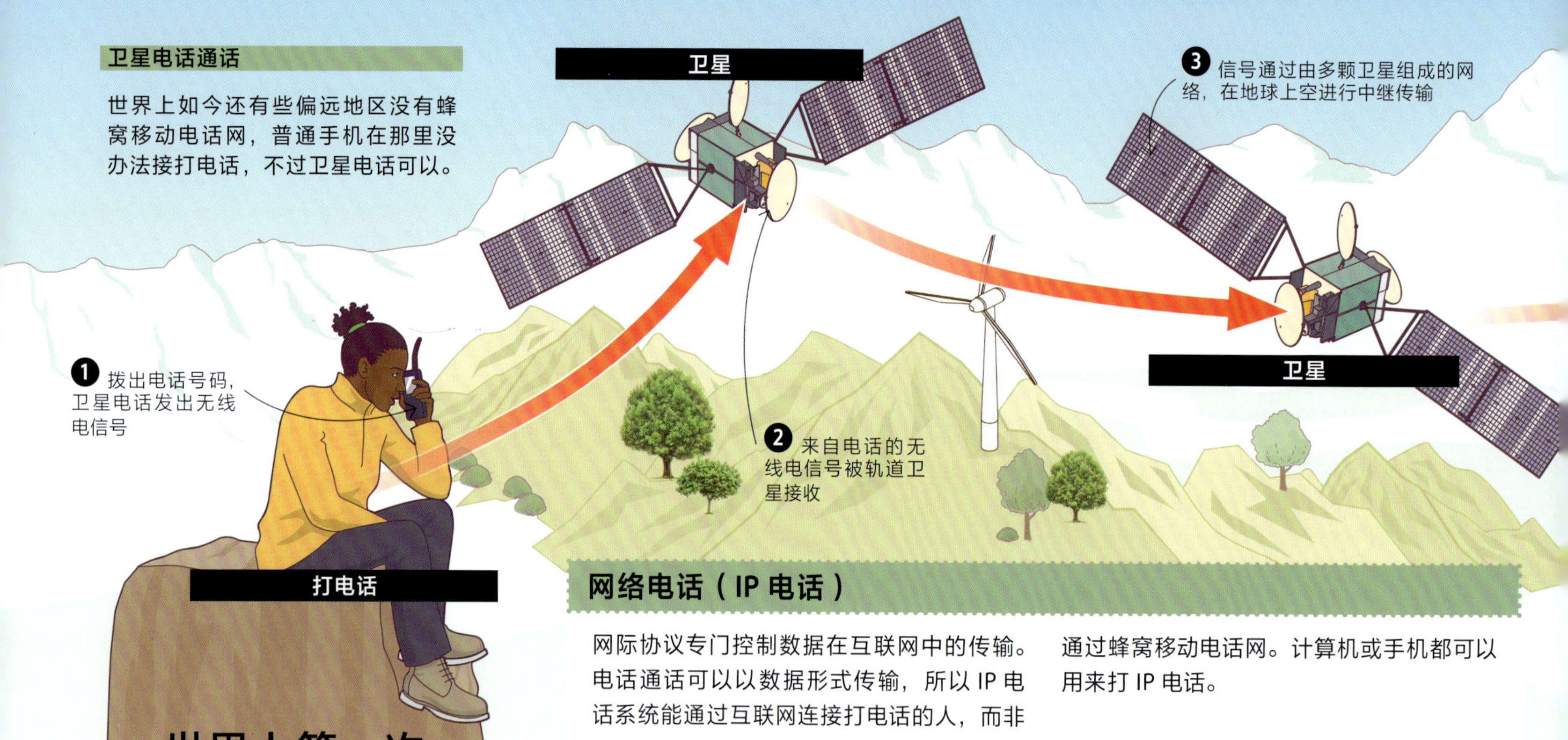
卫星
❸ 信号通过由多颗卫星组成的网络，在地球上空进行中继传输
❶ 拨出电话号码，卫星电话发出无线电信号
❷ 来自电话的无线电信号被轨道卫星接收
卫星
打电话

世界上第一次电话通话，实现于 1876 年。

网络电话（IP 电话）

网际协议专门控制数据在互联网中的传输。电话通话可以以数据形式传输，所以 IP 电话系统能通过互联网连接打电话的人，而非通过蜂窝移动电话网。计算机或手机都可以用来打 IP 电话。

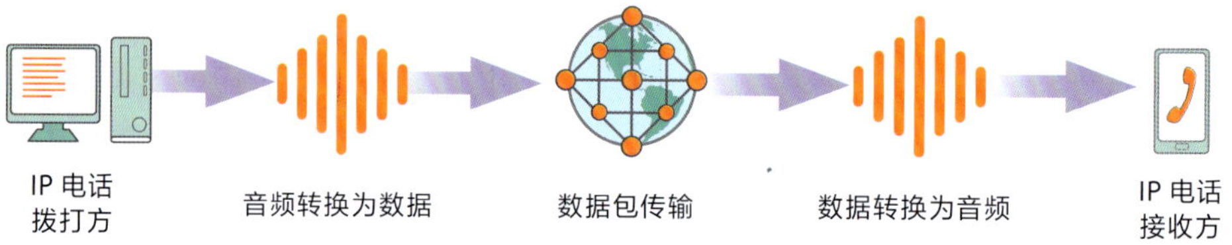
IP 电话拨打方
音频转换为数据
数据包传输
数据转换为音频
IP 电话接收方

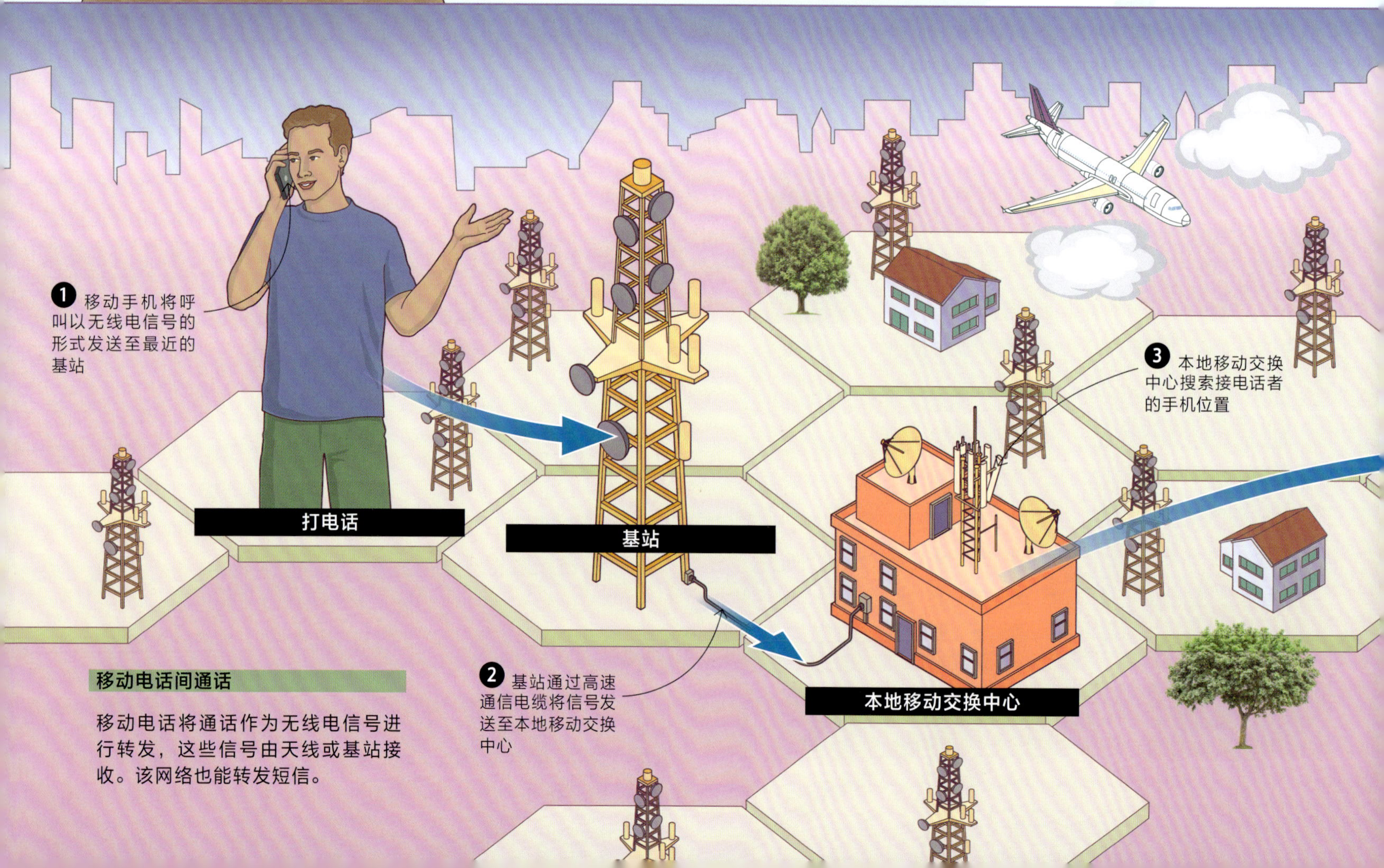
❶ 移动手机将呼叫以无线电信号的形式发送至最近的基站
打电话
基站
❸ 本地移动交换中心搜索接电话者的手机位置
❷ 基站通过高速通信电缆将信号发送至本地移动交换中心
本地移动交换中心

移动电话间通话

移动电话将通话作为无线电信号进行转发，这些信号由天线或基站接收。该网络也能转发短信。

电话通话

有了电话技术，即使相隔很远的人也能对话。现代通话大多通过蜂窝移动网进行，蜂窝移动网将地理区域划分成一个个六边形的单元，每个单元都有一个无线电基站，使该区域内的手机能发送、接收通话信息。

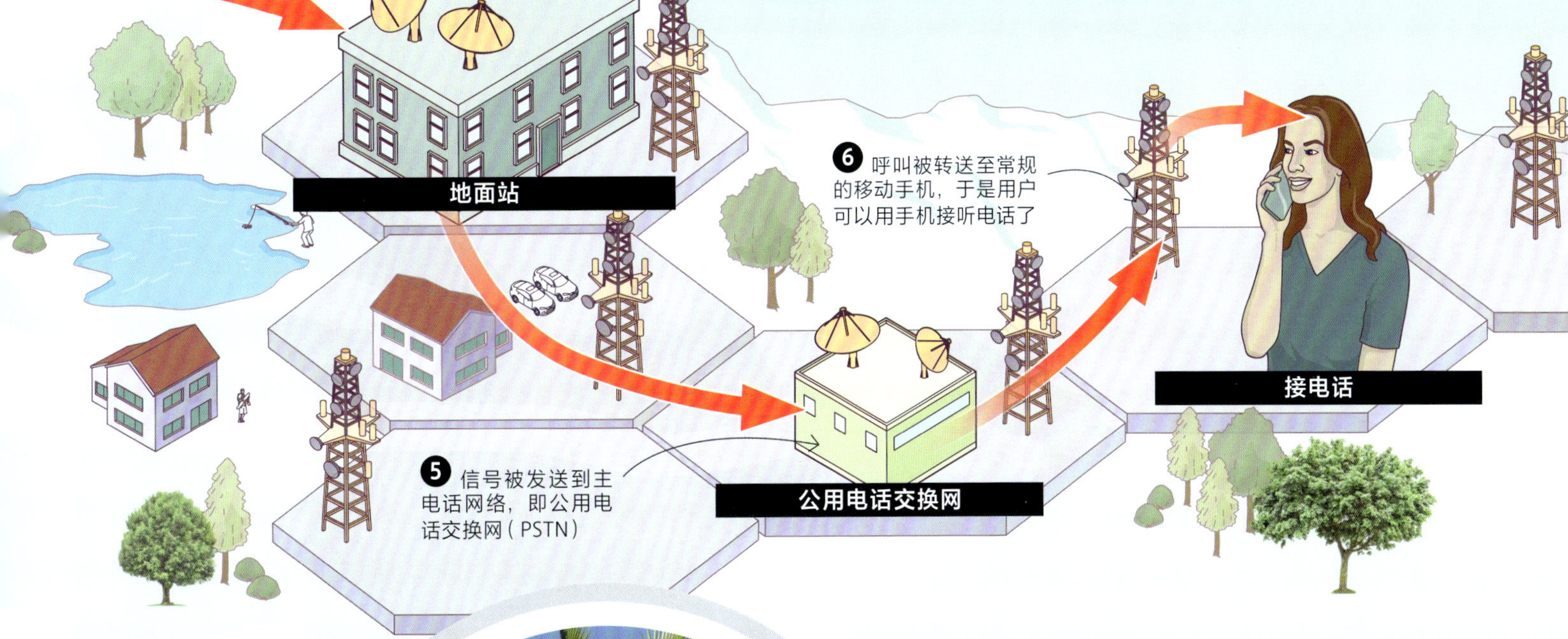

4 卫星将信号传回地面，由地面站接收
地面站
6 呼叫被转送至常规的移动手机，于是用户可以用手机接听电话了
接电话
5 信号被发送到主电话网络，即公用电话交换网（PSTN）
公用电话交换网

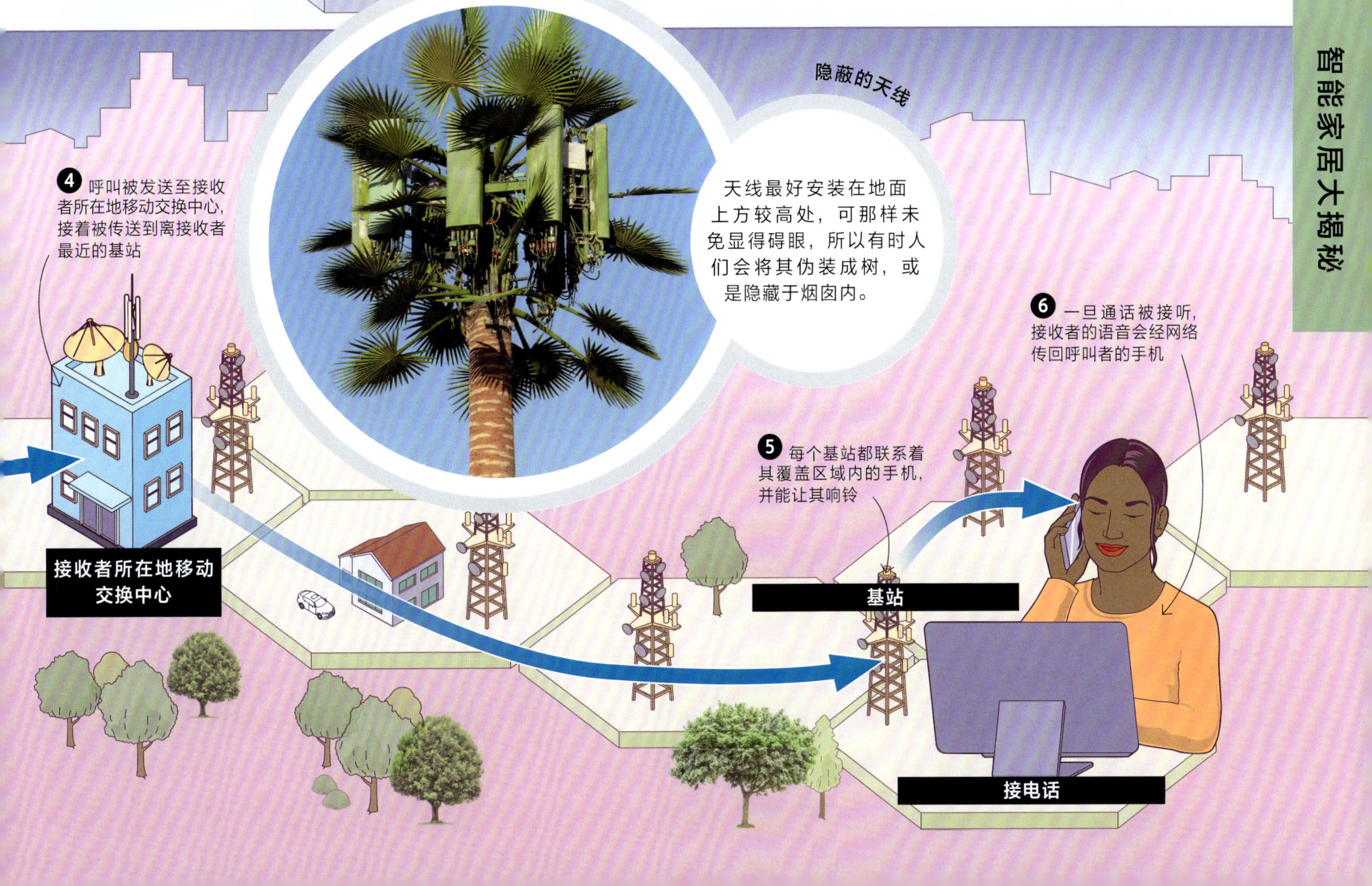

4 呼叫被发送至接收者所在地移动交换中心，接着被传送到离接收者最近的基站
接收者所在地移动交换中心
5 每个基站都联系着其覆盖区域内的手机，并能让其响铃
基站
6 一旦通话被接听，接收者的语音会经网络传回呼叫者的手机
接电话

隐蔽的天线

天线最好安装在地面上方较高处，可那样未免显得碍眼，所以有时人们会将其伪装成树，或是隐藏于烟囱内。

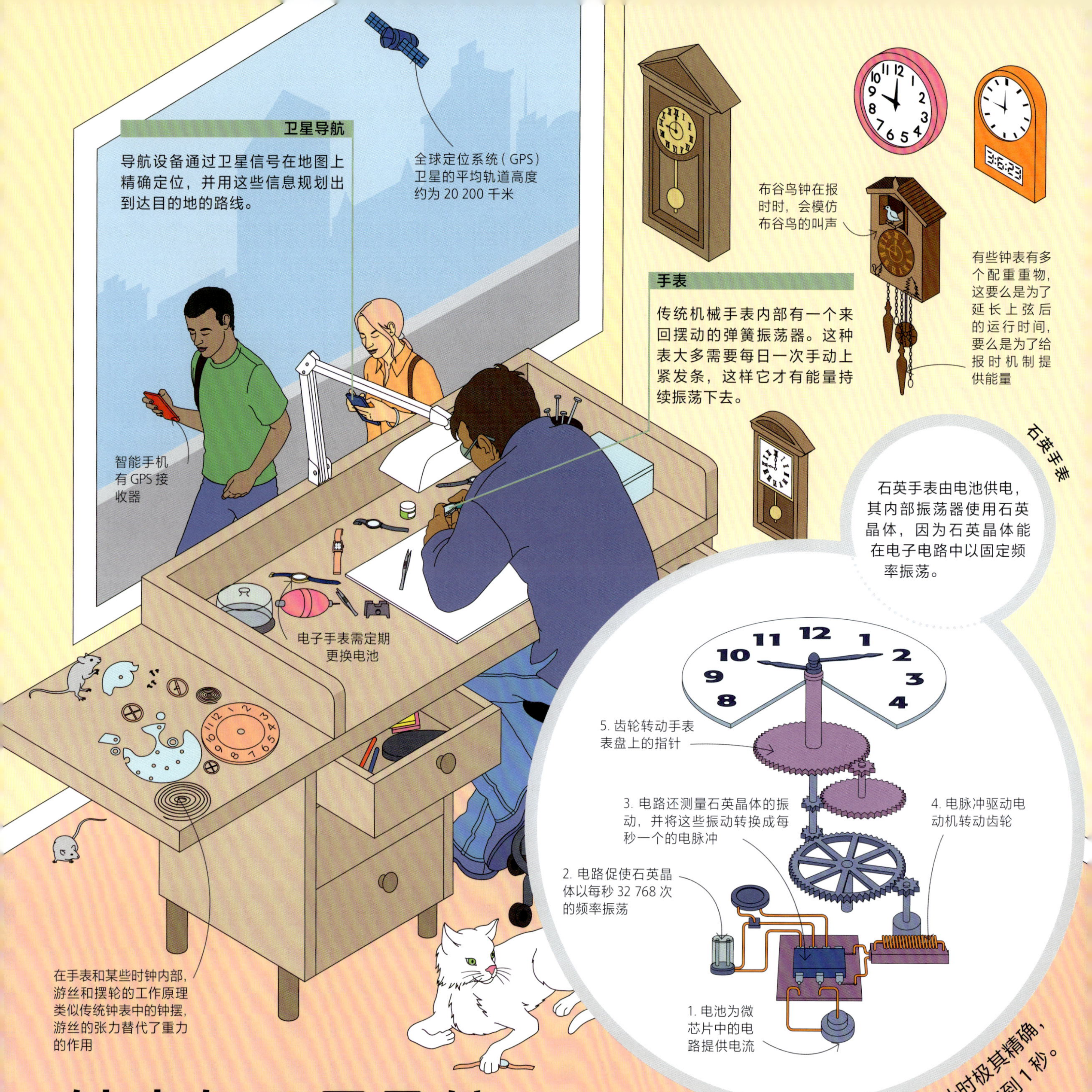
卫星导航
导航设备通过卫星信号在地图上精确定位，并用这些信息规划出到达目的地的路线。
全球定位系统（GPS）卫星的平均轨道高度约为 20 200 千米
智能手机有 GPS 接收器
手表
传统机械手表内部有一个来回摆动的弹簧振荡器。这种表大多需要每日一次手动上紧发条，这样它才有能量持续振荡下去。
布谷鸟钟在报时时，会模仿布谷鸟的叫声
有些钟表有多个配重重物，这要么是为了延长上弦后的运行时间，要么是为了给报时机制提供能量
电子手表需定期更换电池
在手表和某些时钟内部，游丝和摆轮的工作原理类似传统钟表中的钟摆，游丝的张力替代了重力的作用
石英手表
石英手表由电池供电，其内部振荡器使用石英晶体，因为石英晶体能在电子电路中以固定频率振荡。
5. 齿轮转动手表表盘上的指针
3. 电路还测量石英晶体的振动，并将这些振动转换成每秒一个的电脉冲
4. 电脉冲驱动电动机转动齿轮
2. 电路促使石英晶体以每秒 32 768 次的频率振荡
1. 电池为微芯片中的电路提供电流

有些原子钟计时极其精确，每 140 亿年的误差不到 1 秒。

钟表与卫星导航

时钟和手表用振荡器计时。振荡器这种机械部件总是以稳定不变的节奏摆动着，人们便用它来记录时间流逝的踪迹。毕竟，能对时间加以准确测量作用非凡。钟表能帮助人们避免迟到或早到，还能用来测量其他机器的性能（比如汽车行驶速度）。除此之外，时钟的测速技术还能帮我们确定自己在地球上所处的位置。

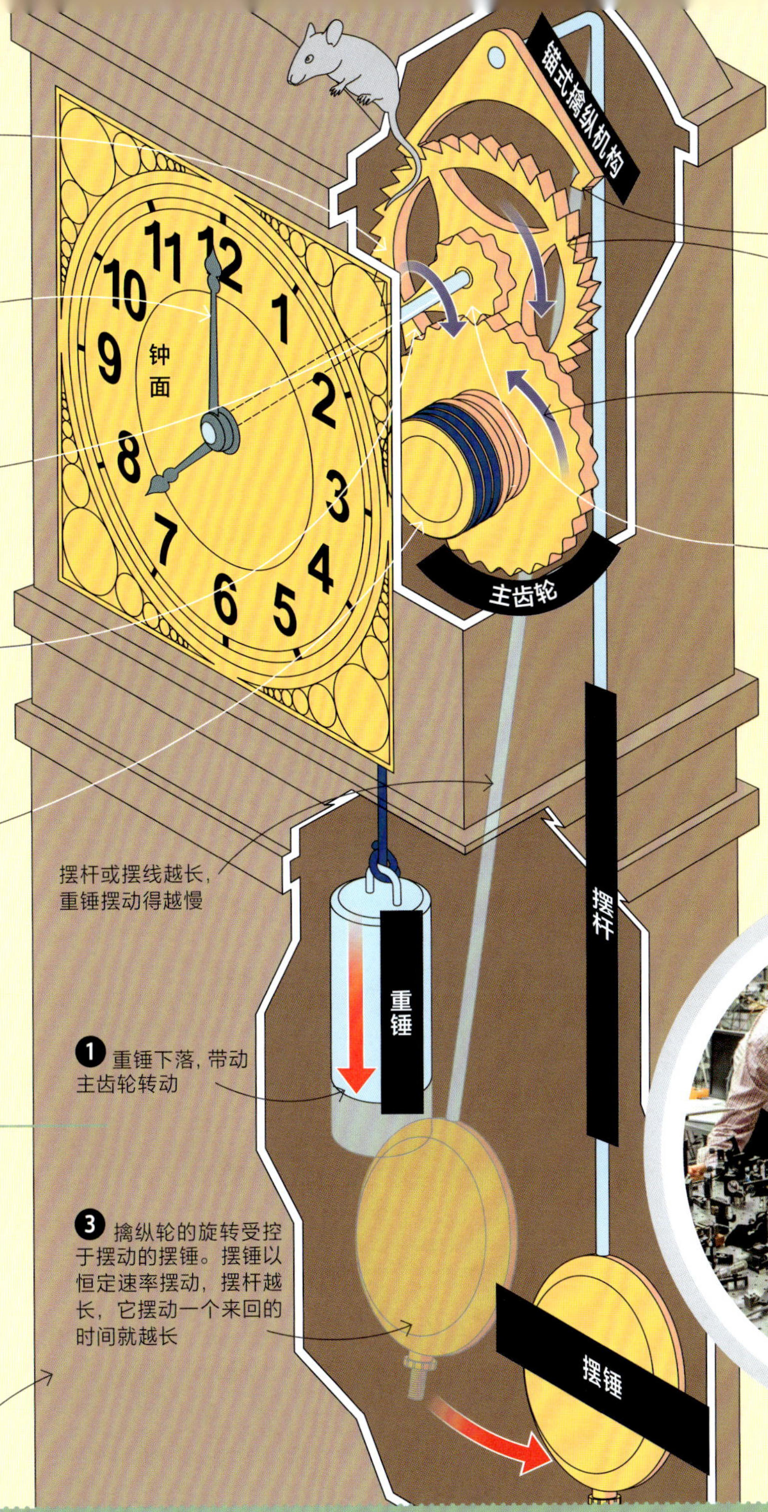
锚式擒纵机构
当上方的擒纵叉和擒纵轮分离时，它们也会推动摆锤，使它保持摆动
分针的转动速度是时针的 12 倍
钟面
齿轮组控制着指针的运动
摆锤每摆动一次，擒纵轮就转动一个齿
绳索缠绕于卷筒上。必须定期手动重新缠绕绳索，重锤才能重新回到起始位置
摆杆或摆线越长，重锤摆动得越慢
❶ 重锤下落，带动主齿轮转动
❸ 擒纵轮的旋转受控于摆动的摆锤。摆锤以恒定速率摆动，摆杆越长，它摆动一个来回的时间就越长
❹ 摆锤每次摆动时，擒纵叉两侧会交替阻止和释放擒纵轮。钟表的嘀嗒声就是这么来的
❷ 主齿轮的转速和重锤的落速都受控于擒纵轮
❺ 擒纵叉的运动使擒纵轮以及主齿轮以一定速率精确转动
❻ 齿轮组将主齿轮的运动传递至钟面上的指针
主齿轮
重锤
摆杆
摆锤
高大的独立式落地钟外部通常为木质外壳，内部由重锤驱动摆锤

机械钟

机械钟不需要电源供电。它的振荡器是个来回摆动的摆锤，下落的重锤为其摆动提供能量，而重锤需要定期手动上弦。

原子钟

世界上最准的钟靠原子振动来计时。比如德国这台原子钟，每 1 亿年的误差大约只有 1 秒。

卫星导航

卫星导航的实现，离不开一组精确沿已知轨道绕地球运行的卫星。卫星能准确知晓自己的位置，并每秒多次向地球发送带有其位置和当前时间的无线电信号。而地球上的接收器在捕捉到卫星发来的信号后，会根据信号到达地面所需的时间来计算与每个卫星之间的距离，再对这些距离加以比较，即可计算出接收器的位置。

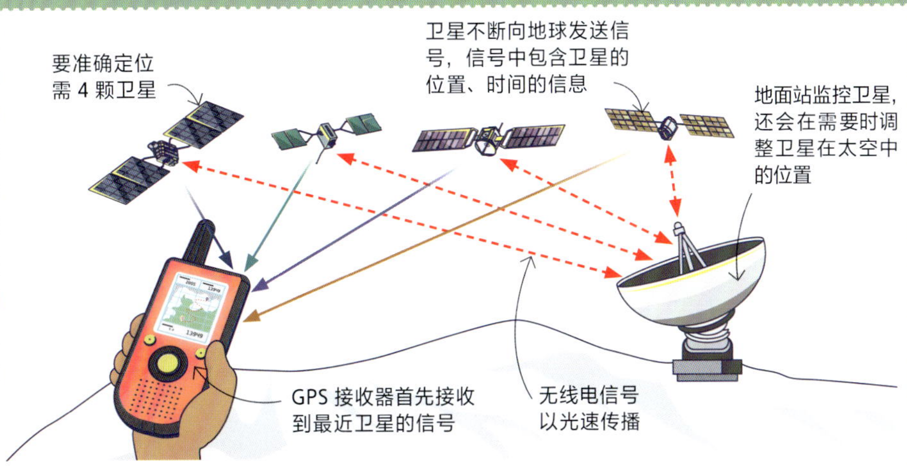
要准确定位需 4 颗卫星
卫星不断向地球发送信号，信号中包含卫星的位置、时间的信息
地面站监控卫星，还会在需要时调整卫星在太空中的位置
GPS 接收器首先接收到最近卫星的信号
无线电信号以光速传播

游戏

全世界玩电子游戏的人数超过 30 亿。如果评选“最受欢迎的家庭活动”，玩电子游戏将位居第二，仅次于看电视。游戏机的处理器非常强大，方便玩家与快速移动的逼真场景进行互动。

投影幕布

投影仪发出的光会被明亮的白色幕布反射，来自投影仪的图像就此呈现在幕布上。

眼动追踪

最新的虚拟现实头戴设备能让肉眼看不见的红外光从玩家的眼球反射回传感器上，以此追踪玩家的视线。玩家朝哪个虚拟场景看，处理器就会为该处添加最多的细节，同时让其余部分呈现得模糊些。这样不但节能，游戏运行得也更快。

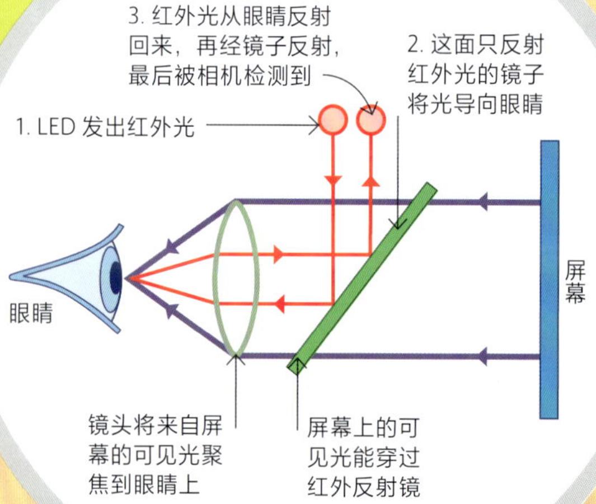
3. 红外光从眼睛反射回来，再经镜子反射，最后被相机检测到
2. 这面只反射红外光的镜子将光导向眼睛
1. LED 发出红外光
眼睛
屏幕
镜头将来自屏幕的可见光聚焦到眼睛上
屏幕上的可见光能穿过红外反射镜

对游戏控制器加以改造后，还可以用它控制无人机和手术机器人。

游戏机

屏幕上的动态图像要靠游戏机内的高速计算机处理器来创建。玩家一操作控制器，图像就会做出响应。

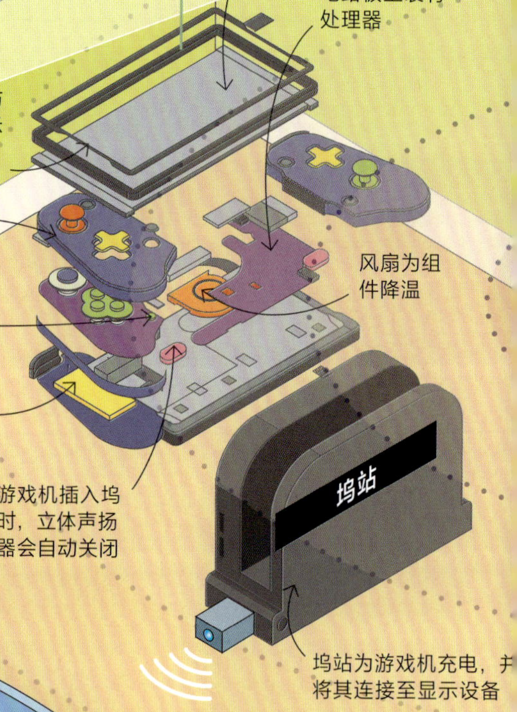
这款混合型游戏机自带屏幕，当然也可在更大的显示系统上玩
电路板上装有处理器
当游戏机（游戏控制台）与坞站连接时，触摸屏显示器会关闭
控制器可拆卸
玩家用按钮与游戏和应用程序互动
风扇为组件降温
控制器与主体分离时，靠电池供电
将游戏机插入坞站时，立体声扬声器会自动关闭
坞站
坞站为游戏机充电，
将其连接至显示设备

虚拟现实（VR）头戴设备

虚拟现实头戴设备为玩家的双眼各配备了一个屏幕。两个屏幕各自呈现的图像略有不同，从而为玩家呈现出三维立体效果。

头戴设备中的动作传感器一检测到玩家头部动作，就会调整图像
头戴设备配有立体声扬声器，这能让玩家沉浸在游戏中，玩得更尽兴
头戴设备显示的视图为玩家呈现了一个仿佛 360 度的虚拟世界

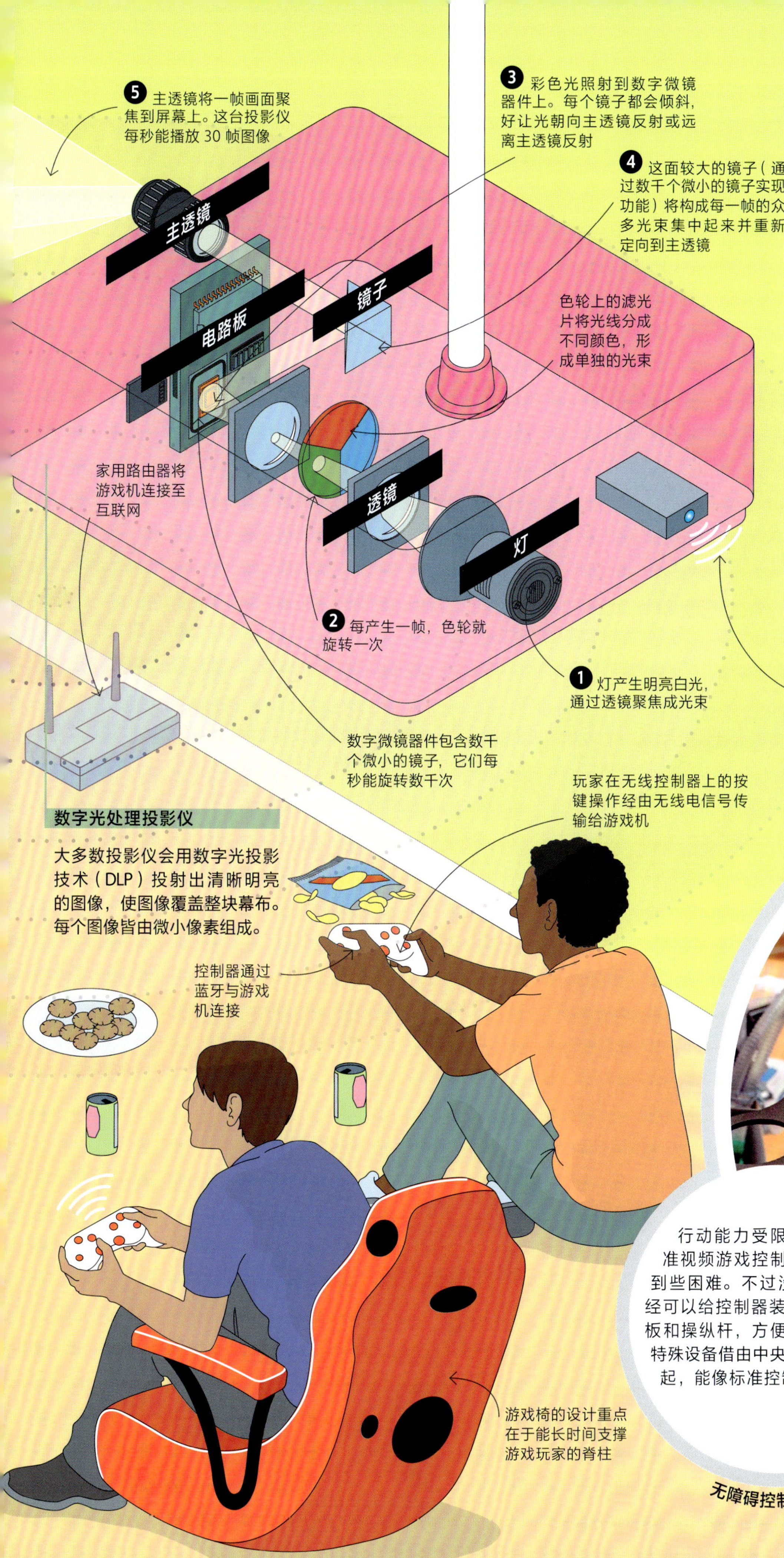

5 主透镜将一帧画面聚焦到屏幕上。这台投影仪每秒能播放 30 帧图像
3 彩色光照射到数字微镜器件上。每个镜子都会倾斜，好让光朝向主透镜反射或远离主透镜反射
4 这面较大的镜子（通过数千个微小的镜子实现功能）将构成每一帧的众多光束集中起来并重新定向到主透镜
主透镜
电路板
镜子
色轮上的滤光片将光线分成不同颜色，形成单独的光束
透镜
灯
家用路由器将游戏机连接至互联网
2 每产生一帧，色轮就旋转一次
1 灯产生明亮白光，通过透镜聚焦成光束
无线高清多媒体接口（HDMI）发射器将投影仪连接至游戏机
数字微镜器件包含数千个微小的镜子，它们每秒能旋转数千次
玩家在无线控制器上的按键操作经由无线电信号传输给游戏机
控制器通过蓝牙与游戏机连接
游戏椅的设计重点在于能长时间支撑游戏玩家的脊柱

数字光处理投影仪

大多数投影仪会用数字光投影技术（DLP）投射出清晰明亮的图像，使图像覆盖整块幕布。每个图像皆由微小像素组成。

创建反馈

视频游戏控制器能产生触觉反馈，让玩家有身临其境之感。要实现这一功能，一种方式就是给控制器的触发按钮添加电动机。电动机通过一种名为蜗轮的螺旋齿轮来控制触发器。触觉反馈可能生成更大的阻力，玩家就不得不更用力地按压，它还会使触发器来回抖动，让玩家拥有更细腻的体验。

行动能力受限的人在用标准视频游戏控制器时可能会遇到些困难。不过没关系，如今已经可以给控制器装配上按钮、触摸板和操纵杆，方便玩家操作。这些特殊设备借由中央集线器连接到一起，能像标准控制器一样工作。

无障碍控制器

传声器和扬声器

声源发声时，空气传递声波，我们的耳朵接收到这些声波，就听到了声音。传声器也叫麦克风，它能将声音转换成具有相同波形的电信号；扬声器则相反，它会将电信号转换成听得见的声波。

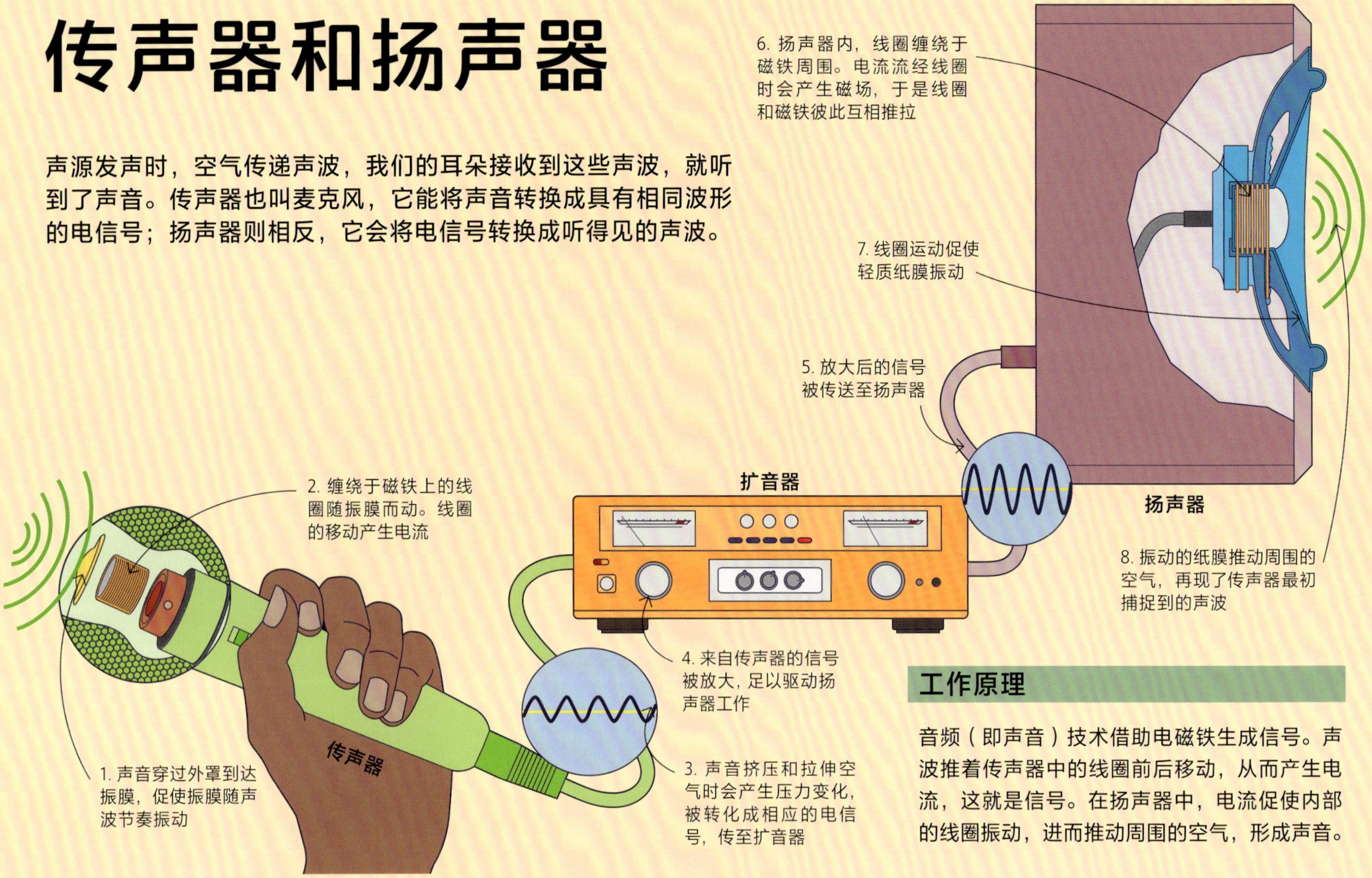

6. 扬声器内，线圈缠绕于磁铁周围。电流流经线圈时会产生磁场，于是线圈和磁铁彼此互相推拉
7. 线圈运动促使轻质纸膜振动
5. 放大后的信号被传送至扬声器
扩音器
扬声器
2. 缠绕于磁铁上的线圈随振膜而动。线圈的移动产生电流
8. 振动的纸膜推动周围的空气，再现了传声器最初捕捉到的声波
4. 来自传声器的信号被放大，足以驱动扬声器工作
传声器
1. 声音穿过外罩到达振膜，促使振膜随声波节奏振动
3. 声音挤压和拉伸空气时会产生压力变化，被转化成相应的电信号，传至扩音器

工作原理

音频（即声音）技术借助电磁铁生成信号。声波推着传声器中的线圈前后移动，从而产生电流，这就是信号。在扬声器中，电流促使内部的线圈振动，进而推动周围的空气，形成声音。

防喷罩

防喷罩是一种网状物。人对着传声器说话或唱歌时（比如发“p”和“b”的音）会产生爆破音，破坏录音效果。而防喷罩能有效减少或消除爆破音。

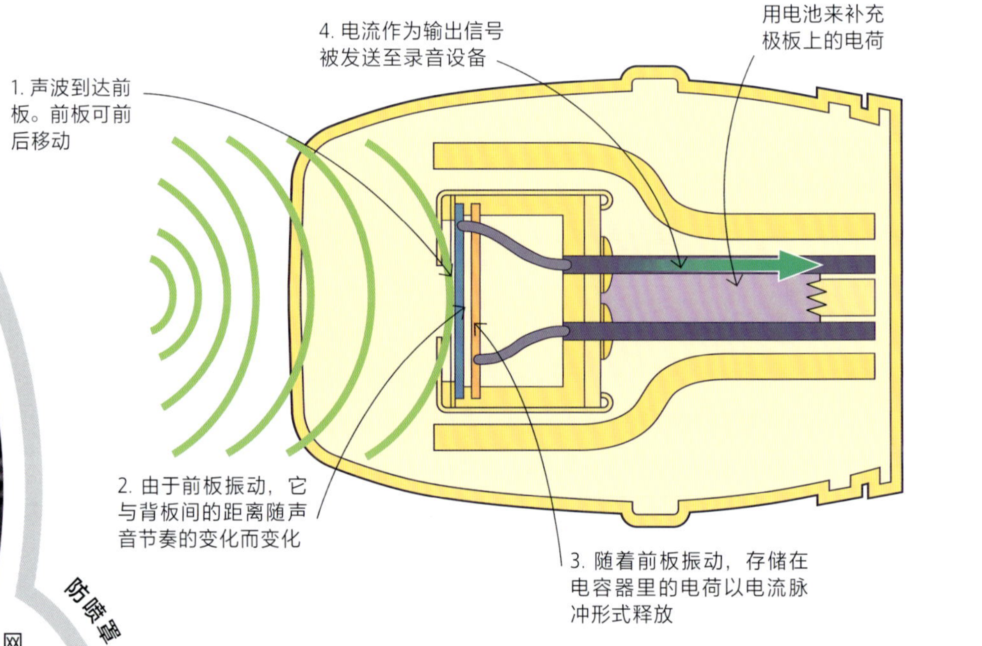

4. 电流作为输出信号被发送至录音设备
用电池来补充极板上的电荷
1. 声波到达前板。前板可前后移动
2. 由于前板振动，它与背板间的距离随声音节奏的变化而变化
3. 随着前板振动，存储在电容器里的电荷以电流脉冲形式释放

电容传声器

专业歌手会使用电容传声器完成清晰的录音。这种传声器有一对金属极板它们能彼此靠近，形成一个电容器。该电容器能存储电荷，当我们说话或唱歌时，声音会引起前板（振膜）的振动，这改变了前板与背板之间的距离进而释放电荷，产生电流。

家庭录音室

我们可以将现场录下的声音转换成数字音频信号，以文件形式存储在计算机里。同时，计算机也能用软件生成声音信号，无须现场录音。在录音室里，编辑软件和调音台能对这两种声音加以处理，将其混合成一首适合扬声器播放的曲目。

音频编辑软件能将诸多数字声音合并，使其按预定时间点和节奏顺序出现，创造出流畅和谐的音效
耳机也是一种扬声器，它覆盖在耳朵上，以减少背景中的噪声
传声器用来给音轨添加人声
音乐以数字音频文件的形式存储，还能呈现于屏幕上
蓝牙将耳机连接至计算机
调音台能精确调整每个声音的音量、音调和节奏
键盘能为各类数字声音创建重复段、旋律和节拍

人耳能听到每秒钟振动 20 次到振动 20 000 次的声波。

隔音处理

录音室的墙壁上会安装锯齿状的泡沫隔音材料来吸音。这样录音才不会被四处反射的回声破坏。

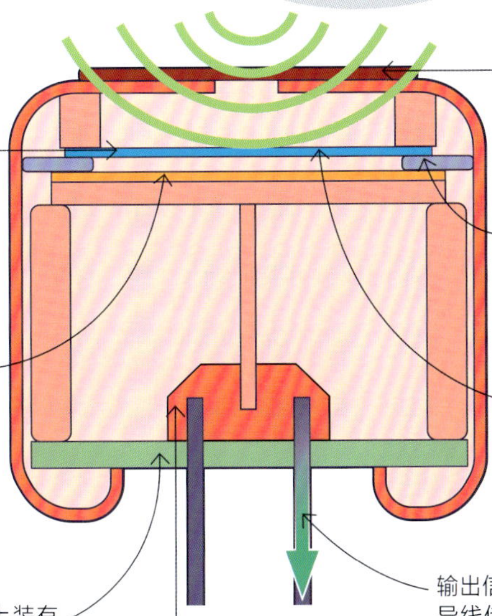

外层防尘罩保护微小组件
驻极体材料能长时间存储电荷，类似于永磁体
塑料垫圈为驻极体振膜的变形提供了足够的空间
驻极体因声波而振动，电流由此产生并最终从金属板输出
声波促使驻极体变形
输出信号沿导线传输
印制电路板上装有传声器的电子元件
来自驻极体振膜的信号在场效应管被放大

驻极体传声器

驻极体传声器可以做得非常小，所以特别适合用在手机内部或夹在衣服上。驻极体传声器的工作原理与电容传声器类似，但驻极体本身无须电池供电，而是用一种能永久带电的柔性材料（即驻极体）作振膜。

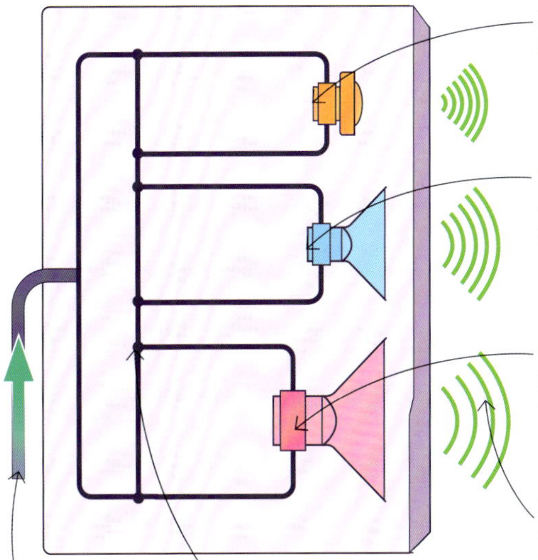

高音喇叭用小型振膜产生高频声音
中音喇叭负责产生人耳最为敏感的中频声音
低音喇叭拥有最大的振膜椎体，可产生最低的低音效果
3 个喇叭的声音频率各异，它们彼此融合，共同创造出丰富的听觉体验
电信号被输入扬声器
分频电路为 3 个喇叭分别提供其处理范围内的音频信号

三分频扬声器

为了让高质量音效遍布房间的每一个角落，大型扬声器通常有 3 个独立的喇叭。这 3 个喇叭各自负责特定的声频范围或音高，共同营造出更自然、更贴近原始声音的音效。

计算机

计算机能根据一系列指令（程序）来处理数据。所有计算机都由硬件（用于输入、存储、处理和输出数据等的设备）组成，这些硬件听命于软件程序，而软件程序又为用户所控制。基于此，计算机能执行各种任务。

计算机游戏

传统计算机、游戏机（配有专门游戏硬件的计算机）或游戏计算机（配备强大 CPU 和 GPU 的计算机）上都能玩视频游戏。在全球范围内，游戏产业规模已超过电影和音乐产业的总和。

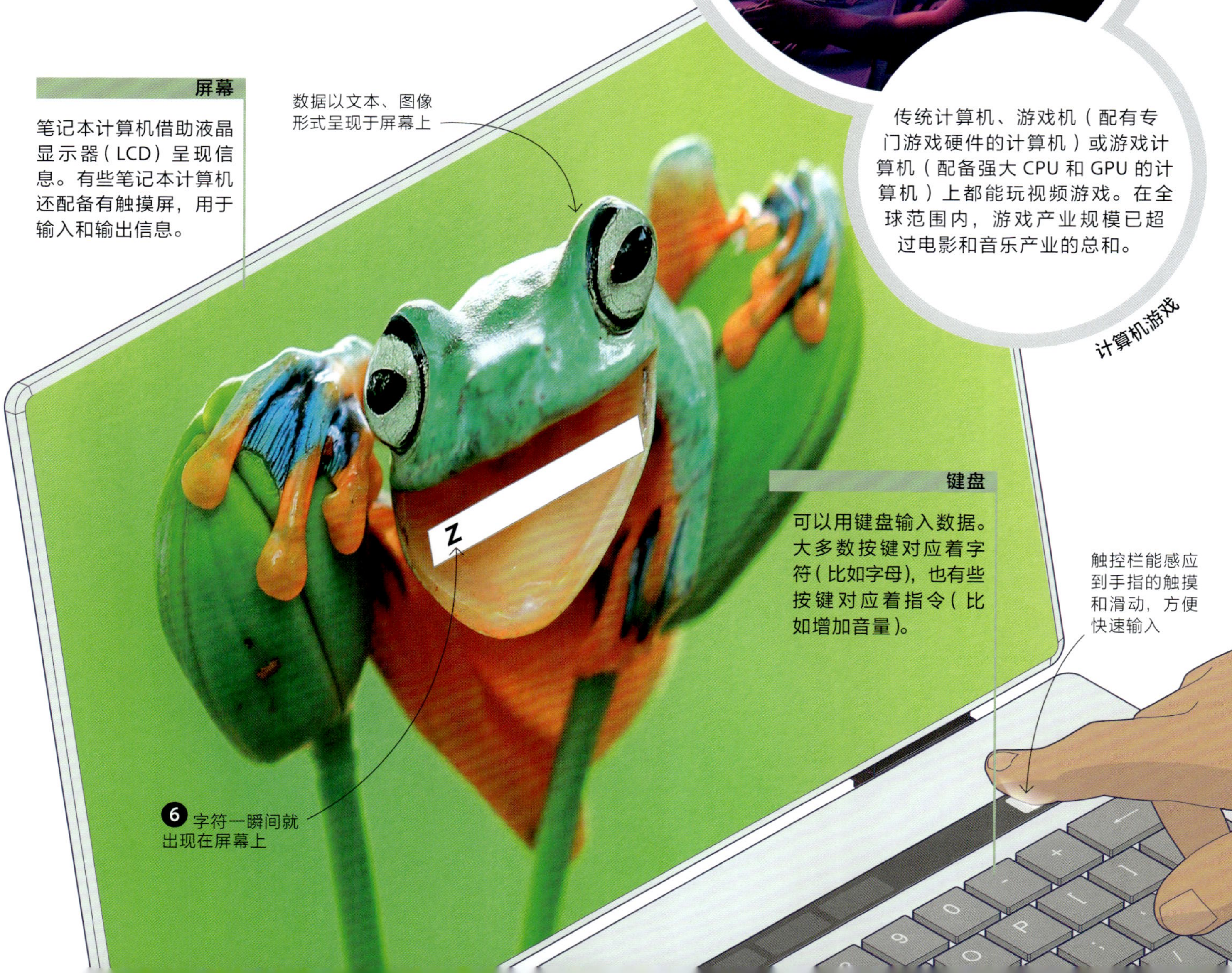

屏幕

笔记本计算机借助液晶显示器（LCD）呈现信息。有些笔记本计算机还配备有触摸屏，用于输入和输出信息。

数据以文本、图像形式呈现于屏幕上

6 字符一瞬间就出现在屏幕上

键盘

可以用键盘输入数据。大多数按键对应着字符（比如字母），也有些按键对应着指令（比如增加音量）。

触控栏能感应到手指的触摸和滑动，方便快速输入

计算机的诸多硬件被包裹于结实的外壳中

机器学习

机器学习是人工智能的一个分支。它是用大量数据“训练”计算机去解决问题，而不是由人类编程给计算机下达指令。

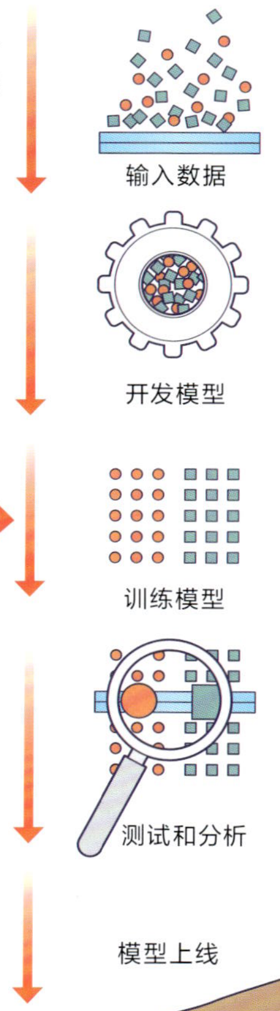

输入数据
新模型被输入与其训练任务相关的数据

通过示例学习
开发者对模型进行反复测试和评估

训练完成
模型一旦能很好地执行任务，即可发布

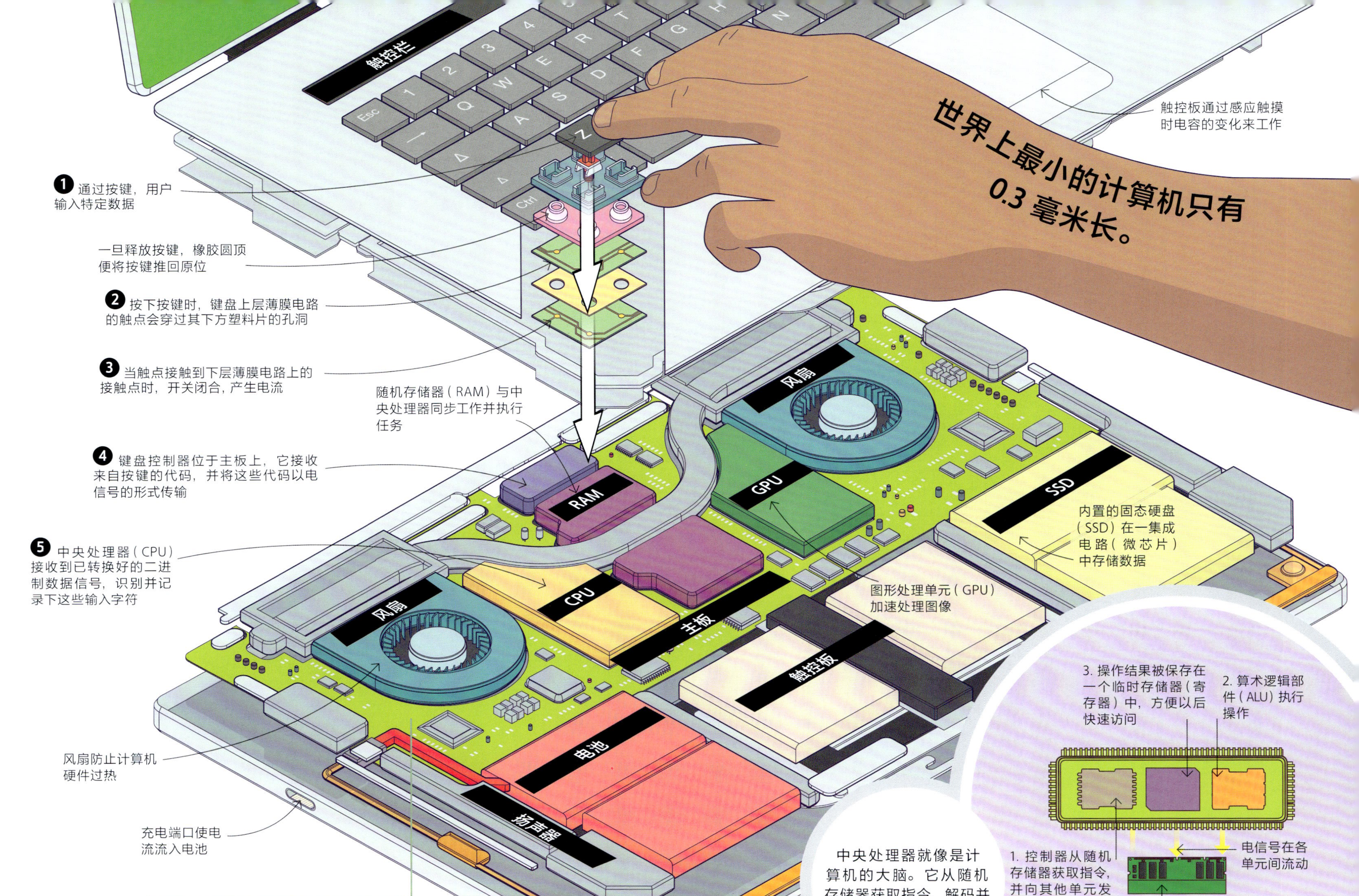
触控栏
触控板通过感应触摸时电容的变化来工作
世界上最小的计算机只有0.3 毫米长。
❶ 通过按键，用户输入特定数据
一旦释放按键，橡胶圆顶便将按键推回原位
❷ 按下按键时，键盘上层薄膜电路的触点会穿过其下方塑料片的孔洞
❸ 当触点接触到下层薄膜电路上的接触点时，开关闭合，产生电流
随机存储器（RAM）与中央处理器同步工作并执行任务
❹ 键盘控制器位于主板上，它接收来自按键的代码，并将这些代码以电信号的形式传输
❺ 中央处理器（CPU）接收到已转换好的二进制数据信号，识别并记录下这些输入字符
风扇
GPU
RAM
CPU
主板
SSD
内置的固态硬盘（SSD）在一集成电路（微芯片）中存储数据
图形处理单元（GPU）加速处理图像
触控板
电池
扬声器
风扇防止计算机硬件过热
充电端口使电流流入电池
3. 操作结果被保存在一个临时存储器（寄存器）中，方便以后快速访问
2. 算术逻辑部件（ALU）执行操作
1. 控制器从随机存储器获取指令，并向其他单元发出命令
电信号在各单元间流动
随机存储器负责短期记忆
中央处理器就像是计算机的大脑。它从随机存储器获取指令，解码并执行。
处理指令

主板

计算机中最关键的电路都在主板上。所有重要组件和辅助设备（如打印机）都最终与主板相连，并通过主板通信。

公钥加密

公钥加密是一种保护数据安全的方法。信息通过一个特定的字符串（公钥）被加密，也就是被转换成一系列新的字符。任何人都可以用公钥来加密信息。不过，要解密这些信息，就只能用与公钥配对的私钥。

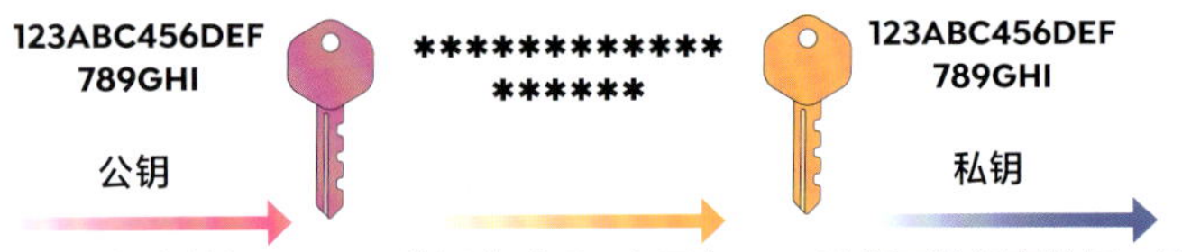

123ABC456DEF 789GHI
公钥
************ ******
123ABC456DEF 789GHI
私钥

公钥用于加密数据，且对任何人公开

数据变成了一串无意义的混乱字符

私钥可以解密数据，但私钥只有所有者知道

移动互联网接入

当手机接入互联网，手机天线会与基站交换无线电信号，以联系互联网服务提供商。

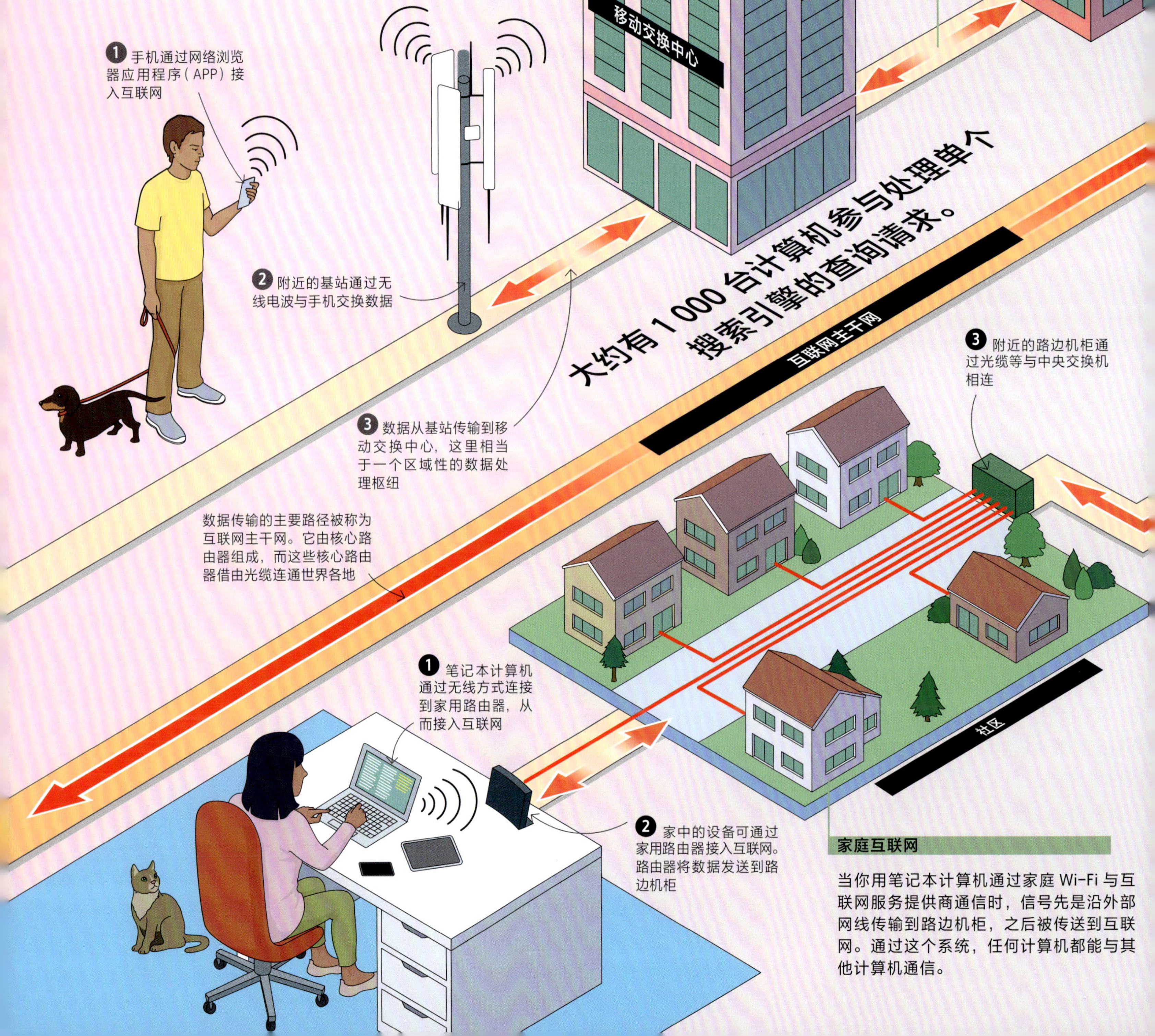

互联网服务提供商
移动交换中心
大约有 1 000 台计算机参与处理单个搜索引擎的查询请求。
互联网主干网
社区
1 手机通过网络浏览器应用程序（APP）接入互联网
2 附近的基站通过无线电波与手机交换数据
3 数据从基站传输到移动交换中心，这里相当于一个区域性的数据处理枢纽
数据传输的主要路径被称为互联网主干网。它由核心路由器组成，而这些核心路由器借由光缆连通世界各地
3 附近的路边机柜通过光缆等与中央交换机相连
1 笔记本计算机通过无线方式连接到家用路由器，从而接入互联网
2 家中的设备可通过家用路由器接入互联网。路由器将数据发送到路边机柜

家庭互联网

当你用笔记本计算机通过家庭 Wi-Fi 与互联网服务提供商通信时，信号先是沿外部网线传输到路边机柜，之后被传送到互联网。通过这个系统，任何计算机都能与其他计算机通信。

互联网

互联网是一个全球性网络，连接着数十亿台计算机，还有其他电子设备。用户通过自己的设备，经由互联网服务提供商（ISP）接入该网络，互联网服务提供商充当了通往更广阔的互联网的门户。在这个网络中，大量数据通过铜线、光缆和无线连接不断交换，它们都遵循着一套共同的通信规则，即因特网协议（IP）。每台计算机在该网络中都拥有一个独特的 IP 地址，以便识别。

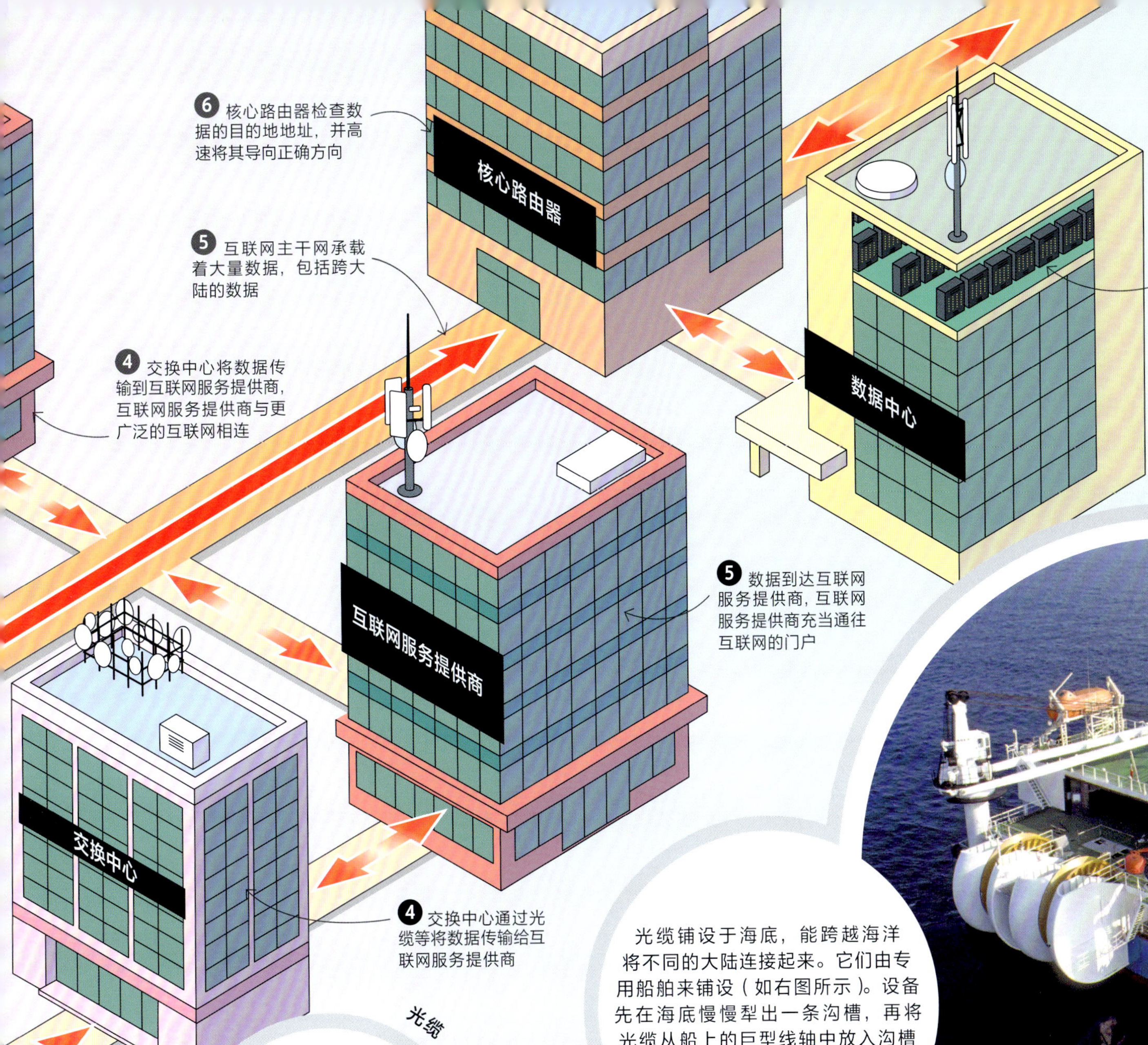

6 核心路由器检查数据的目的地地址，并高速将其导向正确方向
核心路由器
5 互联网主干网承载着大量数据，包括跨大陆的数据
4 交换中心将数据传输到互联网服务提供商，互联网服务提供商与更广泛的互联网相连
数据中心
数据中心有强大的计算机，用于存储和处理数据。它们的电力消耗量与一个小镇相当
互联网服务提供商
5 数据到达互联网服务提供商，互联网服务提供商充当通往互联网的门户
交换中心
4 交换中心通过光缆等将数据传输给互联网服务提供商

光缆铺设于海底，能跨越海洋将不同的大陆连接起来。它们由专用船舶来铺设（如右图所示）。设备先在海底慢慢犁出一条沟槽，再将光缆从船上的巨型线轴中放入沟槽内。有时，还需要潜水员对这些光缆进行维护。

铺设光缆

光缆

光缆中的光纤通过光信号传输数据。光波携带着编码后的数据，从光纤的一端进入，并沿着光纤以“之”字形路径传播，最终到达目的地。

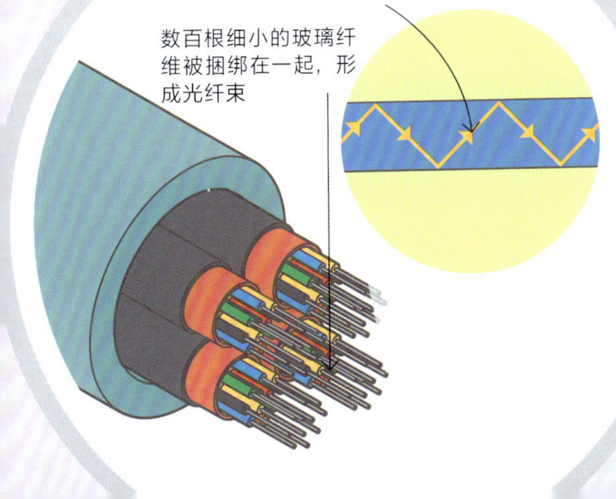

光波在光纤中不断反射
数百根细小的玻璃纤维被捆绑在一起，形成光纤束

半导体

半导体是介于导体和绝缘体之间的材料。导体允许电流自由通过，绝缘体不允许，而半导体则介于这两者之间。通过在其规律的、重复的晶体结构中掺杂杂质，可以控制半导体中电流的流动。

什么是半导体

电子的定向移动能产生电流。在导体中，电子可以比较自由地定向移动；在绝缘体中，电子被一种叫带隙的巨大能量间隙阻挡住了。

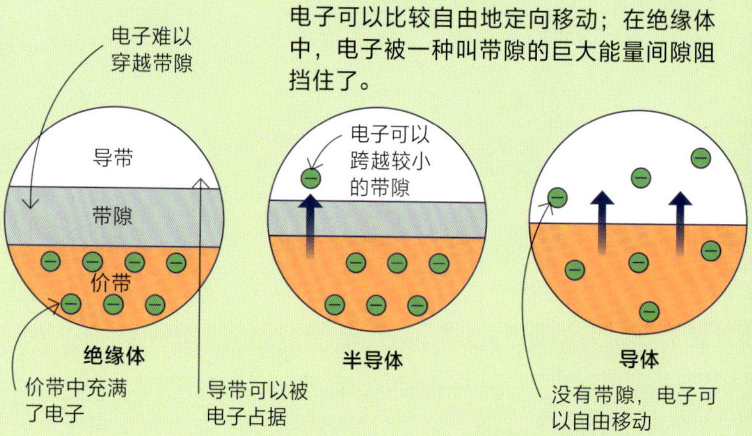

电子难以穿越带隙
导带
带隙
价带
绝缘体
价带中充满了电子
导带可以被电子占据
电子可以跨越较小的带隙
半导体
导体
没有带隙，电子可以自由移动

工作原理

硅不是电的良导体，其导电性能不佳，但我们可以通过掺杂少量其他元素（如磷或硼）来改变正负电荷的分布，让电流在硅中顺利通过。

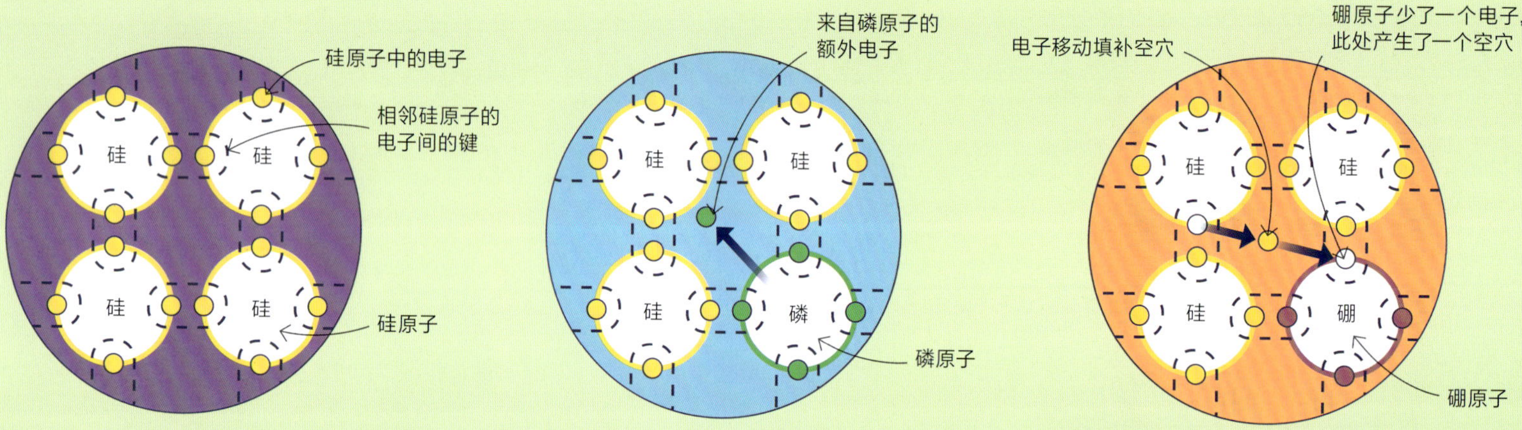

硅原子中的电子
相邻硅原子的电子间的键
硅
硅原子
来自磷原子的额外电子
磷
磷原子
电子移动填补空穴
硼原子少了一个电子，此处产生了一个空穴
硼
硼原子

纯硅

更接近于绝缘体而不是导体。只有当它的电子获得足够的额外能量时，电流才能通过。

N 型半导体

往硅里掺入磷原子，就能产生自由电子，这些电子能在硅的结构里移动。这些磷原子带有额外的负电荷，属于 N 型半导体。

P 型半导体

在硅中掺入硼原子，会使硅中缺少自由电子，从而产生带正电的空穴。这些空穴能在硅的结构中移动。这些空穴带有正电荷，这种掺了硼的硅材料叫 P 型半导体。

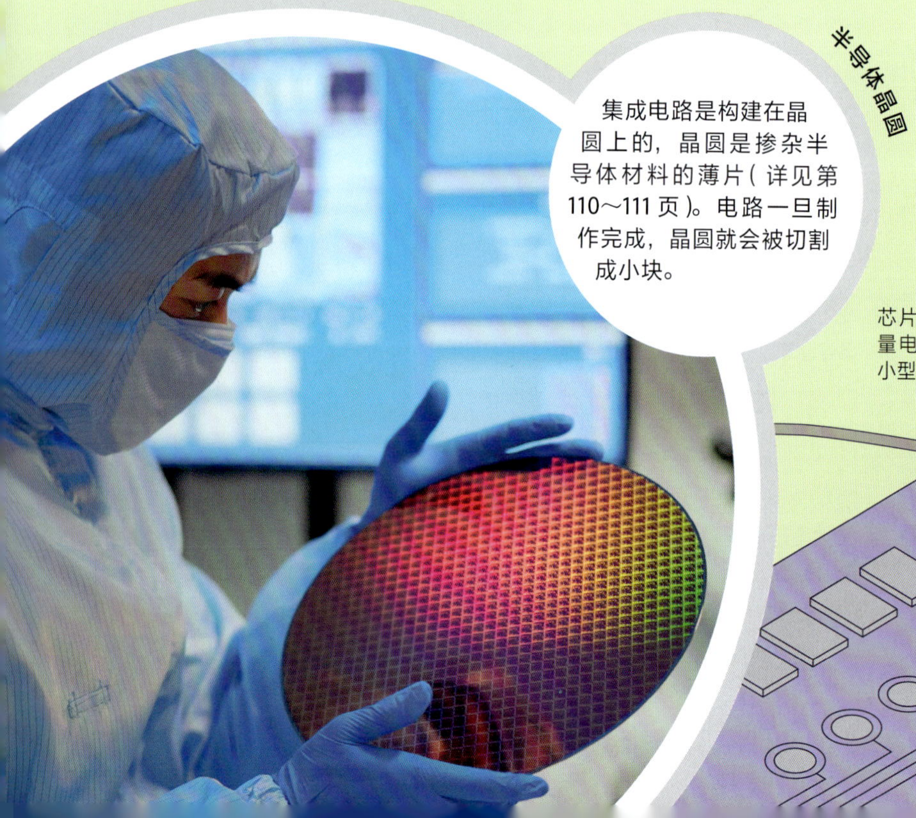

半导体晶圆
集成电路是构建在晶圆上的，晶圆是掺杂半导体材料的薄片（详见第 110～111 页）。电路一旦制作完成，晶圆就会被切割成小块。

集成电路

集成电路（通常称为芯片）是在一小块半导体基片上集成且相互连接的电子元件系统。芯片内包含有许多微小的晶体管（详见第 75 页）以及其他电子元件。

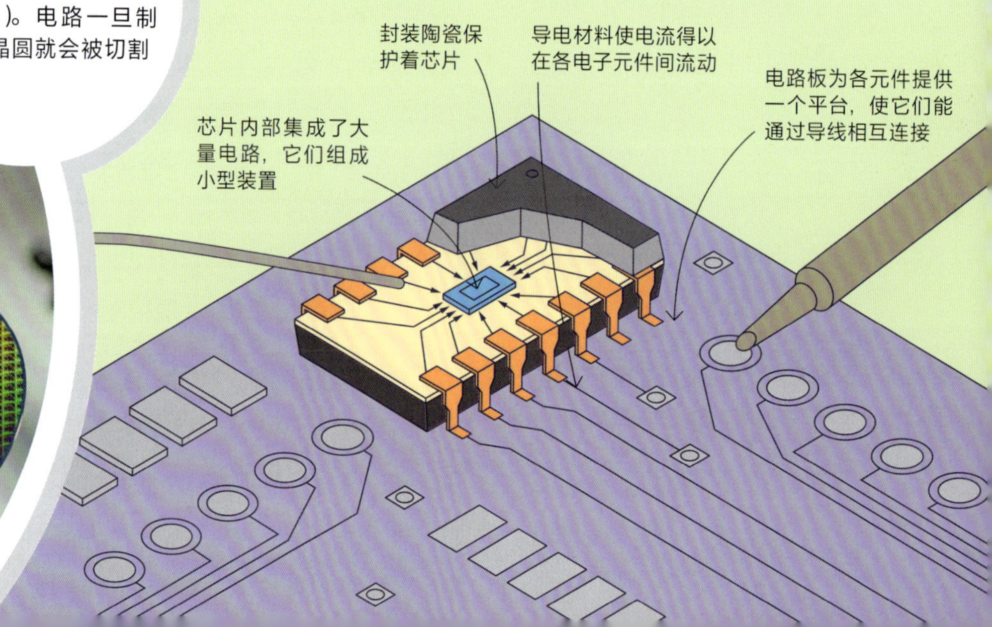

封装陶瓷保护着芯片
导电材料使电流得以在各电子元件间流动
电路板为各元件提供一个平台，使它们能通过导线相互连接
芯片内部集成了大量电路，它们组成小型装置

晶体管

晶体管是用来放大或切换电信号的器件。通常，它们由 3 层半导体材料堆叠而成（比如两个 N 型层间夹着一个 P 型层），这 3 层材料对应着 3 个电气接触点：源极、栅极和漏极。只有当栅极上施加了适当电压时，电流才能通过这种类型的晶体管。当电流通过时，这表示一个二进制的“1”；没有电流流动时，则表示一个二进制的“0”。

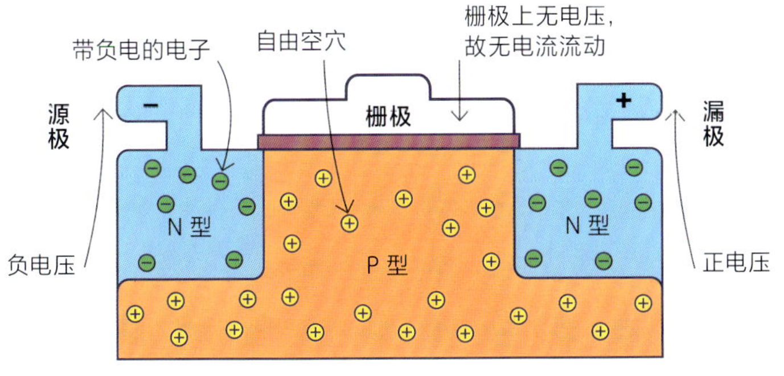

带负电的电子
自由空穴
栅极上无电压，故无电流流动
源极
漏极
栅极
N 型
P 型
N 型
负电压
正电压

开关关闭

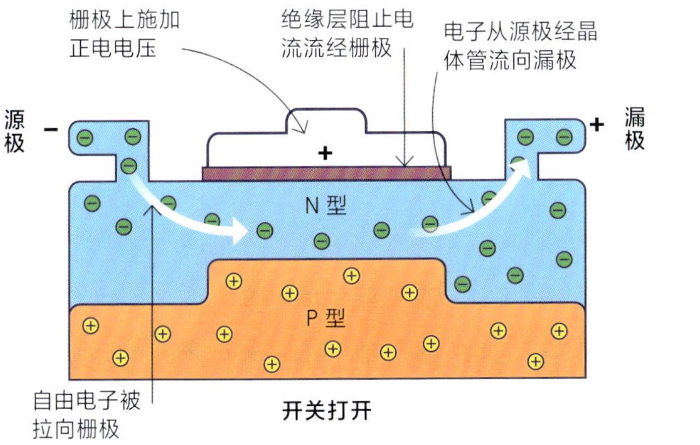

栅极上施加正电电压
绝缘层阻止电流流经栅极
电子从源极经晶体管流向漏极
源极
漏极
N 型
P 型
自由电子被拉向栅极

开关打开

光电二极管

光电二极管是一种半导体二极管，当它吸收光子时会产生电流。一个小型电池为其提供电压。当光线照射到二极管上时，自由电子和空穴开始流动，从而产生电流。

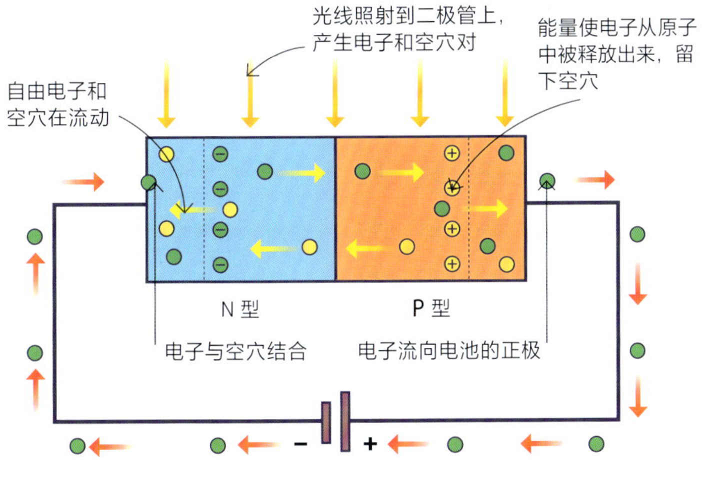

光线照射到二极管上，产生电子和空穴对
能量使电子从原子中被释放出来，留下空穴
自由电子和空穴在流动
N 型
P 型
电子与空穴结合
电子流向电池的正极

半导体二极管

二极管是一种电子元件，它只允许电流在一个方向上流动。半导体二极管由两种不同类型的半导体材料（P 型和 N 型）结合在一起组成，并连接到电气端子上。二极管常用于传感器、灯具等设备中。

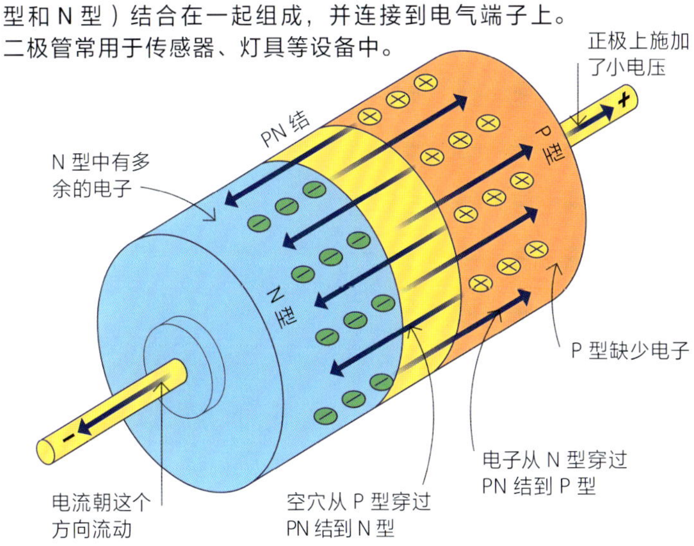

正极上施加了小电压
PN 结
N 型中有多余的电子
P 型
N 型
P 型缺少电子
电子从 N 型穿过 PN 结到 P 型
空穴从 P 型穿过 PN 结到 N 型
电流朝这个方向流动

发光二极管（LED）

LED 在电流通过时会发光。当 LED 接通电源，电子会从 N 型区域流向 P 型区域，并以光子的形式释放能量。

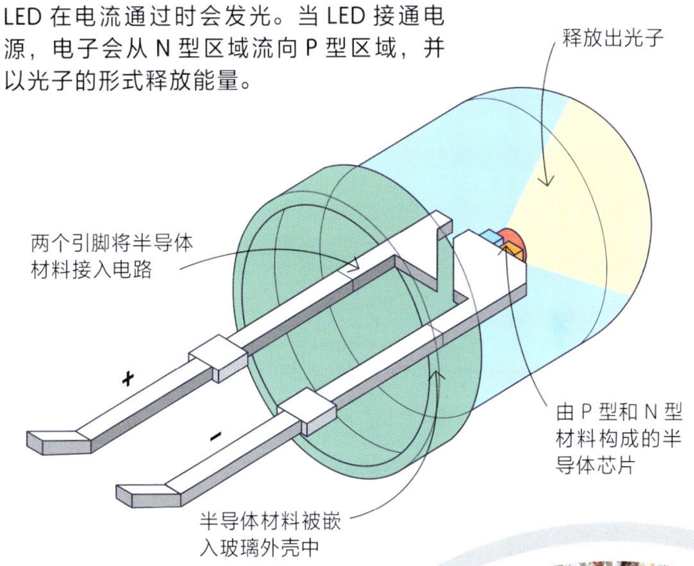

释放出光子
两个引脚将半导体材料接入电路
由 P 型和 N 型材料构成的半导体芯片
半导体材料被嵌入玻璃外壳中

百万个 LED 灯球屏幕

位于拉斯维加斯的巨型球体建筑（MSG Sphere）装配有世界上分辨率最高的 LED 屏幕。这个建筑内部屏幕的面积达 15 000 平方米，可将观众包围其中，提供沉浸式的视听体验。

加速度传感器

加速度传感器是一种用来测量手机加速度（即速度变化率）的传感器。它在手机上有很多用途，比如可以根据设备的垂直或水平位置调整显示方向，还能用作手机上健身应用程序的输入设备。

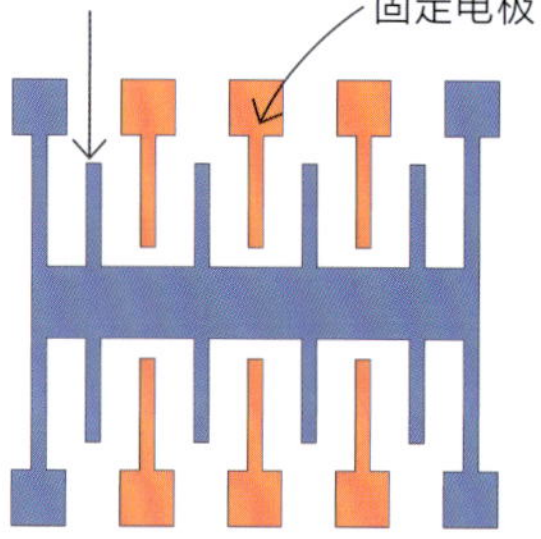

地震震动质量块的“手指”
固定电极

手机静止时

电极插在地震震动质量块的“手指”间，形成电场。当质量块静止时，没有电流流动。

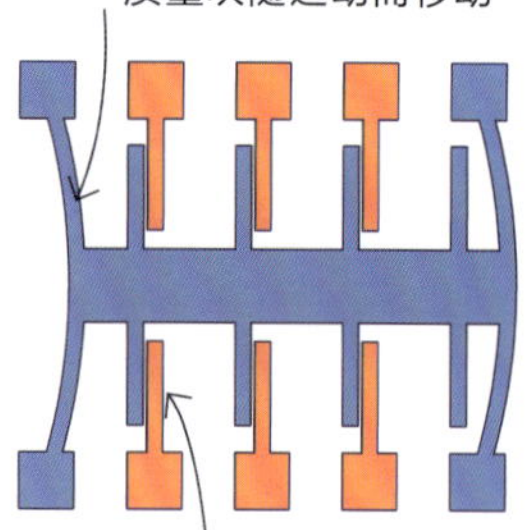

质量块随运动而移动
电极和“手指”靠得更近了

检测到运动时

当质量块移动时，它会改变电极周围的电场，继而产生电流。处理器检测到这一变化，计算出手机的移动幅度。

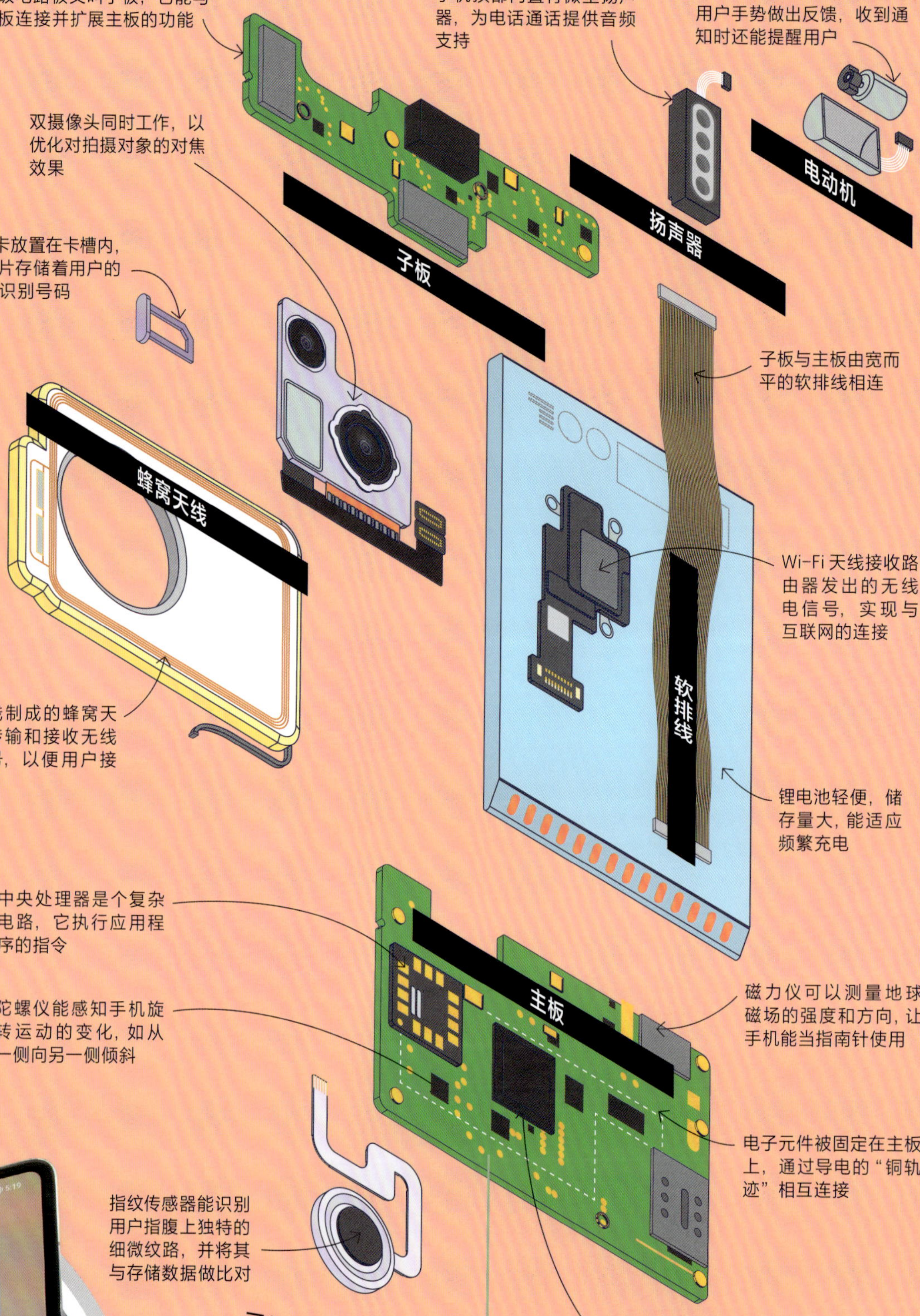

次级电路板又叫子板，它能与主板连接并扩展主板的功能
手机顶部内置有微型扬声器，为电话通话提供音频支持
这个小型电动机通过振动对用户手势做出反馈，收到通知时还能提醒用户
双摄像头同时工作，以优化对拍摄对象的对焦效果
子板
扬声器
电动机
SIM 卡放置在卡槽内，该卡片存储着用户的唯一识别号码
子板与主板由宽而平的软排线相连
蜂窝天线
Wi-Fi 天线接收路由器发出的无线电信号，实现与互联网的连接
由细线制成的蜂窝天线能传输和接收无线电信号，以便用户接打电话
软排线
锂电池轻便，储存量大，能适应频繁充电
中央处理器是个复杂电路，它执行应用程序的指令
主板
陀螺仪能感知手机旋转运动的变化，如从一侧向另一侧倾斜
磁力仪可以测量地球磁场的强度和方向，让手机能当指南针使用
电子元件被固定在主板上，通过导电的“铜轨迹”相互连接
指纹传感器能识别用户指腹上独特的细微纹路，并将其与存储数据做比对
加速度传感器能感知手机的直线运动变化，如下落或摇晃（见左上方框）

可折叠手机屏幕

随着柔性电子技术的进步，如今智能手机的屏幕甚至可以折叠。或是像书一样能左右折叠，或是像翻盖手机一样能上下折叠，使屏幕变得更大。

主板

主板是将所有硬件连接至中央处理器的中心枢纽。为了使布局紧凑，手机主板与笔记本计算机主板相比，用以添加额外设备的接口更少。

智能手机

智能手机是一种手持设备。它不但能用作电话，还可以用作相机、导航设备，以及带互联网访问功能的计算机。其前面有触摸屏，内部装有各种传感器和通信硬件。手机还可以下载大量应用程序，实现个性化定制。

触摸屏

电容式触摸屏通过检测电荷的细微变化来识别触摸，可用作输入设备。

通知功能方便快速查看手机应用程序的信息和更新
前置摄像头适用于视频通话和自拍
有些触摸屏玻璃的厚度比人的头发丝还要薄。
导线与芯片相连，该芯片负责计算触摸屏上的触点
精细的导电线路网格
导线不断检查触点
控制器芯片
由触摸引起的电场的变化被检测到
触摸屏最外层是玻璃保护层，其厚度通常不到1毫米
触摸屏
互连板
互连板将摄像头之类的外围设备连接到主板上
15:14
应用程序可以通过显示信息或振动向用户发送智能手机通知

电容式触摸屏检测触摸不是靠感知压力，而是利用人体天然的电特性。当手指触摸复合屏幕上的精细导电网格时，会引发电场的小小扰动。这个信号被控制器芯片检测到，并发送至设备的中央处理器。

智能手表

智能手表是一种可穿戴的通信和信息处理设备。大多数智能手表都配有小型触摸屏，还有用于健康管理和健身监控的传感器。

科学技术大多离不开自然资源提供的能量，这些自然资源主要包括从地下开采出来的矿物，以及风、太阳光和水。它们需要加以处理，才能被用于家庭生活和工业生产等。

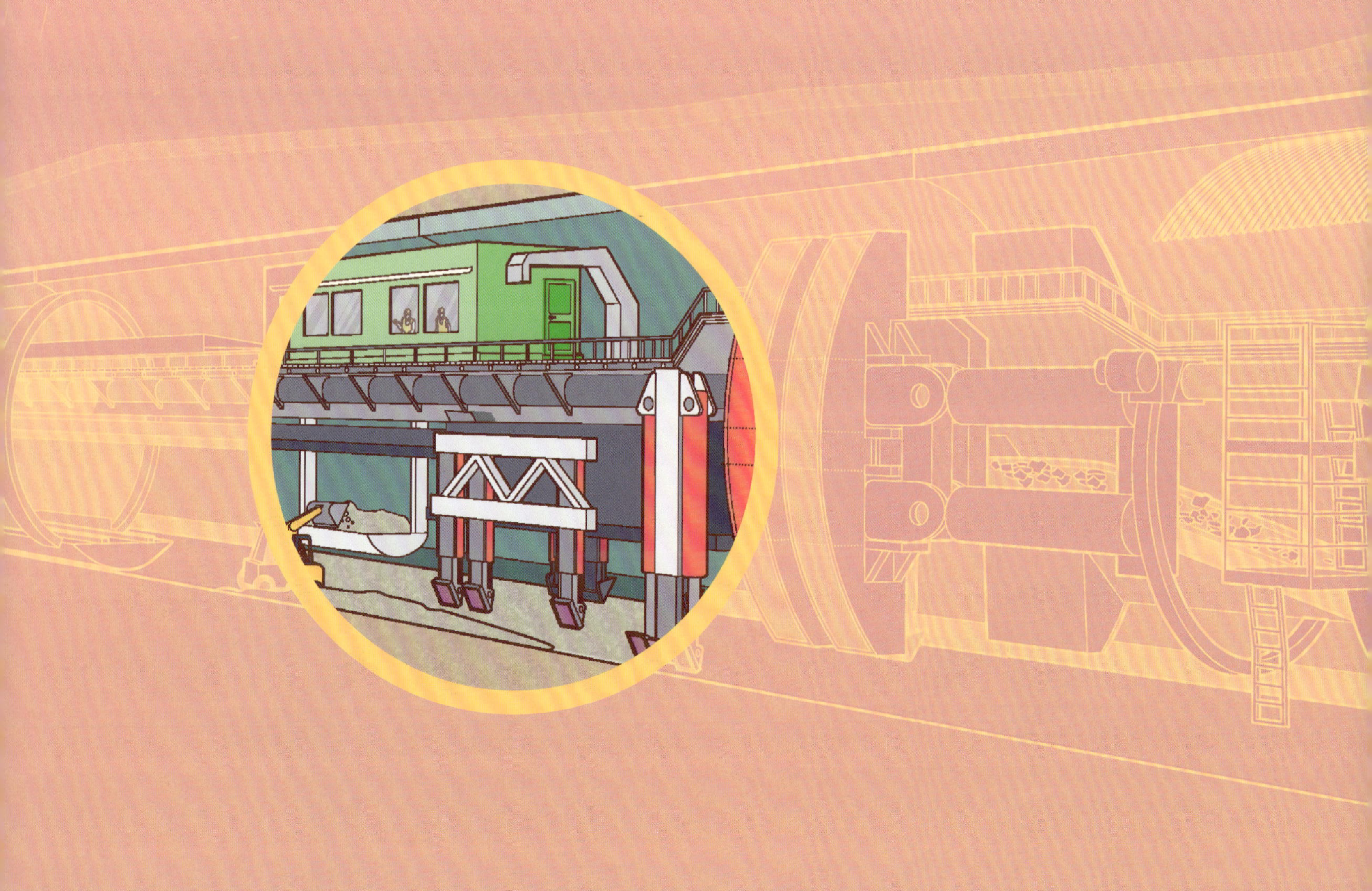

能源与工业新纪元

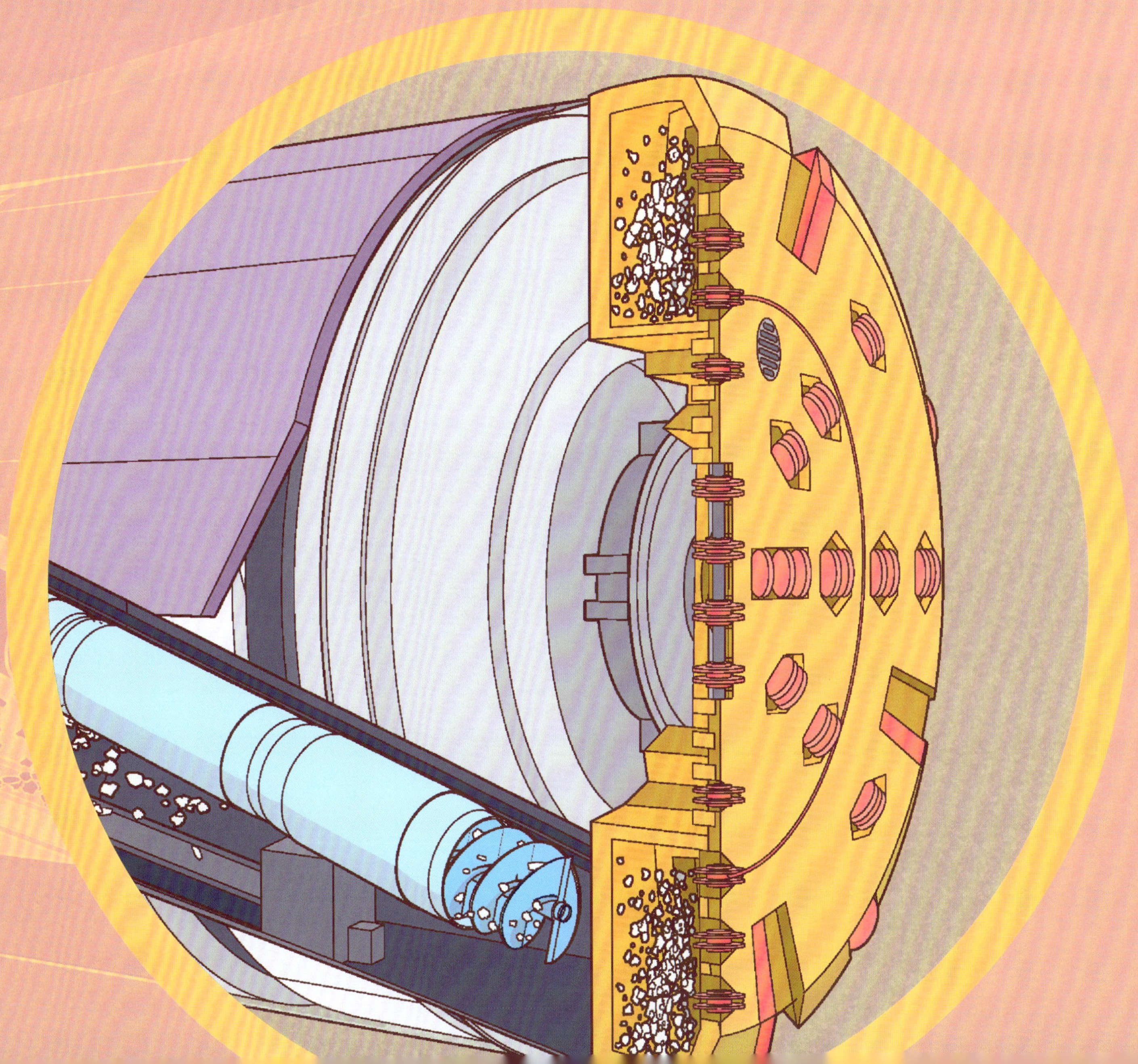

水的净化

淡水必须经过处理才能让人放心使用。经过净化，淡水中的化学物质、微生物和其他杂质被基本除去，水就能供人们安全使用了。

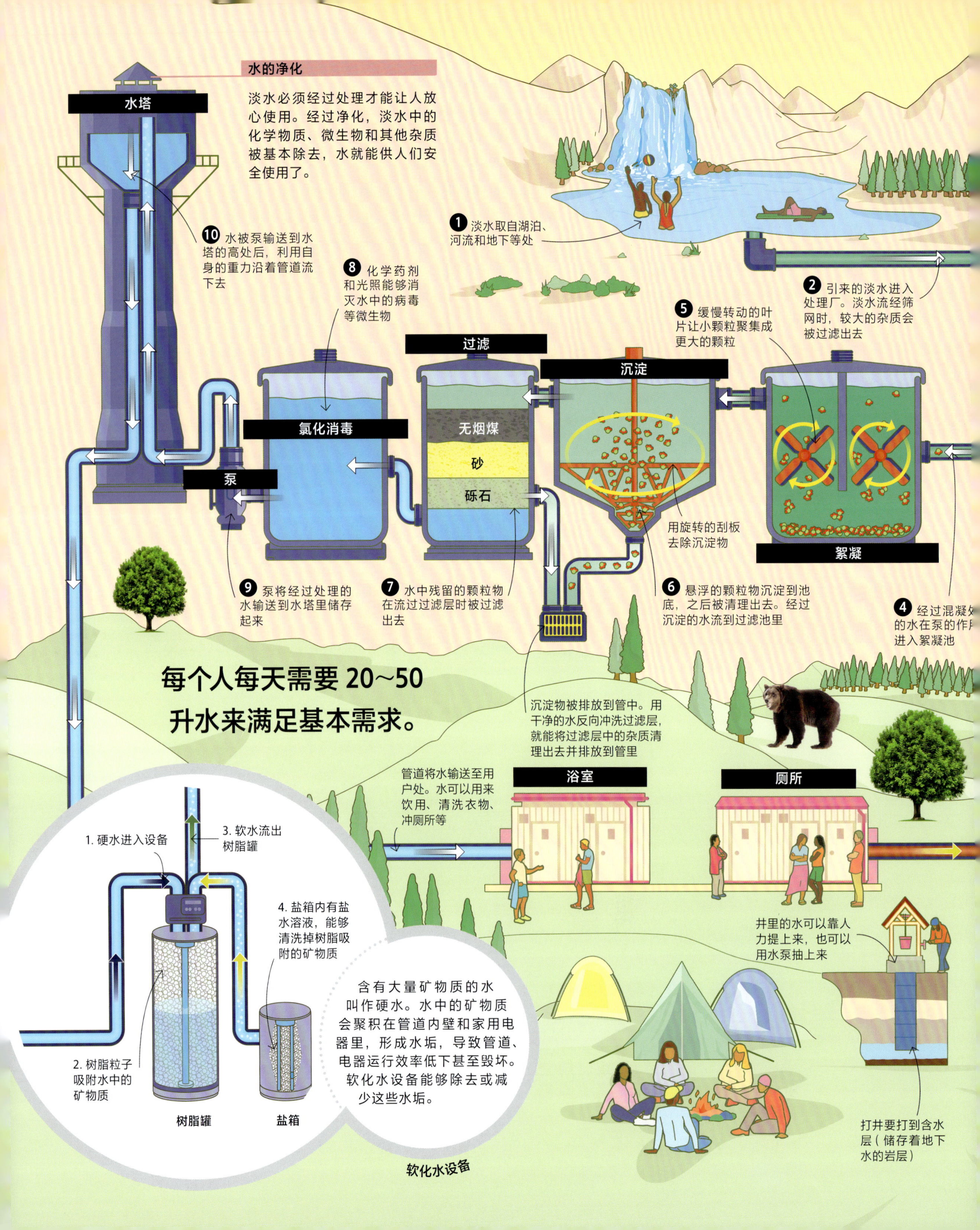

水塔
❶ 淡水取自湖泊、河流和地下等处
❷ 引来的淡水进入处理厂。淡水流经筛网时，较大的杂质会被过滤出去
❹ 经过混凝
的水在泵的作
进入絮凝池
❺ 缓慢转动的叶片让小颗粒聚集成更大的颗粒
絮凝
沉淀
用旋转的刮板去除沉淀物
❻ 悬浮的颗粒物沉淀到池底，之后被清理出去。经过沉淀的水流到过滤池里
过滤
无烟煤
砂
砾石
❼ 水中残留的颗粒物在流过过滤层时被过滤出去
沉淀物被排放到管中。用干净的水反向冲洗过滤层，就能将过滤层中的杂质清理出去并排放到管里
氯化消毒
❽ 化学药剂和光照能够消灭水中的病毒等微生物
泵
❾ 泵将经过处理的水输送到水塔里储存起来
❿ 水被泵输送到水塔的高处后，利用自身的重力沿着管道流下去
管道将水输送至用户处。水可以用来饮用、清洗衣物、冲厕所等
浴室
厕所
井里的水可以靠人力提上来，也可以用水泵抽上来
打井要打到含水层（储存着地下水的岩层）
1. 硬水进入设备
2. 树脂粒子吸附水中的矿物质
3. 软水流出树脂罐
4. 盐箱内有盐水溶液，能够清洗掉树脂吸附的矿物质
树脂罐
盐箱

软化水设备

每个人每天需要 20~50 升水来满足基本需求。

含有大量矿物质的水叫作硬水。水中的矿物质会聚积在管道内壁和家用电器里，形成水垢，导致管道、电器运行效率低下甚至毁坏。软化水设备能够除去或减少这些水垢。

供水和污水处理

水是非常重要的自然资源。人们使用的水主要来自河流和湖泊，而河水和湖水由雨水和处理过的生活及工农业废水等来补充。取自自然界的水经过净化处理之后被送入各家各户，供人们使用。用过的水一般从下水道排放出去，经过处理后再排回大自然中。

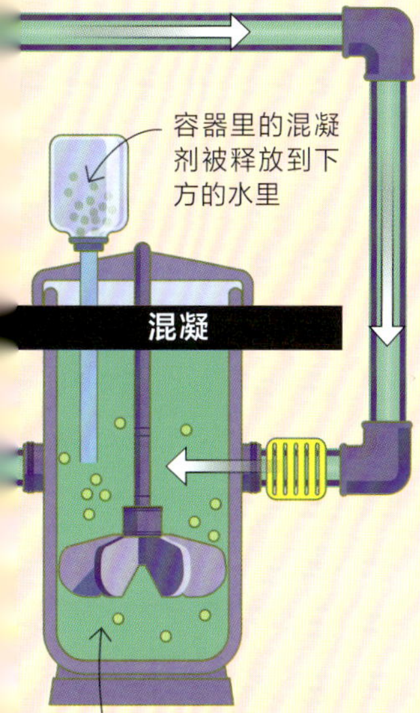

容器里的混凝剂被释放到下方的水里
混凝

❸ 硫酸铵混凝剂的作用是让杂质聚集成小颗粒，便于稍后除去

智能水处理系统

智能水处理系统能够实时收集并分析源自供水系统和水处理系统的数据，从而提高整个系统的运行效率。例如，智能公园灌溉系统能够根据不同区域的土壤状态以及天气预报计算出各个区域的灌溉水量。智能水处理系统还能检测水泄漏，从而减少水资源的损失。

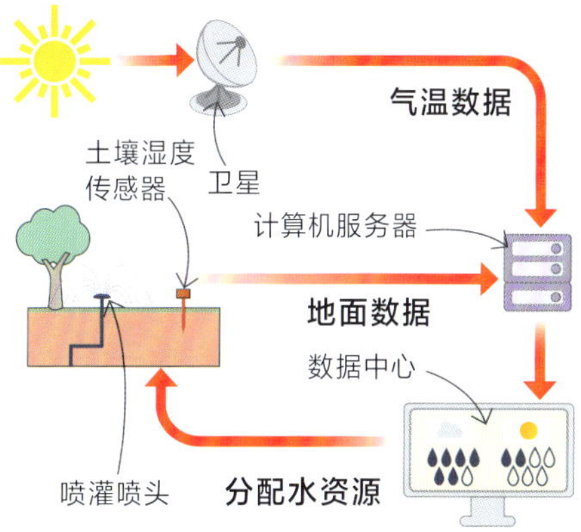

气温数据
土壤湿度传感器
卫星
计算机服务器
地面数据
数据中心
喷灌喷头
分配水资源

下水道“蛙人”在肮脏的环境里工作，面临着很多危险。他们要在下水道里开展维修工作，还要寻找堵塞下水道的异物。

下水道“蛙人”

污水处理

污水必须经过处理才能排放到河里和海里，否则会污染环境。经过处理后，污水中的多种污染物被除去。

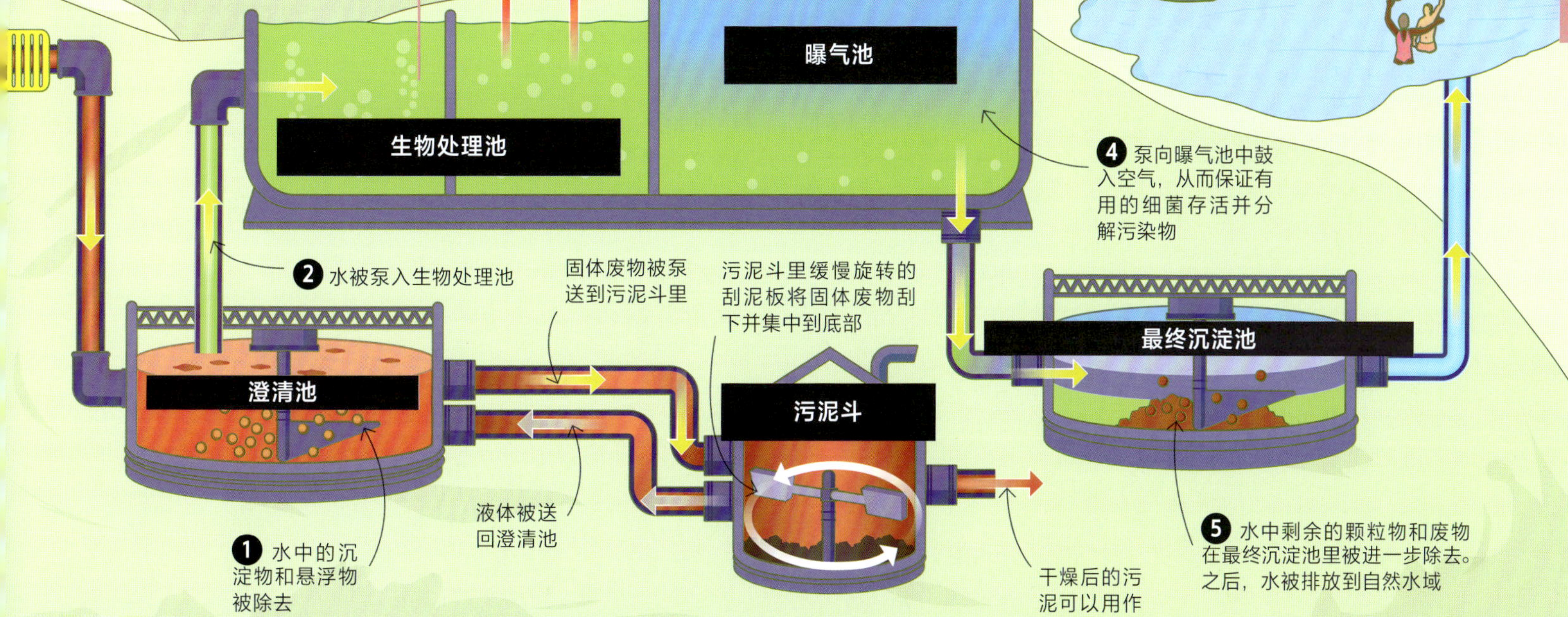

❸ 有害的含氮化合物在细菌的作用下转化为氮气并排放出去
生物处理池
曝气池
❹ 泵向曝气池中鼓入空气，从而保证有用的细菌存活并分解污染物
❷ 水被泵入生物处理池
固体废物被泵送到污泥斗里
污泥斗里缓慢旋转的刮泥板将固体废物刮下并集中到底部
最终沉淀池
澄清池
污泥斗
液体被送回澄清池
❶ 水中的沉淀物和悬浮物被除去
干燥后的污泥可以用作肥料
❺ 水中剩余的颗粒物和废物在最终沉淀池里被进一步除去。之后，水被排放到自然水域

发电厂

大多数发电厂的发电原理是利用发电装置将煤炭、石油或天然气的化学能转化为电能。电能通过电网输送给用户。化石燃料在发电厂里燃烧时释放的温室气体是导致气候变化的主要因素之一。

燃料燃烧

锅炉里的水能被加热到 500 摄氏度以上。煤炭、石油和天然气的能量密度极高，在燃烧时能释放大量能量。

化石燃料产生的能量约占世界能源总量的 80%。

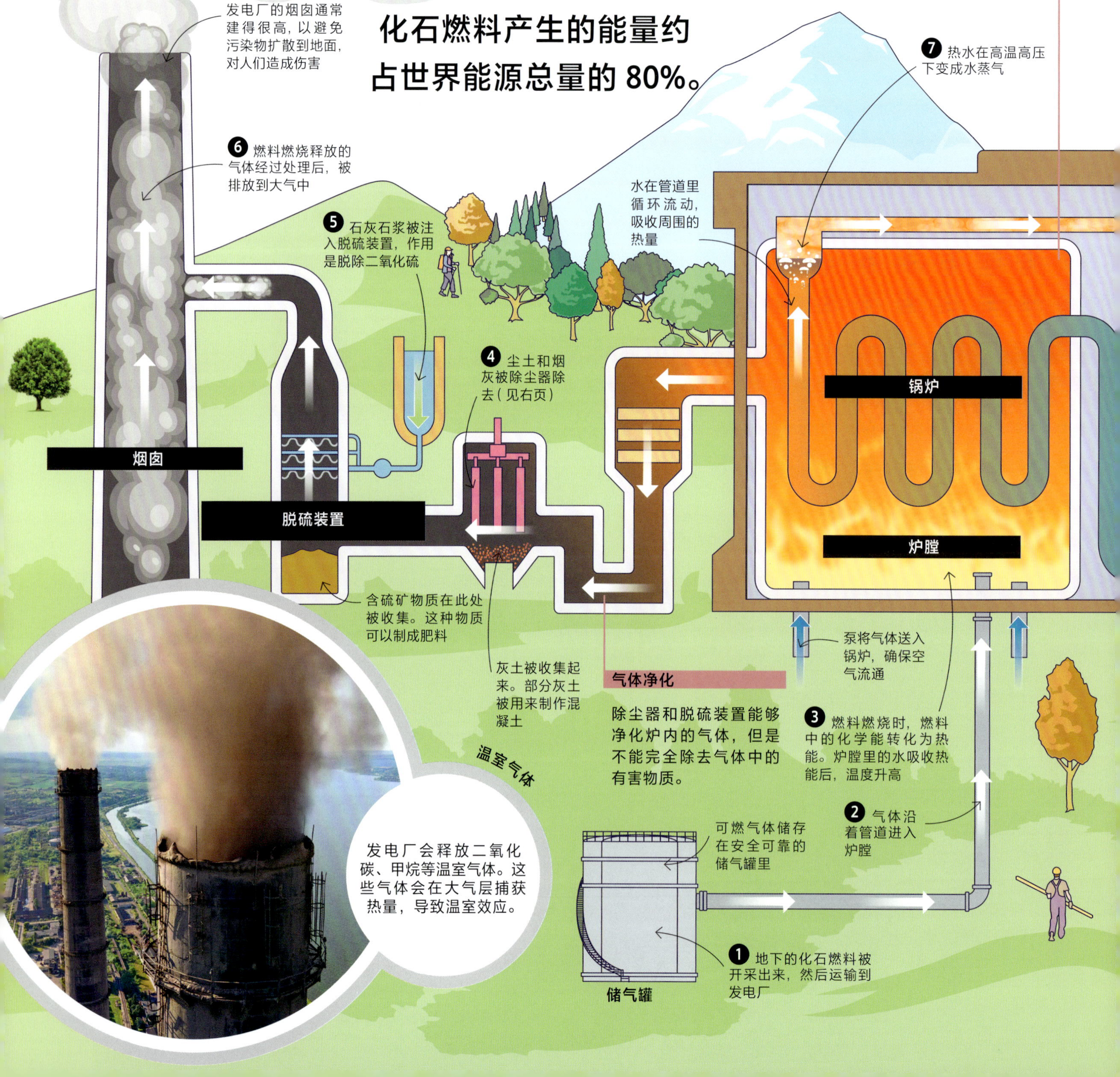

发电厂的烟囱通常建得很高，以避免污染物扩散到地面，对人们造成伤害
烟囱
6 燃料燃烧释放的气体经过处理后，被排放到大气中
5 石灰石浆被注入脱硫装置，作用是脱除二氧化硫
脱硫装置
含硫矿物质在此处被收集。这种物质可以制成肥料
4 尘土和烟灰被除尘器除去（见右页）
灰土被收集起来。部分灰土被用来制作混凝土
水在管道里循环流动，吸收周围的热量
7 热水在高温高压下变成水蒸气
锅炉
炉膛
泵将气体送入锅炉，确保空气流通
3 燃料燃烧时，燃料中的化学能转化为热能。炉膛里的水吸收热能后，温度升高
2 气体沿着管道进入炉膛
可燃气体储存在安全可靠的储气罐里
1 地下的化石燃料被开采出来，然后运输到发电厂
储气罐

气体净化

除尘器和脱硫装置能够净化炉内的气体，但是不能完全除去气体中的有害物质。

温室气体

发电厂会释放二氧化碳、甲烷等温室气体。这些气体会在大气层捕获热量，导致温室效应。

碳捕集

碳捕集技术能够除去大气中和从发电厂烟囱等源头排出的气体里的二氧化碳，然后储存在地下或加以利用。碳捕集能够减少大气中的二氧化碳含量，从而降低对气候变化的不良影响。然而，目前还不能确定是否可以利用碳捕集技术除去大量二氧化碳，进而有力对抗不良的气候变化。

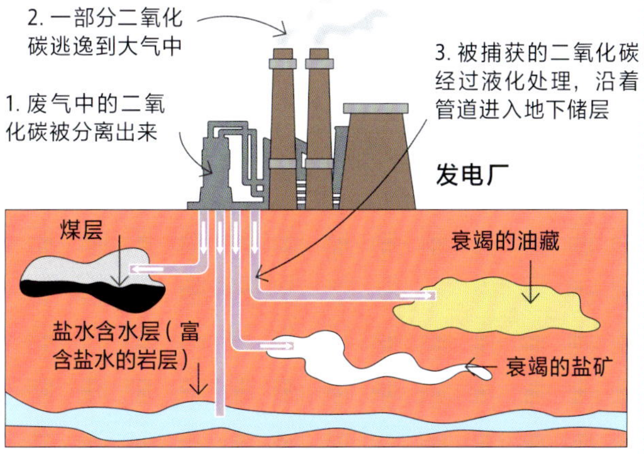

2. 一部分二氧化碳逃逸到大气中
3. 被捕获的二氧化碳经过液化处理，沿着管道进入地下储层
1. 废气中的二氧化碳被分离出来
发电厂
煤层
衰竭的油藏
盐水含水层（富含盐水的岩层）
衰竭的盐矿

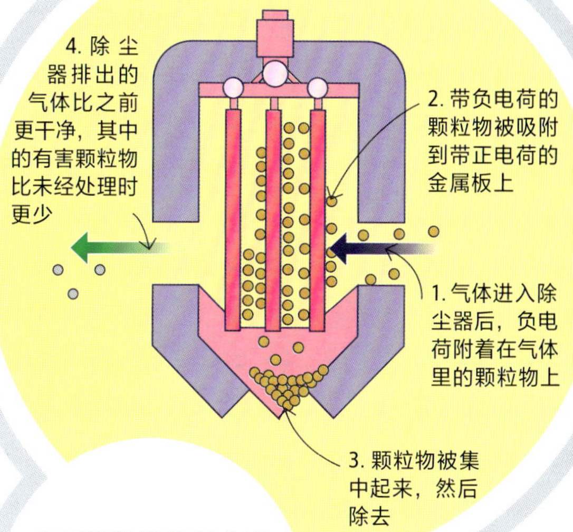

4. 除尘器排出的气体比之前更干净，其中的有害颗粒物比未经处理时更少
2. 带负电荷的颗粒物被吸附到带正电荷的金属板上
1. 气体进入除尘器后，负电荷附着在气体里的颗粒物上
3. 颗粒物被集中起来，然后除去

化石燃料燃烧时会产生大量粉尘颗粒。除尘器能在发电厂废气排入大气之前除去其中的大部分粉尘颗粒。

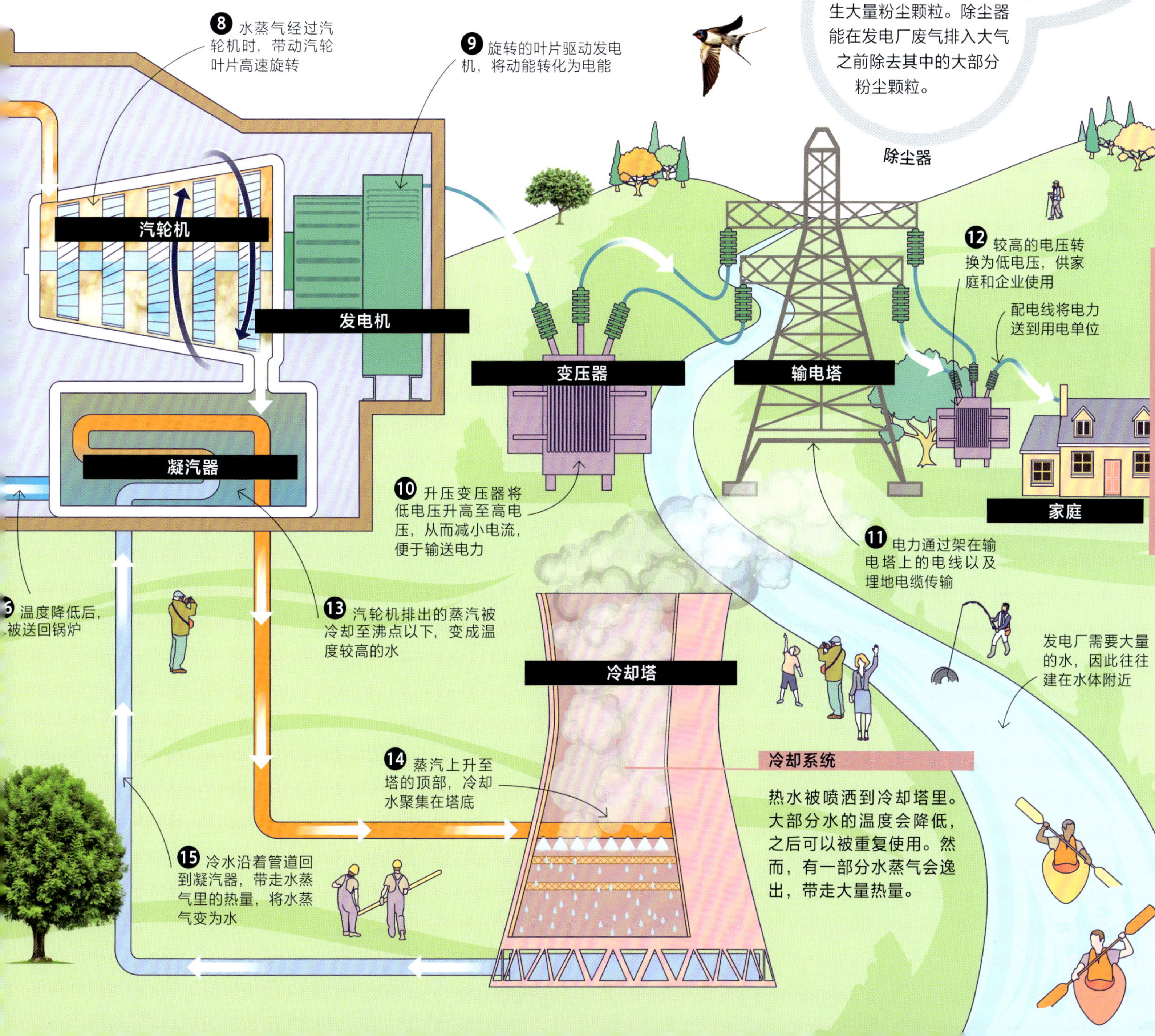

8 水蒸气经过汽轮机时，带动汽轮叶片高速旋转
9 旋转的叶片驱动发电机，将动能转化为电能
除尘器
汽轮机
发电机
变压器
输电塔
凝汽器
12 较高的电压转换为低电压，供家庭和企业使用
配电线将电力送到用电单位
家庭
10 升压变压器将低电压升高至高电压，从而减小电流，便于输送电力
11 电力通过架在输电塔上的电线以及埋地电缆传输
6 温度降低后，被送回锅炉
13 汽轮机排出的蒸汽被冷却至沸点以下，变成温度较高的水
发电厂需要大量的水，因此往往建在水体附近
冷却塔
14 蒸汽上升至塔的顶部，冷却水聚集在塔底
15 冷水沿着管道回到凝汽器，带走水蒸气里的热量，将水蒸气变为水

冷却系统

热水被喷洒到冷却塔里。大部分水的温度会降低，之后可以被重复使用。然而，有一部分水蒸气会逸出，带走大量热量。

核能

核能是蕴含在原子核里的能量。核裂变是原子核分裂产生能量的过程，核聚变则是原子核聚合产生能量的过程。核能可以用来加热水并利用水蒸气驱动汽轮机发电。核能发电的原理与化石燃料发电类似，但不会产生二氧化碳。

核裂变与核聚变

如今，利用核能的主要方式是核裂变。在这一过程中，原子核发生分裂，在释放大量能量的同时形成较轻的微观粒子，继而引发链式反应。核聚变的过程与核裂变正好相反，数个较轻的原子核结合成一个较重的核并释放能量。未来，核聚变也可能为人们广泛应用。

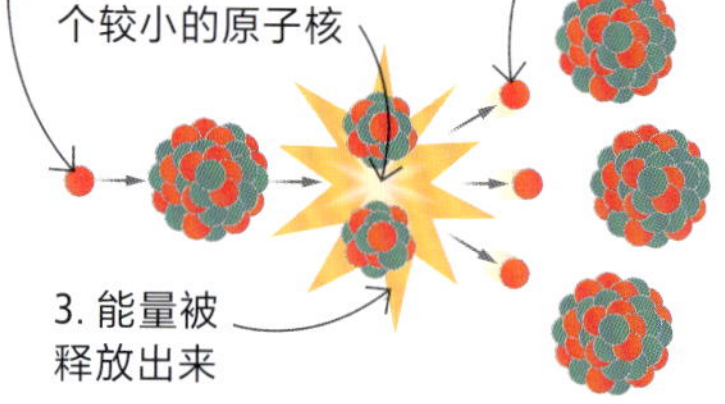
1. 中子（一种比原子小的粒子）撞击原子核，使原子核变得不稳定
2. 原子核分裂成两个较小的原子核
3. 能量被释放出来
4. 原子核分裂时释放出中子，中子撞击更多的原子核

核裂变

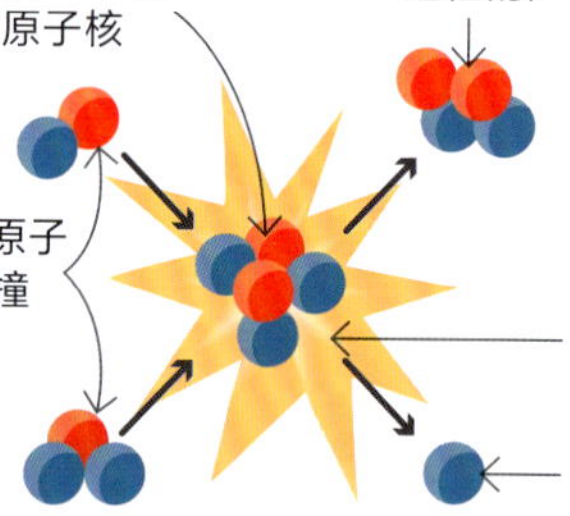
1. 两个氢原子核发生碰撞
2. 两个原子核结合成一个较大的原子核
3. 氦是核聚变过程的产物
4. 反应过程中释放大量能量
5. 额外的中子释放出来

核聚变

建造反应堆

建造反应堆是个大工程。图中的英国欣克利角C核电站在建造时用到了世界最大的起重机“大卡尔”，它的最大起吊高度约有250米。

安全壳
监控室
控制室
控制面板
压力计监测反应堆内部的压力
操作人员会根据反应堆的反馈来完成重要操作和任务，包括常规监控和突发事件的应对等
1 操作人员通过远程操纵控制棒进出反应堆来调节反应速度

控制室

核裂变在反应堆中进行。控制室的工作人员会实时监控反应堆传来的数据，确保核裂变反应以安全的速率持续进行。

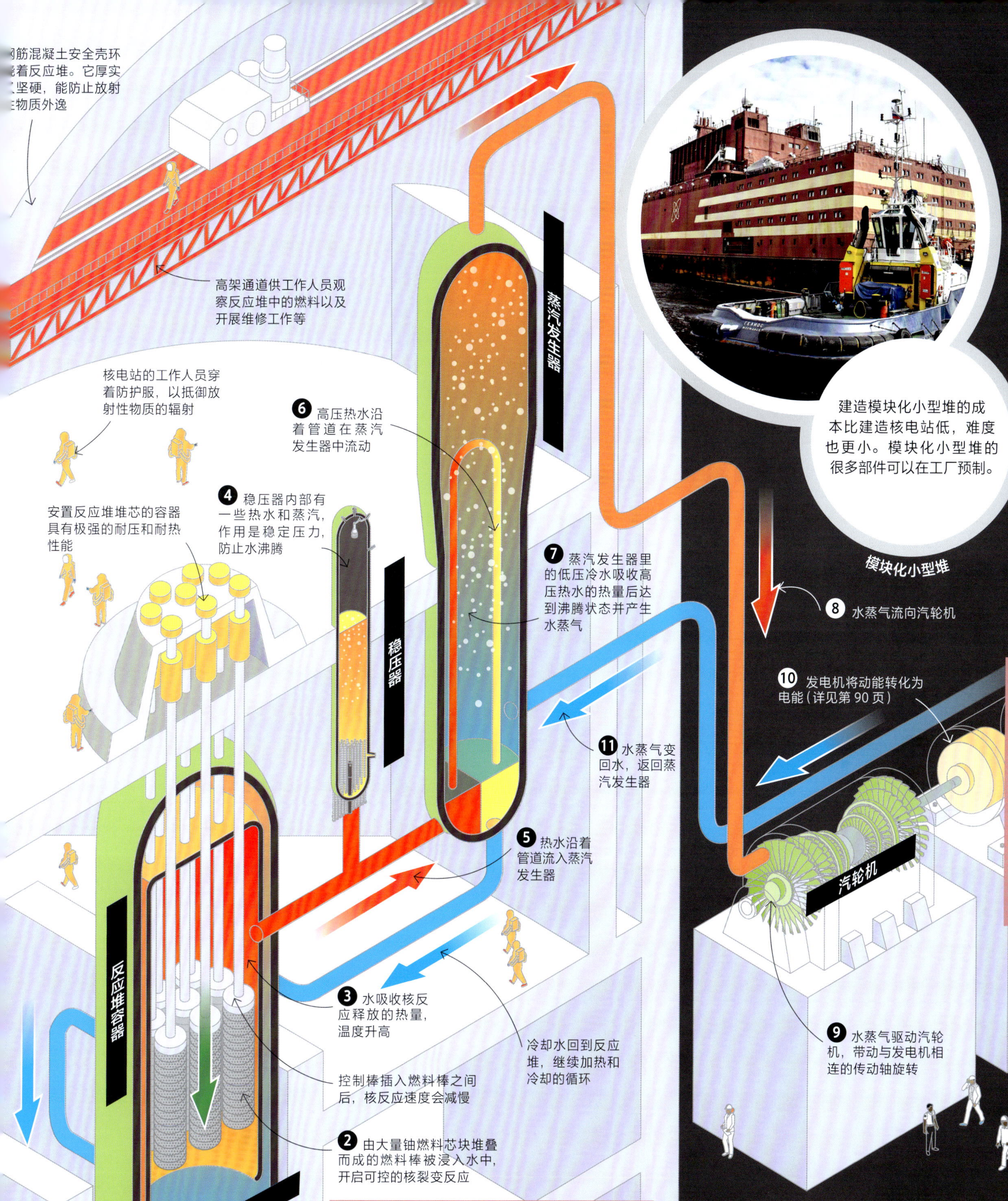

筋混凝土安全壳环
着反应堆。它厚实
坚硬，能防止放射
物质外逸
高架通道供工作人员观察反应堆中的燃料以及开展维修工作等
核电站的工作人员穿着防护服，以抵御放射性物质的辐射
6 高压热水沿着管道在蒸汽发生器中流动
蒸汽发生器
4 稳压器内部有一些热水和蒸汽，作用是稳定压力，防止水沸腾
安置反应堆堆芯的容器具有极强的耐压和耐热性能
稳压器
7 蒸汽发生器里的低压冷水吸收高压热水的热量后达到沸腾状态并产生水蒸气
8 水蒸气流向汽轮机
10 发电机将动能转化为电能（详见第 90 页）
11 水蒸气变回水，返回蒸汽发生器
5 热水沿着管道流入蒸汽发生器
汽轮机
反应堆容器
3 水吸收核反应释放的热量，温度升高
冷却水回到反应堆，继续加热和冷却的循环
9 水蒸气驱动汽轮机，带动与发电机相连的传动轴旋转
控制棒插入燃料棒之间后，核反应速度会减慢
2 由大量铀燃料芯块堆叠而成的燃料棒被浸入水中，开启可控的核裂变反应
反应堆堆芯

建造模块化小型堆的成本比建造核电站低，难度也更小。模块化小型堆的很多部件可以在工厂预制。

模块化小型堆

压水反应堆

绝大多数核电站是压水反应堆型核电站。在压水反应堆中，高压水被泵送入反应堆堆芯，吸收核裂变产生的能量，温度因此升高。

美国核能的发电量约占清洁能源总发电量的一半。

核废料

利用核能发电、制造核武器以及其他与产生核能有关的产业都会产生具有放射性的核废料。为了避免对人类及自然环境造成危害，核废料必须妥善处理，放置在坚固的容器里，然后储存在特定地点（通常是地下）。

放射性物质可以通过公路、铁路和水路运输。运输前，放射性物质要封装在安全的密闭容器中。容器即使发生事故也不会破裂。

深地质处置

高放射性核废料的放射性可以持续成千上万年。如何处置它们还没有更好的方法，但目前可以将核废料深埋地下，利用地下深处的岩层作为自然屏障，使核废料与人们生活的环境隔离开。

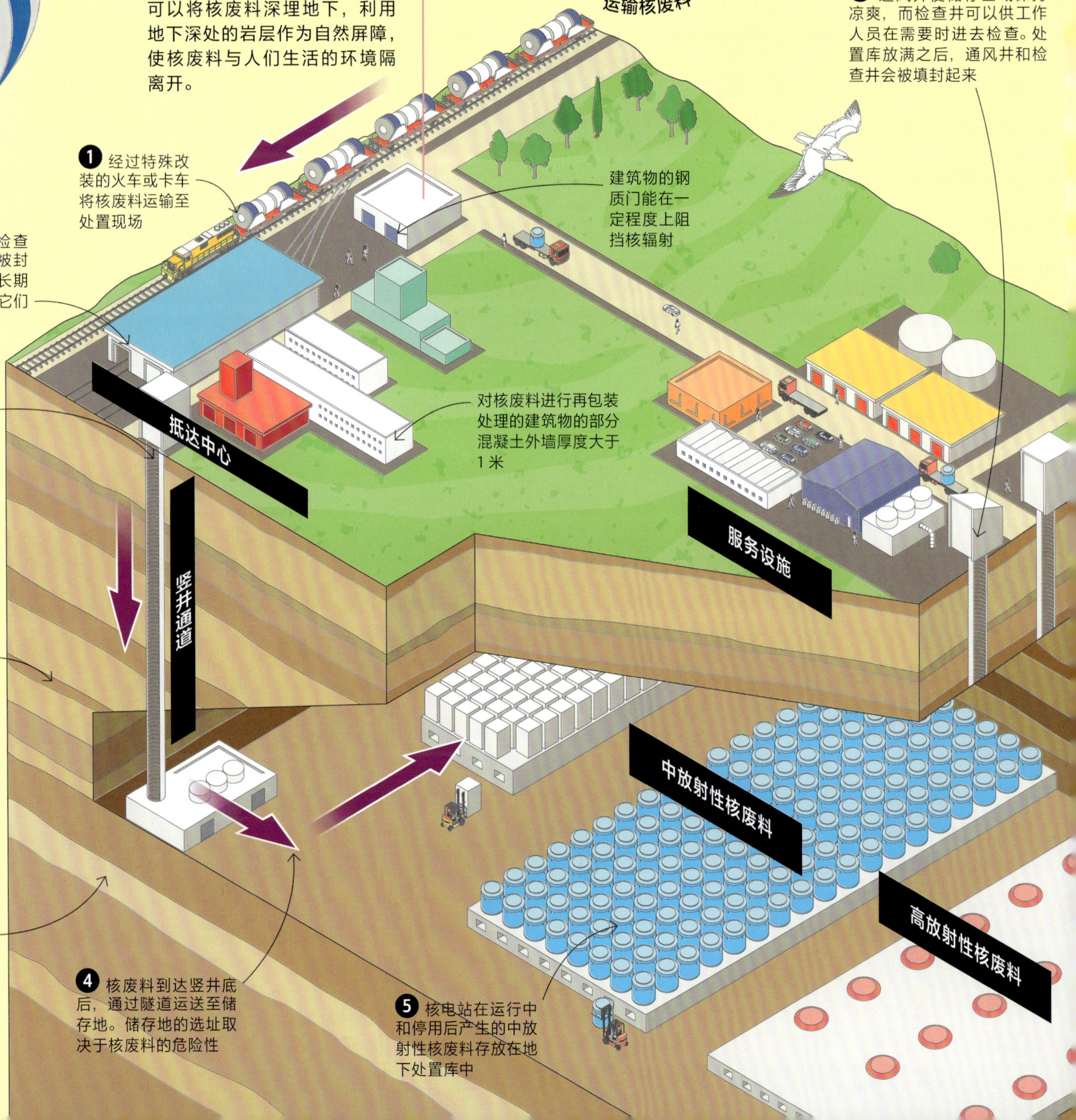
运输核废料
❶ 经过特殊改装的火车或卡车将核废料运输至处置现场
❷ 经过检查的核废料被封装在能够长期安全储存它们的容器中
❸ 核废料通过较深的竖井或坡道被运送至地下
抵达中心
竖井通道
建筑物的钢质门能在一定程度上阻挡核辐射
对核废料进行再包装处理的建筑物的部分混凝土外墙厚度大于1米
服务设施
❼ 通风井使储存区域保持凉爽，而检查井可以供工作人员在需要时进去检查。处置库放满之后，通风井和检查井会被填封起来
岩层是天然的屏障，能够防止核辐射污染地表
核废料的储藏地通常位于致密的岩层，因为这样的岩层不透水
❹ 核废料到达竖井底后，通过隧道运送至储存地。储存地的选址取决于核废料的危险性
❺ 核电站在运行中和停用后产生的中放射性核废料存放在地下处置库中
中放射性核废料
高放射性核废料

高放射性核废料的强放射性可以持续数万年。

浅层掩埋

很多核废料可以在地下浅层安全储存。工作人员将核废料放置在距离地面几米深的处置库里，待处置库放满之后再将其掩埋起来。

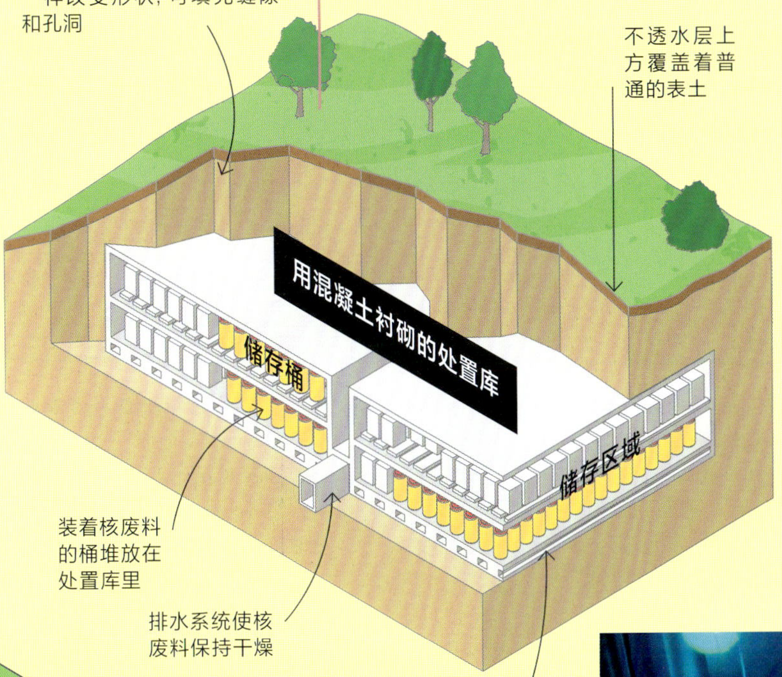
处置库上方覆盖着不透水层，以阻止水渗入处置库内。不透水层通常由某种黏土制成，这种黏土能够膨胀并像塑料一样改变形状，可填充缝隙和孔洞
不透水层上方覆盖着普通的表土
用混凝土衬砌的处置库
储存桶
储存区域
装着核废料的桶堆放在处置库里
排水系统使核废料保持干燥
储存区域用混凝土建造，其下部是坚固的基座，能避免地层运动对处置库造成破坏

干式贮存桶

干式贮存是储存核废料的方法之一。用过的燃料棒在燃料池中冷却后会被装入金属罐里，罐内填充非反应性气体，以减少传递到外界的热量。之后，金属罐被放置在一个更大的混凝土容器中，再增加一道防辐射屏障。

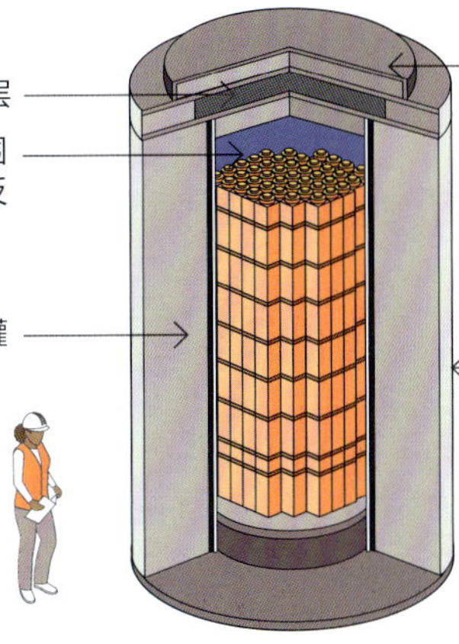
减震层
燃料棒周围填充着非反应性气体
钢质内罐
盖子用螺栓与罐体固定在一起，或者直接焊接在罐体上
混凝土外罐

乏燃料贮存水池

用过的核燃料可以存放在装有大量水的水池里。放射性物质被放在架子上，浸没在深度超过 12 米的水里。水能够降低核燃料的温度，还能阻挡辐射。

处置库

❻ 桶装的高放射性核废料放置在地下凿出的深洞里。洞的上部填充能吸水的黏土，顶部则用混凝土板覆盖，起到密封作用

水力发电

水电站的发电机能将从高处流下来的水的能量转化成电能。水能够在泵的作用下或以自然的方式持续流动，这意味着水力发电是一种可再生能源。

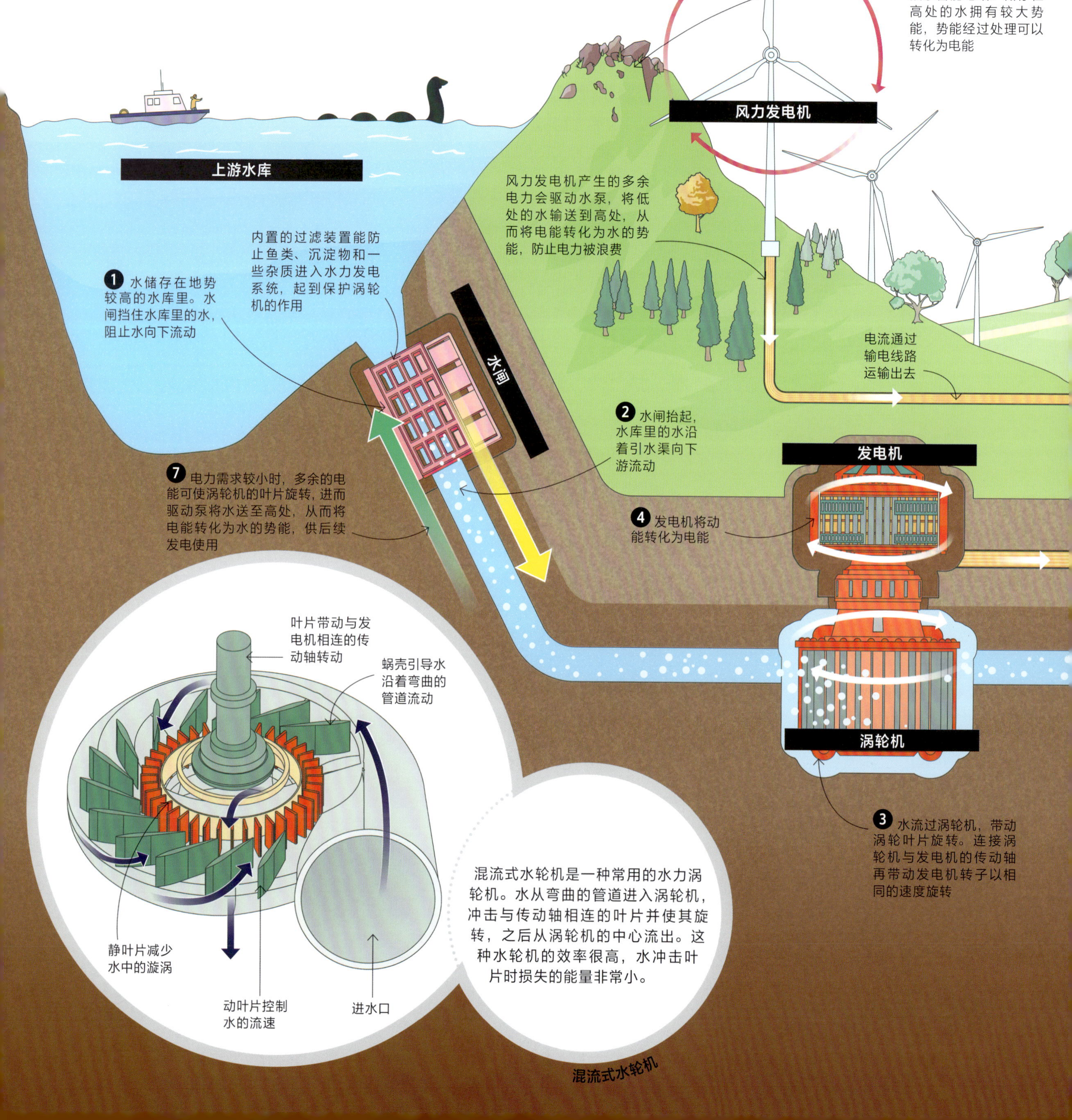

多山丘的地方适合建造抽水蓄能电站。储存在高处的水拥有较大势能，势能经过处理可以转化为电能
风力发电机
上游水库
风力发电机产生的多余电力会驱动水泵，将低处的水输送到高处，从而将电能转化为水的势能，防止电力被浪费
内置的过滤装置能防止鱼类、沉淀物和一些杂质进入水力发电系统，起到保护涡轮机的作用
1 水储存在地势较高的水库里。水闸挡住水库里的水，阻止水向下流动
水闸
电流通过输电线路运输出去
2 水闸抬起，水库里的水沿着引水渠向下游流动
发电机
7 电力需求较小时，多余的电能可使涡轮机的叶片旋转，进而驱动泵将水送至高处，从而将电能转化为水的势能，供后续发电使用
4 发电机将动能转化为电能
叶片带动与发电机相连的传动轴转动
蜗壳引导水沿着弯曲的管道流动
涡轮机
3 水流过涡轮机，带动涡轮叶片旋转。连接涡轮机与发电机的传动轴再带动发电机转子以相同的速度旋转
混流式水轮机是一种常用的水力涡轮机。水从弯曲的管道进入涡轮机，冲击与传动轴相连的叶片并使其旋转，之后从涡轮机的中心流出。这种水轮机的效率很高，水冲击叶片时损失的能量非常小。
静叶片减少水中的旋涡
动叶片控制水的流速
进水口
混流式水轮机

挪威 96% 以上的电力由水力发电提供。

大坝

很多水电站会修建大坝。大坝是一种坚固的堤坝，能将水挡在后面。水电站大坝的尺寸有大有小。三峡大坝是世界上最大的大坝之一，它位于长江之上，长约 2.3 千米，坝顶高程 185 米，水电站装有 34 台水轮发电机组。

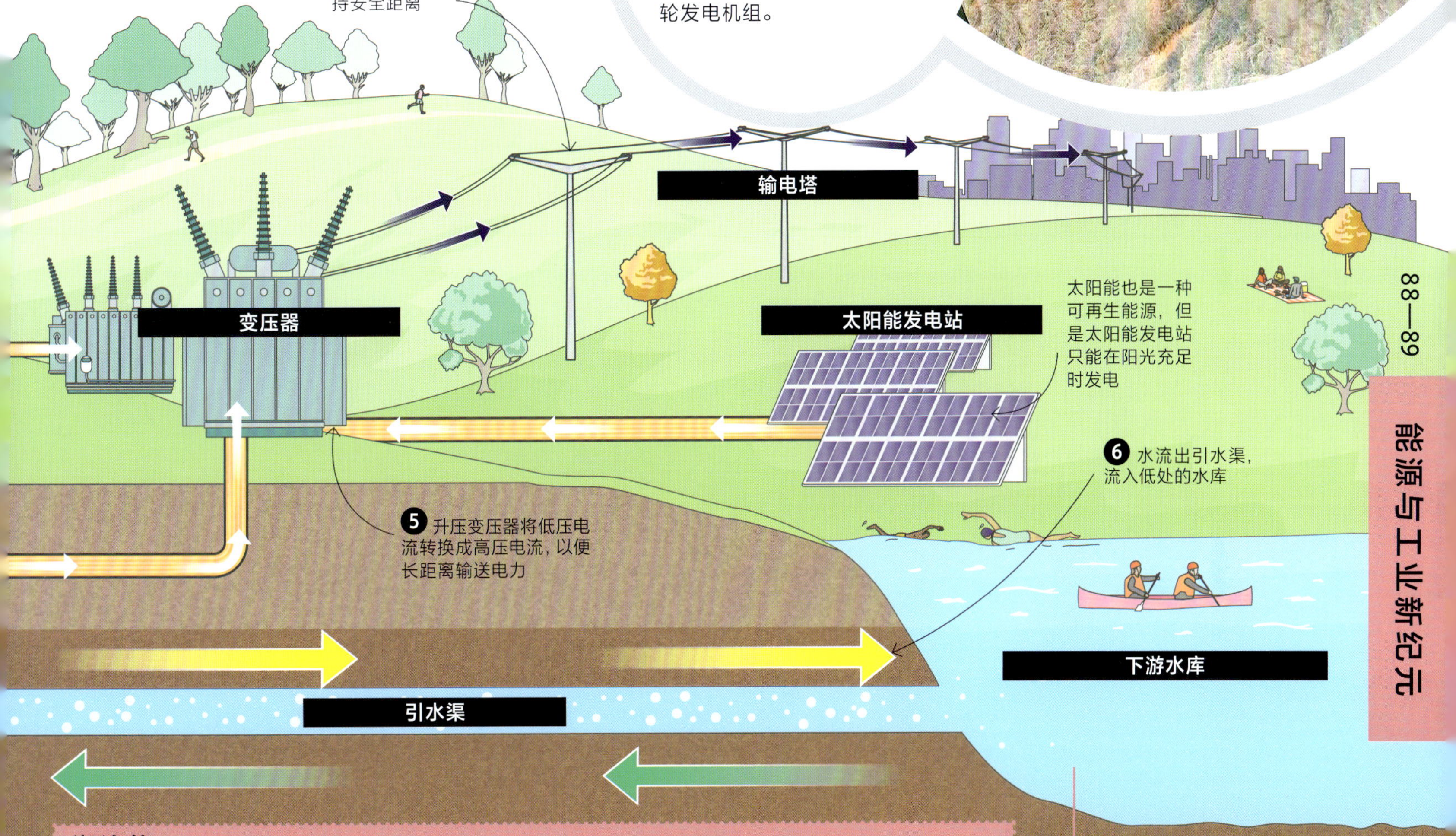

电线高高地架在输电塔上，与地面保持安全距离
输电塔
变压器
太阳能发电站
太阳能也是一种可再生能源，但是太阳能发电站只能在阳光充足时发电
6 水流出引水渠，流入低处的水库
5 升压变压器将低压电流转换成高压电流，以便长距离输送电力
引水渠
下游水库

潮汐能

海洋潮汐指的是海水在太阳和月亮的引力等作用下出现周期性涨落的现象。潮汐能发电的原理与水力发电类似，即由涡轮机将流水的动能转化为电能。涡轮机可以是独立的，如水下涡轮机，也可以是像挡潮闸（与大坝类似）一样的大型结构的一部分（如图所示）。

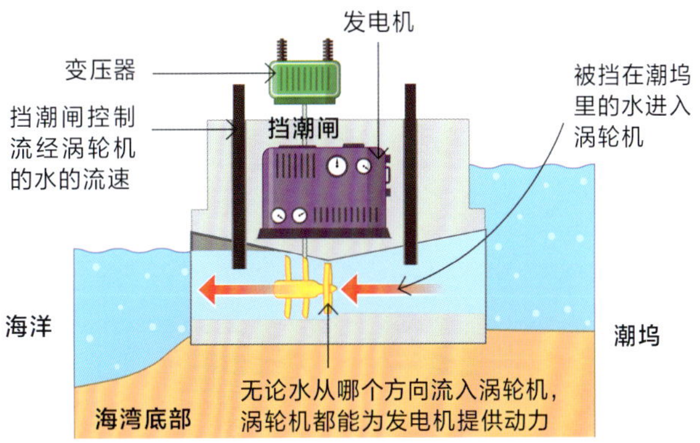

发电机
变压器
挡潮闸控制流经涡轮机的水的流速
挡潮闸
被挡在潮坞里的水进入涡轮机
海洋
潮坞
海湾底部
无论水从哪个方向流入涡轮机，涡轮机都能为发电机提供动力

抽水蓄能

抽水蓄能水电系统能调节电力的供需关系。当电力供大于求时，多余的电力会驱动水泵将低处的水送到高处。当电力供小于求时，系统自动放水发电。

安装风力发电机

安装一架风力发电机需耗时几周到几个月不等。要先建造基础，然后竖起塔架，再吊装发电机并安装叶片等。

风力发电是增长最快的发电方式。

发电机的工作原理

发电机利用电磁感应原理将动能转化为电能。线圈在磁铁的两极之间旋转时，线圈内部会产生感应电流。风力发电机产生的是交流电，即线圈每旋转 360 度，电流的方向改变两次。

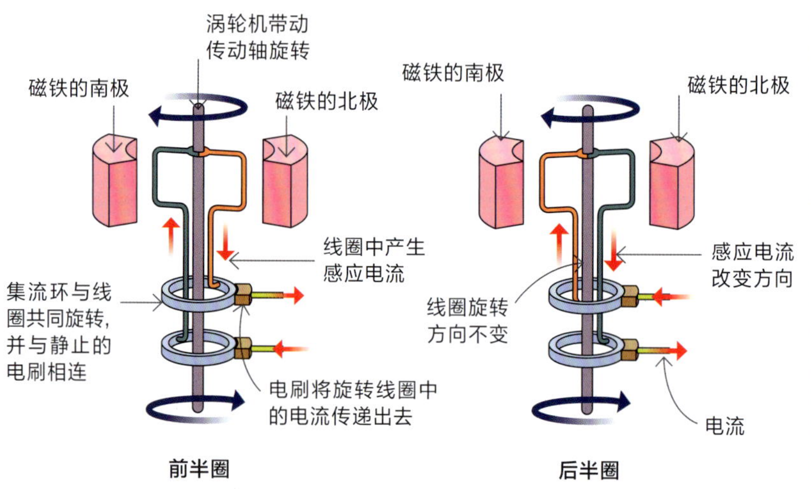
涡轮机带动
传动轴旋转
磁铁的南极
磁铁的北极
线圈中产生
感应电流
集流环与线圈共同旋转，并与静止的电刷相连
电刷将旋转线圈中的电流传递出去
前半圈
磁铁的南极
磁铁的北极
感应电流
改变方向
线圈旋转
方向不变
电流
后半圈

海上风电场

海上风电场的风力发电机固定在基础上。基础的类型取决于海水的深度。

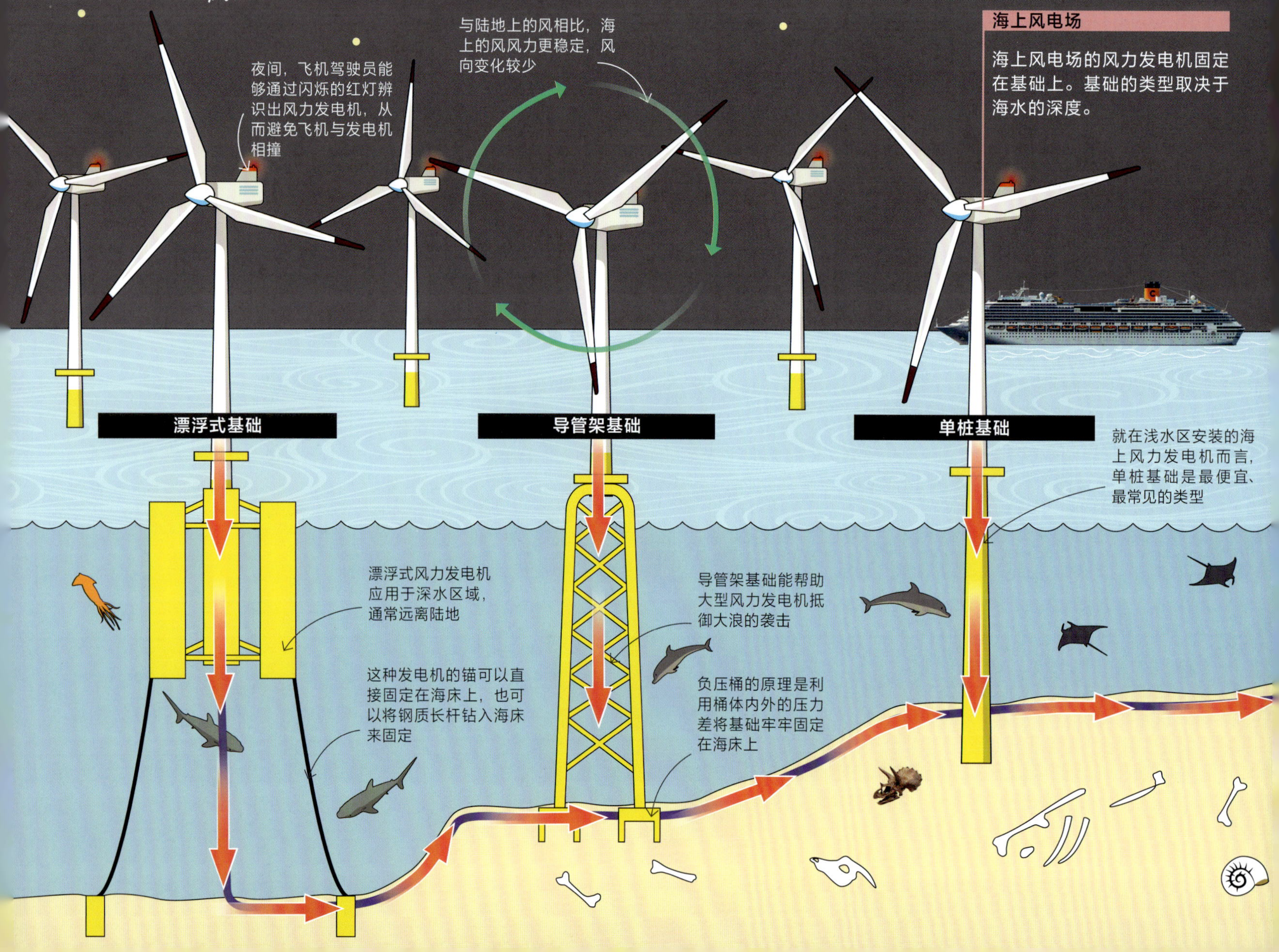
夜间，飞机驾驶员能够通过闪烁的红灯辨识出风力发电机，从而避免飞机与发电机相撞
与陆地上的风相比，海上的风风力更稳定，风向变化较少
漂浮式基础
导管架基础
单桩基础
就在浅水区安装的海上风力发电机而言，单桩基础是最便宜、最常见的类型
漂浮式风力发电机应用于深水区域，通常远离陆地
这种发电机的锚可以直接固定在海床上，也可以将钢质长杆钻入海床来固定
导管架基础能帮助大型风力发电机抵御大浪的袭击
负压桶的原理是利用桶体内外的压力差将基础牢牢固定在海床上

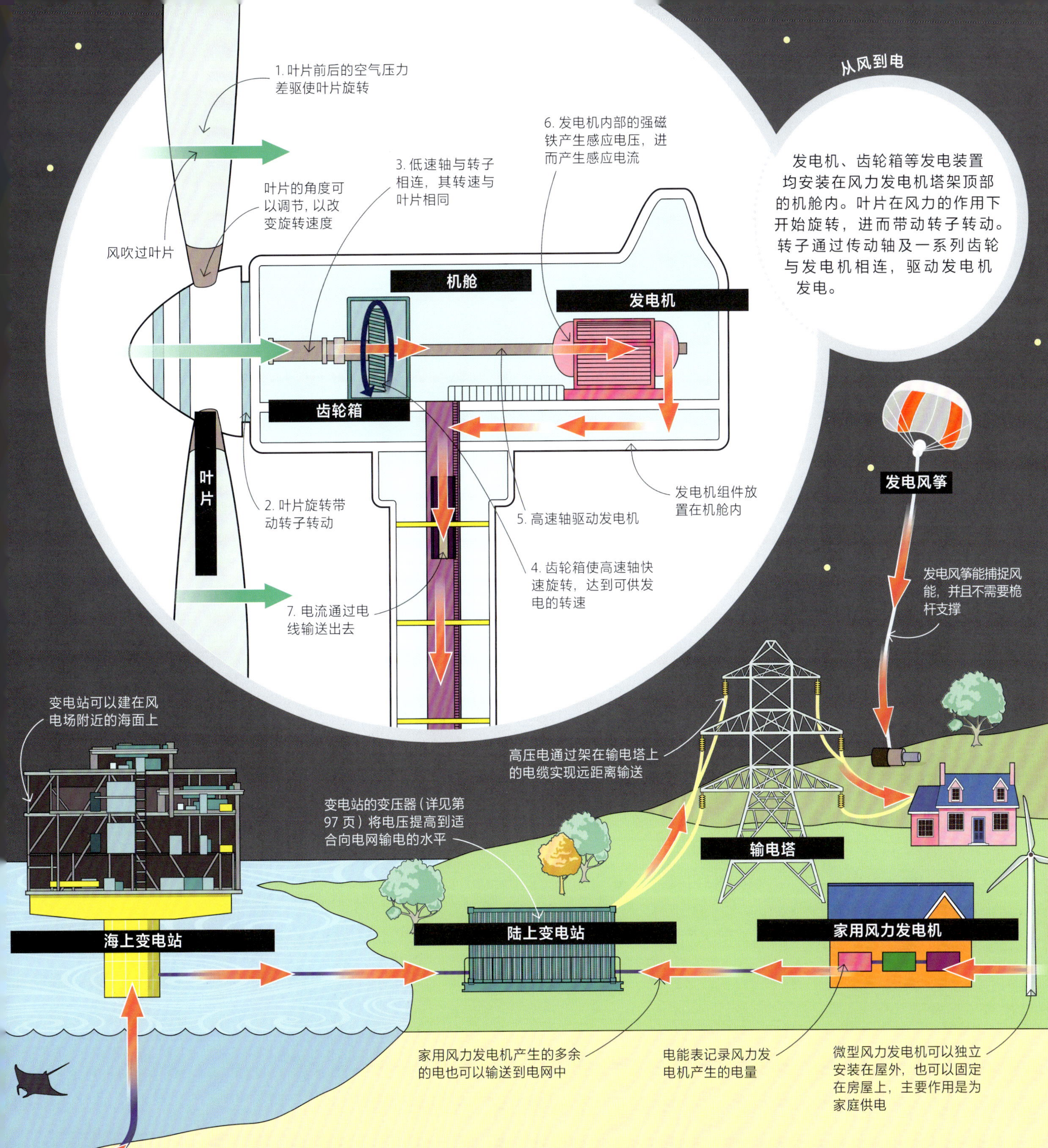
1. 叶片前后的空气压力差驱使叶片旋转
叶片的角度可以调节，以改变旋转速度
风吹过叶片
3. 低速轴与转子相连，其转速与叶片相同
6. 发电机内部的强磁铁产生感应电压，进而产生感应电流
从风到电
发电机、齿轮箱等发电装置均安装在风力发电机塔架顶部的机舱内。叶片在风力的作用下开始旋转，进而带动转子转动。转子通过传动轴及一系列齿轮与发电机相连，驱动发电机发电。
机舱
发电机
齿轮箱
叶片
2. 叶片旋转带动转子转动
5. 高速轴驱动发电机
发电机组件放置在机舱内
4. 齿轮箱使高速轴快速旋转，达到可供发电的转速
7. 电流通过电线输送出去
发电风筝
发电风筝能捕捉风能，并且不需要桅杆支撑
变电站可以建在风电场附近的海面上
高压电通过架在输电塔上的电缆实现远距离输送
变电站的变压器（详见第97页）将电压提高到适合向电网输电的水平
输电塔
海上变电站
陆上变电站
家用风力发电机
家用风力发电机产生的多余的电也可以输送到电网中
电能表记录风力发电机产生的电量
微型风力发电机可以独立安装在屋外，也可以固定在房屋上，主要作用是为家庭供电
发电机产生的电沿着铺设在海床上的电缆输送到陆地

风力发电机

风能是一种清洁的可再生能源。现在，风力发电大都通过风力发电机完成。风力发电机能将风的动能转化为可供人们使用的电能。风力发电机通常在陆上风电场或海上风电场里被成组安装。

太阳能

阳光是清洁电力的来源之一。光伏电池能收集太阳能并转化成电能。大型太阳能发电站里的众多光伏电池板和安装在建筑物顶部的小型太阳能电池板都能通过捕获阳光的能量来发电。

据一项研究估算，将撒哈拉沙漠 1% 的面积铺满太阳能电池板，其产生的电量就足够全世界使用。

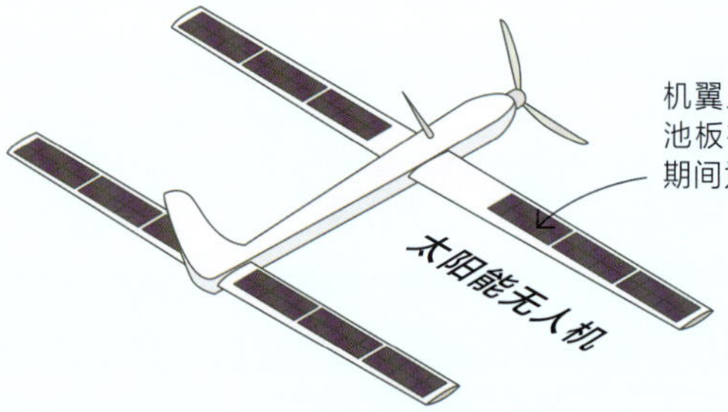
机翼上的太阳能电池板在无人机飞行期间为其供电
太阳能无人机

太阳能加热

太阳能并非只作用于光伏电池板。太阳能加热系统可以利用太阳的红外辐射来加热水。

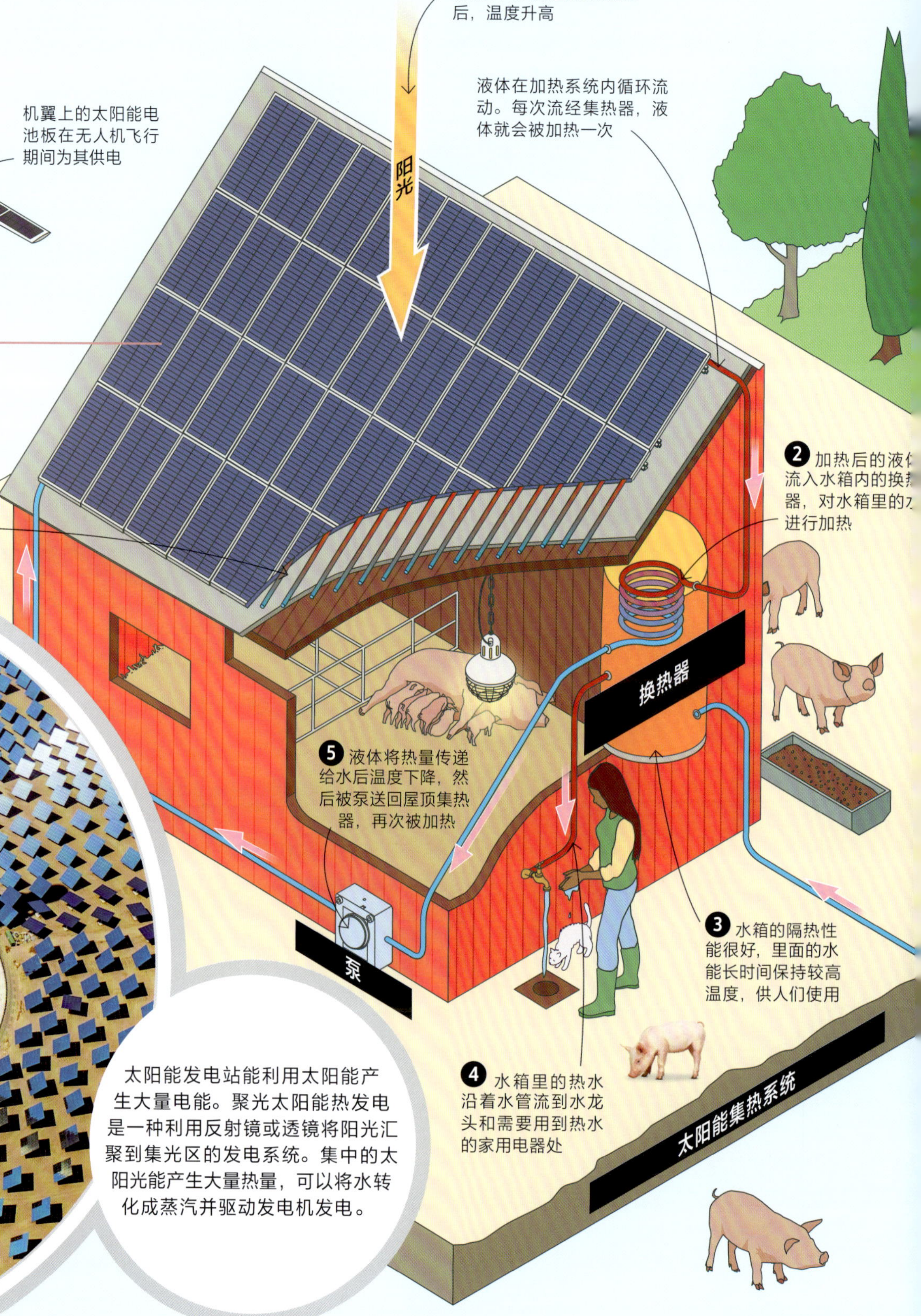
❶ 屋顶的集热器管道里的液体吸收阳光的热量后，温度升高
阳光
液体在加热系统内循环流动。每次流经集热器，液体就会被加热一次
❷ 加热后的液体流入水箱内的换热器，对水箱里的水进行加热
太阳能板下方的隔热层能最大限度地减少热量损失
换热器
❺ 液体将热量传递给水后温度下降，然后被泵送回屋顶集热器，再次被加热
泵
❸ 水箱的隔热性能很好，里面的水能长时间保持较高温度，供人们使用
❹ 水箱里的热水沿着水管流到水龙头和需要用到热水的家用电器处
太阳能集热系统

太阳能发电站能利用太阳能产生大量电能。聚光太阳能热发电是一种利用反射镜或透镜将阳光汇聚到集光区的发电系统。集中的太阳光能产生大量热量，可以将水转化成蒸汽并驱动发电机发电。

太阳能发电站

光伏电池

太阳能电池板由彼此相连且通常呈矩形排列的光伏电池组成。光伏电池可以利用阳光产生电流，为其他设备供电。

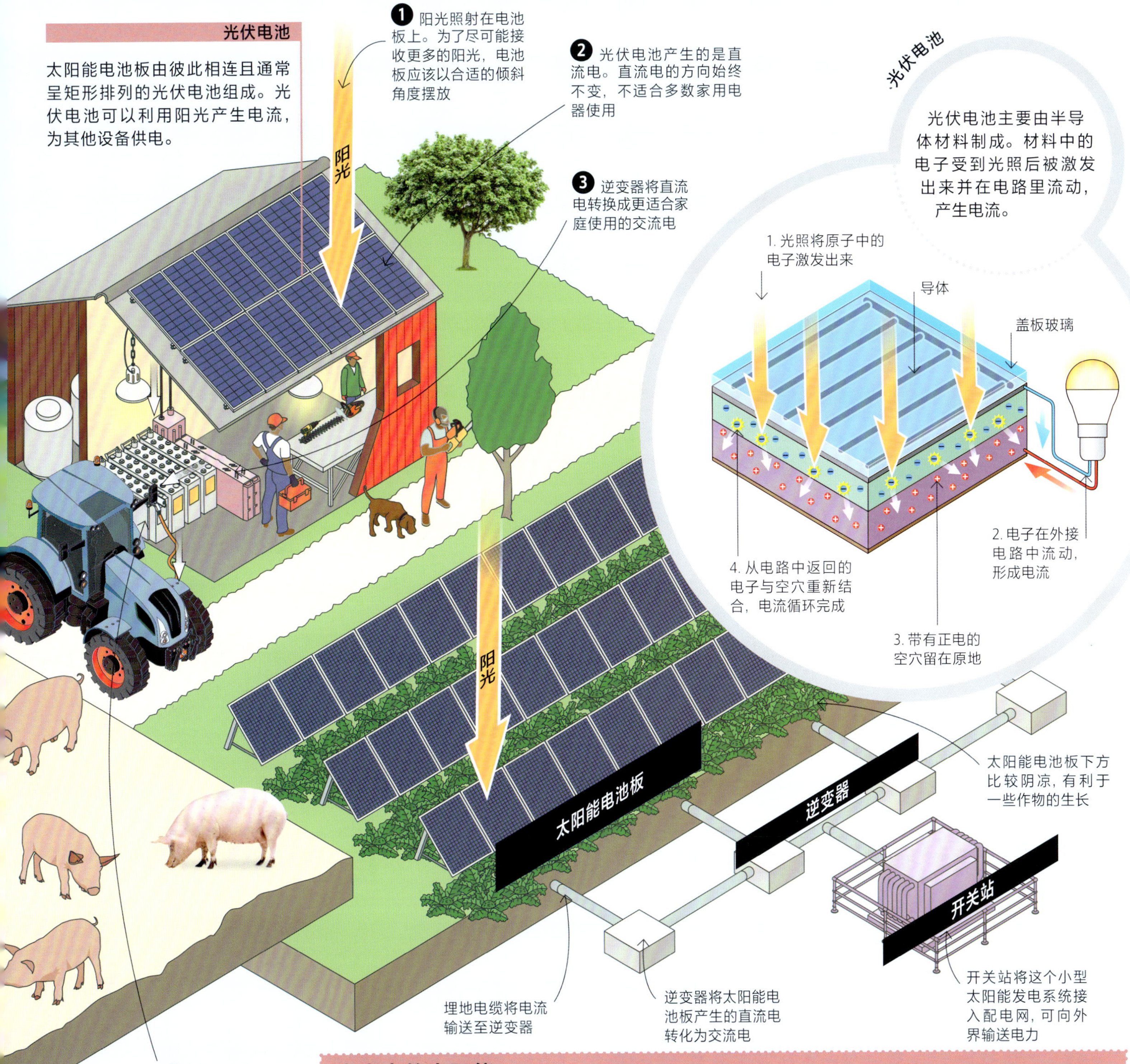
1 阳光照射在电池板上。为了尽可能接收更多的阳光，电池板应该以合适的倾斜角度摆放
2 光伏电池产生的是直流电。直流电的方向始终不变，不适合多数家用电器使用
3 逆变器将直流电转换成更适合家庭使用的交流电
阳光
光伏电池
光伏电池主要由半导体材料制成。材料中的电子受到光照后被激发出来并在电路里流动，产生电流。
1. 光照将原子中的电子激发出来
导体
盖板玻璃
2. 电子在外接电路中流动，形成电流
3. 带有正电的空穴留在原地
4. 从电路中返回的电子与空穴重新结合，电流循环完成
太阳能电池板
逆变器
开关站
太阳能电池板下方比较阴凉，有利于一些作物的生长
埋地电缆将电流输送至逆变器
逆变器将太阳能电池板产生的直流电转化为交流电
开关站将这个小型太阳能发电系统接入配电网，可向外界输送电力
4 来自逆变器的电被储存在蓄电池里。蓄电池可以给电动汽车等充电
主供水管里的冷水流入水箱

太空中的太阳能

大到国际空间站，小到鞋盒大小的卫星，许多航天器都依赖太阳能电池板供能。航天器上安装的太阳能电池板可以随着太阳的方向变换角度，尽可能接收更多的阳光。太阳能电池板产生的电可供传感器、加热器等设备使用，还可以为航天器提供动力。

生物燃料

生物燃料是生物质（大多是植物）经过加工处理得到的燃料。化石燃料在自然界中形成往往需要数百万年甚至更久的时间，而生物燃料的生成速度比化石燃料快得多。生物燃料是一种碳中和燃料，在理想状态下，它燃烧时释放的二氧化碳量等于用来制造燃料的植物在生长过程中从大气中吸收的二氧化碳量。

能源作物

很多作物可以作为生产生物燃料的原材料，其中以玉米、甘蔗和油菜为代表。生物燃料的需求在逐渐增加，然而，如果在耕地上大量种植能源作物，就可能造成自然环境被破坏、产粮农田被侵占等后果。

制作生物乙醇

生物乙醇可以当作燃料使用。由玉米、甘蔗等作物制成的乙醇燃料称为生物乙醇。

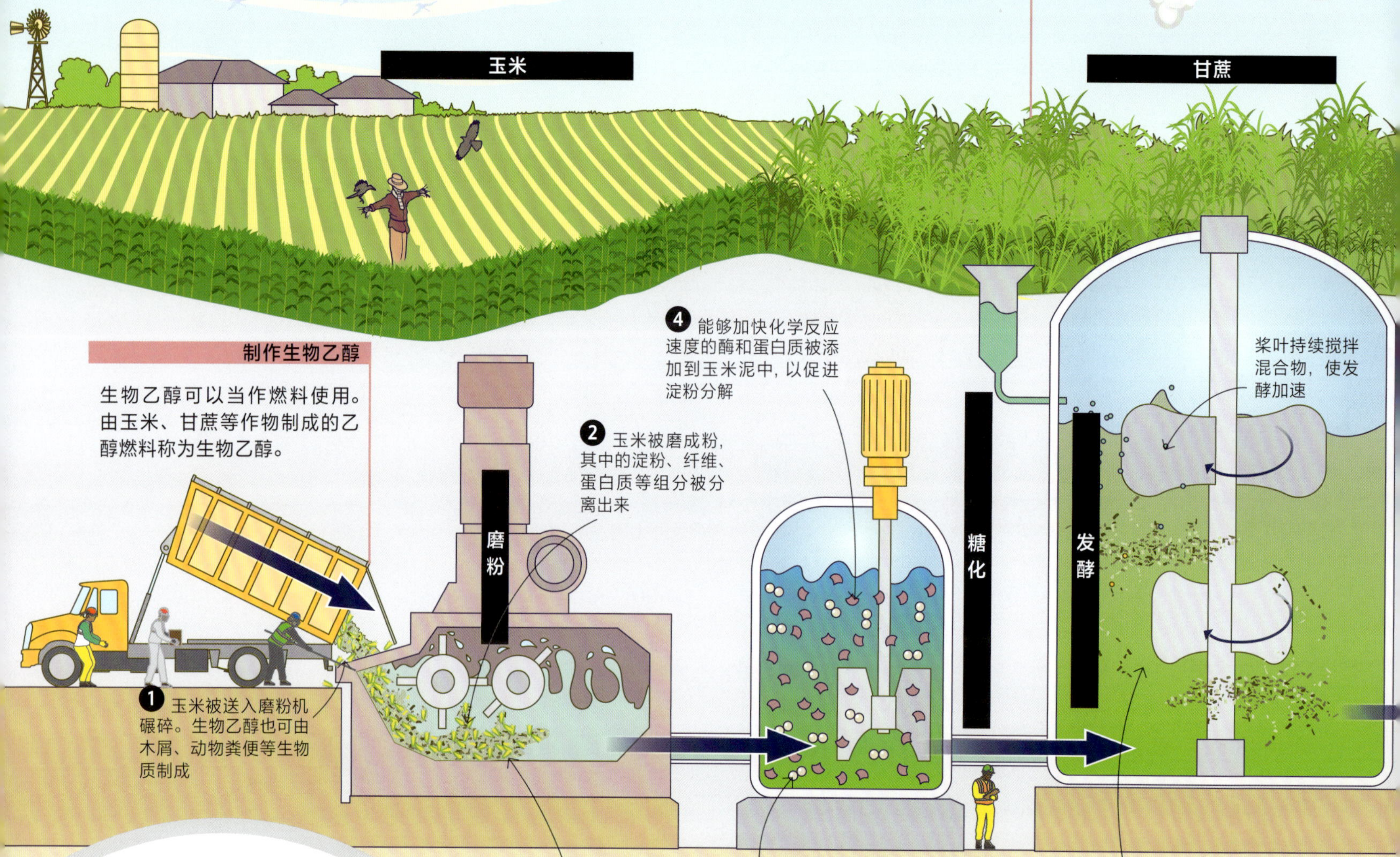

玉米
甘蔗
磨粉
糖化
发酵
1 玉米被送入磨粉机碾碎。生物乙醇也可由木屑、动物粪便等生物质制成
2 玉米被磨成粉，其中的淀粉、纤维、蛋白质等组分被分离出来
3 向玉米粉中加入温水，和成泥状
4 能够加快化学反应速度的酶和蛋白质被添加到玉米泥中，以促进淀粉分解
5 玉米淀粉经过加热等过程转变成糖。这一过程称为糖化
6 加入酵母后，糖开始发酵，转化成乙醇
桨叶持续搅拌混合物，使发酵加速

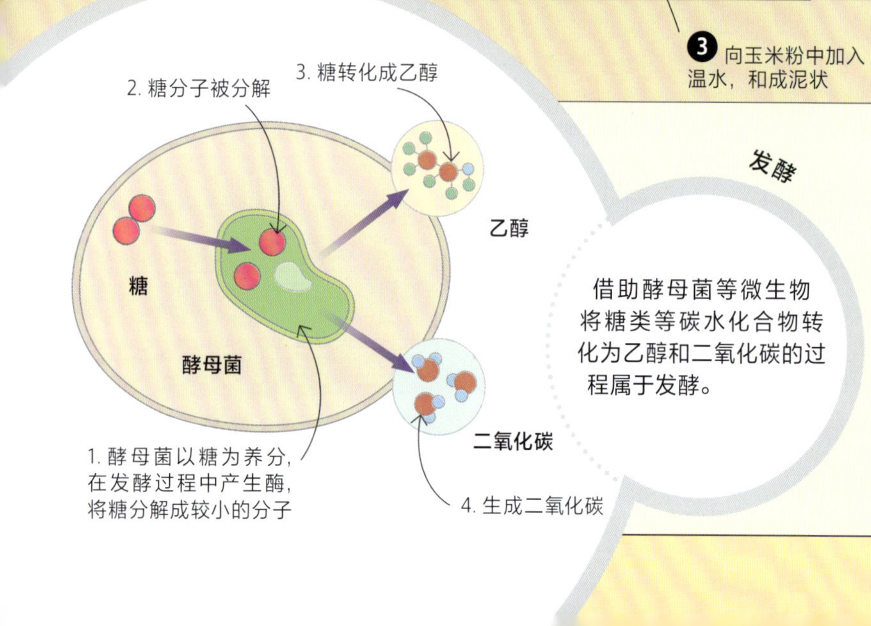

2. 糖分子被分解
3. 糖转化成乙醇
乙醇
糖
酵母菌
二氧化碳
1. 酵母菌以糖为养分，在发酵过程中产生酶，将糖分解成较小的分子
4. 生成二氧化碳
发酵

借助酵母菌等微生物将糖类等碳水化合物转化为乙醇和二氧化碳的过程属于发酵。

世界上最大的客机已经完成了以废弃食用油为燃料的试飞。

生物燃料的种类

生物乙醇是众多生物燃料中的一种。另一种较为常见的生物燃料是生物柴油，它的原料是脂肪或油，能完全或部分替代化石燃料，为柴油车提供动力。生物燃料还包括生物航油和生物气体燃料等。

从动物粪便到生物燃料

动物粪便可以用来制作生物燃料。例如，牛粪经过分解处理后可以产生甲烷（沼气的主要成分）。

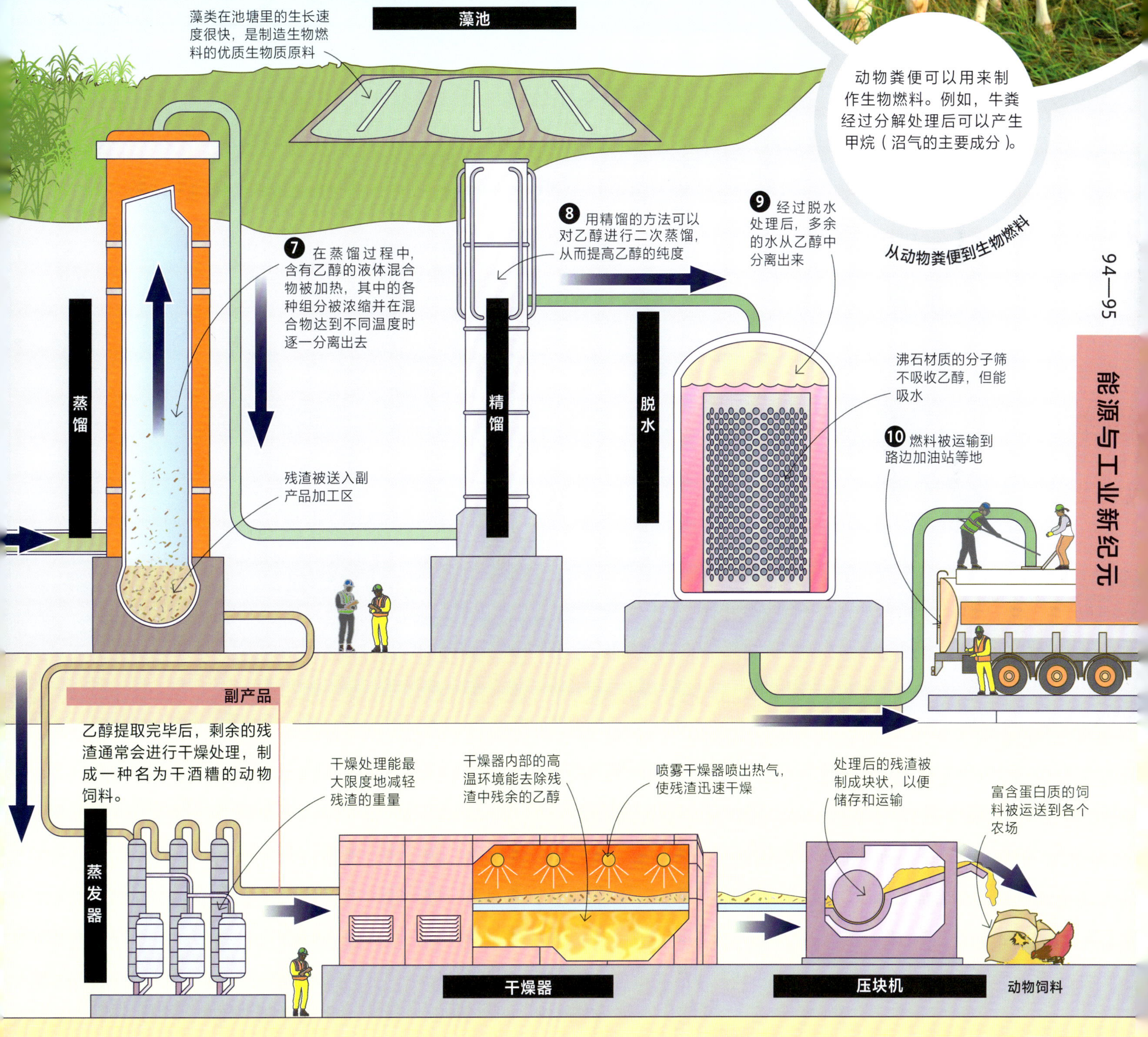

藻池
藻类在池塘里的生长速度很快，是制造生物燃料的优质生物质原料
蒸馏
7 在蒸馏过程中，含有乙醇的液体混合物被加热，其中的各种组分被浓缩并在混合物达到不同温度时逐一分离出去
残渣被送入副产品加工区
精馏
8 用精馏的方法可以对乙醇进行二次蒸馏，从而提高乙醇的纯度
脱水
9 经过脱水处理后，多余的水从乙醇中分离出来
沸石材质的分子筛不吸收乙醇，但能吸水
10 燃料被运输到路边加油站等地
蒸发器
干燥处理能最大限度地减轻残渣的重量
干燥器内部的高温环境能去除残渣中残余的乙醇
喷雾干燥器喷出热气，使残渣迅速干燥
处理后的残渣被制成块状，以便储存和运输
富含蛋白质的饲料被运送到各个农场
干燥器
压块机
动物饲料

副产品

乙醇提取完毕后，剩余的残渣通常会进行干燥处理，制成一种名为干酒糟的动物饲料。

输电控制室

控制室里的工作人员会控制电能的产生和分配。大屏幕显示了电力系统各个部分的情况。

变压器的工作原理

变压器是变电站的核心设备。变压器的工作原理是利用磁场来改变交流电的电压。升压变电站能够升高电压，从而提高长距离输电的效率。降压变电站能够降低电压，供工业使用，也能将电压降至更低的水平，供家庭使用。

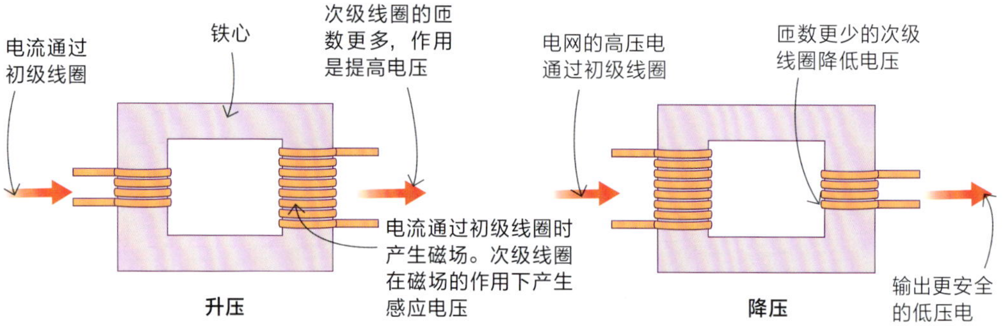

电流通过初级线圈
铁心
次级线圈的匝数更多，作用是提高电压
电流通过初级线圈时产生磁场。次级线圈在磁场的作用下产生感应电压
升压
电网的高压电通过初级线圈
匝数更少的次级线圈降低电压
降压
输出更安全的低压电

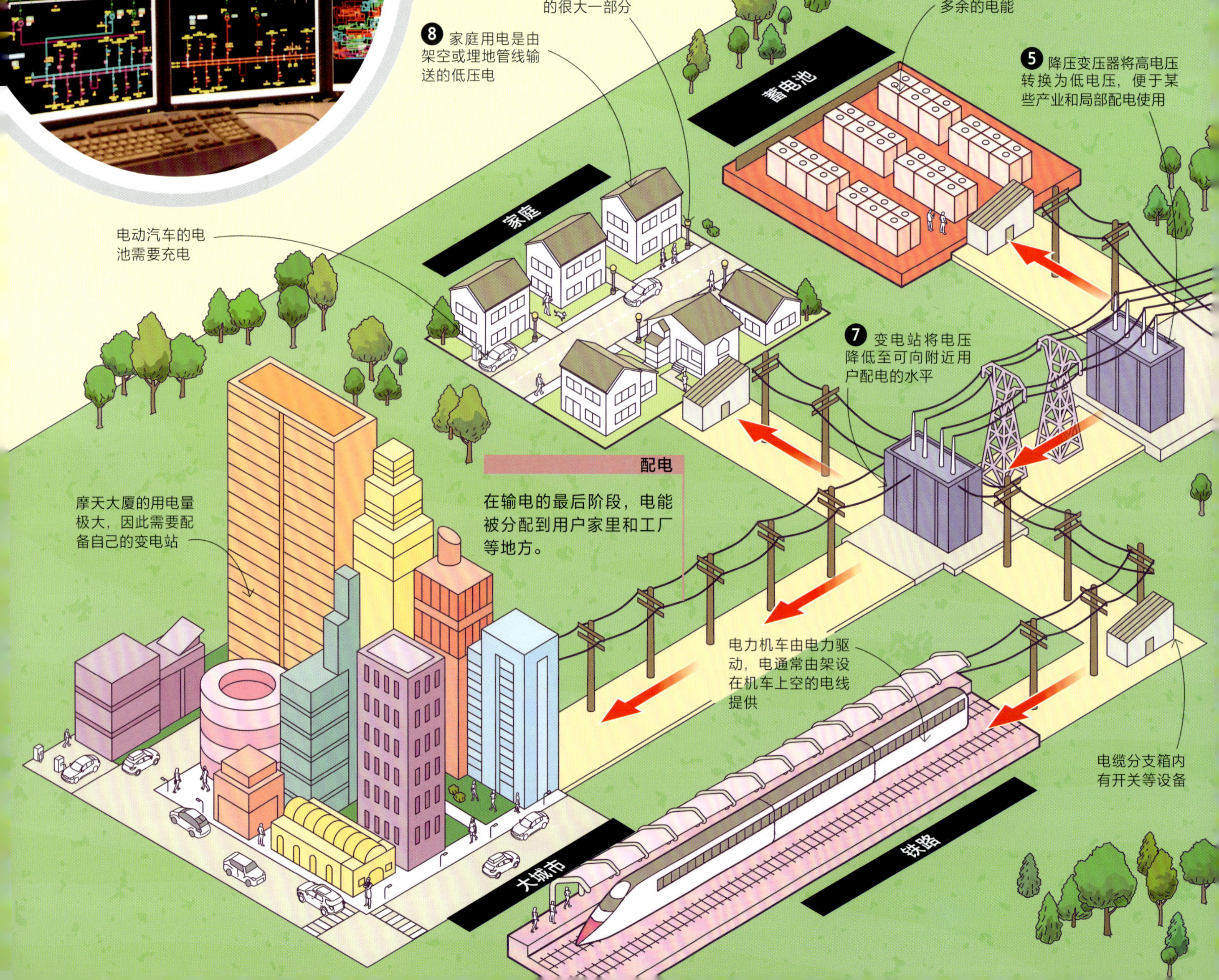

路灯从电网获取电能。路灯的电能消耗占公共用电的很大一部分
电网侧储能电池能在供大于求时储存多余的电能
8 家庭用电是由架空或埋地管线输送的低压电
5 降压变压器将高电压转换为低电压，便于某些产业和局部配电使用
蓄电池
家庭
电动汽车的电池需要充电
7 变电站将电压降低至可向附近用户配电的水平
摩天大厦的用电量极大，因此需要配备自己的变电站
电力机车由电力驱动，电通常由架设在机车上空的电线提供
电缆分支箱内有开关等设备
大城市
铁路

配电

在输电的最后阶段，电能被分配到用户家里和工厂等地方。

电力系统

电力系统中，由输电、变电、配电 3 部分组成的整体系统被称为电网。电网能将电能从发电站输送到用户处。电网的规模有大有小，既有服务于小型社区的微电网，也有横跨大陆的大型电网。电力系统由提供电能的发电站、改变电压的变电站以及输送电力的输电线路、用电设备等构成。

发电

电能的生产大多离不开用能源驱动的发电机。用于发电的能源主要包括化石燃料、核燃料、太阳能、风能和水能。

输电

发电站产生的电通过高压电缆输送至用户处。高压电缆既可以埋地敷设，也可以架空走线。

1 在水力发电（详见第 88～89 页）中，被大坝拦截的河水流经涡轮机，进而驱动发电机产生电力
水电站
2 水电站产生的电流进入升压变压器
升压变压器
3 附近发电站的电流通过升压变压器后，电压升高
4 高压电通过电缆输送出去。电缆通常架在输电塔上，与地面保持着安全距离
6 为了降低能耗、提升输电效率等，工厂一般用高压电
工厂

微电网是小型本地化电网。微电网可以独立运行，也可以与更大的电网相连，在需要时可以作为大电网的一部分进行配电。比如，大型发电站的电能难以输送并分配至偏远地区，此时微电网是非常理想的输配电选择。

微电网

世界上仍有近 8 亿人用不上电。

海上采气平台

海上采气平台配备了从海床下方开采天然气需要的全部设施。平台既有固定在海床上的，也有移动式的。海上采油的平台与海上采气的平台类似，海上采油平台能开采海底的石油。

输气管道系统

天然气主要通过管道运输。跨洋运输时，尽管在海底修建输气管道是可行的，但普遍做法是将天然气进行液化处理后使用轮船运输。

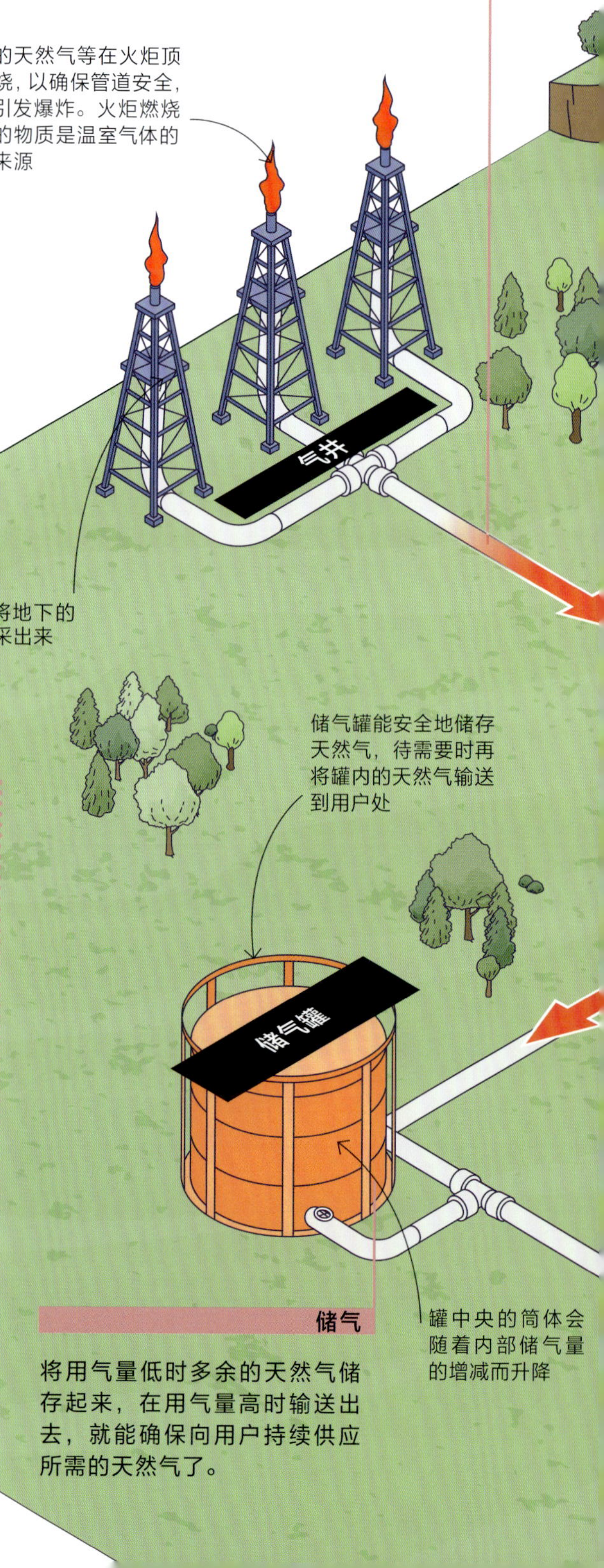

多余的天然气等在火炬顶端燃烧，以确保管道安全，避免引发爆炸。火炬燃烧释放的物质是温室气体的一大来源
气井
1 气井将地下的天然气开采出来
储气罐能安全地储存天然气，待需要时再将罐内的天然气输送到用户处
储气罐
罐中央的筒体会随着内部储气量的增减而升降

水力压裂

使用水力压裂技术能从地下深处的岩层中开采出天然气。高压的水、砂和其他物质被灌入天然气井，破开地下的岩石并释放其中储藏的天然气。水力压裂的开采成本比传统采气方法更低，但有人认为这种开采方法可能导致地震等自然灾害。

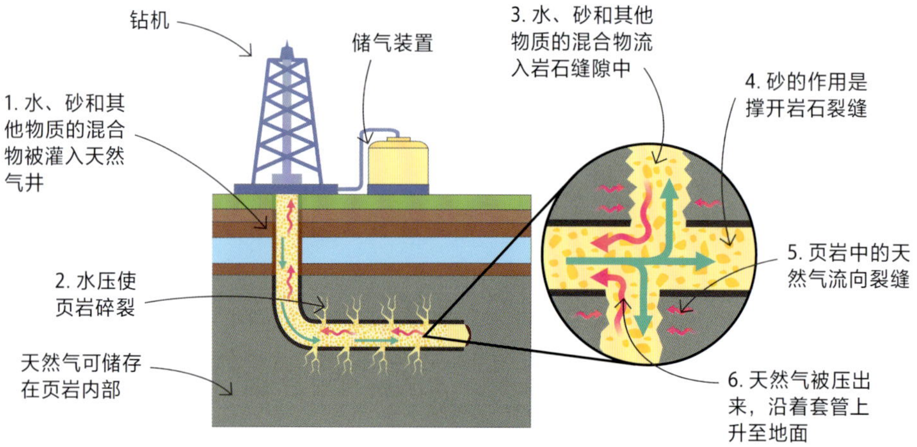

钻机
储气装置
1. 水、砂和其他物质的混合物被灌入天然气井
2. 水压使页岩碎裂
天然气可储存在页岩内部
3. 水、砂和其他物质的混合物流入岩石缝隙中
4. 砂的作用是撑开岩石裂缝
5. 页岩中的天然气流向裂缝
6. 天然气被压出来，沿着套管上升至地面

储气

将用气量低时多余的天然气储存起来，在用气量高时输送出去，就能确保向用户持续供应所需的天然气了。

天然气

天然气是一种从地下岩层中开采出来的化石燃料，由甲烷等气体组成。天然气已广泛应用于发电、加热供暖和制作塑料等领域。

天然气本身没有味道，但人们会向天然气中加入有臭味的气体，以便及时发现漏气。

天然气储存在储气罐里。部分储气罐是球形的，这种结构能承受较大的外部压力，从而减少气体泄漏的可能性。

储气罐

液化天然气

液化天然气是天然气冷却至零下 162 摄氏度左右变成的液体。液化天然气比气态天然气更易储存和运输。

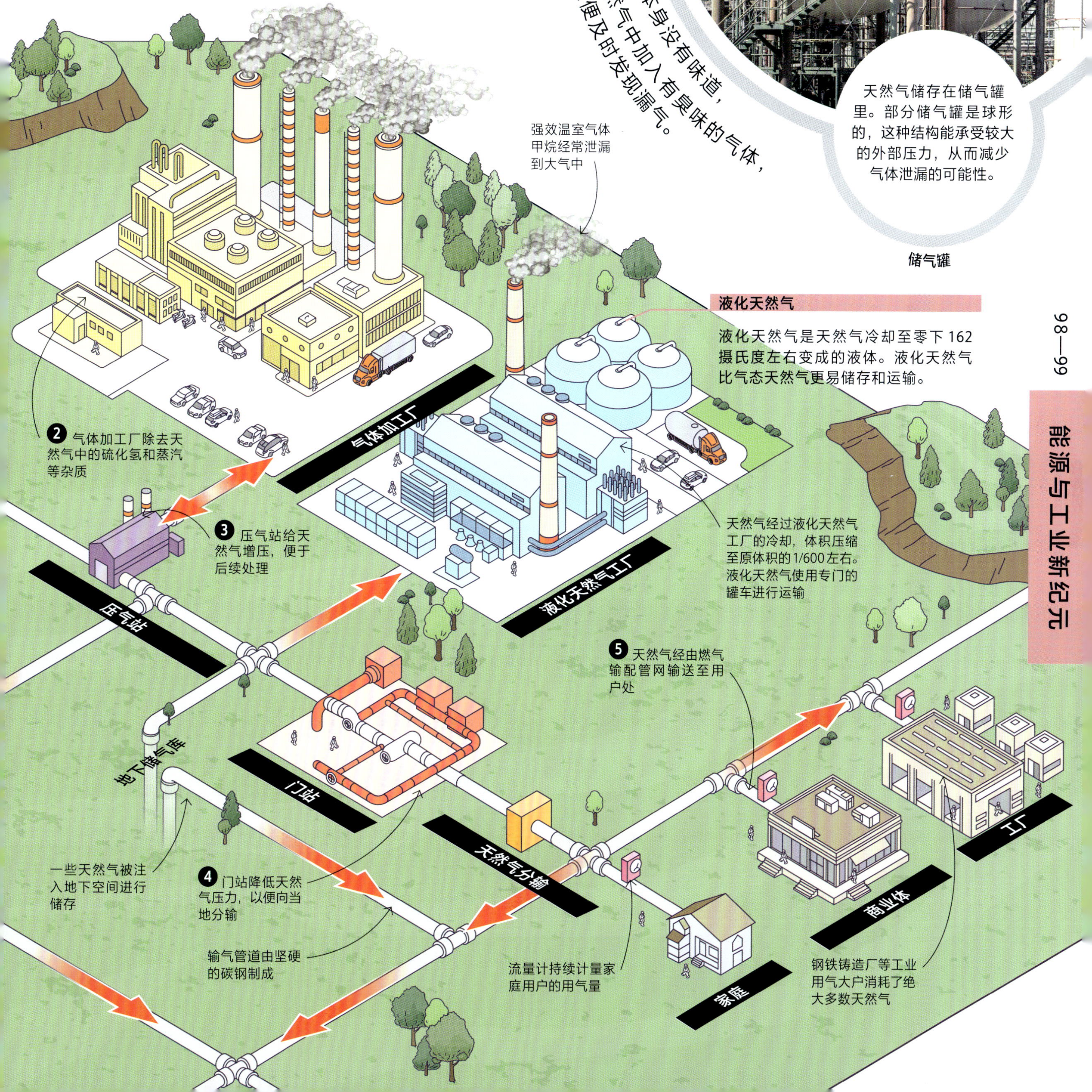
强效温室气体甲烷经常泄漏到大气中
气体加工厂
2 气体加工厂除去天然气中的硫化氢和蒸汽等杂质
3 压气站给天然气增压，便于后续处理
压气站
液化天然气工厂
天然气经过液化天然气工厂的冷却，体积压缩至原体积的1/600左右。液化天然气使用专门的罐车进行运输
地下储气库
一些天然气被注入地下空间进行储存
门站
4 门站降低天然气压力，以便向当地分输
输气管道由坚硬的碳钢制成
天然气分输
流量计持续计量家庭用户的用气量
5 天然气经由燃气输配管网输送至用户处
家庭
商业体
工厂
钢铁铸造厂等工业用气大户消耗了绝大多数天然气

采矿

采矿就是将地底的珍贵矿产开采出来的过程。矿产包括煤、贵金属，还有其他金属等，如应用于绿色能源领域的锂和钴。最常见的采矿方式有露天开采和地下开采两种。

磨矿机
磨矿机将原材料进一步加工成细粉
破碎机
破碎机将大块矿料压碎，方便后续运输
竖井矿
竖井是从地面通至地下的垂直或近似垂直的通道。竖井矿利用竖井开采位于地下深处的煤炭和其他矿产。
呈台阶状的工作区域能让车辆和设备轻松移动
可调节平衡块的角度和位置应根据平衡臂以及铲斗的重量进行调整，从而确保挖掘机的稳定性
平衡臂
斗轮臂
卸料臂
履带
1 履带带动轮斗挖掘机移动到指定位置
6 卸料臂上的传送带运输土石
7 采矿现场的土石堆积在此处，等待运走
8 挖掘机把土石装到自卸汽车里。自卸汽车将它们运输至加工厂，等待提取有价值的部分

轮斗挖掘机

轮斗挖掘机是能够持续开展挖掘作业的复杂大型机械。斗轮旋转时，斗轮上的多个铲斗能铲起土壤。

立于美国犹他州的宾厄姆坎宁铜矿是世界上最大的露天矿，从太空都能看到。

通信站

在矿区现场设置的通信站能让工人们保持联络，也保证了采矿过程的安全和高效。现代矿区通过无线电信号指挥无人驾驶车辆。

露天矿

最常见的采矿方式之一是露天开采，即从敞露的矿体上直接开采矿产。

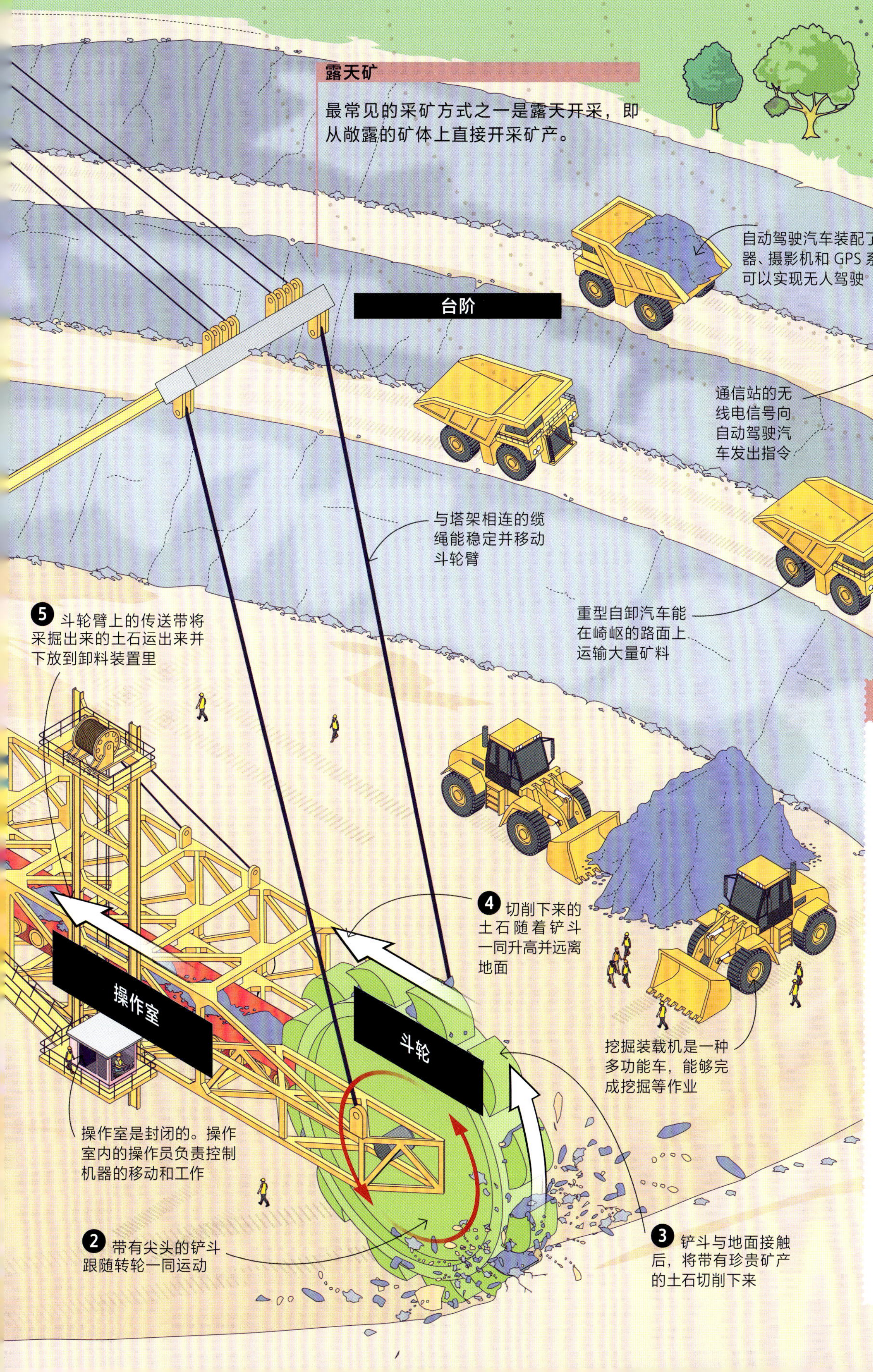

通信站
台阶
自动驾驶汽车装配了传感器、摄影机和 GPS 系统，可以实现无人驾驶
通信站的无线电信号向自动驾驶汽车发出指令
与塔架相连的缆绳能稳定并移动斗轮臂
重型自卸汽车能在崎岖的路面上运输大量矿料
❺ 斗轮臂上的传送带将采掘出来的土石运出来并下放到卸料装置里
❹ 切削下来的土石随着铲斗一同升高并远离地面
操作室
斗轮
挖掘装载机是一种多功能车，能够完成挖掘等作业
操作室是封闭的。操作室内的操作员负责控制机器的移动和工作
❷ 带有尖头的铲斗跟随转轮一同运动
❸ 铲斗与地面接触后，将带有珍贵矿产的土石切削下来

智能头盔

智能头盔是保证矿工人身安全的可穿戴设备。头盔上安装了 GPS 追踪器和紧急呼救按钮，还有若干个能够发出预警的传感器，其中包括一氧化碳探测器。一氧化碳是矿井里常见的有毒气体。

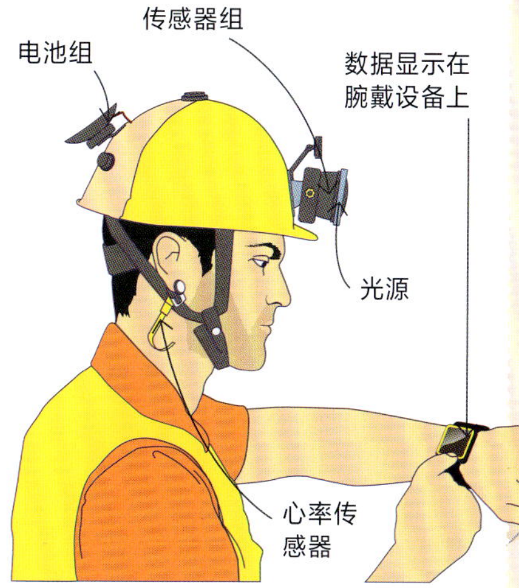

传感器组
电池组
数据显示在腕戴设备上
光源
心率传感器

炼钢厂

钢是一种强度极高的合金材料，可用于盖楼、造车、制造生产设备等。钢一般由地下的铁矿石冶炼而成。炼钢需要去除铁矿石中的杂质并加入以碳为首的若干种必要材料。炼钢的工艺主要分为两种：一种是利用转炉处理铁矿石等原料，另一种是利用电弧炉处理废钢。

轧钢（通常在高温状态下）是让钢板通过一对或多对旋转轧辊的间隙，从而使板材厚度变薄并变均匀的加工工艺。经过轧制，钢材可加工成薄片、长条等形状。

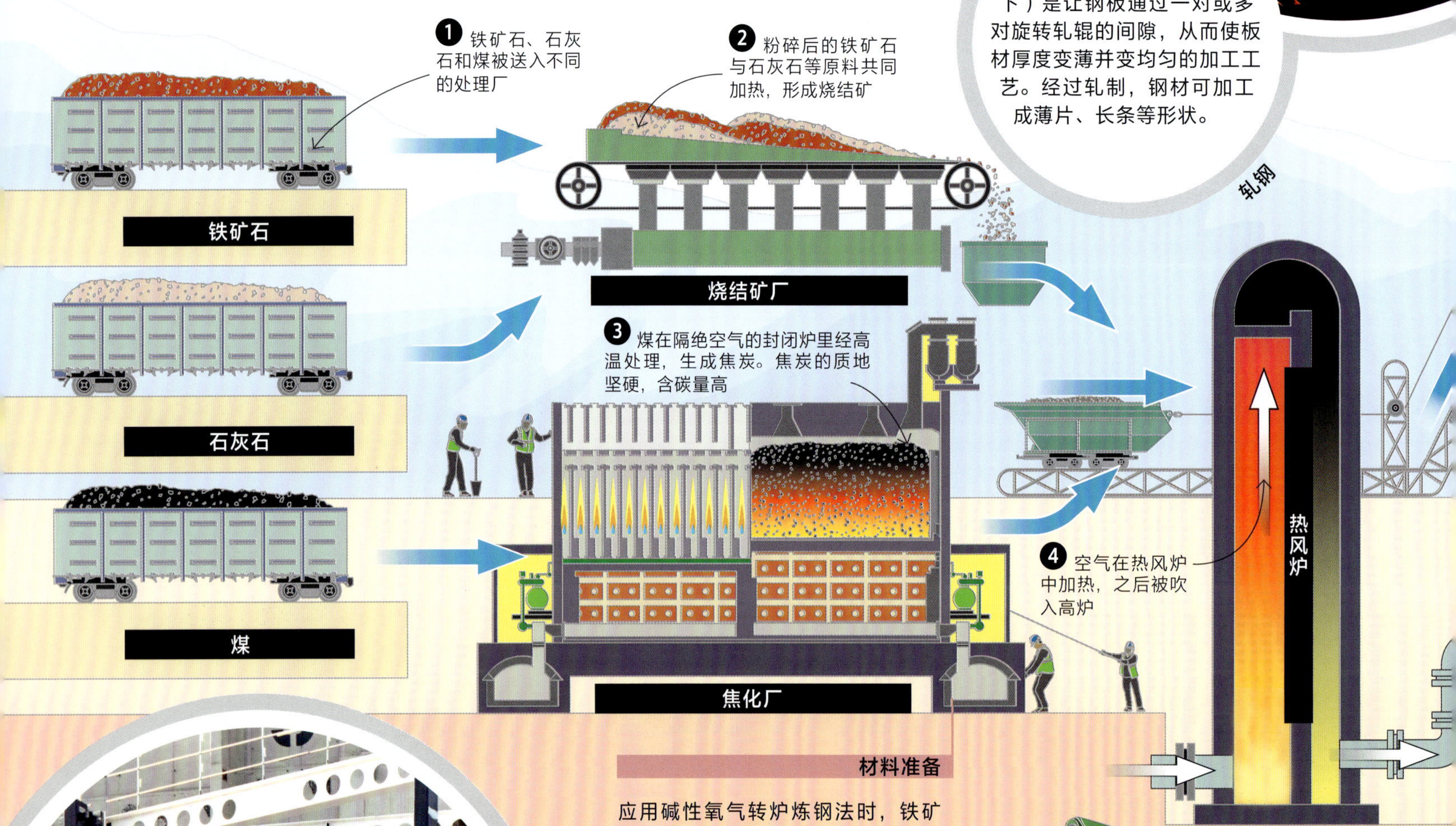
轧钢
1 铁矿石、石灰石和煤被送入不同的处理厂
2 粉碎后的铁矿石与石灰石等原料共同加热，形成烧结矿
铁矿石
烧结矿厂
石灰石
3 煤在隔绝空气的封闭炉里经高温处理，生成焦炭。焦炭的质地坚硬，含碳量高
煤
焦化厂
4 空气在热风炉中加热，之后被吹入高炉
热风炉

材料准备

应用碱性氧气转炉炼钢法时，铁矿石、石灰石、煤等原材料分别在对应的加工厂进行处理。

1 以废钢为原料炼钢主要有两种方法：一是电弧炉炼钢法，二是转炉炼钢法

多功能的材料

钢可以制成各种形状的实用产品。例如，长条状的工字钢可以搭建建筑物的框架结构。

低碳钢

炼制钢铁的过程会产生大量二氧化碳，约占全球二氧化碳总排放量的 7%。但不燃烧化石燃料又很难达到炼钢所需的高温。现在，用氢气来代替部分化石燃料已经成为可能，氢气燃烧时只产生热量和水。

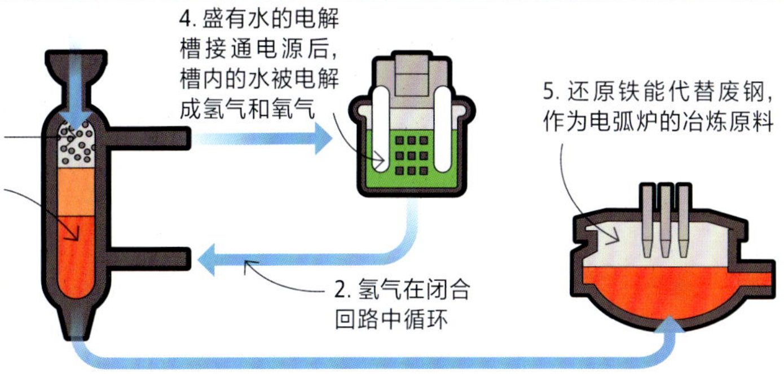
1. 小块铁矿石被加入炉内
2. 氢气在闭合回路中循环
3. 氢气与铁矿石发生还原反应，生成铁和水（用化石燃料时生成铁和二氧化碳）
4. 盛有水的电解槽接通电源后，槽内的水被电解成氢气和氧气
5. 还原铁能代替废钢，作为电弧炉的冶炼原料

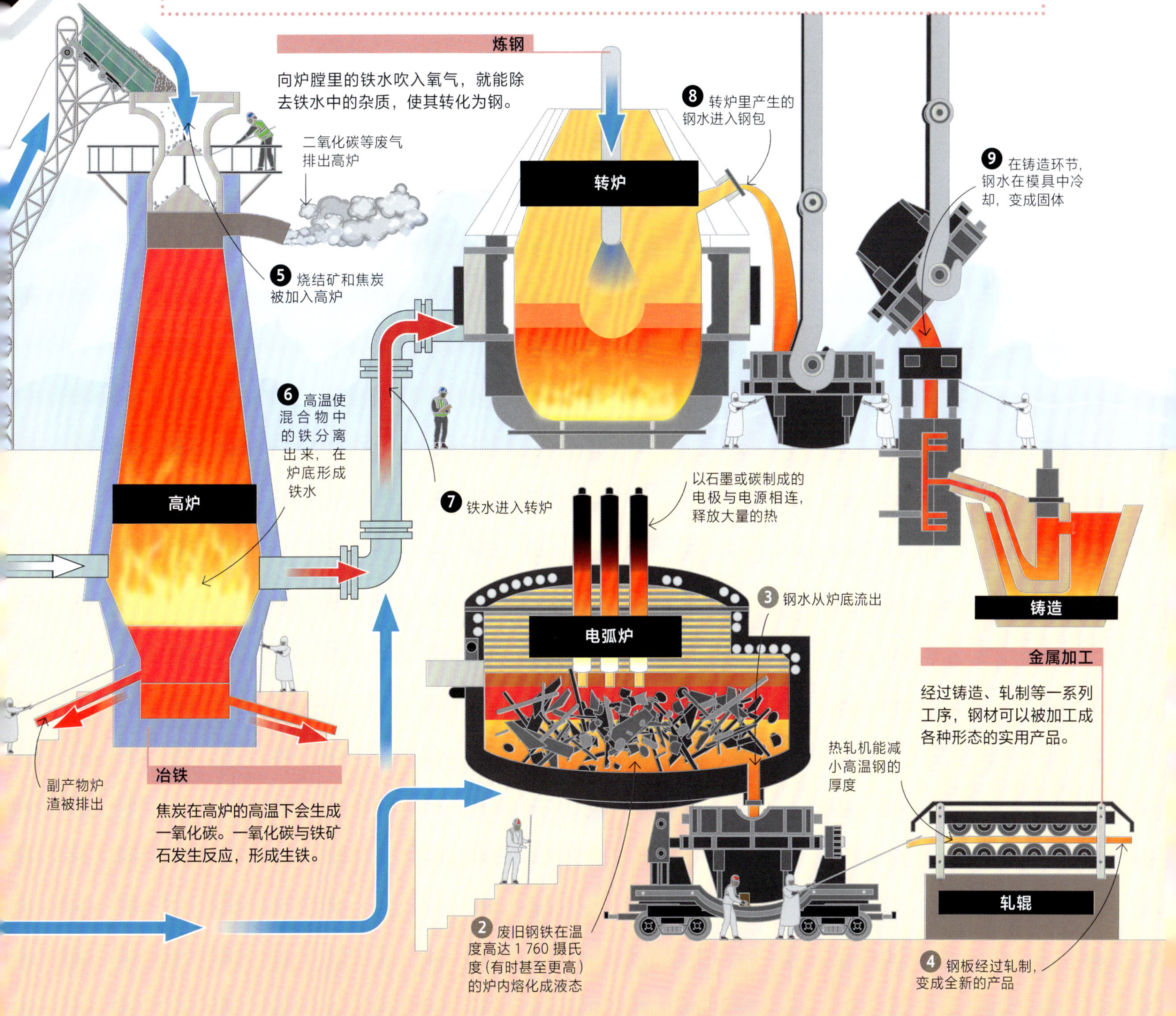
炼钢
向炉膛里的铁水吹入氧气，就能除去铁水中的杂质，使其转化为钢。
转炉
8 转炉里产生的钢水进入钢包
9 在铸造环节，钢水在模具中冷却，变成固体
二氧化碳等废气排出高炉
5 烧结矿和焦炭被加入高炉
6 高温使混合物中的铁分离出来，在炉底形成铁水
7 铁水进入转炉
以石墨或碳制成的电极与电源相连，释放大量的热
高炉
3 钢水从炉底流出
铸造
电弧炉
金属加工
经过铸造、轧制等一系列工序，钢材可以被加工成各种形态的实用产品。
热轧机能减小高温钢的厚度
副产物炉渣被排出
冶铁
焦炭在高炉的高温下会生成一氧化碳。一氧化碳与铁矿石发生反应，形成生铁。
轧辊
2 废旧钢铁在温度高达 1 760 摄氏度（有时甚至更高）的炉内熔化成液态
4 钢板经过轧制，变成全新的产品

钢铁是世界上循环利用量最多的材料。

性能优异的塑料

尽管许多塑料制品造成了严重的环境污染，但人们还是离不开塑料，因为很难找到塑料的替代品。塑料功能多样，容易成型，有的硬度还很高，是制作玩具和模型等产品的优质原材料。

据估算，全球每分钟大约有 100 万个塑料瓶被消耗掉。

可生物降解的塑料

普通的塑料制品可能得经过几百年时间才能在自然环境中降解，而可生物降解的塑料经过特殊处理，能在特定条件下由微生物迅速降解。解决废弃塑料污染问题的一个方案是使用聚乳酸制品，聚乳酸是一种以生物质为主要原料制成的可生物降解的塑料。

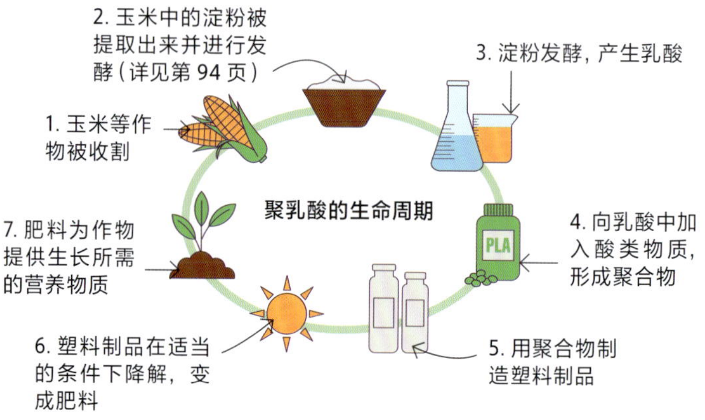
聚乳酸的生命周期
1. 玉米等作物被收割
2. 玉米中的淀粉被提取出来并进行发酵（详见第 94 页）
3. 淀粉发酵，产生乳酸
4. 向乳酸中加入酸类物质，形成聚合物
PLA
5. 用聚合物制造塑料制品
6. 塑料制品在适当的条件下降解，变成肥料
7. 肥料为作物提供生长所需的营养物质

塑料

塑料是人类发明的最实用的材料之一。塑料的种类繁多，但都是高分子聚合物。这些聚合物由许多较小的单体组合而成。大多数塑料由石油提炼而成。经过不同的处理过程，石油可以被制成多种塑料。

制造塑料

制造塑料有加成聚合和缩聚两类主要反应。两类反应都要用到特殊的催化剂，也就是能加速化学反应的物质。

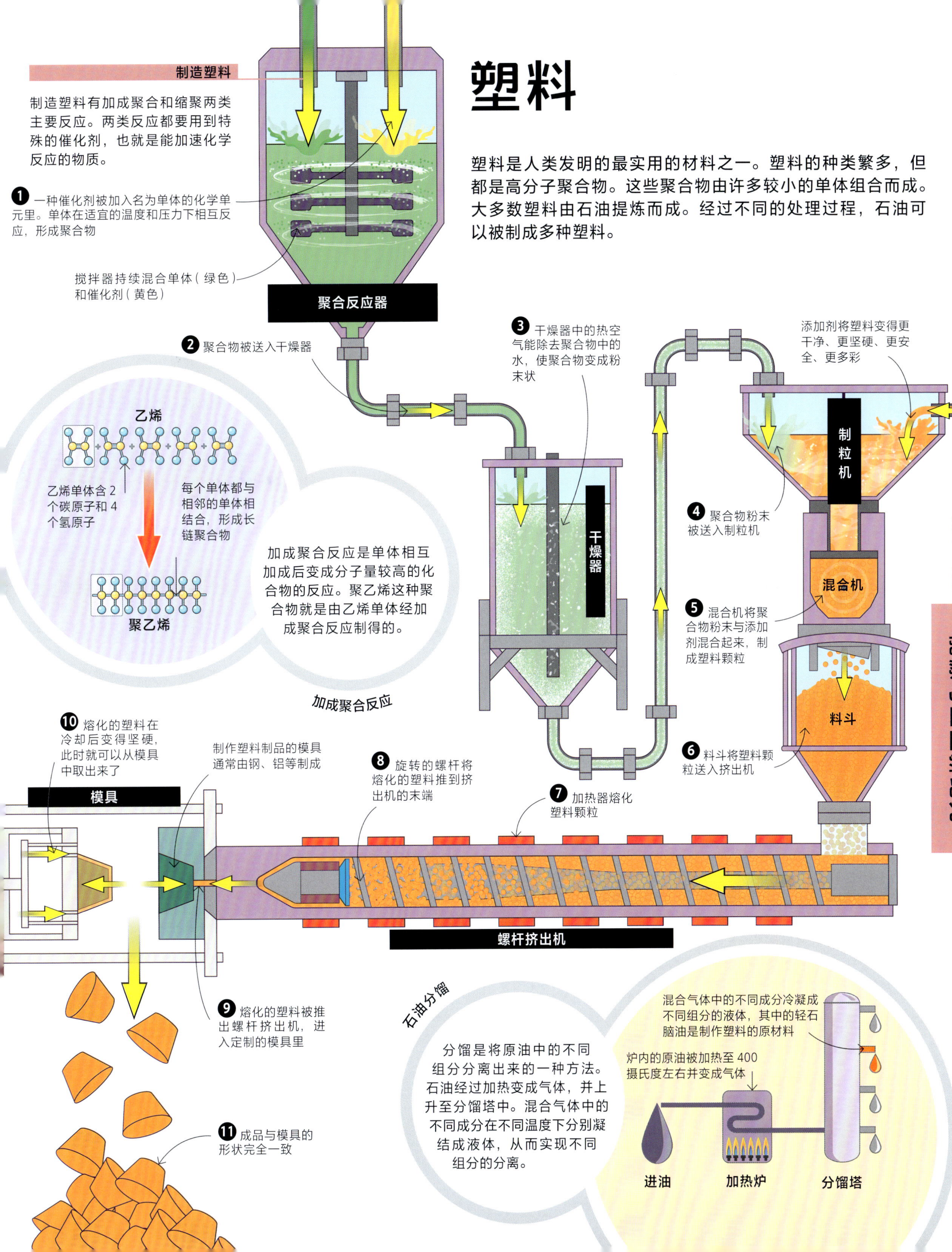

❶ 一种催化剂被加入名为单体的化学单元里。单体在适宜的温度和压力下相互反应，形成聚合物
搅拌器持续混合单体（绿色）和催化剂（黄色）
聚合反应器
❷ 聚合物被送入干燥器
❸ 干燥器中的热空气能除去聚合物中的水，使聚合物变成粉末状
干燥器
添加剂将塑料变得更干净、更坚硬、更安全、更多彩
制粒机
❹ 聚合物粉末被送入制粒机
混合机
❺ 混合机将聚合物粉末与添加剂混合起来，制成塑料颗粒
料斗
❻ 料斗将塑料颗粒送入挤出机
❼ 加热器熔化塑料颗粒
❽ 旋转的螺杆将熔化的塑料推到挤出机的末端
螺杆挤出机
制作塑料制品的模具通常由钢、铝等制成
模具
❿ 熔化的塑料在冷却后变得坚硬，此时就可以从模具中取出来了
❾ 熔化的塑料被推出螺杆挤出机，进入定制的模具里
⓫ 成品与模具的形状完全一致
乙烯
乙烯单体含2个碳原子和4个氢原子
每个单体都与相邻的单体相结合，形成长链聚合物
聚乙烯
加成聚合反应
石油分馏
混合气体中的不同成分冷凝成不同组分的液体，其中的轻石脑油是制作塑料的原材料
炉内的原油被加热至400摄氏度左右并变成气体
进油
加热炉
分馏塔

加成聚合反应是单体相互加成后变成分子量较高的化合物的反应。聚乙烯这种聚合物就是由乙烯单体经加成聚合反应制得的。

分馏是将原油中的不同组分分离出来的一种方法。石油经过加热变成气体，并上升至分馏塔中。混合气体中的不同成分在不同温度下分别凝结成液体，从而实现不同组分的分离。

工业机器人

工业中会用到非常多的机器人。这些机器人可以长时间执行重复性任务，在危险的环境中工作，并且通常比人类更强壮。人可以同时拥有多种技能，但工业机器人通常只能执行单一任务。许多机器人能够独立作业，但也有一部分机器人需要人类从旁协助。

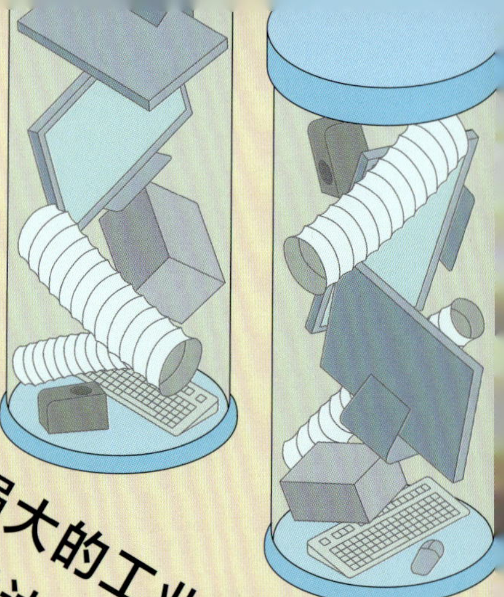

最强大的工业机械臂可以提起重达 2 300 千克的物体

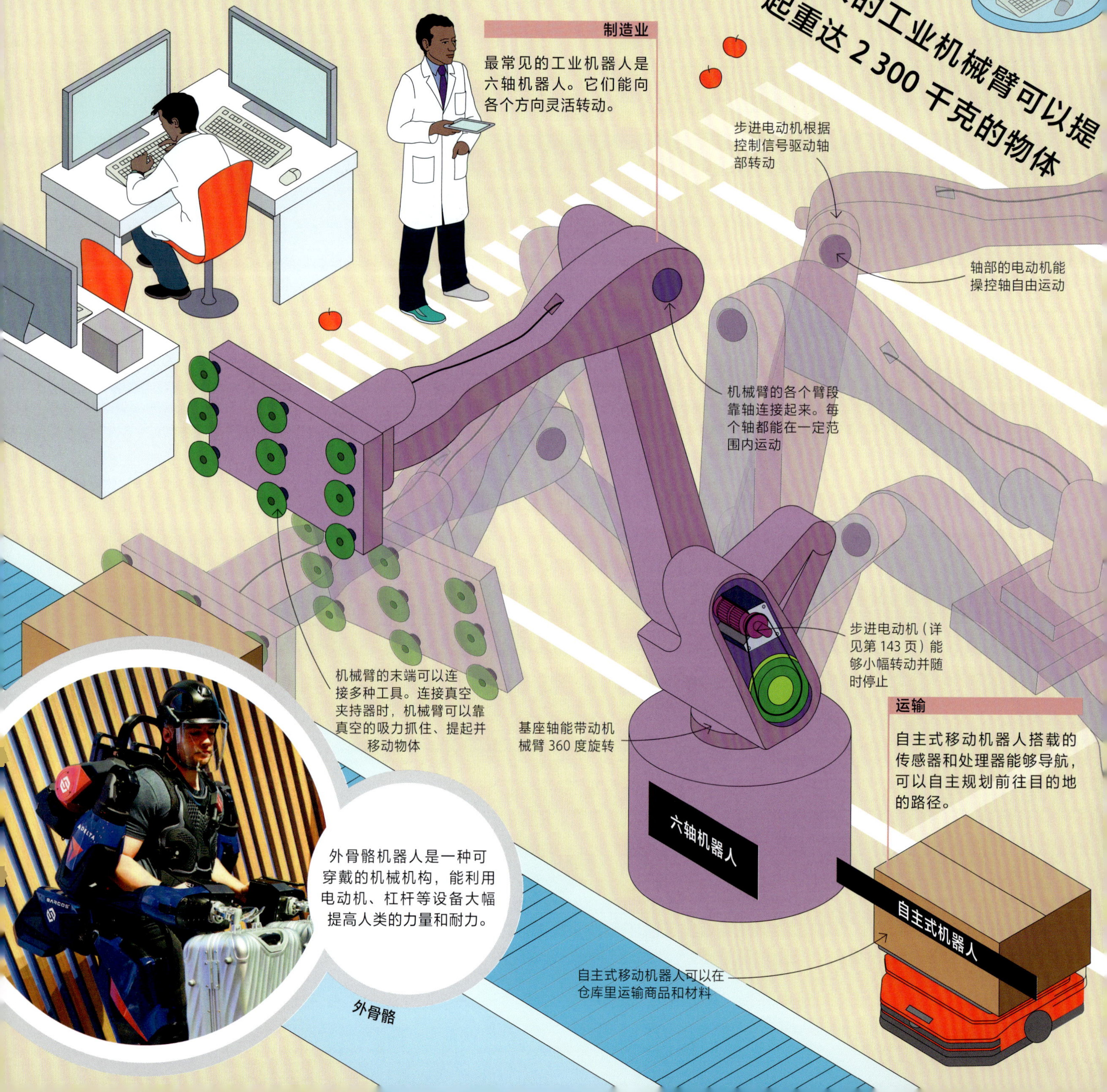

制造业
最常见的工业机器人是六轴机器人。它们能向各个方向灵活转动。
步进电动机根据控制信号驱动轴部转动
轴部的电动机能操控轴自由运动
机械臂的各个臂段靠轴连接起来。每个轴都能在一定范围内运动
步进电动机（详见第 143 页）能够小幅转动并随时停止
机械臂的末端可以连接多种工具。连接真空夹持器时，机械臂可以靠真空的吸力抓住、提起并移动物体
基座轴能带动机械臂 360 度旋转
六轴机器人
运输
自主式移动机器人搭载的传感器和处理器能够导航，可以自主规划前往目的地的路径。
自主式机器人
自主式移动机器人可以在仓库里运输商品和材料
外骨骼机器人是一种可穿戴的机械机构，能利用电动机、杠杆等设备大幅提高人类的力量和耐力。

外骨骼

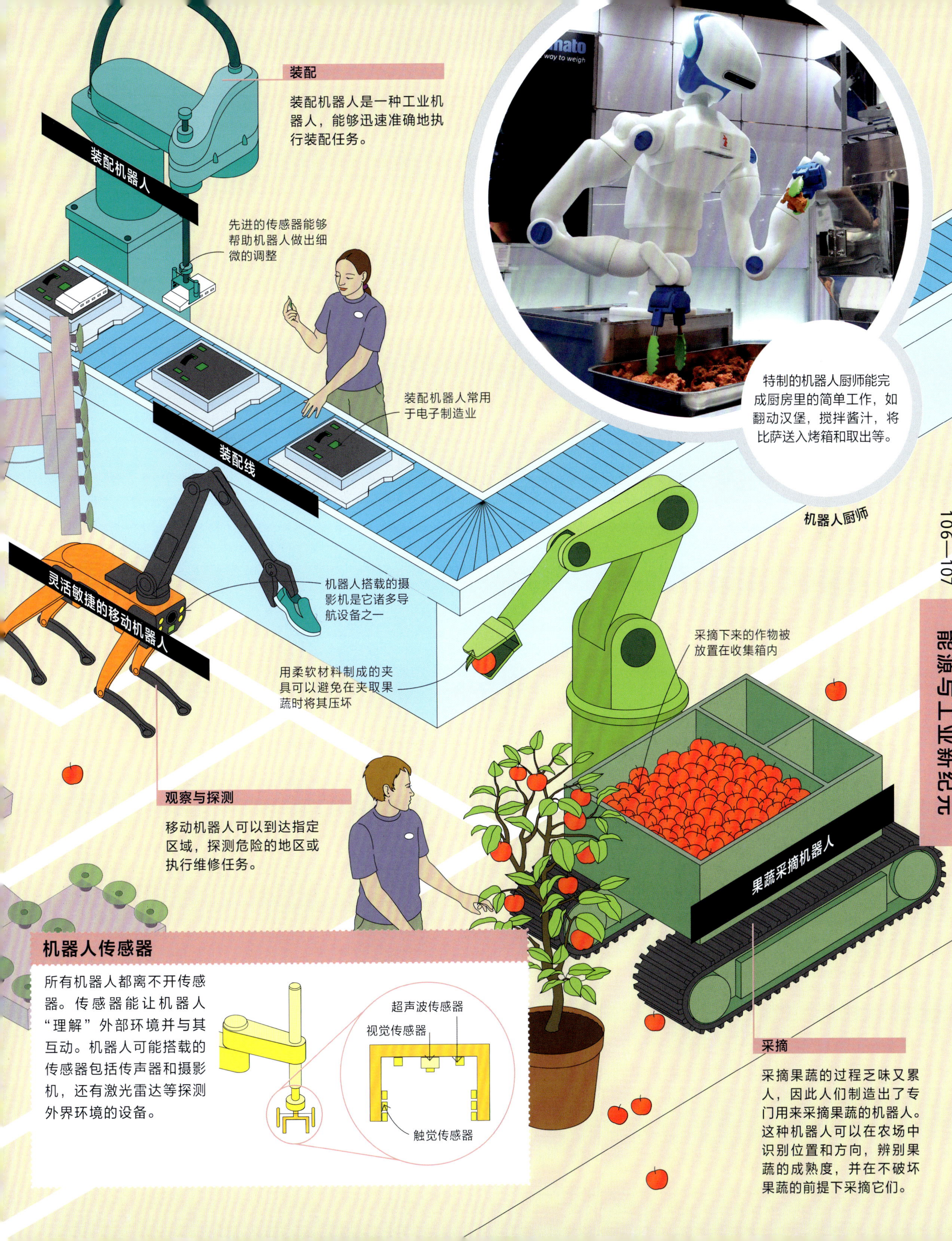
装配机器人
先进的传感器能够帮助机器人做出细微的调整
装配线
装配机器人常用于电子制造业
灵活敏捷的移动机器人
机器人搭载的摄影机是它诸多导航设备之一
用柔软材料制成的夹具可以避免在夹取果蔬时将其压坏
采摘下来的作物被放置在收集箱内
果蔬采摘机器人
机器人厨师
超声波传感器
视觉传感器
触觉传感器

特制的机器人厨师能完成厨房里的简单工作，如翻动汉堡，搅拌酱汁，将比萨送入烤箱和取出等。

装配

装配机器人是一种工业机器人，能够迅速准确地执行装配任务。

观察与探测

移动机器人可以到达指定区域，探测危险的地区或执行维修任务。

采摘

采摘果蔬的过程乏味又累人，因此人们制造出了专门用来采摘果蔬的机器人。这种机器人可以在农场中识别位置和方向，辨别果蔬的成熟度，并在不破坏果蔬的前提下采摘它们。

机器人传感器

所有机器人都离不开传感器。传感器能让机器人“理解”外部环境并与其互动。机器人可能搭载的传感器包括传声器和摄影机，还有激光雷达等探测外界环境的设备。

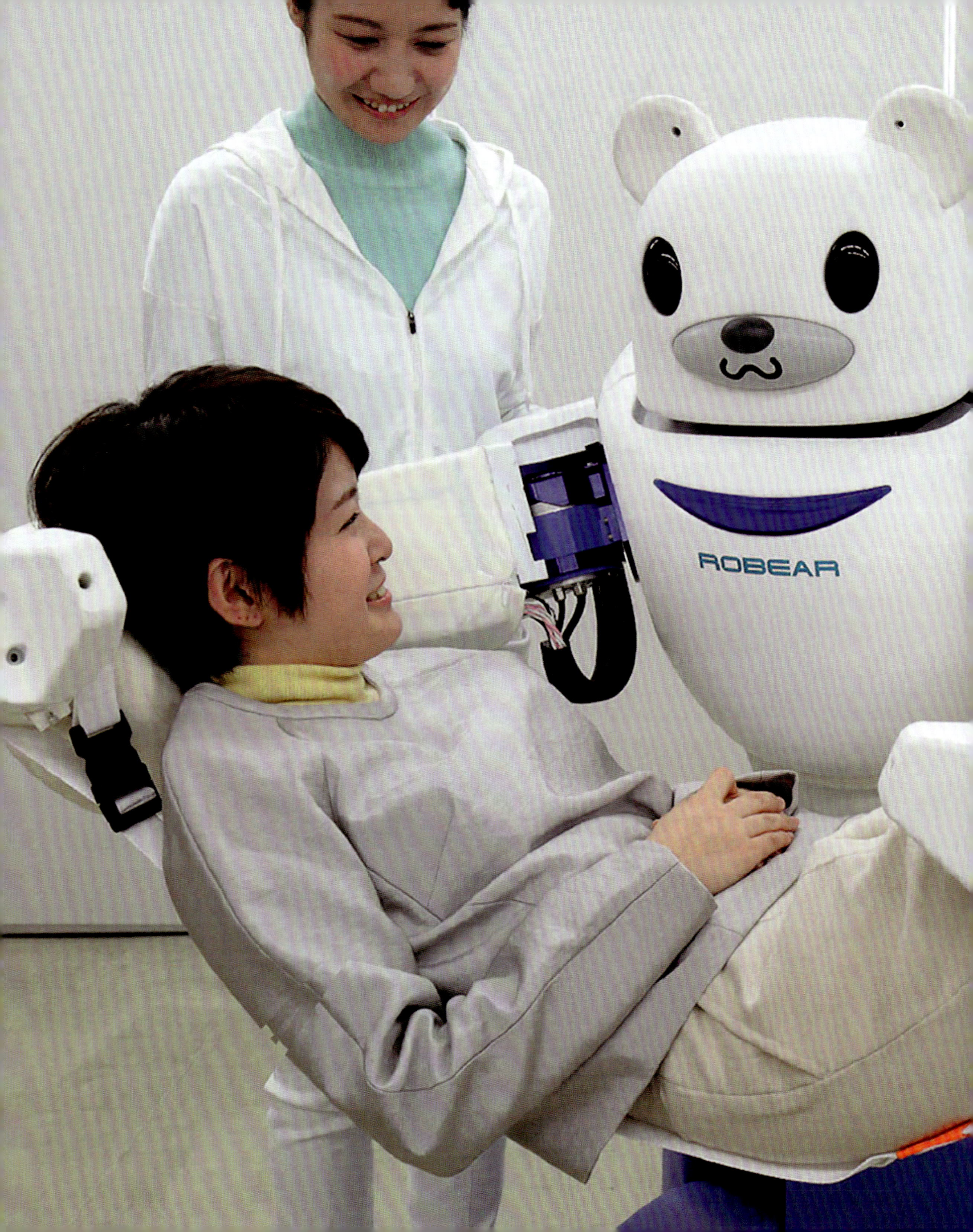
ROBEAR

护理机器人

机器人的应用场景越来越多，包括照护人类。尚处于试验阶段的护理机器人可以抱起虚弱的病人并帮助他们站立。为了确保使用者的安全，机器人上安装了若干传感器，用于探测与物体的距离、方向、重量、力量和尺寸等。接触式传感器能够感应速度、位置和力量的变化，从而躲避障碍。摄影机能够计算距离，从而引导机器人躲开物体，还能将拍摄的照片传输给中央控制器。还有一些传感器能够测量加速度、重力、压力、磁场和倾斜角度。这些信息为机器人提供反馈，让机器人能轻柔地抬起病患，避免病人受伤。

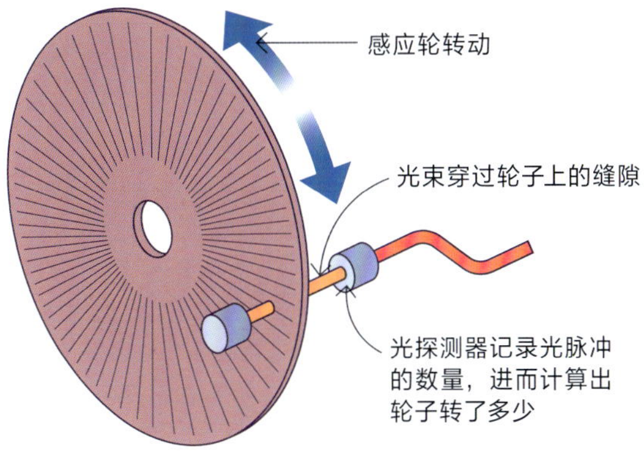
感应轮转动
光束穿过轮子上的缝隙
光探测器记录光脉冲的数量，进而计算出轮子转了多少

角度传感器

角度传感器可以探测机器人零部件倾斜角度的变化，使这些部件能够实时监测自身位置并修正运动轨迹。

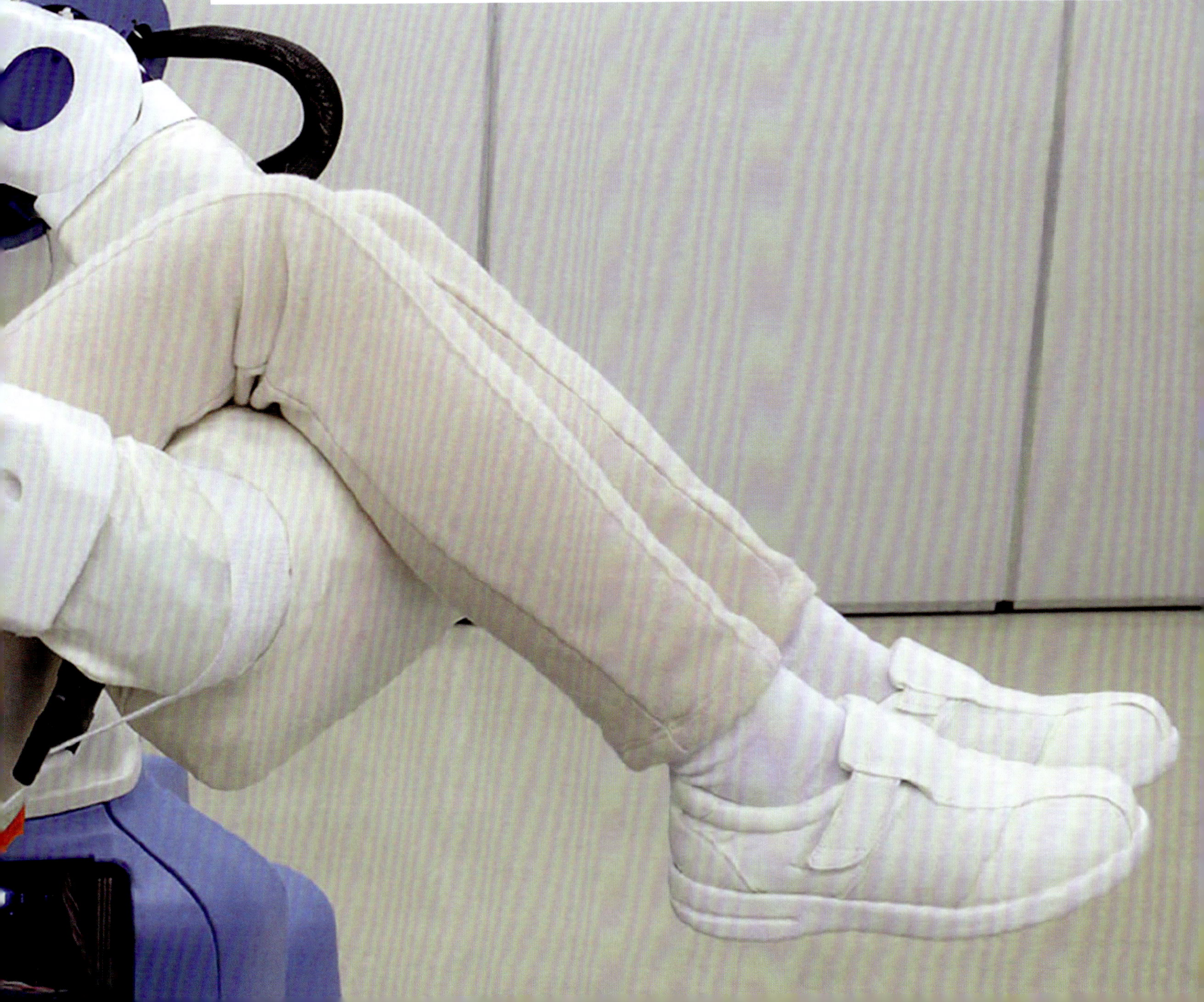

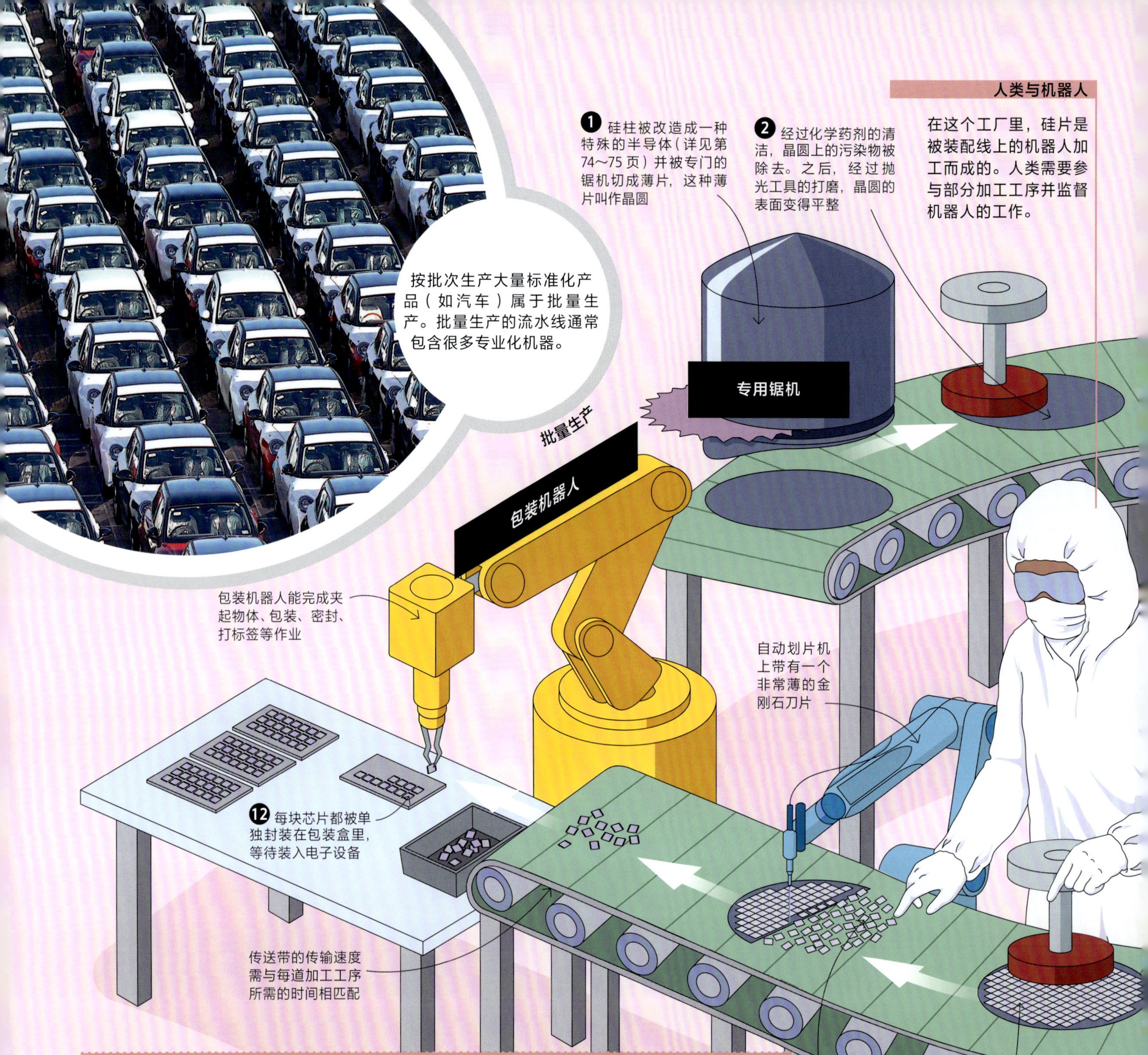
按批次生产大量标准化产品（如汽车）属于批量生产。批量生产的流水线通常包含很多专业化机器。
批量生产
❶ 硅柱被改造成一种特殊的半导体（详见第74～75页）并被专门的锯机切成薄片，这种薄片叫作晶圆
❷ 经过化学药剂的清洁，晶圆上的污染物被除去。之后，经过抛光工具的打磨，晶圆的表面变得平整
专用锯机
包装机器人
包装机器人能完成夹起物体、包装、密封、打标签等作业
自动划片机上带有一个非常薄的金刚石刀片
⓬ 每块芯片都被单独封装在包装盒里，等待装入电子设备
传送带的传输速度需与每道加工工序所需的时间相匹配
⓫ 晶圆被切削成矩形的芯片。一块晶圆可以切割出多个半导体芯片
❿ 晶圆被打磨抛光，表面的细小划痕等瑕疵被除去。这一过程在洁净室内进行。打磨工序会重复近百次

人类与机器人

在这个工厂里，硅片是被装配线上的机器人加工而成的。人类需要参与部分加工工序并监督机器人的工作。

预测性维修

若流水线上的某一设备出现故障并需要维修，整条流水线都可能需要停工，这会造成重大经济损失。预测性维修指在设备出现故障前收集并分析设备的实时数据，从中发现潜在问题并调查研究，尽量提前解决问题。

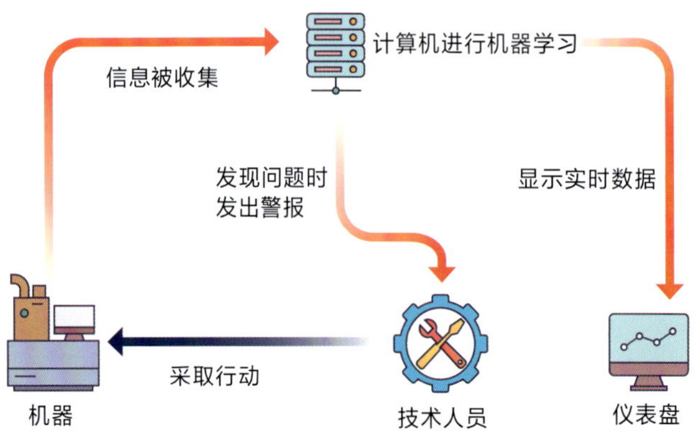
信息被收集
计算机进行机器学习
发现问题时发出警报
显示实时数据
采取行动
机器
技术人员
仪表盘

工厂

如今，大量人造制品在工厂里制成，而不是一个个手工制作的。装配线是按顺序加工产品的系统，每一段装配线专门负责一道加工工序。装配线能够提高加工效率，特别是复杂产品的加工效率。

协作机器人

协作机器人与人类一同工作。为了确保工作的安全性，协作机器人的速度和运动力量都受到一定限制。

传送带
装配机器人
为了完成晶圆处理这一精细任务，装配机器人需要有较高的精确度、较快的速度，并在处理过程中保持洁净
3 薄薄的金属层被覆在晶圆上。之后，它会起到连接各部件的作用
4 接着再覆盖上一层名为光刻胶的感光材料
5 紫外线穿透模板上的透明区域，照射在晶圆上
投影镜将图案聚焦在晶圆上
6 光刻胶涂层在紫外线的照射下发生反应，从而将模板上的图案复制到晶圆上
7 按照光刻胶发生反应后留下的显影，在晶圆上刻蚀出图案
8 带电原子被注入晶圆被刻蚀的部分，从而改变这部分的电学性质
9 晶圆上的光刻胶和不需要的部分金属层被清除。清晰的电路图案显现出来

位于美国的波音埃弗里特工厂内部能够容纳整个迪士尼乐园。

洁净室

精细电子设备工厂等特殊工厂对洁净度有极高的要求。这些工厂会设置洁净室，室内空气中的微粒会被控制在最低程度。洁净室与外界环境隔绝，内部的空气不断被净化。工人需穿着防护服进入洁净室。

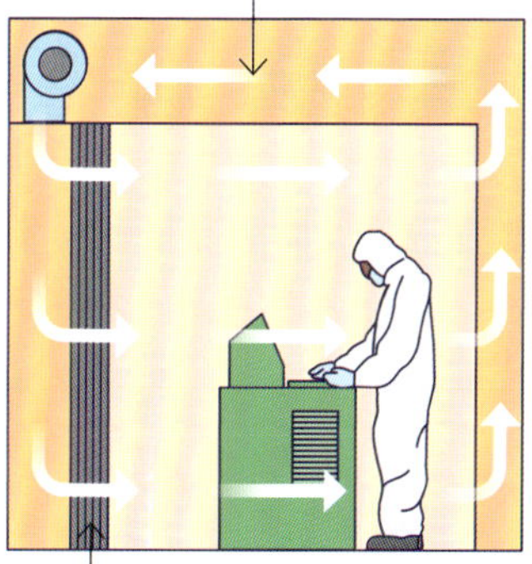

室内被污染的空气循环到过滤器
外部空气先经过过滤器，再进入洁净室

机械制造与3D打印

在制造复杂产品时，除了人工制造外，还可以用机器制造。计算机可以依靠计算机数控技术来控制工具，三维（3D）打印机可以一层一层地打印物体。有了这两种设备，人们几乎可以制造出任何形状的物品。

3D 打印机

3D 打印机有很多种。最常见的 3D 打印机的工作原理是将受热软化的材料挤出来，一薄层一薄层地叠加成完整的物体。

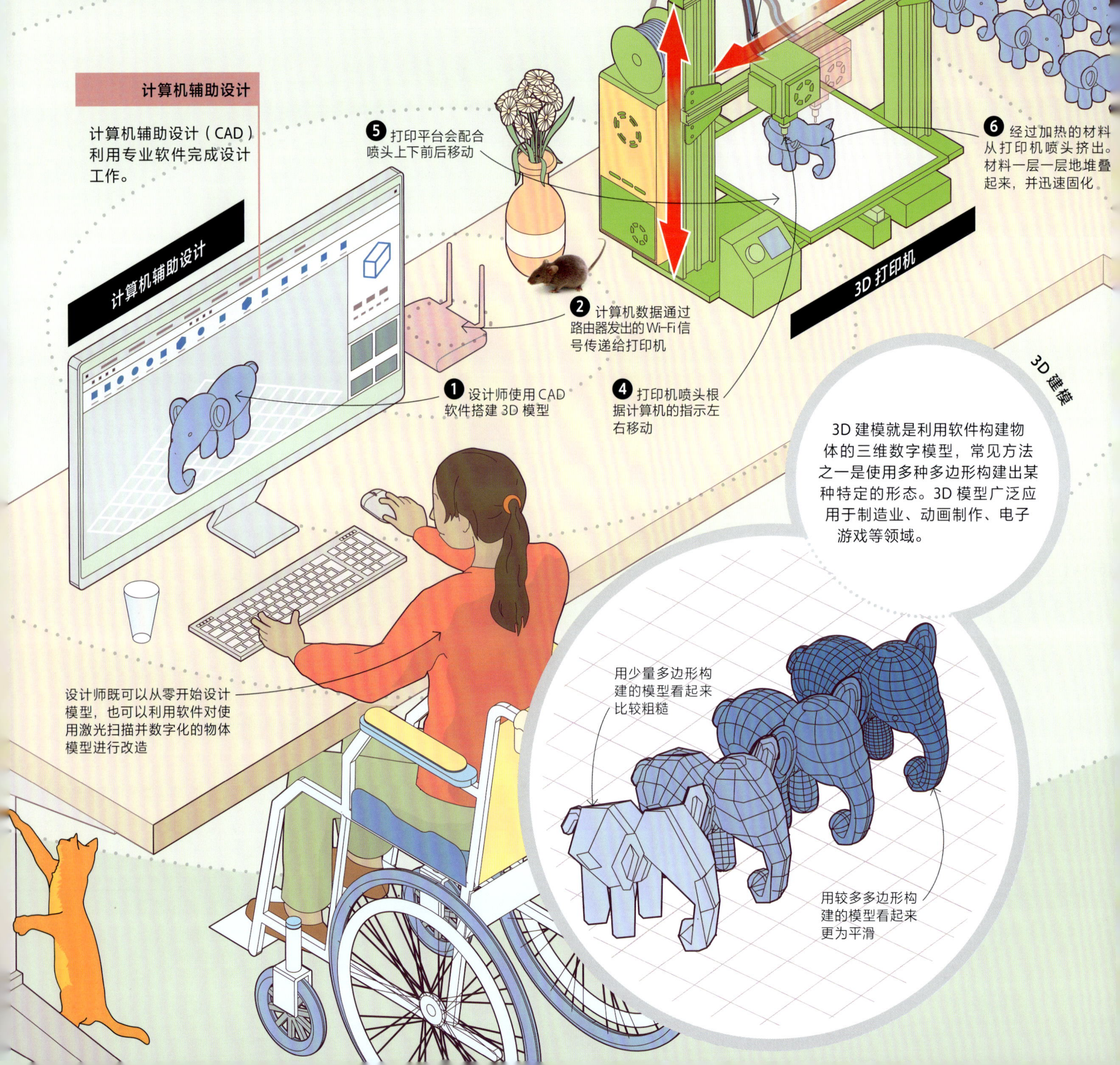

❸ 塑料长丝被装入打印机喷头并被加热
❺ 打印平台会配合喷头上下前后移动
❻ 经过加热的材料从打印机喷头挤出。材料一层一层地堆叠起来，并迅速固化
计算机辅助设计
3D 打印机
❷ 计算机数据通过路由器发出的Wi-Fi信号传递给打印机
❶ 设计师使用 CAD 软件搭建 3D 模型
❹ 打印机喷头根据计算机的指示左右移动
3D 建模
设计师既可以从零开始设计模型，也可以利用软件对使用激光扫描并数字化的物体模型进行改造
用少量多边形构建的模型看起来比较粗糙
用较多多边形构建的模型看起来更为平滑

计算机辅助设计

计算机辅助设计（CAD）利用专业软件完成设计工作。

3D 建模

3D 建模就是利用软件构建物体的三维数字模型，常见方法之一是使用多种多边形构建出某种特定的形态。3D 模型广泛应用于制造业、动画制作、电子游戏等领域。

3D 打印建筑

大型 3D 打印机足以打印建筑物。目前的 3D 打印技术已经可以利用混凝土甚至土壤来打印房屋。

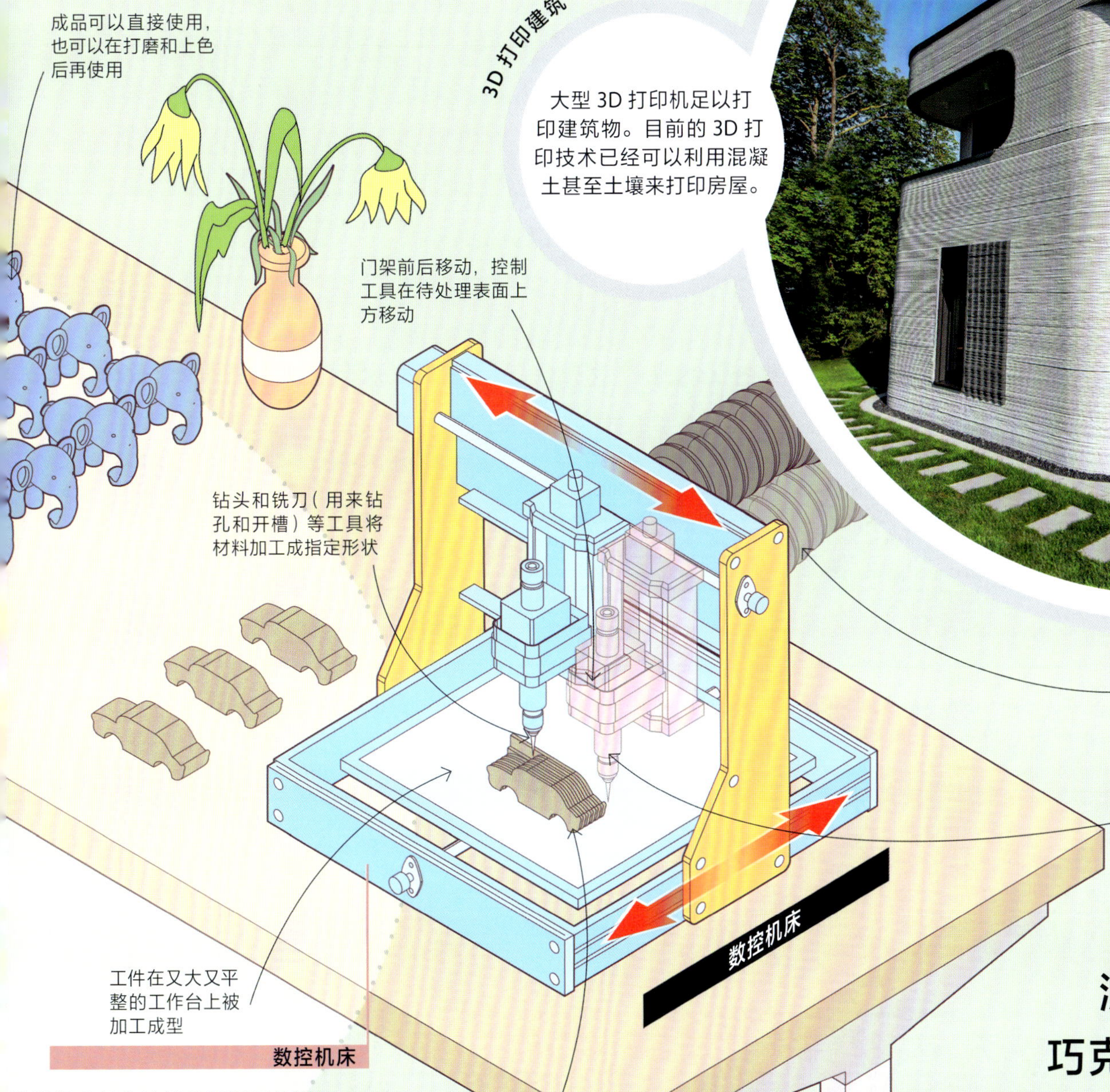
成品可以直接使用，也可以在打磨和上色后再使用
门架前后移动，控制工具在待处理表面上方移动
钻头和铣刀（用来钻孔和开槽）等工具将材料加工成指定形状
粉尘收集设备能够除去加工过程中产生的微小杂质，确保工件表面的洁净
工具的移动精度很高，能够遵循 CAD 软件生成的指令
数控机床
工件在又大又平整的工作台上被加工成型
工件被固定在指定位置

混凝土、巧克力和细胞都能用于 3D 打印。

数控机床

数控机床是靠计算机指挥工具制造特定形状工件的机床。一些数控机床在作业时，工件静止不动，刀头根据指示移动。车床则与之相反，作业时工具静止不动，工件作旋转运动。

激光切割机

激光切割机可利用激光精准地切割和雕刻物品。一个透镜会将光束聚焦在工件上，使焦点处的材料迅速熔化或气化。高压气体（常用氧气）能吹走熔化或气化的材料，让切削面保持干净。激光会根据设计要求的路径在工件上移动。激光切割机可用于制作精密医疗器械、切割钻石、制造某些设备所需的晶圆薄片等。它对业余爱好者非常友好。

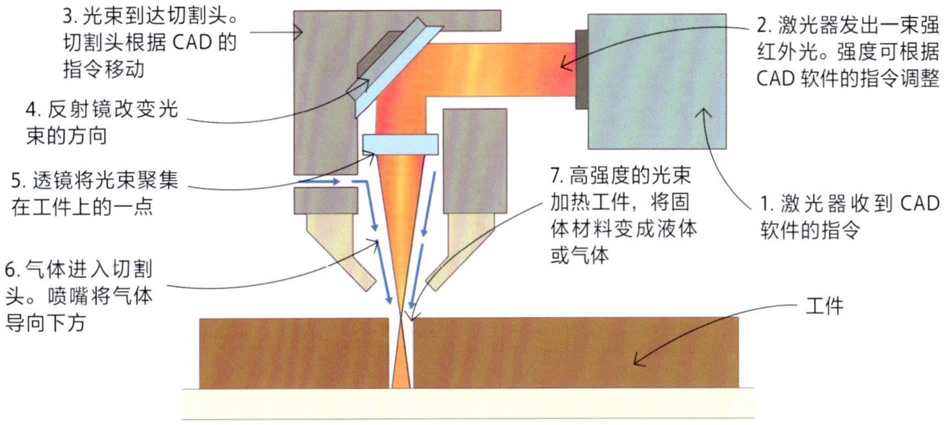
1. 激光器收到 CAD 软件的指令
2. 激光器发出一束强红外光。强度可根据 CAD 软件的指令调整
3. 光束到达切割头。切割头根据 CAD 的指令移动
4. 反射镜改变光束的方向
5. 透镜将光束聚集在工件上的一点
6. 气体进入切割头。喷嘴将气体导向下方
7. 高强度的光束加热工件，将固体材料变成液体或气体
工件

回收

回收就是收集垃圾并分类，再将有用的材料转变成可用之物的过程。在分选中心，玻璃、铝制品、纸张、某些塑料等可回收再利用的材料被从垃圾中挑选出来。分好类的材料被送入专门的工厂进行再加工，变成用于制作新产品的原材料。

收集

垃圾被集中起来并运送至回收站。待其中的不可回收垃圾被拣选出去之后，其余的可回收材料再按照种类分离开。

再生产品

部分材料回收再利用的次数是有限的，例如，塑料每经过一次熔化、成型等回收处理工序，都会变得更加脆弱（详见第 105 页）。玻璃和金属可以无限次地回收再利用。

弹跳筛

弹跳筛是倾斜安装的，能抖动废物并使其按照重量和形状分离开。

挖掘机或类似的机械将垃圾车运来的混合垃圾转移到传送带上
挖掘机
拣选人员将厨余垃圾等不可回收垃圾挑选出来
分离装置是倾斜的，内有叶片或圆盘，能抖动装置内的垃圾
瓶子等较重的垃圾会滚动或滑动至弹跳筛较低处
重磅纸被分离出来并运送至独立设备中打成纸浆，再制成新的纸张
重磅纸
弹跳筛

气流分级机

气流分级机利用一股上升气流使不同的材料在不同的高度分离开。

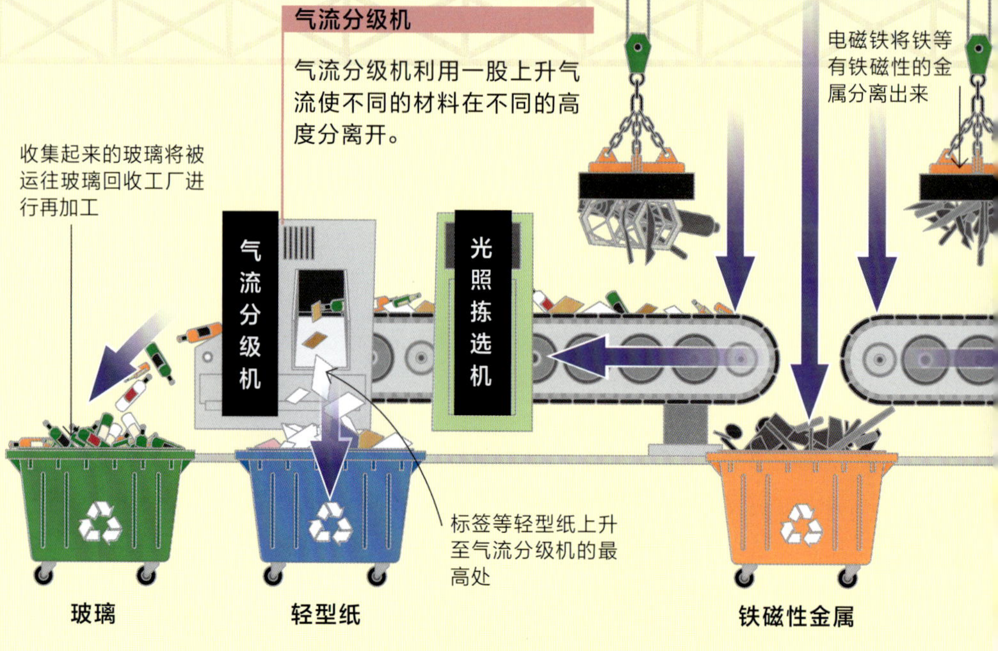
电磁铁将铁等有铁磁性的金属分离出来
收集起来的玻璃将被运往玻璃回收工厂进行再加工
气流分级机
光照拣选机
标签等轻型纸上升至气流分级机的最高处
玻璃
轻型纸
铁磁性金属

铝罐可以无限次地被回收再利用，其中所含铝的品质不会降低。

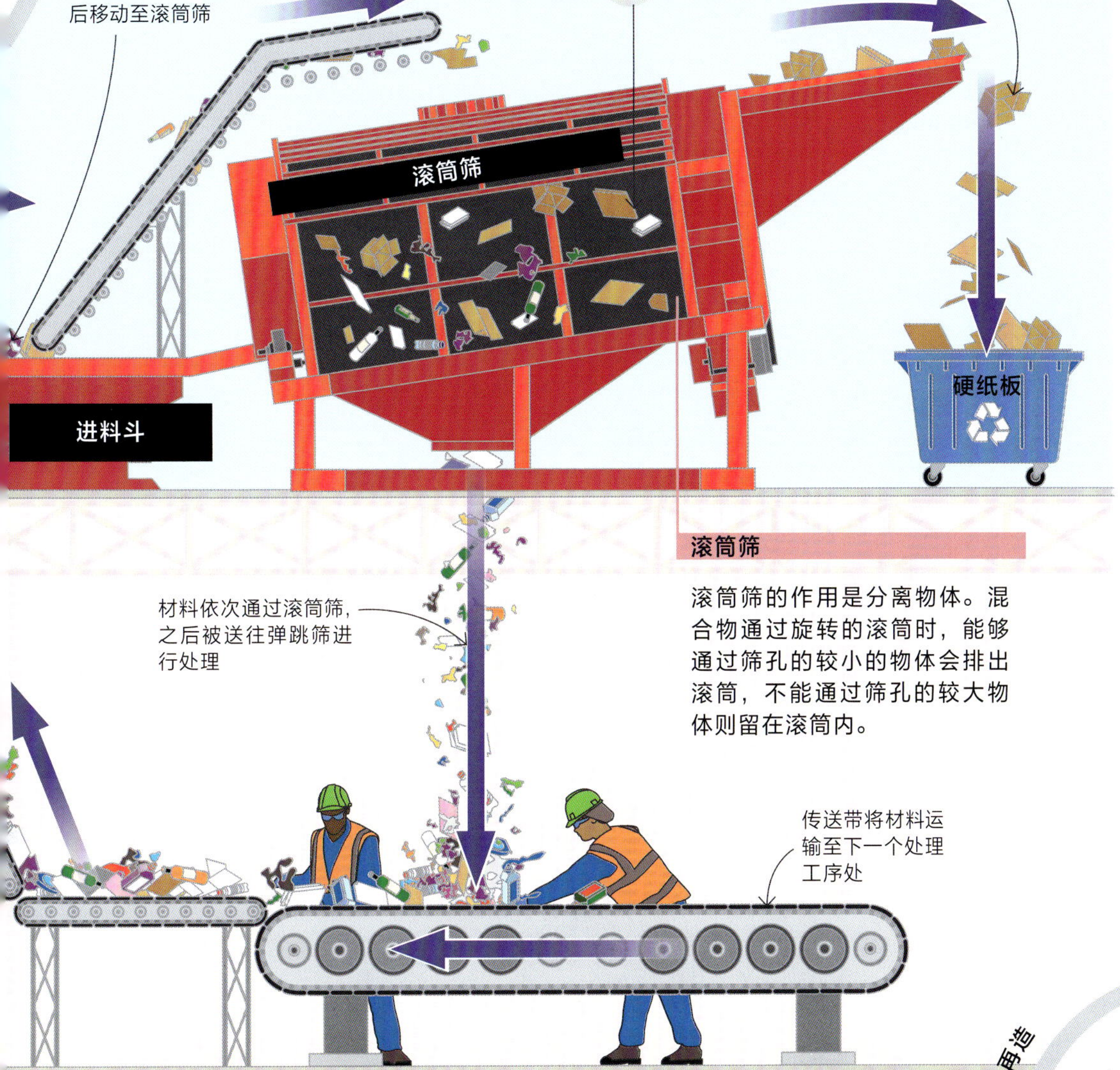
可回收的垃圾被投入进料斗，然后移动至滚筒筛
旋转的筛面按照形状和大小对物体进行分类，硬纸板等又大又轻的材料被分离出去
硬纸板被送到其他地方进行回收处理
滚筒筛
进料斗
硬纸板
材料依次通过滚筒筛，之后被送往弹跳筛进行处理
传送带将材料运输至下一个处理工序处

滚筒筛

滚筒筛的作用是分离物体。混合物通过旋转的滚筒时，能够通过筛孔的较小的物体会排出滚筒，不能通过筛孔的较大物体则留在滚筒内。

涡电流分选机

涡电流分选机利用磁场将非铁磁性金属“扔”出去。

光照拣选机

借助摄影机和人工智能工具的帮助，光照拣选机能根据颜色、形状、大小和质地自动拣选物体。

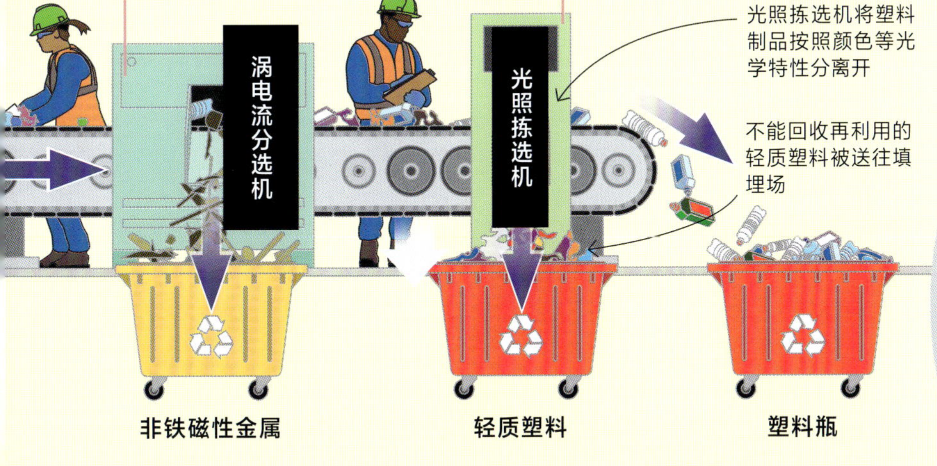
涡电流分选机
光照拣选机
光照拣选机将塑料制品按照颜色等光学特性分离开
不能回收再利用的轻质塑料被送往填埋场
非铁磁性金属
轻质塑料
塑料瓶

回收旧衣物

目前，针对购物袋、电子设备、纺织品等难以回收再利用的物品的回收设施越来越多。不能再穿也不能当作抹布再利用的旧衣物被撕成小片，纽扣、拉链等配件被取下来，等待化学处理。

衣服和其他织物按照类别集中起来
废旧布料被打碎，变成浆状
使用化学药剂将棉纤维等成分分离出来
聚酯纤维被压成片状
片状聚酯纤维先被熔化，然后被纺成线

回收聚酯纤维

升级再造

一小部分垃圾会以富有创造性的形式被重新利用，例如有些废品会被用来制作艺术品。很多废品艺术品的创作初衷是引起观众对垃圾污染环境的思考。

挖掘隧道

挖掘隧道的第一步通常是移走岩土。早期，人们研究出了用来挖洞的简单工具。如今，用于挖掘的机器已经非常先进了。挖掘机可以挖掘土石，隧道掘进机则能破碎深埋地下的坚硬岩土。

挖掘机

挖掘机是一种利用液压装置来挖掘并能移送土壤等物质的机械。

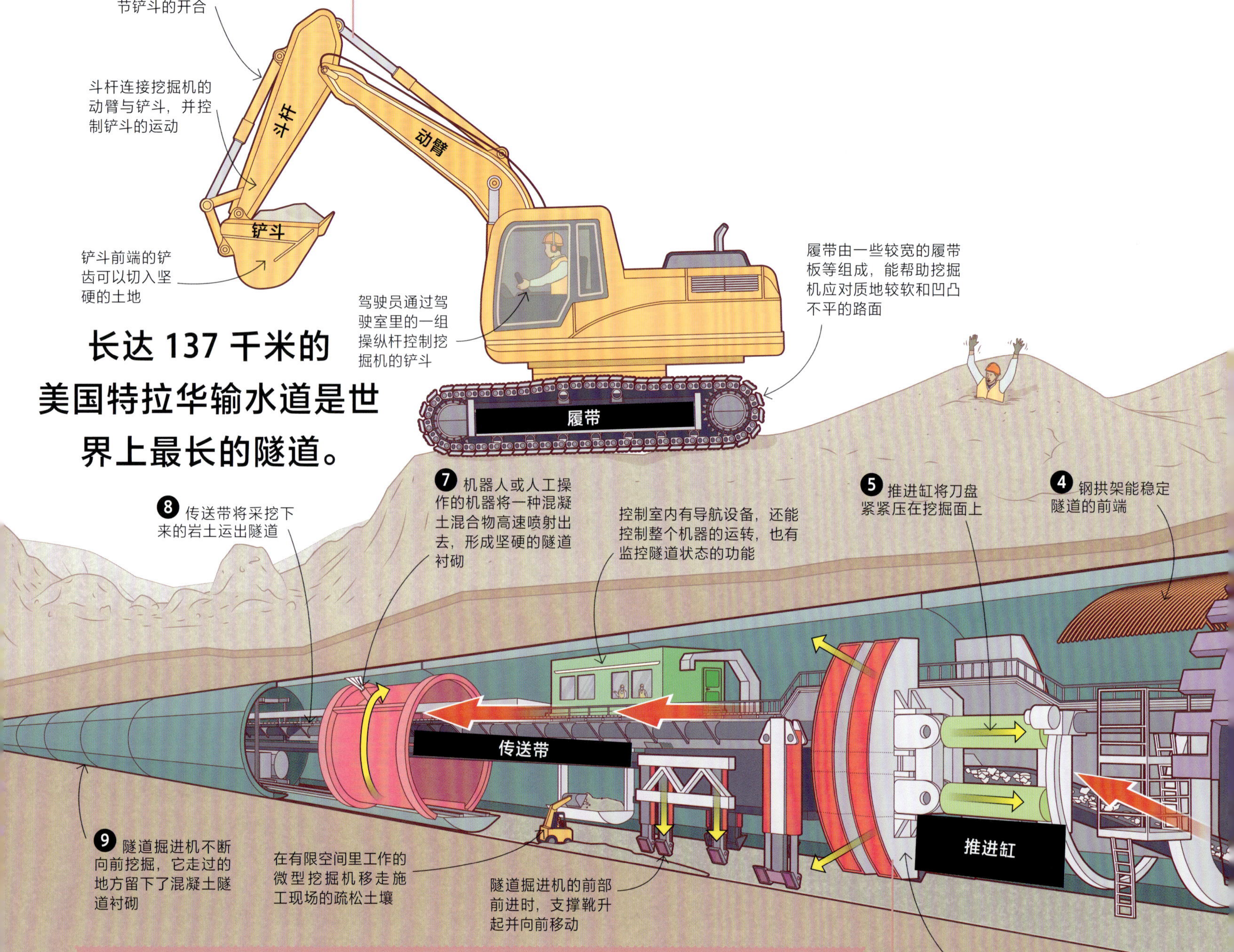

铲斗液压缸能调节铲斗的开合
斗杆连接挖掘机的动臂与铲斗，并控制铲斗的运动
斗杆
动臂
铲斗
铲斗前端的铲齿可以切入坚硬的土地
驾驶员通过驾驶室里的一组操纵杆控制挖掘机的铲斗
履带由一些较宽的履带板等组成，能帮助挖掘机应对质地较软和凹凸不平的路面
履带
长达 137 千米的美国特拉华输水道是世界上最长的隧道。
7 机器人或人工操作的机器将一种混凝土混合物高速喷射出去，形成坚硬的隧道衬砌
8 传送带将采挖下来的岩土运出隧道
控制室内有导航设备，还能控制整个机器的运转，也有监控隧道状态的功能
5 推进缸将刀盘紧紧压在挖掘面上
4 钢拱架能稳定隧道的前端
传送带
推进缸
9 隧道掘进机不断向前挖掘，它走过的地方留下了混凝土隧道衬砌
在有限空间里工作的微型挖掘机移走施工现场的疏松土壤
隧道掘进机的前部前进时，支撑靴升起并向前移动
6 支撑装置对隧道内部的壁面施加压力，起到支撑隧道掘进机的作用

液压装置的工作原理

液压技术利用了液体的一些特性。液体具有固体不具备的流动性，通常情况下不像气体一样容易被压缩，因此液体能在传递和转换力时发挥重要作用。比如，在一个小活塞上施加一个较小的力，在液体的传递作用下，另一边的大活塞上会产生更大的力，但大活塞的移动距离比小活塞短。

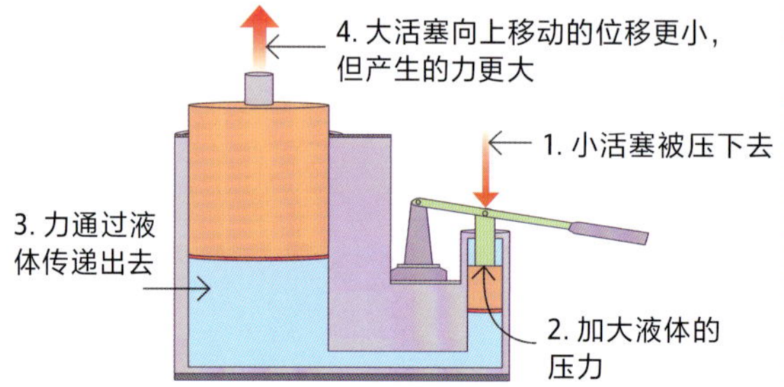

4. 大活塞向上移动的位移更小，但产生的力更大
1. 小活塞被压下去
3. 力通过液体传递出去
2. 加大液体的压力

隧道掘进机

隧道掘进机利用旋转的刀盘在地下挖掘隧道。掘进机一边挖，一边将切削下来的岩土运离隧道挖掘面，同时用混凝土或预制结构修建隧道衬砌。

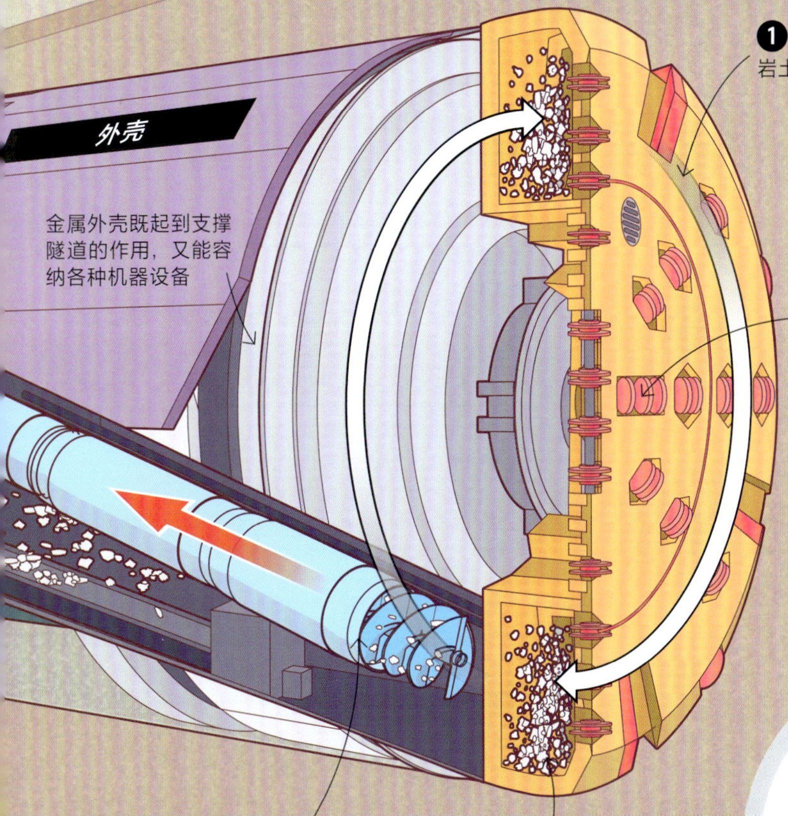
外壳
金属外壳既起到支撑隧道的作用，又能容纳各种机器设备
1 刀盘旋转，将岩土切割下来
安装在刀盘上的盘形滚刀转动并切削岩土
3 一个巨大的螺杆将切削下来的岩土运输到传送带上
2 渣斗将切削下来的物质运离隧道挖掘面
盘形滚刀

隧道的作用

地下隧道可以让火车、行人、机动车通行，可以铺设线缆，还可以输送污水和净水等。为了保证隧道的安全性，防止土壤中的水渗入隧道内，隧道四周必须用混凝土或钢结构等支撑起来。这种坚固的结构还能在地震期间维持隧道的完整性。

中心滚刀
平面滚刀

盘形滚刀安装在隧道掘进机的刀盘上，能破碎岩石。盘形滚刀通常由淬硬钢制成，且磨损到一定程度后需要更换。

地下工程

隧道掘进机能像虫子一样在地下挖出巨大的隧道。挖掘工程开工前，工作人员要探查施工现场的地质情况，并选择最合适的机器类型。开放式刀盘（如大图所示）能破开前方的复合地层，挖出隧道。在较硬的岩石中打洞时，需要用到有防护的刀盘，以防止掉的碎石进入机器内。

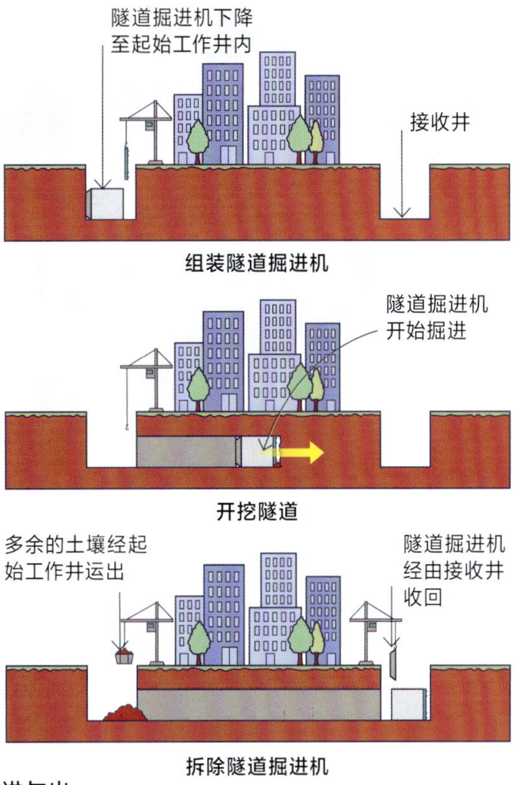

进与出

在周围有建筑物的地区进行隧道挖掘作业时，需要根据情况挖出竖井，为隧道掘进机创造入地和出地的通道。隧道掘进机的刀盘先进入竖井，向外运输废土的传送带紧随其后。

塔式起重机

图中是使用塔式起重机建造摩天大厦的情景。起重机塔身的标准节数量能够根据需求增加，使起重机的高度随着建筑物的高度增高，从而快速建造高楼大厦。

起重机

起重机集成了滑轮、杠杆、轮轴等简单机械，能够升降并移动重物。许多起重机都有一个水平的长臂，也称臂架，可以围绕一个支点旋转。一些起重机是可以移动的，它们或是固定在卡车上，或是固定在底部带轮的支腿上。

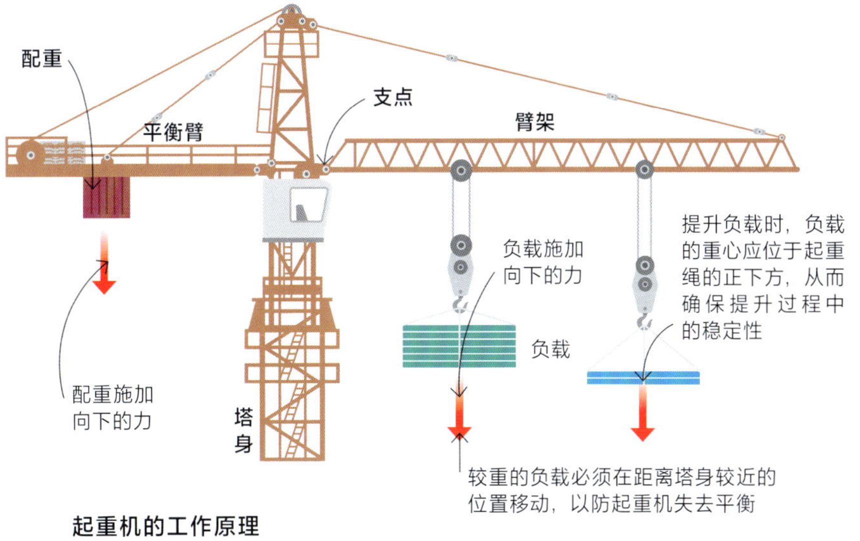
配重
平衡臂
支点
臂架
负载施加
向下的力
提升负载时，负载的重心应位于起重绳的正下方，从而确保提升过程中的稳定性
负载
配重施加
向下的力
塔身
较重的负载必须在距离塔身较近的位置移动，以防起重机失去平衡

起重机的工作原理

塔式起重机等需要控制平衡的起重机必须采取一定的方式来平衡塔身顶部向外延伸出去的臂架及其吊起重物的重量，从而避免起重机损坏或倾倒。平衡重量的方式通常是在塔身后方的平衡臂上安装大型配重。

流动式起重机

AINSCOUGH

一些起重机安装在有轮或履带的车辆上，能够随车移动到指定位置。作业前，支腿会向外展开并支撑在地面上，从而保持起重机的稳定。

门式起重机

门式起重机是一种自立式起重机，可以独自支撑负载，常用于工厂、造船厂、码头和配送中心。门式起重机的尺寸不一，较小的仅由一个人就能推动，较大的甚至能吊起重达 2 200 万千克的货物。

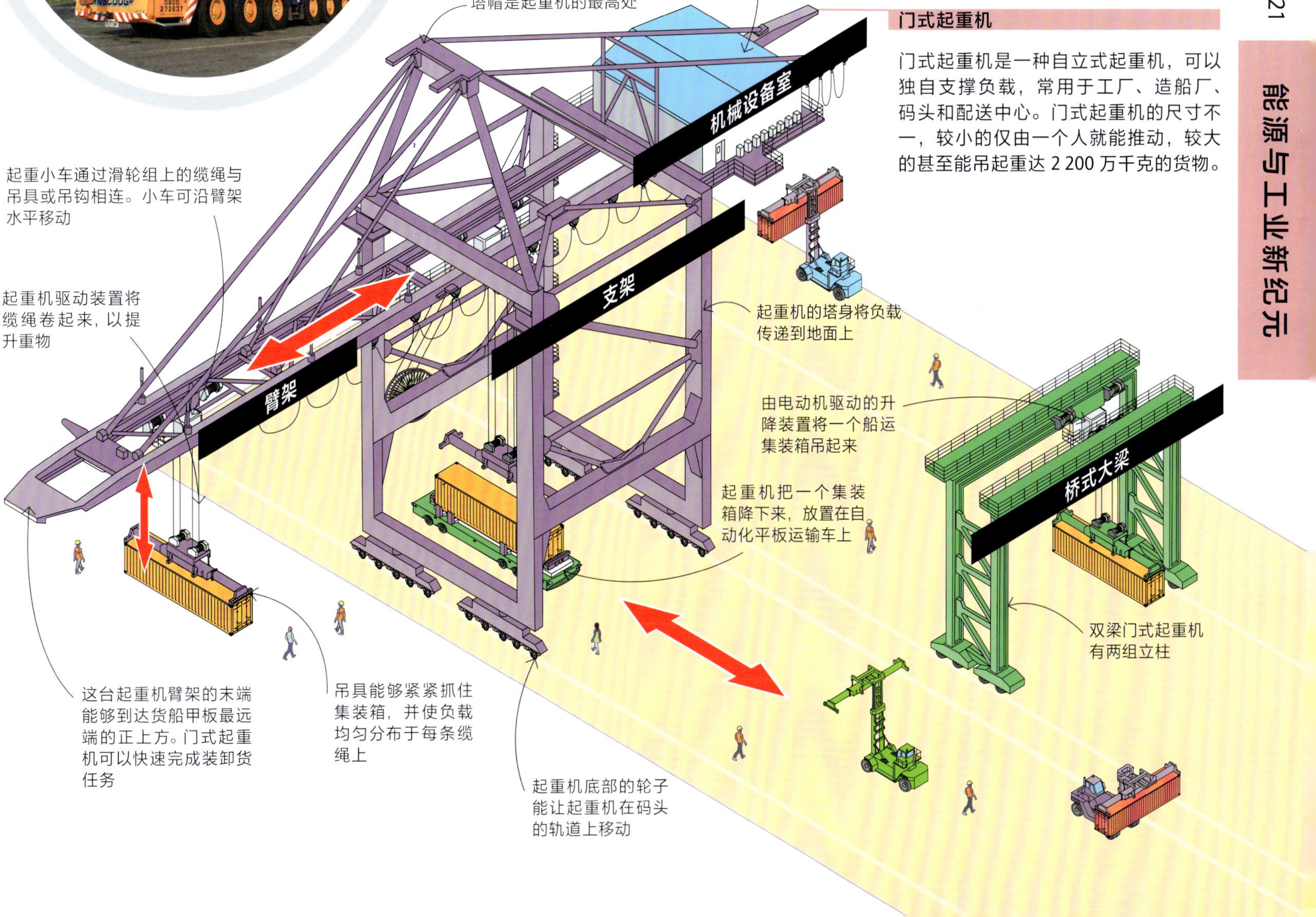
机械设备室为卷扬机和备用设备遮风挡雨，起到隔热防尘等作用
塔帽是起重机的最高处
机械设备室
起重小车通过滑轮组上的缆绳与吊具或吊钩相连。小车可沿臂架水平移动
起重机驱动装置将缆绳卷起来，以提升重物
支架
臂架
起重机的塔身将负载传递到地面上
由电动机驱动的升降装置将一个船运集装箱吊起来
起重机把一个集装箱降下来，放置在自动化平板运输车上
桥式大梁
双梁门式起重机有两组立柱
这台起重机臂架的末端能够到达货船甲板最远端的正上方。门式起重机可以快速完成装卸货任务
吊具能够紧紧抓住集装箱，并使负载均匀分布于每条缆绳上
起重机底部的轮子能让起重机在码头的轨道上移动

可持续的摩天大厦

许多新建造的摩天大厦采用了可以提高水、电、光等资源利用率的技术和工艺。上图中的高楼是位于澳大利亚悉尼的中央公园一号公寓楼，其外立面 50% 以上的面积被能够捕获二氧化碳并释放氧气的垂直花园覆盖着。

钢结构

支撑高楼的钢结构强度极高。其框架由竖直的柱和水平的梁组成。楼板、墙壁等结构都依附于这些框架而建。

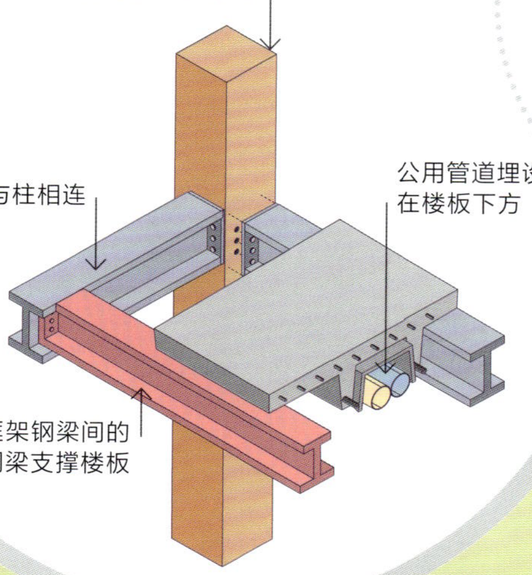

柱将楼体的重量传递给地下的基础
框架钢梁与柱相连
公用管道埋设在楼板下方
框架钢梁间的钢梁支撑楼板

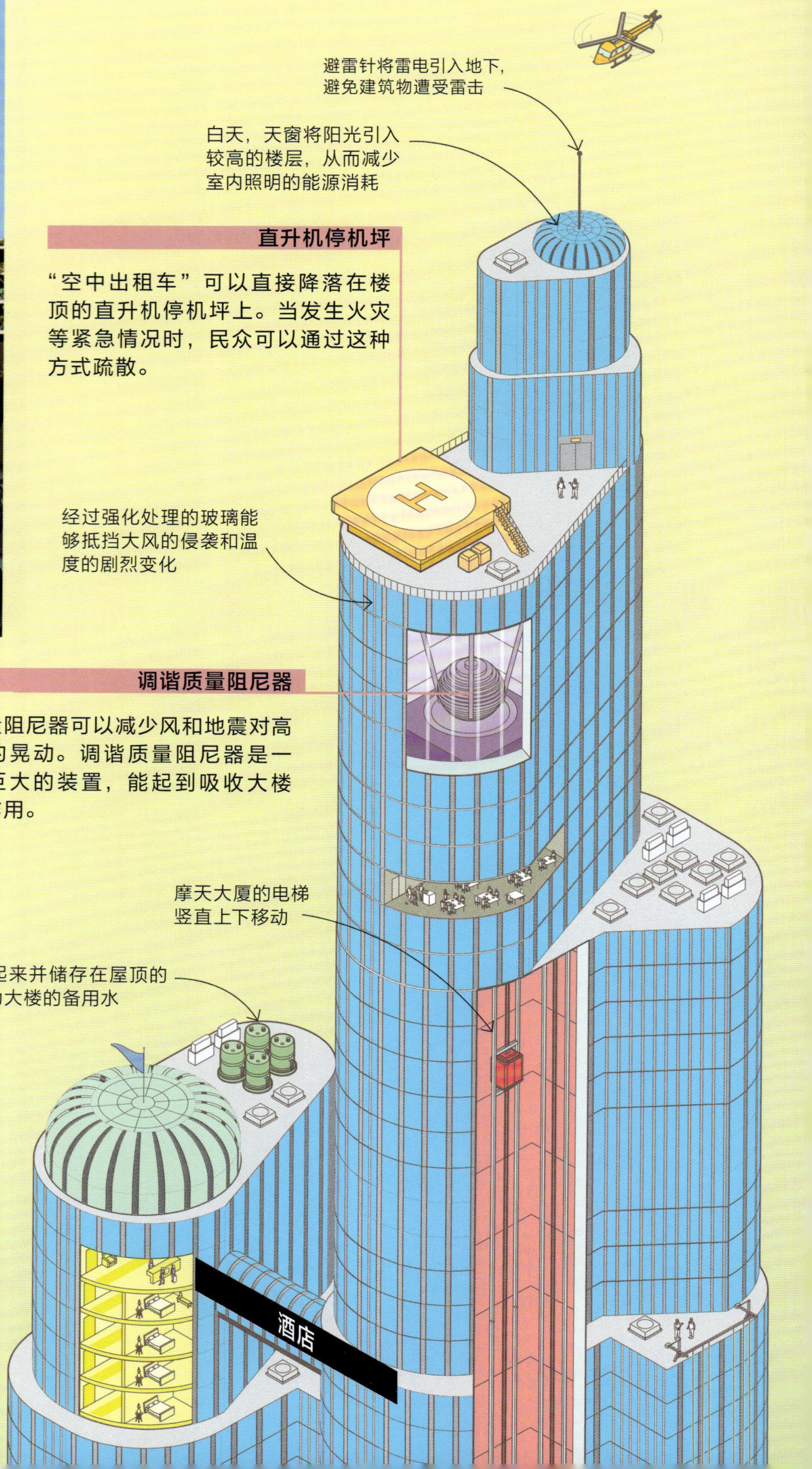

避雷针将雷电引入地下，避免建筑物遭受雷击
白天，天窗将阳光引入较高的楼层，从而减少室内照明的能源消耗
经过强化处理的玻璃能够抵挡大风的侵袭和温度的剧烈变化
摩天大厦的电梯竖直上下移动
雨水被收集起来并储存在屋顶的水罐中，作为大楼的备用水
酒店

直升机停机坪

“空中出租车”可以直接降落在楼顶的直升机停机坪上。当发生火灾等紧急情况时，民众可以通过这种方式疏散。

调谐质量阻尼器

调谐质量阻尼器可以减少风和地震对高楼造成的晃动。调谐质量阻尼器是一个质量巨大的装置，能起到吸收大楼动能的作用。

电梯占用的面积可能高达摩天大厦建筑面积的 40%。

摩天大厦

世界各地的高楼层出不穷。我们通常将高度超过 150 米的大楼称为摩天大厦。摩天大厦的占地面积有限，但楼里可以利用的面积却很大，因此非常适合人口众多、寸土寸金的大都市。摩天大厦可以用作住宅、办公场所、酒店等，或同时具备以上功能。

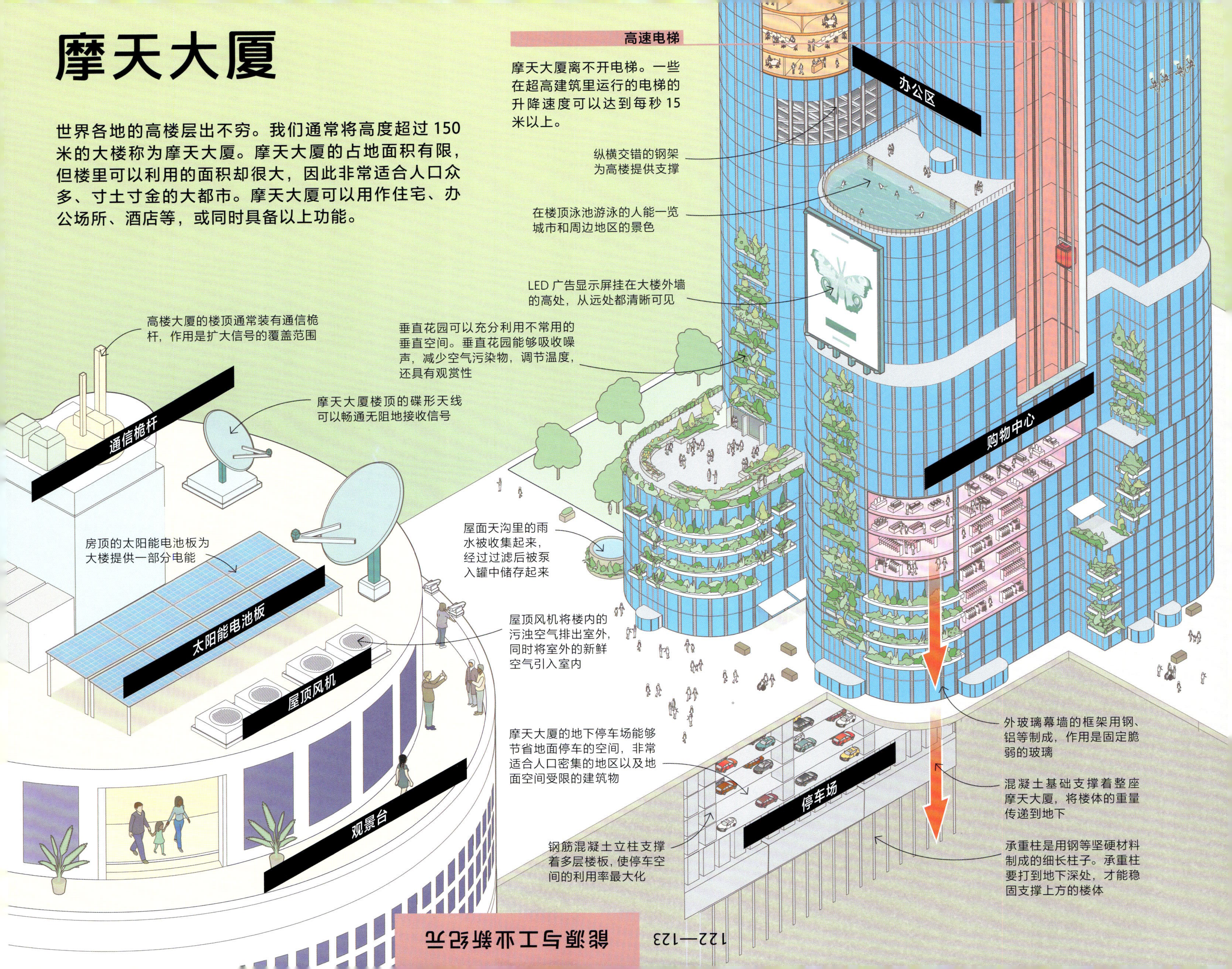
高速电梯
摩天大厦离不开电梯。一些在超高建筑里运行的电梯的升降速度可以达到每秒 15 米以上。
办公区
纵横交错的钢架为高楼提供支撑
在楼顶泳池游泳的人能一览城市和周边地区的景色
LED 广告显示屏挂在大楼外墙的高处，从远处都清晰可见
垂直花园可以充分利用不常用的垂直空间。垂直花园能够吸收噪声，减少空气污染物，调节温度，还具有观赏性
高楼大厦的楼顶通常装有通信桅杆，作用是扩大信号的覆盖范围
摩天大厦楼顶的碟形天线可以畅通无阻地接收信号
通信桅杆
购物中心
屋面天沟里的雨水被收集起来，经过过滤后被泵入罐中储存起来
房顶的太阳能电池板为大楼提供一部分电能
太阳能电池板
屋顶风机将楼内的污浊空气排出室外，同时将室外的新鲜空气引入室内
屋顶风机
外玻璃幕墙的框架用钢、铝等制成，作用是固定脆弱的玻璃
摩天大厦的地下停车场能够节省地面停车的空间，非常适合人口密集的地区以及地面空间受限的建筑物
混凝土基础支撑着整座摩天大厦，将楼体的重量传递到地下
观景台
停车场
钢筋混凝土立柱支撑着多层楼板，使停车空间的利用率最大化
承重柱是用钢等坚硬材料制成的细长柱子。承重柱要打到地下深处，才能稳固支撑上方的楼体

围堰

海上钻井平台的桩腿、桥墩等结构必须建在水里。建设过程中，工人会在施工现场周围修筑隔水的临时性围堰，再将围堰内的水排出去，便于后续施工。

主缆

主缆包括多股钢丝绳。桥塔顶端有索夹，作用是固定缆索。

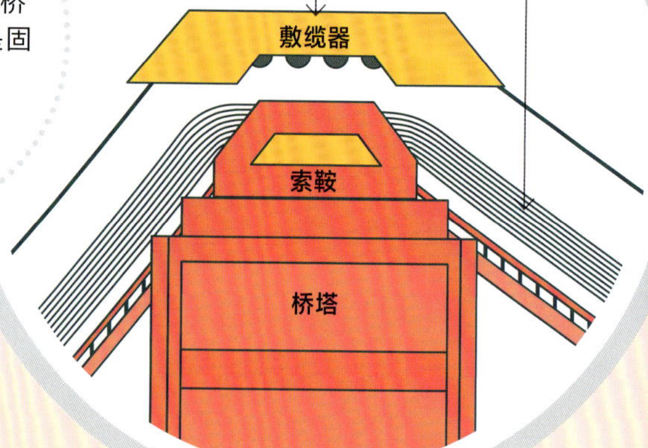

敷缆器的牵引轮带动一条条钢丝绳穿过索鞍，形成一条较粗的主缆
钢丝绳捻合在一起，强度大大提高
敷缆器
索鞍
桥塔

位于美国旧金山的金门大桥举世闻名，它使用的钢丝长度足以绕地球赤道 3 圈。

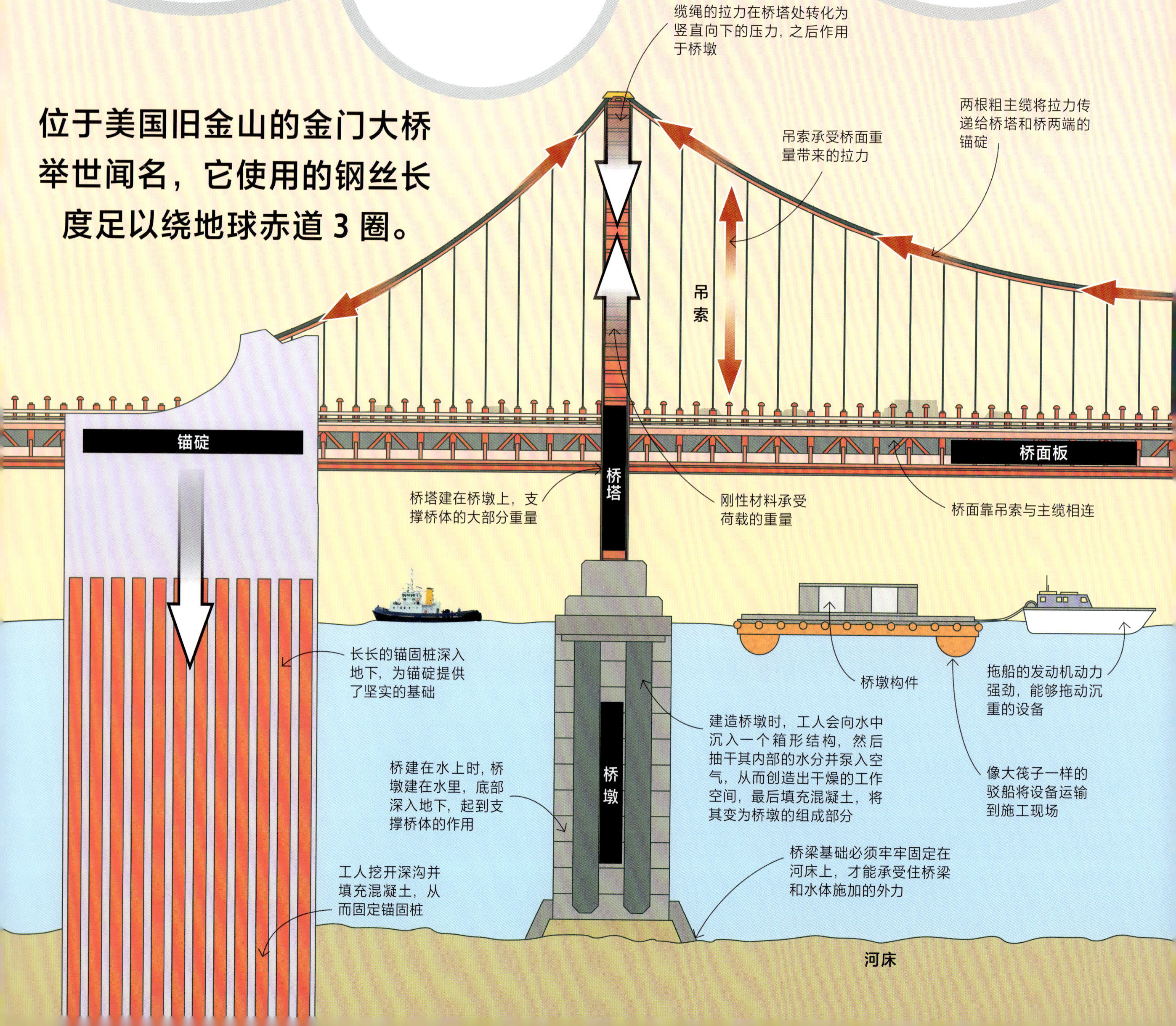

缆绳的拉力在桥塔处转化为竖直向下的压力，之后作用于桥墩
两根粗主缆将拉力传递给桥塔和桥两端的锚碇
吊索承受桥面重量带来的拉力
吊索
锚碇
桥面板
桥塔
桥塔建在桥墩上，支撑桥体的大部分重量
刚性材料承受荷载的重量
桥面靠吊索与主缆相连
长长的锚固桩深入地下，为锚碇提供了坚实的基础
桥墩构件
拖船的发动机动力强劲，能够拖动沉重的设备
建造桥墩时，工人会向水中沉入一个箱形结构，然后抽干其内部的水分并泵入空气，从而创造出干燥的工作空间，最后填充混凝土，将其变为桥墩的组成部分
桥建在水上时，桥墩建在水里，底部深入地下，起到支撑桥体的作用
桥墩
像大筏子一样的驳船将设备运输到施工现场
工人挖开深沟并填充混凝土，从而固定锚固桩
桥梁基础必须牢牢固定在河床上，才能承受住桥梁和水体施加的外力
河床

桥梁

桥梁是一种用来跨越河流、障碍物等的构筑物。桥的形态各异，大小不一，既有横在小溪上的树干，也有成千上万米长的大桥。桥梁的跨度越大，建造的技术难度就越大。

一些桥的桥跨结构可以移动，达到允许或禁止船只通行的目的，这种桥称为活动桥。当需要让大型船只通行时，活动桥的桥跨结构可以竖起、平转等。活动桥有一到两个可以移动的桥跨结构。

活动桥

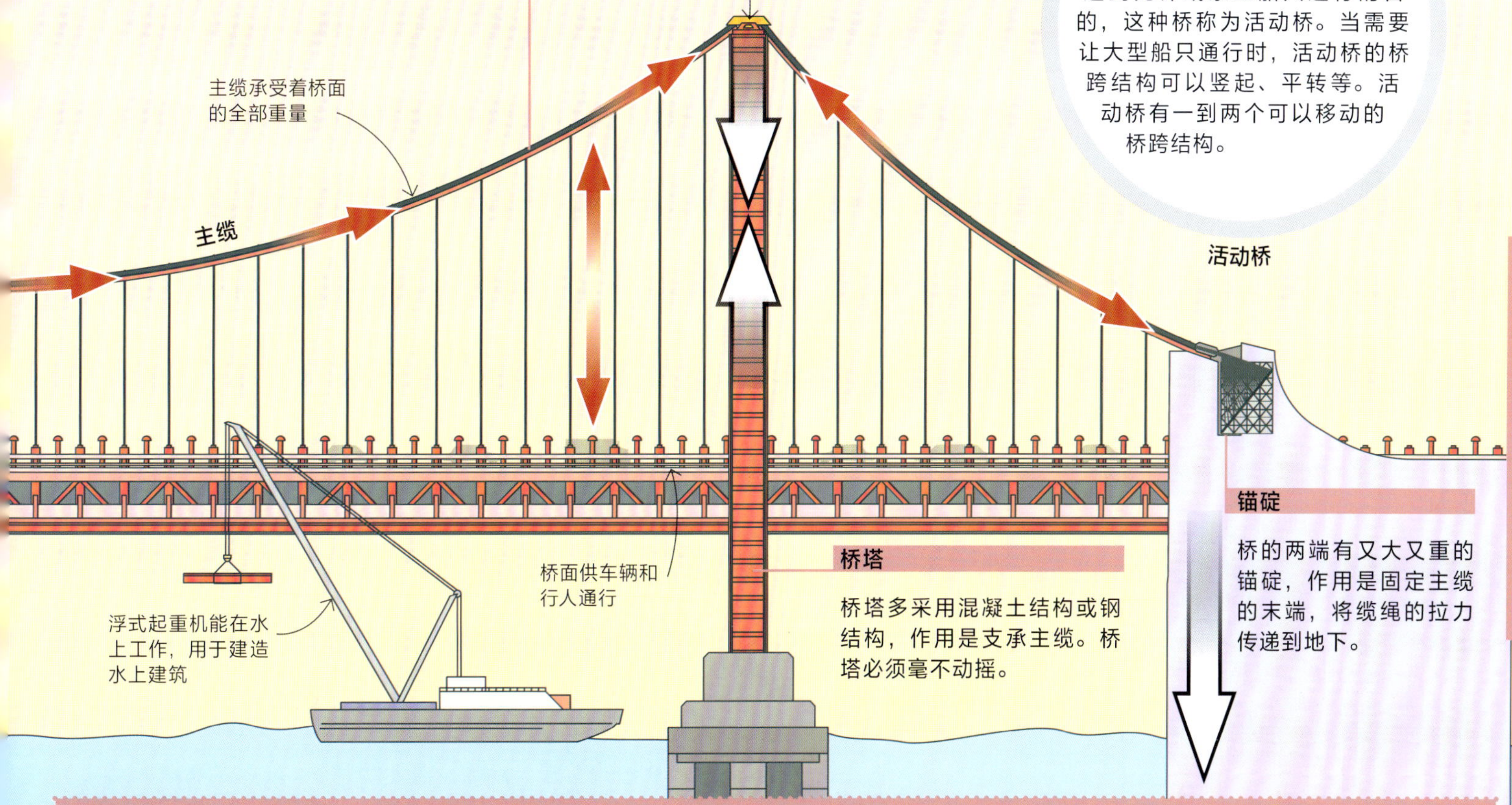

悬索桥
悬索桥的桥面是靠架设在桥塔上的粗缆索拉吊起来的。
索鞍起到固定主缆并改变主缆角度的作用
主缆承受着桥面的全部重量
主缆
锚碇
桥的两端有又大又重的锚碇，作用是固定主缆的末端，将缆绳的拉力传递到地下。
桥塔
桥塔多采用混凝土结构或钢结构，作用是支承主缆。桥塔必须毫不动摇。
桥面供车辆和行人通行
浮式起重机能在水上工作，用于建造水上建筑

桥的种类

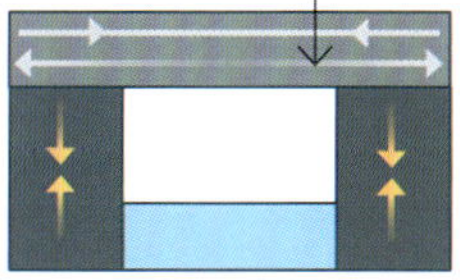

拉力

梁桥

梁桥是最简单的桥，两端的桥墩可支撑桥面。

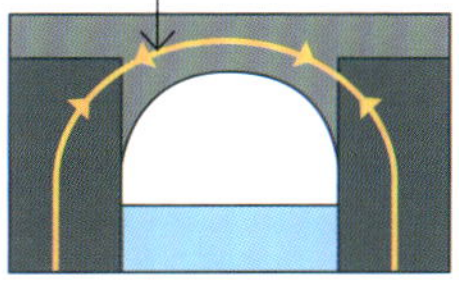

压力

拱桥

拱桥以拱形结构作为上部的承重构件，桥体的重量被分散到两端。

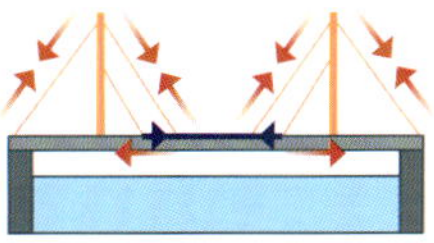

斜拉桥

斜拉桥的桥面靠许多连接在桥塔上的拉索吊起来。

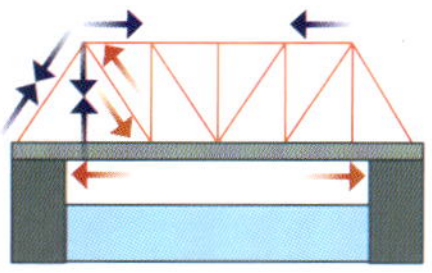

桁架桥

桁架桥上部的桁架为桥梁提供额外的支持。

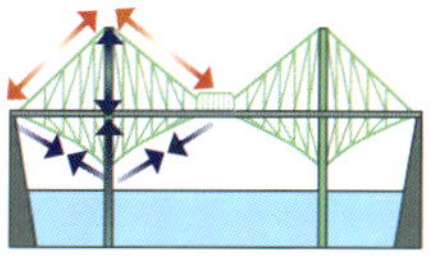

悬臂桥

悬臂桥的桥身分为数段，每段都像跷跷板一样，在中间支承。

悬着的桥

与固定不动的桥相比，悬索桥更易移动。天气变化和桥上的交通情况都会让桥弯曲或摇摆，因此工程师们必须针对这种情况设计出安全实用的建造方案。许多悬索桥带有箱梁，它相对较轻但非常稳定，能有效抑制长桥的运动。多段箱梁连接并固定起来后，工人就可以在上方铺路了。图中这架位于深圳的悬索桥就采用了箱梁这种支撑结构。

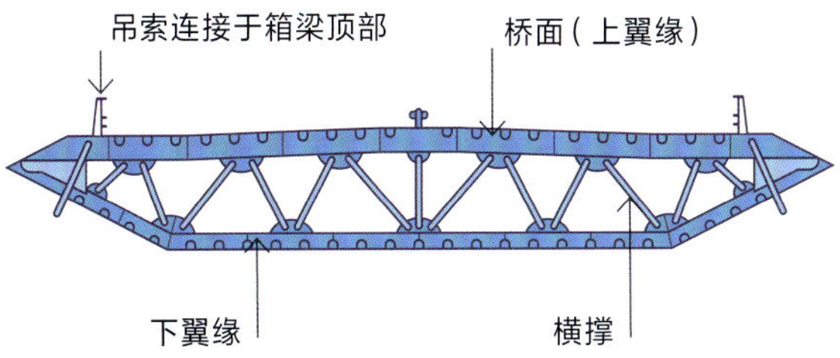

箱梁内部

箱梁内部的若干支撑梁能够分散来自桥体的力。箱梁的外表面光滑，能够减小阻力。

交通技术驱动未来

科技的发展使我们可以快速抵达其他地方。绝大多数现代交通工具通过发动机获取动力，发动机使用的燃料越来越清洁了。不过，如今仍有利用风力甚至人力等驱动的老式交通工具。

自行车和电动滑板车

与其他交通方式相比，骑自行车更便宜，释放的二氧化碳等污染物也更少。近年来，使用电动自行车和电动滑板车的人越来越多。它们与普通的两轮自行车类似，但由电动机提供动力，这样骑车的人就不需要用力蹬车了。

碳纤维被编织起来，外层用树脂固定
碳纤维可以用来制作自行车车架和零部件。碳纤维价格昂贵，但非常坚固，重量比钢铁更轻，也不会生锈。
碳纤维

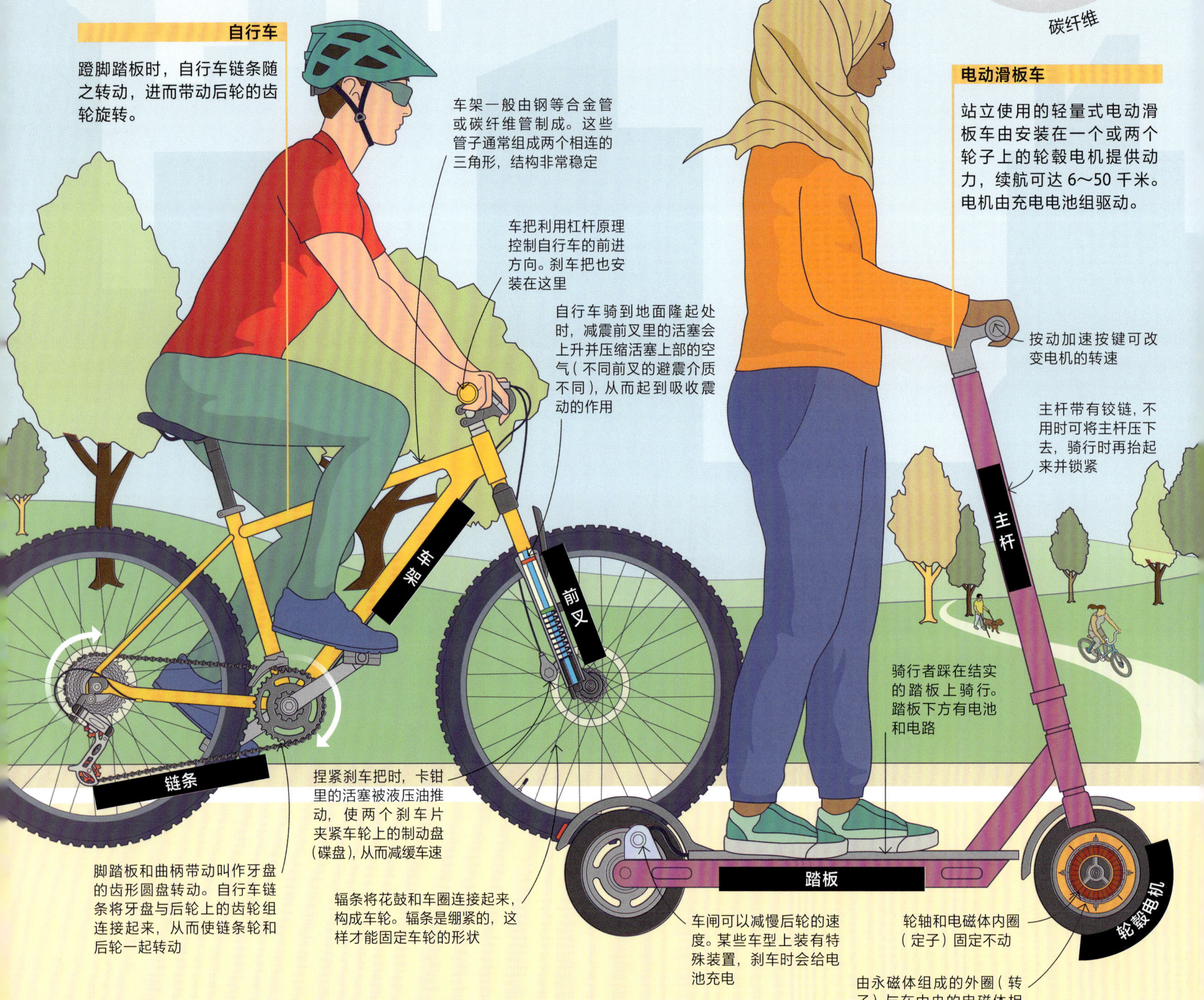
自行车
蹬脚踏板时，自行车链条随之转动，进而带动后轮的齿轮旋转。
车架一般由钢等合金管或碳纤维管制成。这些管子通常组成两个相连的三角形，结构非常稳定
车把利用杠杆原理控制自行车的前进方向。刹车把也安装在这里
自行车骑到地面隆起处时，减震前叉里的活塞会上升并压缩活塞上部的空气（不同前叉的避震介质不同），从而起到吸收震动的作用
车架
前叉
链条
捏紧刹车把时，卡钳里的活塞被液压油推动，使两个刹车片夹紧车轮上的制动盘（碟盘），从而减缓车速
脚踏板和曲柄带动叫作牙盘的齿形圆盘转动。自行车链条将牙盘与后轮上的齿轮组连接起来，从而使链条轮和后轮一起转动
辐条将花鼓和车圈连接起来，构成车轮。辐条是绷紧的，这样才能固定车轮的形状
电动滑板车
站立使用的轻量式电动滑板车由安装在一个或两个轮子上的轮毂电机提供动力，续航可达6～50千米。电机由充电电池组驱动。
按动加速按键可改变电机的转速
主杆带有铰链，不用时可将主杆压下去，骑行时再抬起来并锁紧
主杆
骑行者踩在结实的踏板上骑行。踏板下方有电池和电路
踏板
车闸可以减慢后轮的速度。某些车型上装有特殊装置，刹车时会给电池充电
轮轴和电磁体内圈（定子）固定不动
由永磁体组成的外圈（转子）与在中央的电磁体相互排斥，驱使车轮转动
轮毂电机

骑自行车的能源消耗约为开小汽车的1/30。

电梯滑轮组

位于电梯轿厢顶部的滑轮可改变缆绳运行的方向，进而带动电梯上下运动。图中的滑轮位于法国的埃菲尔铁塔中。

大型帆船的索具可能带有 900 多个滑轮。

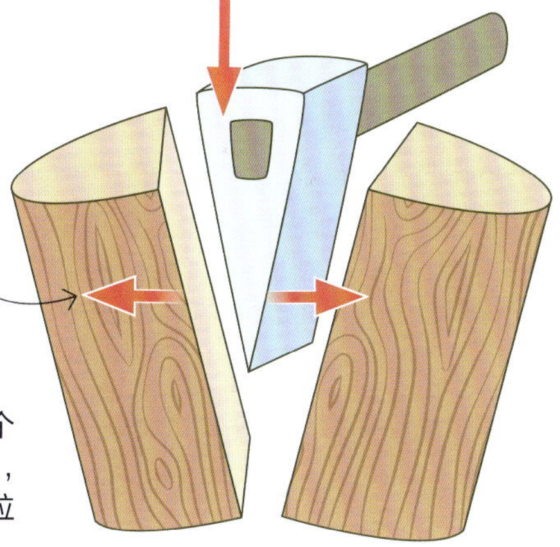
挥动斧头时，力施加在劈的劈背
向下的力在劈刃处被放大并转化为水平方向的力

劈

劈由两个斜面（称劈面）组成，可以在两个斜面相交的劈刃放大力。劈既能夹紧物体，也能分开物体，实际应用包括楔子、刀和拉锁等。

滑轮

滑轮由轮子和绳子组成。单滑轮能改变力的方向，但不能改变力的大小。多个滑轮共同作用时可以放大或缩小提升物体所需的力。

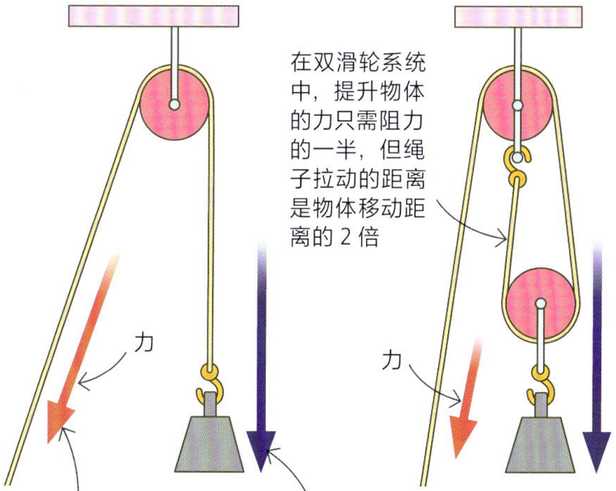
力
单滑轮能改变力的方向，但不能放大力
在双滑轮系统中，提升物体的力只需阻力的一半，但绳子拉动的距离是物体移动距离的 2 倍
力
此时，阻力是由被提升物体施加的向下的力

齿轮

齿轮和轮轴共同作用时，能改变力的大小、速度或方向。对于相互咬合的两个齿轮而言，尺寸的差异（即传动比）决定了它们的作用是放大力还是增加力的速度。

大齿轮的周长是小齿轮的 2 倍
小齿轮的转速是大齿轮的 2 倍，但转动它所需的力仅为大齿轮的一半

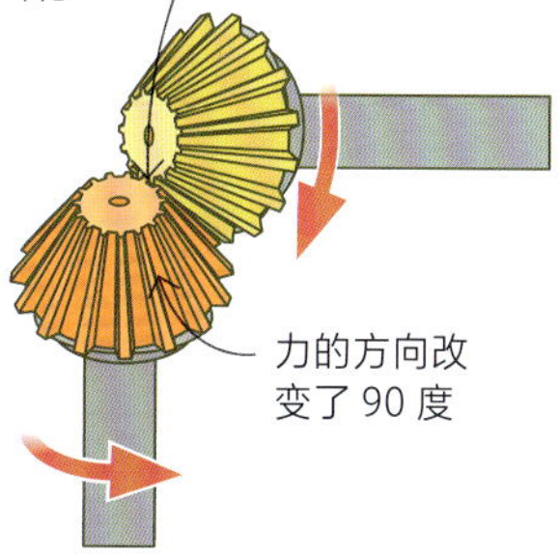
两个锥形齿轮以恰当的角度相互咬合
力的方向改变了 90 度

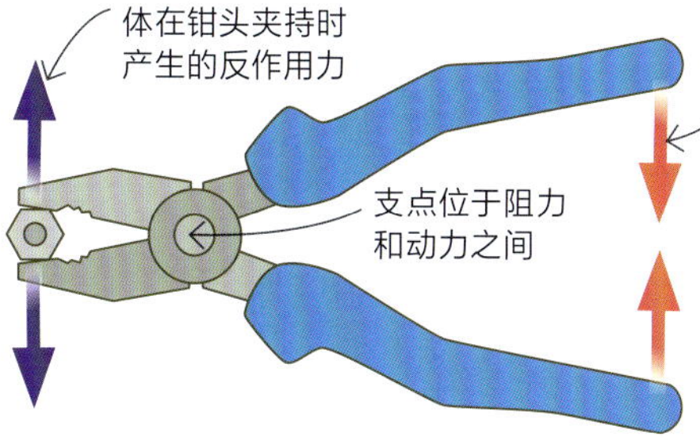
此时，阻力是物体在钳头夹持时产生的反作用力
动力
支点位于阻力和动力之间

一类杠杆

根据支点的不同，杠杆可以分为不同类别。一类杠杆的支点位于阻力和动力之间。

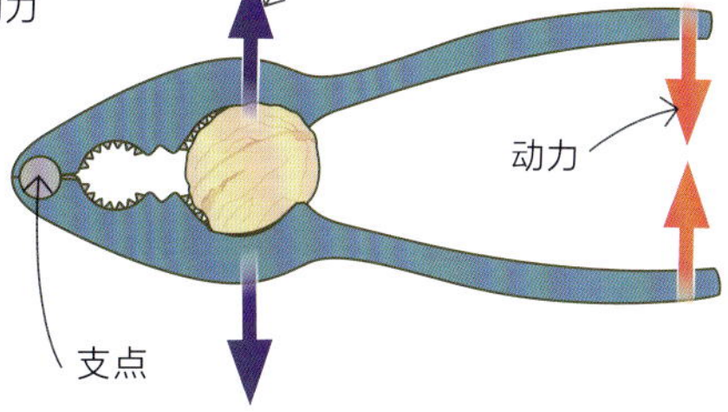
阻力位于动力和支点之间
动力
支点

二类杠杆

二类杠杆的阻力位于支点和动力之间。阻力离支点越近，需要的动力就越小。二类杠杆的实际应用包括坚果钳、独轮手推车等。

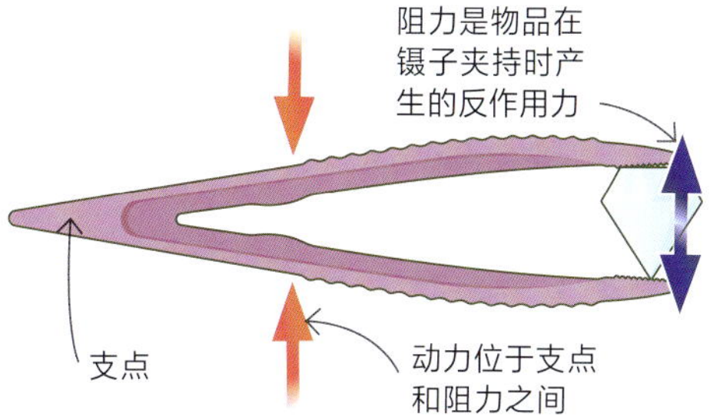
阻力是物品在镊子夹持时产生的反作用力
支点
动力位于支点和阻力之间

三类杠杆

三类杠杆的动力位于支点和阻力之间。三类杠杆经常应用于移动小型或精细物体的装置上，例如夹食品的夹子以及镊子等。

从山顶到山脚

乘坐缆车上下山的速度很快。缆车车厢与简易滑轮系统相连。钢丝绳紧紧套在索道两端的驱动轮上。驱动轮由发动机或电动机提供动力。每个车厢一般能容纳 2～15 位乘客。有些缆车的车厢装有可分离式挂钩，在上下站时车厢能与牵引的钢丝绳脱离，从而确保人员安全上下。相比之下，如果乘客乘坐带有固定式挂钩的缆车，那么在上下站时，他们就必须快速上下车厢。尽管缆车在上下客时会减慢速度，但跳上跳下时仍旧十分危险。

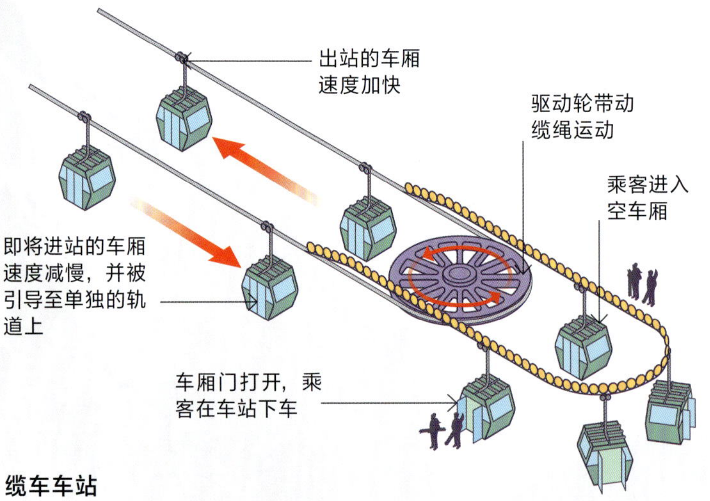

出站的车厢
速度加快
驱动轮带动
缆绳运动
乘客进入
空车厢
即将进站的车厢
速度减慢，并被
引导至单独的轨
道上
车厢门打开，乘
客在车站下车

缆车车站

到达车站后，车厢被引导至单独的轨道上，并在那里减速，方便乘客上下车。

摩托车

两轮（也有少部分三轮）摩托车的售价一般比汽车便宜，还能更从容地应对拥堵的交通和复杂地形。如今，全世界约有 6 亿辆摩托车。尽管电动摩托车的数量在逐年增加，但绝大多数摩托车仍由以汽油为燃料的内燃机提供动力。

美式定制摩托车

摩托车的样式和大小不一。上图中定制的美式摩托车有加长的前叉和弯曲的车把。骑手在骑行时上身挺立，潇洒自如。

凯旋火箭 3 摩托车的 0 到 100 千米 / 时加速时间仅需 2.73 秒。

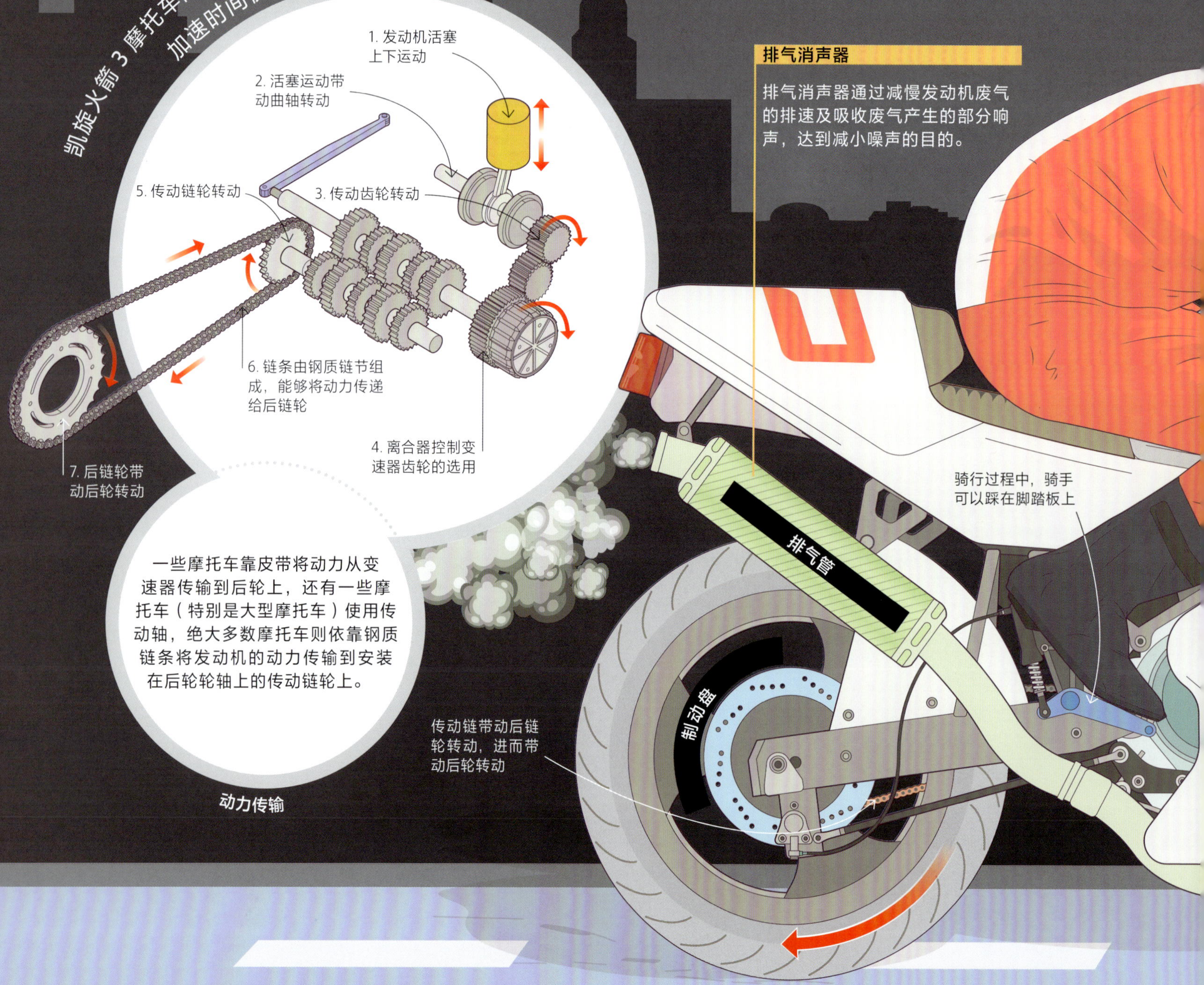

1. 发动机活塞上下运动
2. 活塞运动带动曲轴转动
3. 传动齿轮转动
4. 离合器控制变速器齿轮的选用
5. 传动链轮转动
6. 链条由钢质链节组成，能够将动力传递给后链轮
7. 后链轮带动后轮转动
排气管
制动盘
骑行过程中，骑手可以踩在脚踏板上
传动链带动后链轮转动，进而带动后轮转动

一些摩托车靠皮带将动力从变速器传输到后轮上，还有一些摩托车（特别是大型摩托车）使用传动轴，绝大多数摩托车则依靠钢质链条将发动机的动力传输到安装在后轮轮轴上的传动链轮上。

动力传输

排气消声器

排气消声器通过减慢发动机废气的排速及吸收废气产生的部分响声，达到减小噪声的目的。

四冲程内燃机

四冲程内燃机（常用于客车、卡车和部分摩托车）的活塞在气缸中的一个工作周期包括四个冲程，两上两下。第一个冲程是进空气和进燃料，第二个冲程是压缩空气和燃料的混合物，第三个冲程是点燃混合物，释放大量气体并推动活塞向下运动，第四个冲程是排出缸内的废气。内燃机工作时，活塞会带动曲轴旋转，曲轴再通过传动系统带动车轮转动。

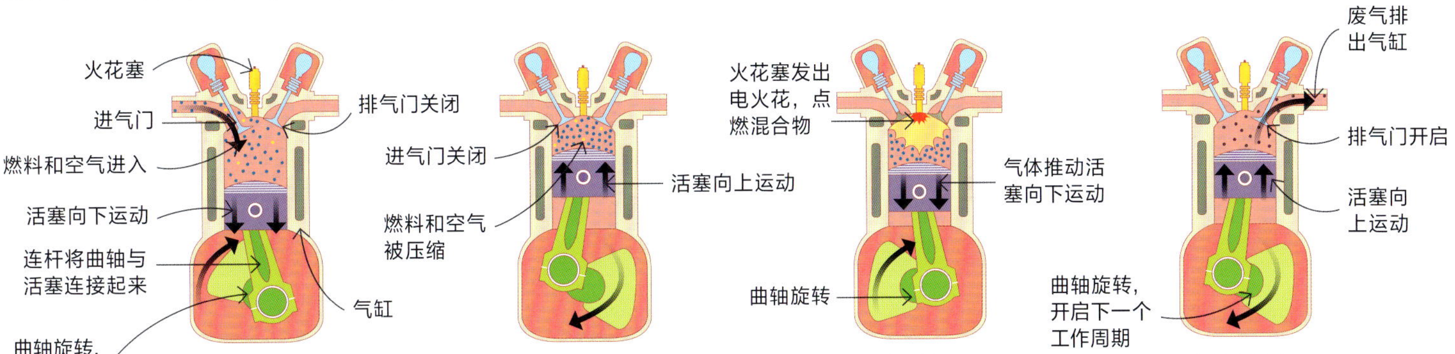

火花塞
进气门
燃料和空气进入
活塞向下运动
连杆将曲轴与活塞连接起来
曲轴旋转，带动活塞向下运动
气缸
排气门关闭
进气门关闭
燃料和空气被压缩
活塞向上运动
火花塞发出电火花，点燃混合物
气体推动活塞向下运动
曲轴旋转
废气排出气缸
排气门开启
活塞向上运动
曲轴旋转，开启下一个工作周期

1. 进气冲程
活塞向下运动，燃料和空气通过进气门进入气缸。

2. 压缩冲程
活塞向上运动，挤压燃料与空气形成的混合物，使混合物体积减小，压力和温度随之上升。

3. 做功冲程
电火花点燃混合物。混合物燃烧时形成大量气体，推动活塞向下运动。

4. 排气冲程
活塞向上运动时，废气被排出气缸并进入排气系统。

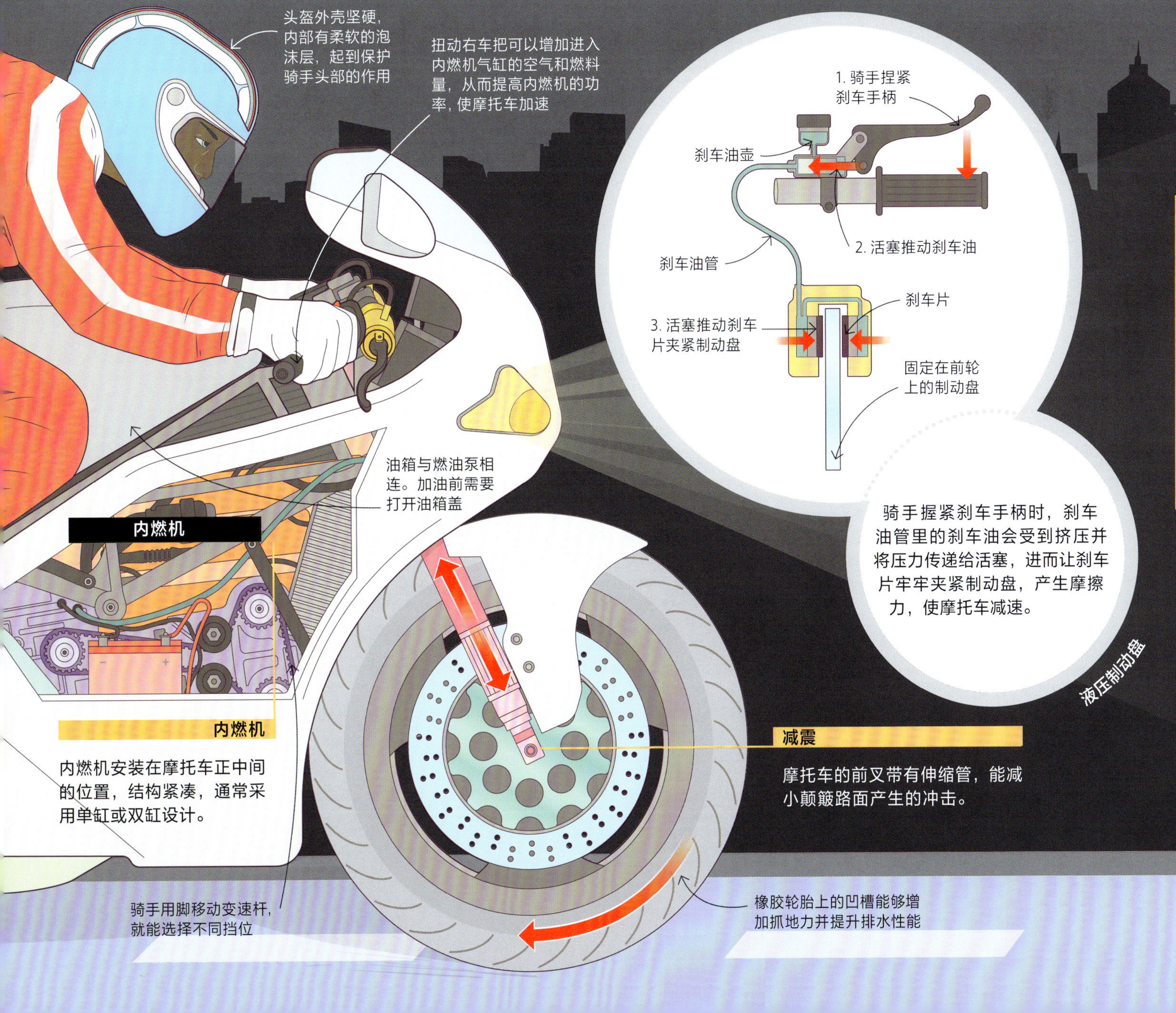

头盔外壳坚硬，内部有柔软的泡沫层，起到保护骑手头部的作用
扭动右车把可以增加进入内燃机气缸的空气和燃料量，从而提高内燃机的功率，使摩托车加速
1. 骑手捏紧刹车手柄
刹车油壶
2. 活塞推动刹车油
刹车油管
刹车片
3. 活塞推动刹车片夹紧制动盘
固定在前轮上的制动盘
骑手握紧刹车手柄时，刹车油管里的刹车油会受到挤压并将压力传递给活塞，进而让刹车片牢牢夹紧制动盘，产生摩擦力，使摩托车减速。
液压制动盘
油箱与燃油泵相连。加油前需要打开油箱盖
内燃机
内燃机
内燃机安装在摩托车正中间的位置，结构紧凑，通常采用单缸或双缸设计。
减震
摩托车的前叉带有伸缩管，能减小颠簸路面产生的冲击。
骑手用脚移动变速杆，就能选择不同挡位
橡胶轮胎上的凹槽能够增加抓地力并提升排水性能

汽车

一辆汽车的零部件数量大约有 3 万个，由转向系统、传动系统、悬挂系统、电气系统和排气系统等组成。多数汽车由内燃机驱动，燃烧的是空气与汽油或柴油的混合物。

排气系统

内燃机产生的废气经过管道、催化式排气净化器和消声器，最后由排气管排出。

每个车轮里都安装着一个制动盘。当驾驶员踩下刹车踏板时，刹车片紧紧夹住制动盘，产生摩擦力，使车辆减速
一侧车尾灯亮起代表车辆即将转弯
排气系统
5 车轴转动时带动后轮一同转动，汽车就跑起来了。轮胎上的凹槽能增加轮胎的摩擦力并起到排水的作用

悬挂系统

弹簧、减震器等装置能减缓并吸收不平整路面造成的震动，减少行驶过程中的颠簸感，并确保轮胎与地面接触。

许多汽车驻车辅助系统的精度可以达到 99%。

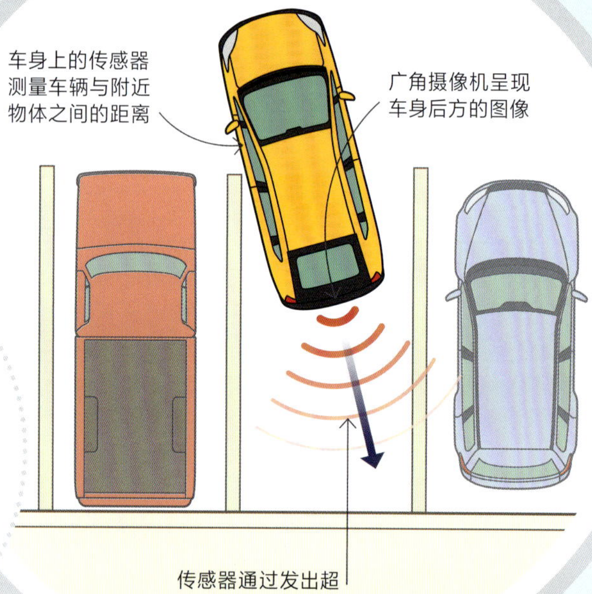
车身上的传感器测量车辆与附近物体之间的距离
广角摄像机呈现车身后方的图像
传感器通过发出超声波来测量距离

有很多现代设备可以帮助驾驶员精准地停车。控制器根据数码摄像机和超声波传感器传来的数据，可在屏幕上显示出最佳转向角度，并在与其他车辆或物体距离过近时发出警报。一些驻车辅助系统能独立完成驻车任务，无须驾驶员的协助。

驻车辅助

齿轮齿条式转向

很多汽车使用齿轮齿条式转向器。驾驶员转动方向盘时，转向轴末端的转向齿轮会跟随转向轴一同转动，进而带动一根长齿条向侧方移动。齿条靠转向拉杆和转向节臂连接到轮毂。齿条和转向拉杆运动时，一个车轮被转向节臂推向外，另一个则被拉向内，此时汽车的方向就改变了。

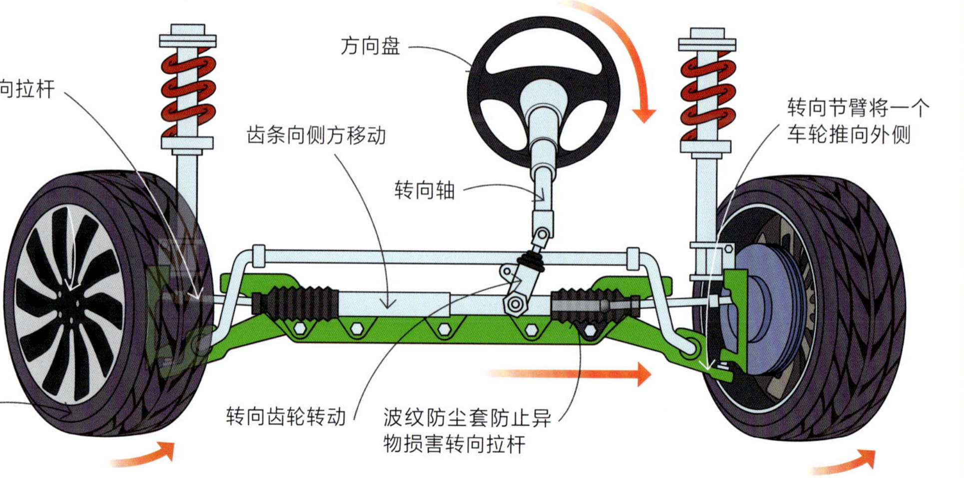
方向盘
转向拉杆
齿条向侧方移动
转向轴
转向节臂将一个车轮推向外侧
另一个车轮被转向节臂拉向内
转向齿轮转动
波纹防尘套防止异物损害转向拉杆

传动装置

变速箱可将内燃机的动力传递给车轮。手动挡和自动挡汽车的变速箱不同，自动挡变速箱可以自主换挡，而手动挡变速箱由驾驶员手动换挡。

安全气囊

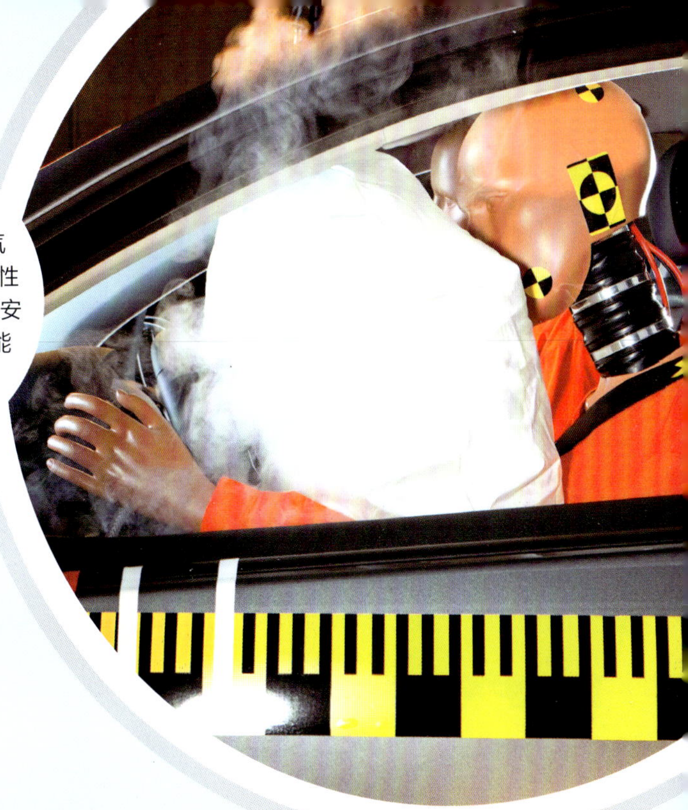

安装了传感器的假人可用来测试安全气囊等汽车零部件的安全性能。车辆遭受撞击时，安全气囊仅需 0.03 秒就能充好气并弹出来。

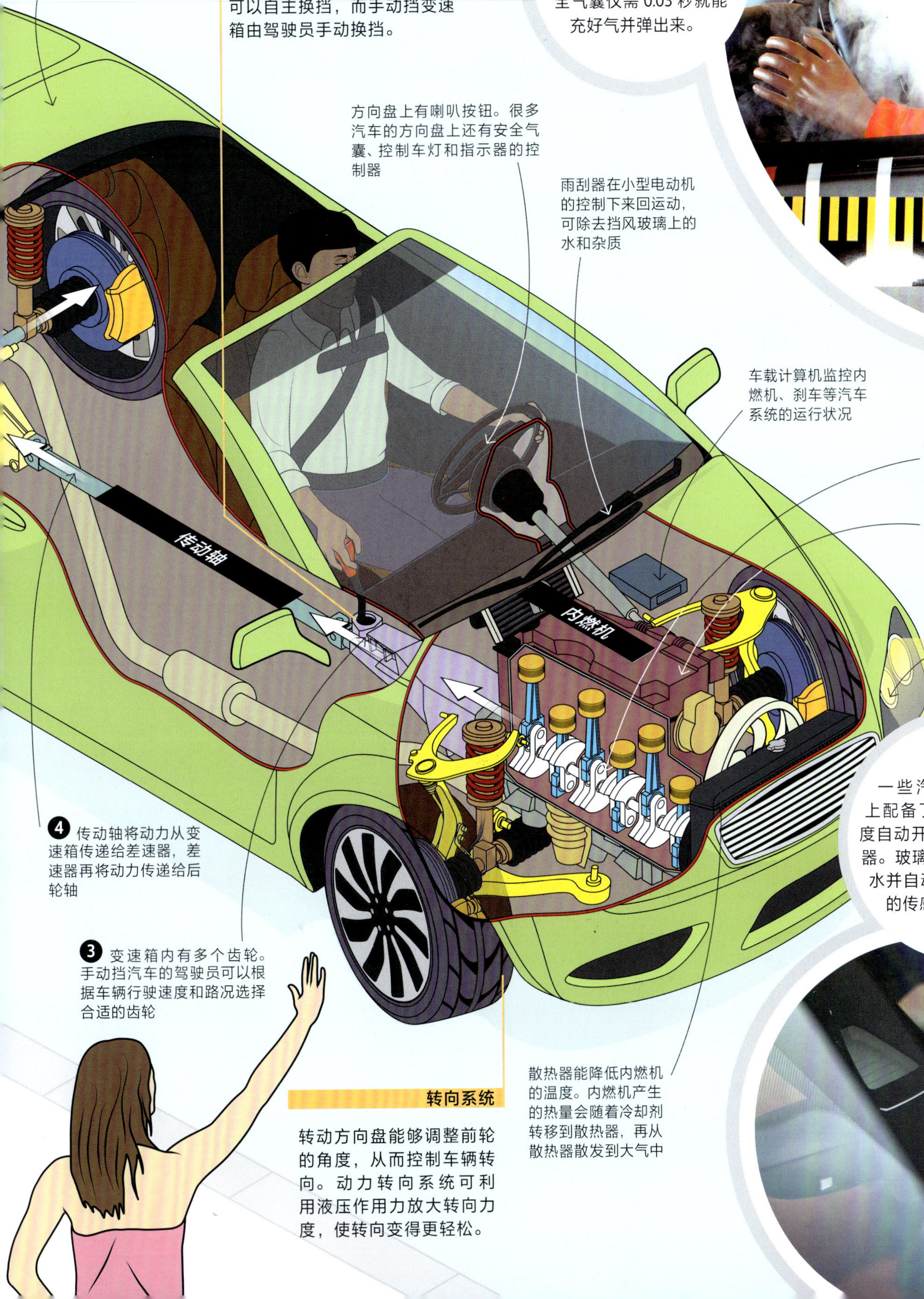
敞篷车的顶盖折叠存放在车后方。整辆敞篷车呈流线型
方向盘上有喇叭按钮。很多汽车的方向盘上还有安全气囊、控制车灯和指示器的控制器
雨刮器在小型电动机的控制下来回运动，可除去挡风玻璃上的水和杂质
车载计算机监控内燃机、刹车等汽车系统的运行状况
❷ 曲轴将活塞的上下运动转化为旋转运动
❶ 燃料和空气的混合物在内燃机气缸中燃烧，产生大量气体，推动活塞向下运动
前照灯发出倾斜的光束，照亮前方的道路
传动轴
内燃机
❹ 传动轴将动力从变速箱传递给差速器，差速器再将动力传递给后轮轴
❸ 变速箱内有多个齿轮。手动挡汽车的驾驶员可以根据车辆行驶速度和路况选择合适的齿轮
散热器能降低内燃机的温度。内燃机产生的热量会随着冷却剂转移到散热器，再从散热器散发到大气中

转向系统

转动方向盘能够调整前轮的角度，从而控制车辆转向。动力转向系统可利用液压作用力放大转向力度，使转向变得更轻松。

挡风玻璃传感器

一些汽车的挡风玻璃上配备了可以根据环境亮度自动开关车灯的光线传感器。玻璃上还能安装感知雨水并自动控制雨刮器开关的传感器。

守护天使

世界一级方程式锦标赛（简称 F1）是一项危险的运动。经过数十年的发展，如今的 F1 赛车上配备了多种保护驾驶员的安全措施。赛车前部设有碰撞缓冲区，能在碰撞发生时迅速坍塌并吸收正面碰撞带来的冲击。碰撞发生后，车内的灭火器会自动喷出灭火剂。最新的安全措施“光环”系统（Halo）是安装在驾驶舱前部的 Y 字形装置，由钛合金和碳纤维制成，能挡住飞来的轮胎和其他杂物，还能在赛车翻倒时保护驾驶员的头部。Halo 能承受一辆公共汽车的重量，并且已经拯救了好几名遭遇严重碰撞事故的驾驶员的生命。

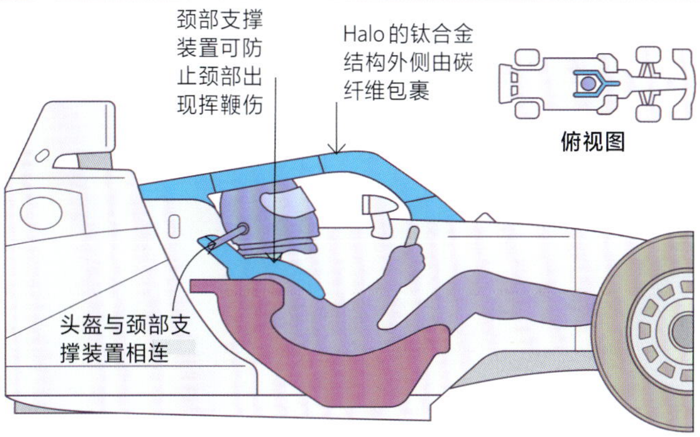
颈部支撑装置可防止颈部出现挥鞭伤
Halo 的钛合金结构外侧由碳纤维包裹
俯视图
头盔与颈部支撑装置相连

保护头部

F1 赛车手的头盔主要由碳纤维制成，里层是聚苯乙烯材料和防火内衬。头盔与能保持头部稳定性的颈部支撑装置相连。

电动机

电动机利用电磁感应原理，将电能转换为机械能。电动机的大小各异，小的可以安装在智能手机里，大型的牵引电动机可以拉动火车。

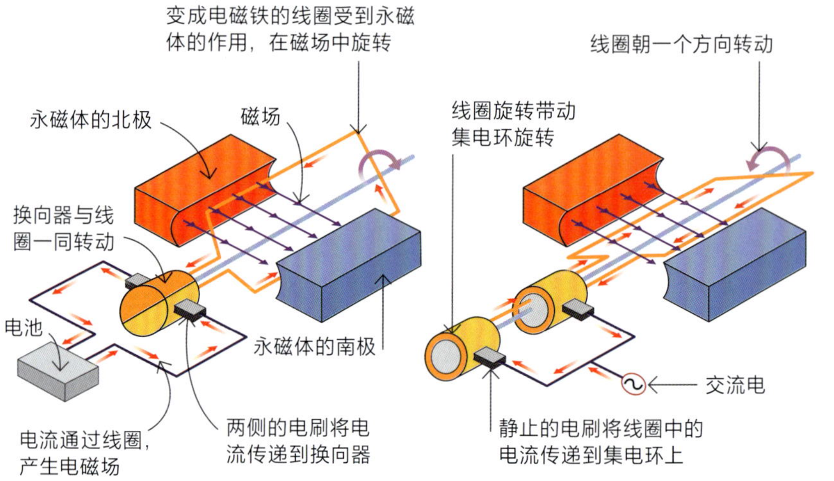

变成电磁铁的线圈受到永磁体的作用，在磁场中旋转
永磁体的北极
磁场
换向器与线圈一同转动
电池
永磁体的南极
电流通过线圈，产生电磁场
两侧的电刷将电流传递到换向器
线圈朝一个方向转动
线圈旋转带动集电环旋转
交流电
静止的电刷将线圈中的电流传递到集电环上

工作原理

当电流通过置于磁场中的线圈时，线圈就会变成电磁铁。在受到另一个磁体的吸引或排斥时，线圈会旋转。

直流电动机

电磁铁的北极（或南极）靠近永磁体的北极（或南极）时，会相斥，使线圈转动。线圈每转动半圈，换向器的电流和电磁场的方向就改变一次，从而使线圈持续旋转。

交流电动机

交流电的电流方向在一秒钟内能改变数次。也就是说，电磁线圈的南极和北极也在交替变换。此时，线圈始终受到永磁体的作用并持续旋转。

无刷直流电动机

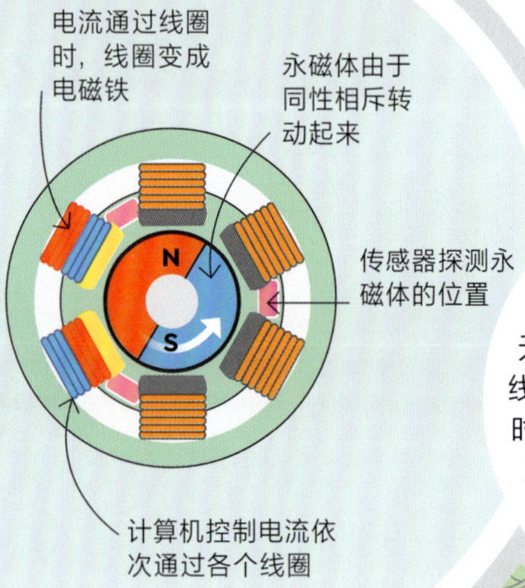

电流通过线圈时，线圈变成电磁铁
永磁体由于同性相斥转动起来
N
S
传感器探测永磁体的位置
计算机控制电流依次通过各个线圈

无刷直流电动机的永磁体在线圈的内部。电流通过线圈时，线圈的电极交替变换，从而推动永磁体转动。

由交流电动机驱动的美国国家航空航天局风洞的风扇，其电动机功率与1000台汽车电动机的功率相当。
手扶杆上有能调节车速的转把
平衡车
可充电电池在底座内
电动代步车
电池组为电动机供电
变速箱能放大或缩小电动机输出的扭矩

双电动机

这个两轮交通工具有两个无刷直流电动机，每个轮上各一个。电动机靠皮带与车轮相连。

单电动机

控制后轮轴旋转的直流单电动机能使电动代步车的时速达到 24 千米。

电动车

使用内燃机的车辆会产生很多有害排放物，但电动车不会。一些车辆在刹车时，动能还可转化为电能，从而给电池充电。

摄像头

摄像头使用的步进电动机有在外面的静止的部分（定子）和在里面的移动的部分（转子）。步进电动机与普通电动机不同的地方在于，其转子能小幅运动。利用这种特点，摄像头的方向就可以精确地向侧方或上下移动。

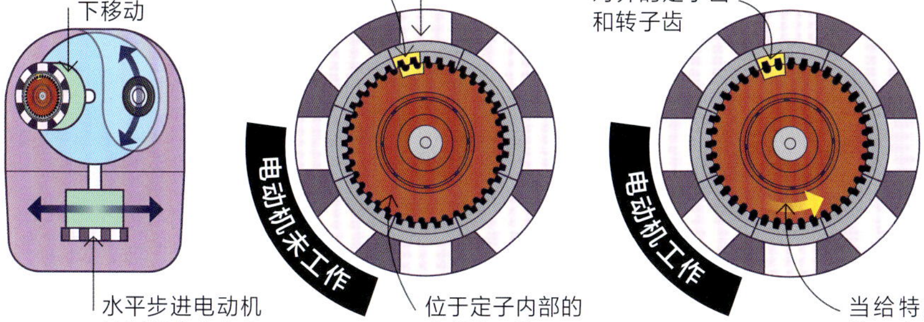

错位的定子齿和转子齿
定子由几对电磁铁组成。定子齿的数量比转子齿少，因此不是所有定子齿和转子齿都能对齐
垂直步进电动机控制摄像头向上下移动
对齐的定子齿和转子齿
电动机未工作
电动机工作
水平步进电动机控制摄像头向左右移动
位于定子内部的永磁体是转子
当给特定电磁铁通电时，转子会在电磁场的作用下旋转特定的角度并和与其磁极相反的定子磁极对齐，最终到达指定位置

机械臂

步进电动机能精确控制机械臂的关节。机械臂能根据控制器发出的信号精准地移动并开展工作。

扫地机器人

圆盘形的扫地机器人有多个电动机，负责驱动吸尘风扇并转动扫地刷。扫地机器人的轮子由步进电动机驱动。

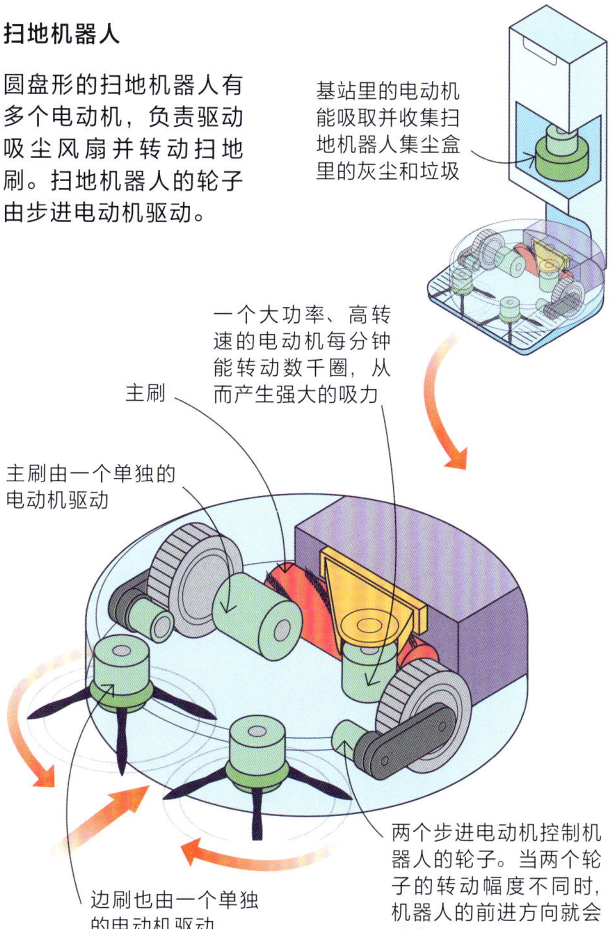

基站里的电动机能吸取并收集扫地机器人集尘盒里的灰尘和垃圾
一个大功率、高转速的电动机每分钟能转动数千圈，从而产生强大的吸力
主刷
主刷由一个单独的电动机驱动
边刷也由一个单独的电动机驱动
两个步进电动机控制机器人的轮子。当两个轮子的转动幅度不同时，机器人的前进方向就会改变

电风扇

安装在天花板上的吊扇由市电（为交流电）供电。风扇打开时，存储能量的启动电容器会增加电动机的扭矩，从而帮助电动机启动。

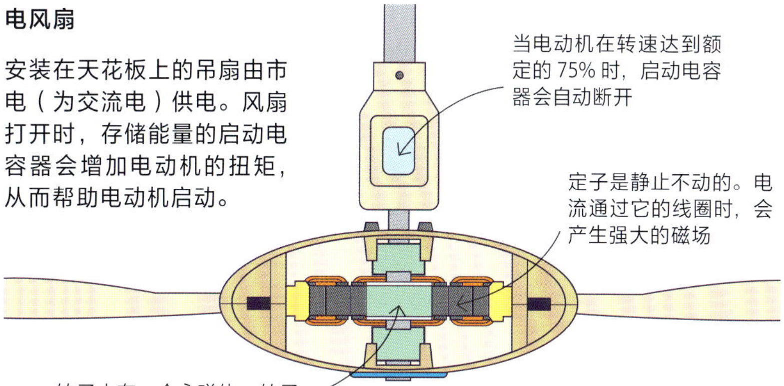

当电动机在转速达到额定的 75% 时，启动电容器会自动断开
定子是静止不动的。电流通过它的线圈时，会产生强大的磁场
转子内有一个永磁体。转子受到定子中的线圈的排斥和吸引，在电磁场中不停转动

喷墨式打印机

一个或多个步进电动机控制喷头，使其准确移动。喷头到达指定位置后，会喷出微小的墨点。大量墨点就组成了文字或图片。

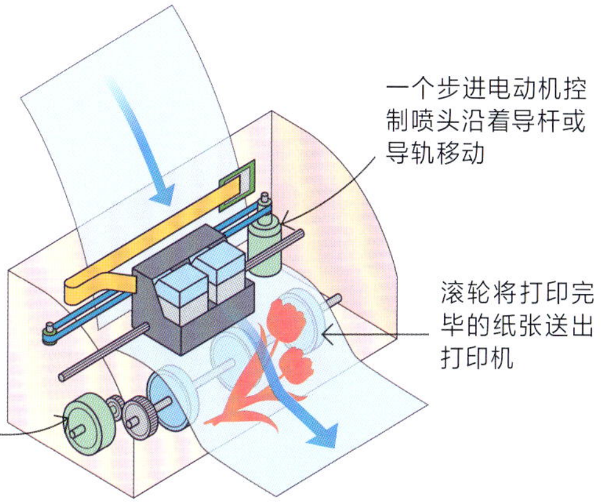

一个步进电动机控制喷头沿着导杆或导轨移动
滚轮将打印完毕的纸张送出打印机
另一个步进电动机控制纸张移动

电动汽车

电动汽车的污染小，有些甚至能实现零排放。电动汽车有很多种，共同点是它们都配备了一台或多台电动机。纯电动汽车的电动机由电池供电。部分电动汽车使用燃料电池，原理是将氢气和氧气发生反应时产生的化学能转换成电能。插电式混合动力汽车既有汽油发动机，也有电动机。

电动汽车充电站
1 充电线连接到供应交流电的街头充电装置

导航摄像头能引导汽车停在指定的充电位置，使汽车底部的接收板与地面上的充电板对齐。接收板的感应线圈产生磁场，进而产生电流，为电池充电。

无线充电

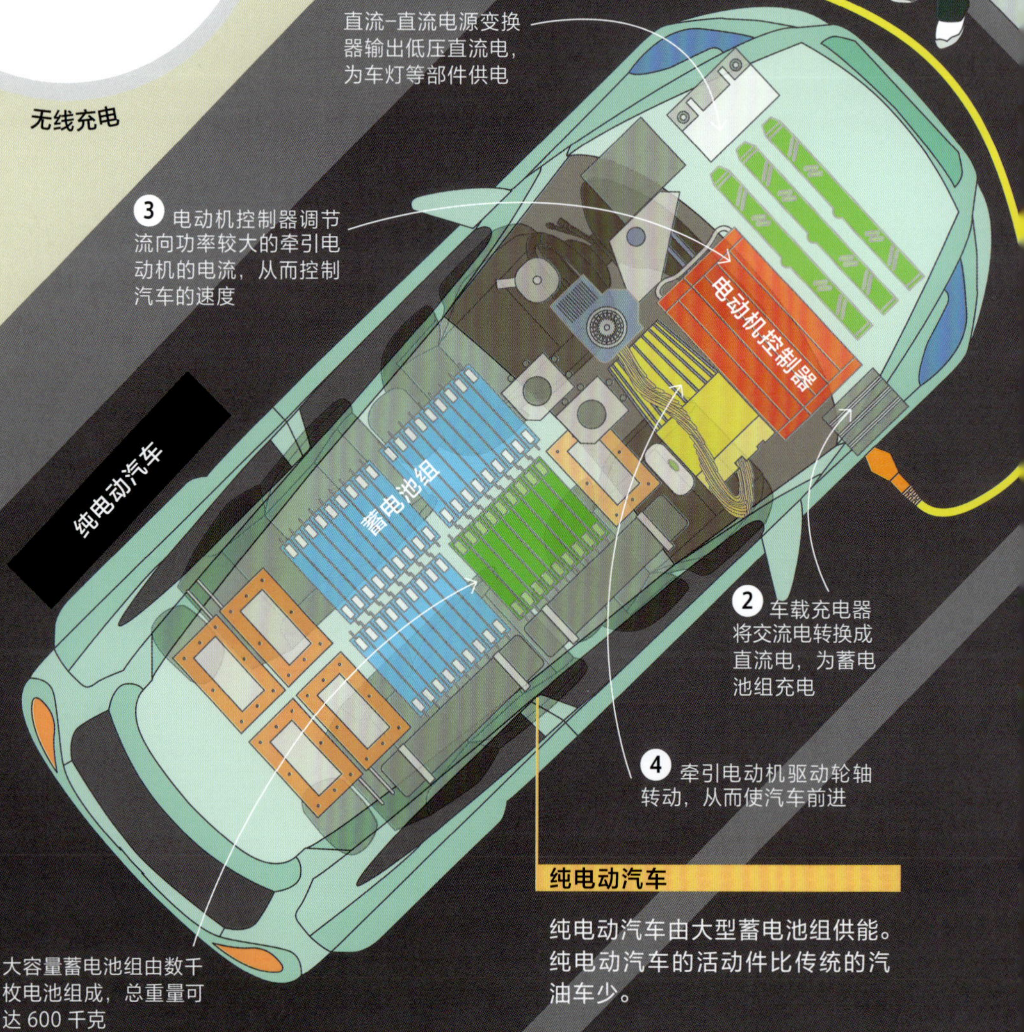
直流-直流电源变换器输出低压直流电，为车灯等部件供电
3 电动机控制器调节流向功率较大的牵引电动机的电流，从而控制汽车的速度
纯电动汽车
蓄电池组
电动机控制器
2 车载充电器将交流电转换成直流电，为蓄电池组充电
4 牵引电动机驱动轮轴转动，从而使汽车前进
大容量蓄电池组由数千枚电池组成，总重量可达 600 千克

纯电动汽车

纯电动汽车由大型蓄电池组供能。纯电动汽车的活动件比传统的汽油车少。

电动方程式锦标赛

电动汽车的技术进步越来越多地体现在赛车运动中。电动方程式锦标赛赛车是性能极高的纯电动赛车。这些赛车的时速可以超过 320 千米，0 到 100 千米 / 时加速时间只需 2.8 秒。电动方程式锦标赛赛车同样具备再生制动能力，能将车辆制动时产生的能量转化为电能。

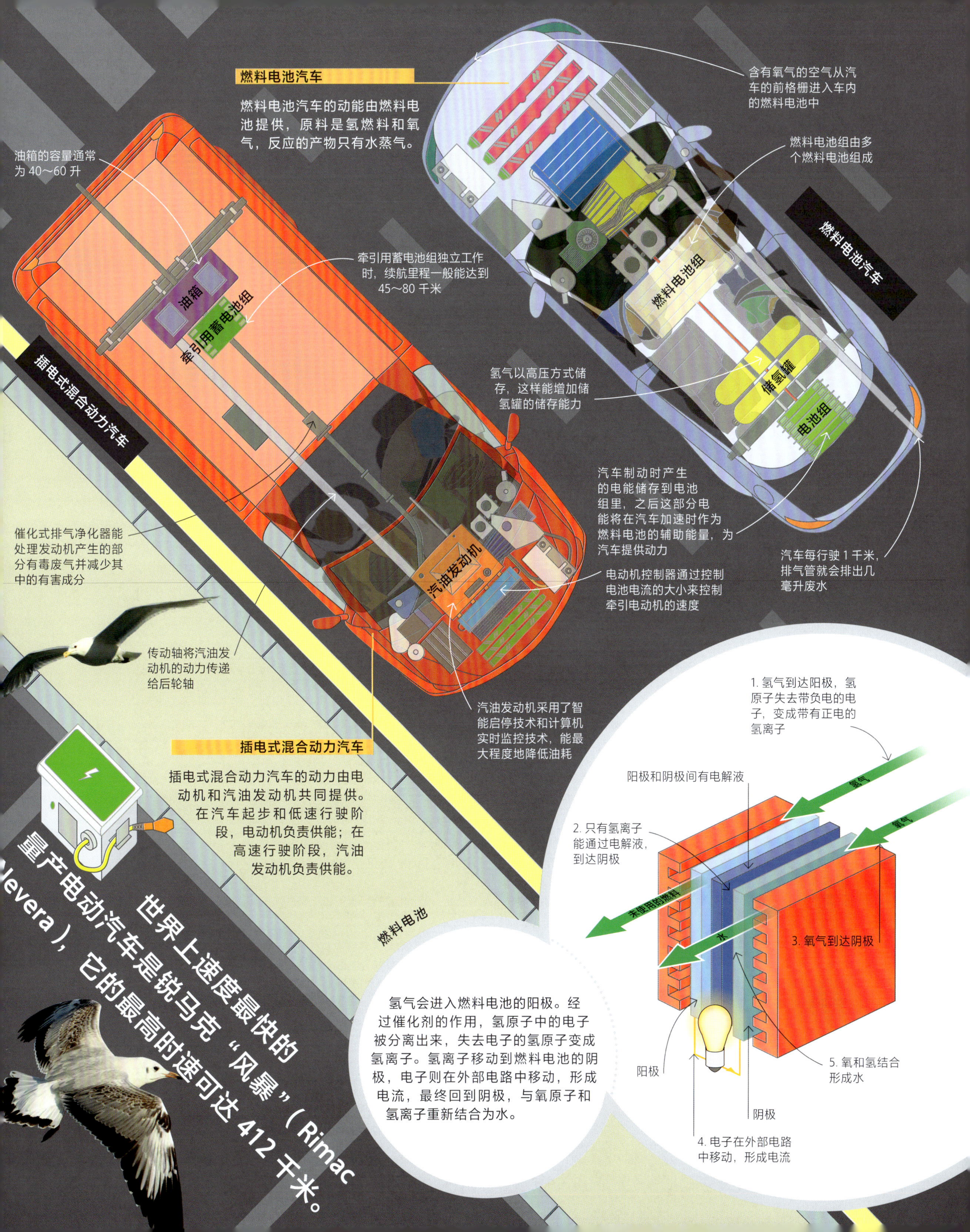
燃料电池汽车
含有氧气的空气从汽车的前格栅进入车内的燃料电池中
燃料电池组由多个燃料电池组成
燃料电池组
储氢罐
电池组
油箱的容量通常为 40～60 升
油箱
牵引用蓄电池组
牵引用蓄电池组独立工作时，续航里程一般能达到 45～80 千米
氢气以高压方式储存，这样能增加储氢罐的储存能力
插电式混合动力汽车
汽车制动时产生的电能储存到电池组里，之后这部分电能将在汽车加速时作为燃料电池的辅助能量，为汽车提供动力
汽车每行驶 1 千米，排气管就会排出几毫升废水
催化式排气净化器能处理发动机产生的部分有毒废气并减少其中的有害成分
汽油发动机
电动机控制器通过控制电池电流的大小来控制牵引电动机的速度
传动轴将汽油发动机的动力传递给后轮轴
汽油发动机采用了智能启停技术和计算机实时监控技术，能最大程度地降低油耗
燃料电池
1. 氢气到达阳极，氢原子失去带负电的电子，变成带有正电的氢离子
阳极和阴极间有电解液
氢气
氧气
2. 只有氢离子能通过电解液，到达阴极
未使用的燃料
水
3. 氧气到达阴极
阳极
5. 氧和氢结合形成水
阴极
4. 电子在外部电路中移动，形成电流

燃料电池汽车

燃料电池汽车的动能由燃料电池提供，原料是氢燃料和氧气，反应的产物只有水蒸气。

插电式混合动力汽车

插电式混合动力汽车的动力由电动机和汽油发动机共同提供。在汽车起步和低速行驶阶段，电动机负责供能；在高速行驶阶段，汽油发动机负责供能。

氢气会进入燃料电池的阳极。经过催化剂的作用，氢原子中的电子被分离出来，失去电子的氢原子变成氢离子。氢离子移动到燃料电池的阴极，电子则在外部电路中移动，形成电流，最终回到阴极，与氧原子和氢离子重新结合为水。

世界上速度最快的量产电动汽车是锐马克“风暴”（Rimac Nevera），它的最高时速可达 412 千米。

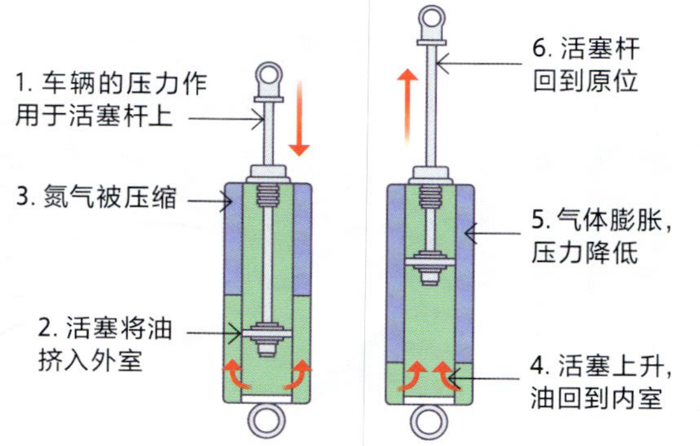
1. 车辆的压力作用于活塞杆上
3. 氮气被压缩
2. 活塞将油挤入外室
6. 活塞杆回到原位
5. 气体膨胀，压力降低
4. 活塞上升，油回到内室

减轻颠簸

悬挂系统利用油和可压缩气体（如氮气）吸收车辆着陆时产生的冲击力，并有弹簧协同减震。

竞技场上的庞然大物

在颠簸路面上驾驶汽车的难度很大，但怪兽卡车司机却能泰然处之。这要归功于怪兽卡车巨大的轮胎以及重型车辆悬挂系统。怪兽卡车通常由皮卡车车身与越野客车或卡车底盘结合改装而成。强劲的 V8 发动机安装在驾驶员后方，通常以甲醇作为燃料。液压四轮转向技术及自动变速技术能帮助驾驶员游刃有余地驰骋赛场。怪兽卡车的大小不一，但都能表演一些特技，如后轮支撑，腾空后翻，从一排汽车上方飞跃过去之类。

转台云梯

转台云梯利用液压原理，能围绕位于消防车车顶的支点旋转并上升至几层楼的高度，供消防员进入高层房间营救被困人员。很多转台云梯与消防车水泵系统相连。

泡沫消防车

这种多用途消防车既能使用泡沫灭火，又能用水罐里的水灭火，还能用泵从供水管道里抽水灭火。

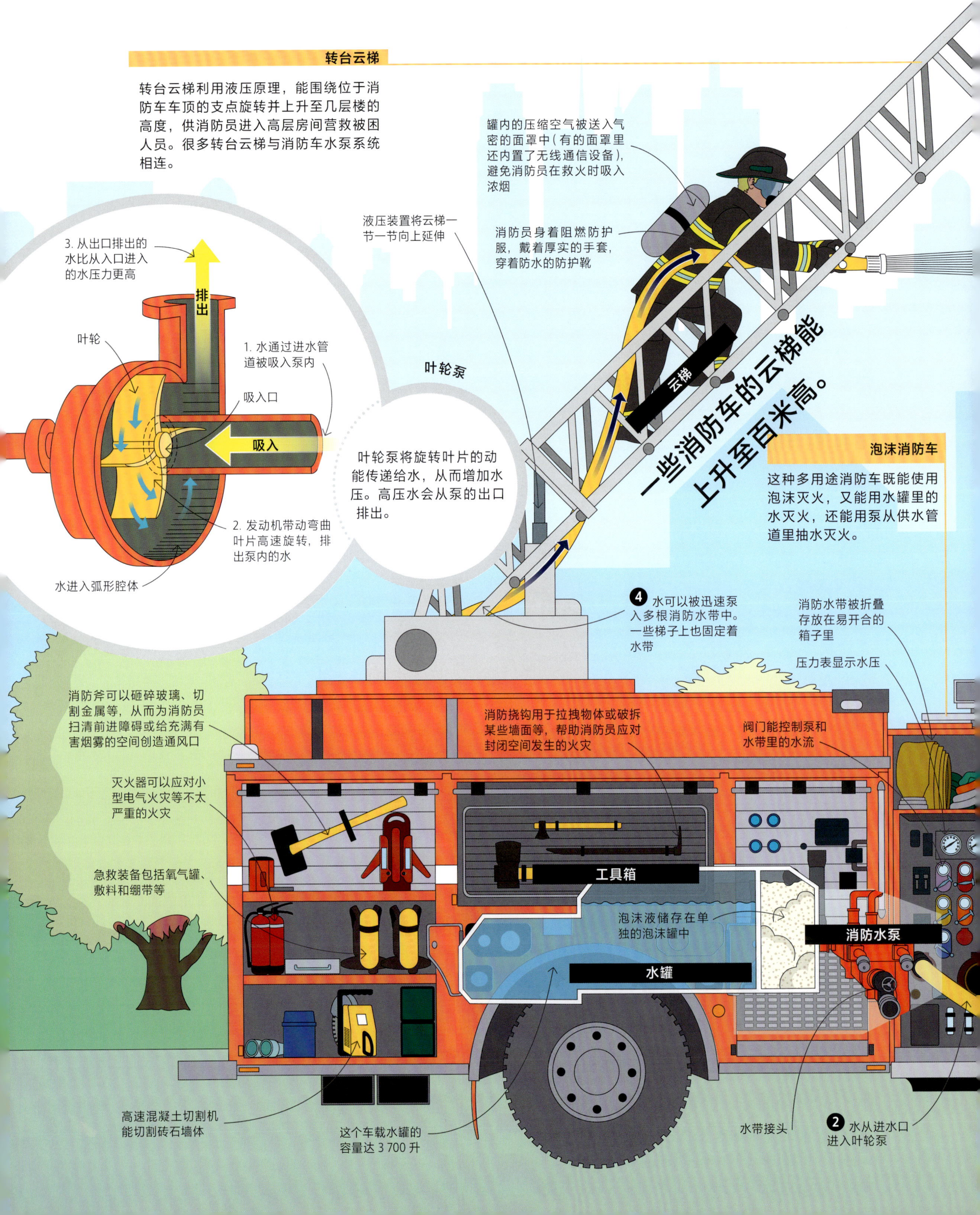

一些消防车的云梯能上升至百米高。
叶轮泵
叶轮泵将旋转叶片的动能传递给水，从而增加水压。高压水会从泵的出口排出。
3. 从出口排出的水比从入口进入的水压力更高
排出
叶轮
1. 水通过进水管道被吸入泵内
吸入口
吸入
2. 发动机带动弯曲叶片高速旋转，排出泵内的水
水进入弧形腔体
罐内的压缩空气被送入气密的面罩中（有的面罩里还内置了无线通信设备），避免消防员在救火时吸入浓烟
液压装置将云梯一节一节向上延伸
消防员身着阻燃防护服，戴着厚实的手套，穿着防水的防护靴
云梯
4 水可以被迅速泵入多根消防水带中。一些梯子上也固定着水带
消防水带被折叠存放在易开合的箱子里
压力表显示水压
消防斧可以砸碎玻璃、切割金属等，从而为消防员扫清前进障碍或给充满有害烟雾的空间创造通风口
消防挠钩用于拉拽物体或破拆某些墙面等，帮助消防员应对封闭空间发生的火灾
阀门能控制泵和水带里的水流
灭火器可以应对小型电气火灾等不太严重的火灾
工具箱
急救装备包括氧气罐、敷料和绷带等
泡沫液储存在单独的泡沫罐中
消防水泵
水罐
高速混凝土切割机能切割砖石墙体
这个车载水罐的容量达 3 700 升
水带接头
2 水从进水口进入叶轮泵

消防车

接到火警电话后，消防车会迅速赶往火灾、爆炸及其他紧急情况的事故现场。它们通常是第一批到达事故现场的应急车辆。除了消防员外，消防车还携带着灭火设备、灭火剂、清障设备、救援设备等。

机场消防车

机场消防车的体积一般比普通消防车更大，还能适应崎岖的路面。它们通常使用车上携带的泡沫灭火剂、干粉灭火剂和大水罐里的水来灭火。

有的消防水炮每分钟能喷出 4 500 多升水。

消防水枪能朝着火点喷出高压水柱
数字显示屏上显示水泵的温度和压力，还能控制警示灯
这辆车能容纳 8 名消防员
警示灯和警笛能够警示道路前方的车辆，提醒它们让路
控制面板
3 消防水泵的阀门打开后，水泵将水送入消防水带
1 消防员将水带连接到消防栓上，之后供水管线里的水就能顺着水带到达水枪口

道路测绘

规划一条新路时，工程师需要精确的地图。直升机和无人机上搭载的激光雷达能够发出激光脉冲，用来测量地面各处的高度。设计上下坡较多的山区公路时，明确地面的高度尤为重要。

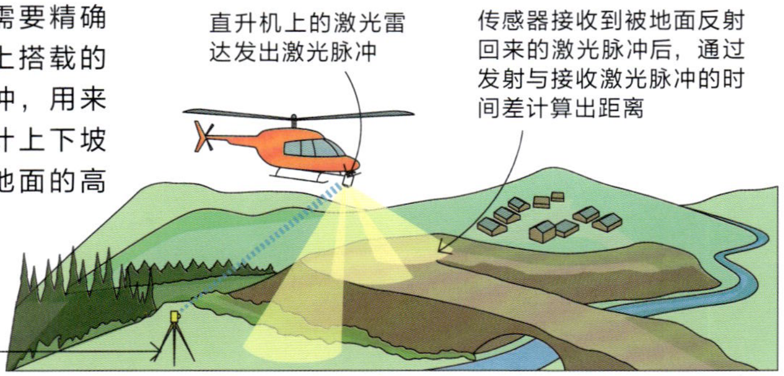

直升机上的激光雷达发出激光脉冲

传感器接收到被地面反射回来的激光脉冲后，通过发射与接收激光脉冲的时间差计算出距离

GPS 接收器记录目标区域的准确位置

控制中心

工作人员负责监控道路交通流量数据以及大量实时路边摄像头。工作人员可以改变车辆限速和交通信号灯的信号，从而控制某段道路的车流量。

英国 M6 收费高速公路的路面由 250 万本捣烂的小说和沥青混合铺就。

高速公路

很多国家都有高速公路。美国高速公路的总长度超过地球赤道周长的 2 倍。车辆从其他道路驶入高速公路后，可利用它限速高、少绕行、少交通信号灯等优势，迅速驶向目的地。

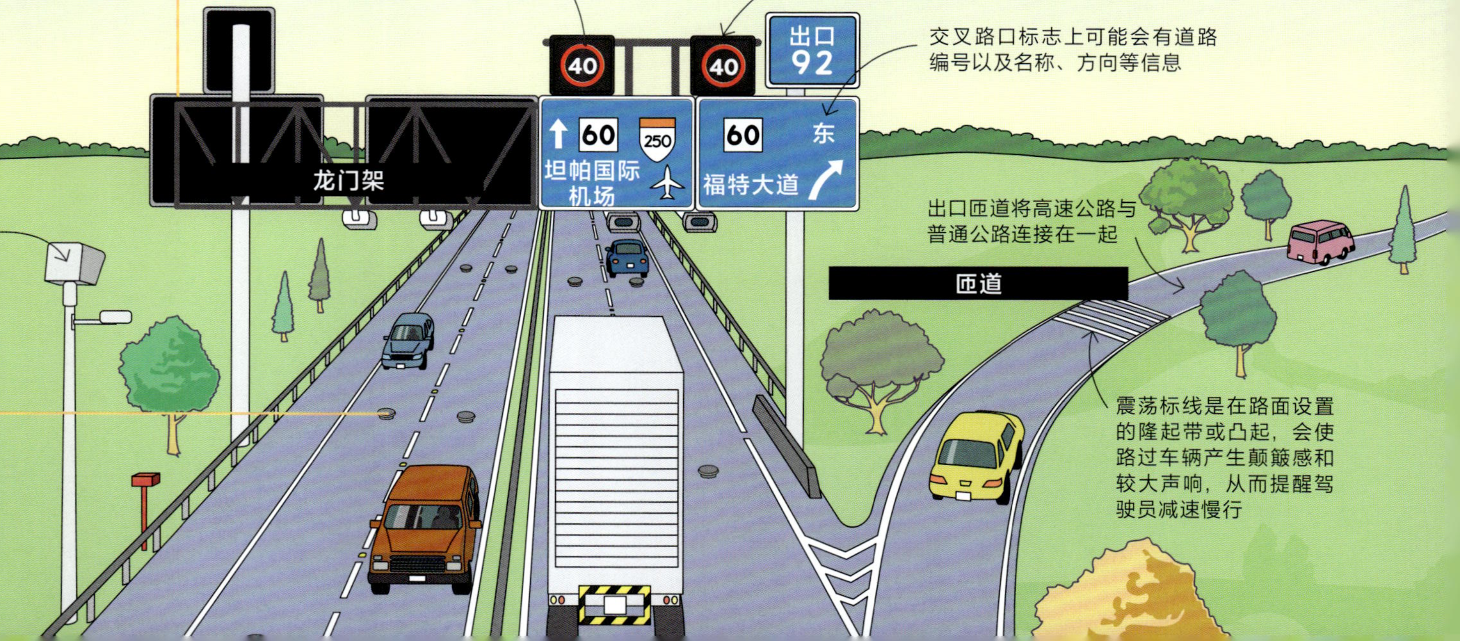

龙门架

龙门架通常是钢质的，横跨高速公路，上面固定有监控系统、传感器、标志牌等。

临时限速标志在道路施工或前方道路出现临时状况时使用

电子标志牌显示车辆限速、交通拥堵情况、到下一出口的距离以及天气预警等信息

交叉路口标志上可能会有道路编号以及名称、方向等信息

自动车牌识别摄像机能够识别汽车牌照并记录车辆通过的时间。利用汽车通过公路前后两点的时间差以及两点间的距离，就能计算出汽车通过这段路程的平均速度

出口匝道将高速公路与普通公路连接在一起

监控车流量

埋在路面下的车流量传感器能探测到每辆路过的汽车并收集相关数据。控制中心会根据传感器发送的数据来分析车流量以及不同路段的平均车速，据此推断路面的拥堵情况。

震荡标线是在路面设置的隆起带或凸起，会使路过车辆产生颠簸感和较大声响，从而提醒驾驶员减速慢行

交通技术驱动未来

铺路

铺路前要先勘察并清理施工现场。排水系统、传感器和路面标识是公路重要的组成部分。

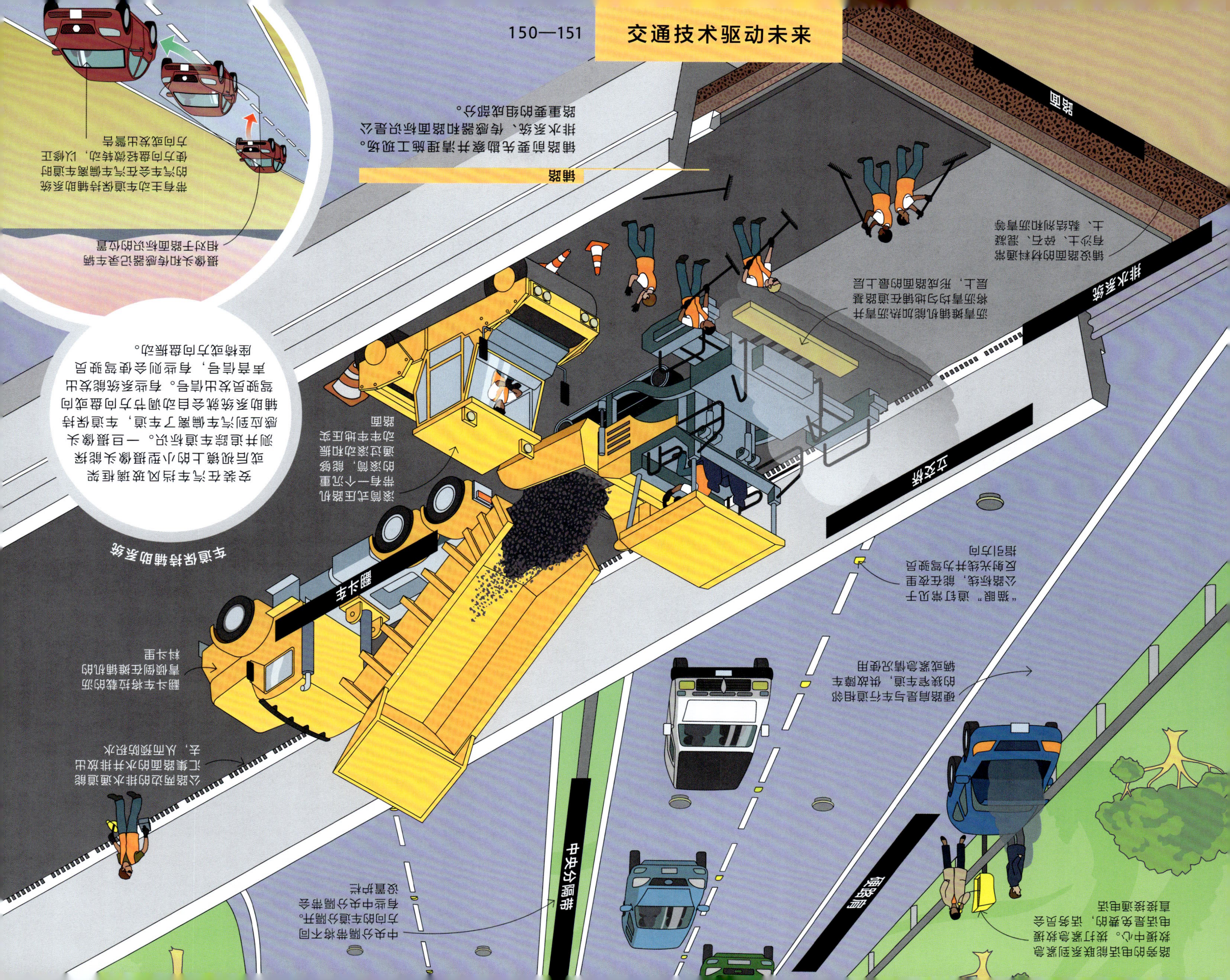
车道保持辅助系统
安装在汽车挡风玻璃框架或后视镜上的小型摄像头能探测并追踪车道标识。一旦摄像头感应到汽车偏离了车道，车道保持辅助系统就会自动调节方向盘或向驾驶员发出信号。有些系统能发出声音信号，有些则会使驾驶员座椅或方向盘振动。
摄像头和传感器记录车辆相对于路面标识的位置
带有主动车道保持辅助系统的汽车会在汽车偏离车道时使方向盘轻微转动，以修正方向或发出警告
翻斗车
翻斗车将拉载的沥青倾倒在摊铺机的料斗里
公路两边的排水通道能汇集路面的水并排放出去，从而预防积水
滚筒式压路机带有一个沉重的滚筒，能够通过滚动和振动牢牢地压实路面
沥青摊铺机能加热沥青并将沥青均匀地铺在道路基层上，形成路面的最上层
铺设路面的材料通常有沙土、碎石、混凝土、黏结剂和沥青等
路面
排水系统
立交桥
"猫眼"道钉常见于公路标线，能在夜里反射光线并为驾驶员指引方向
硬路肩是与车行道相邻的狭窄车道，供故障车辆或紧急情况使用
硬路肩
中央分隔带
中央分隔带将不同方向的车道分隔开。有些中央分隔带会设置护栏
路旁的电话能联系到紧急救援中心。拨打紧急救援电话是免费的，话务员会直接接通电话

火车

火车（即列车）是非常重要的交通工具。一些火车甚至可以横跨大陆，运送乘客和货物。与其他运输工具相比，火车的耗能相对较少。现在大多数火车的动力来自电力传动内燃机车或电力机车。诸如日本新干线等由电力机车驱动的火车可以达到 300 千米以上的时速。

京津城际列车的时速可达 350 千米。

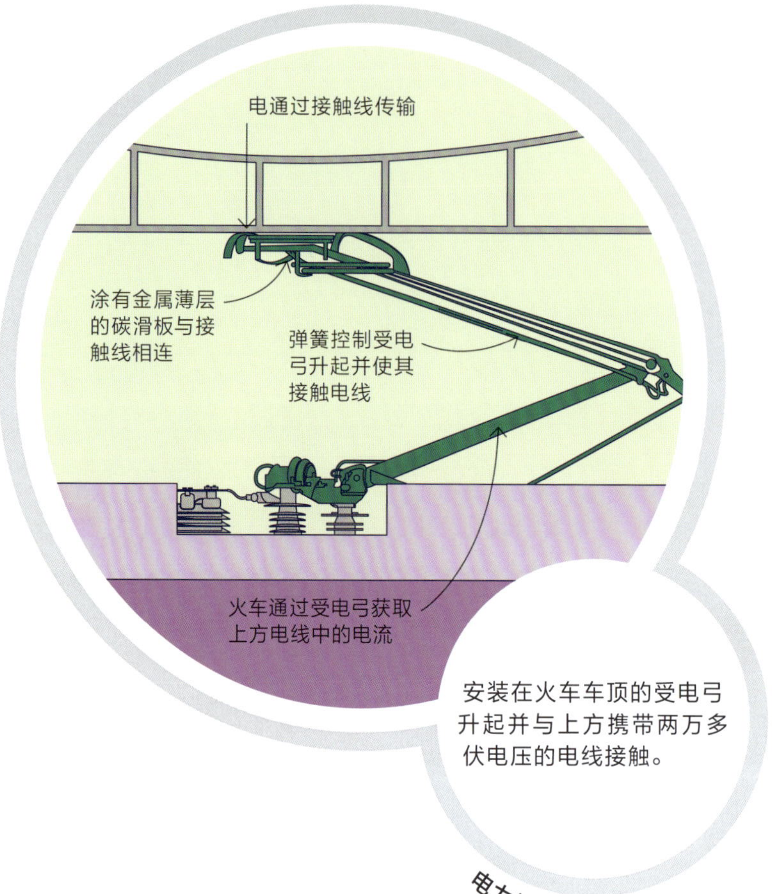

电通过接触线传输
涂有金属薄层的碳滑板与接触线相连
弹簧控制受电弓升起并使其接触电线
火车通过受电弓获取上方电线中的电流
安装在火车车顶的受电弓升起并与上方携带两万多伏电压的电线接触。

电力传输

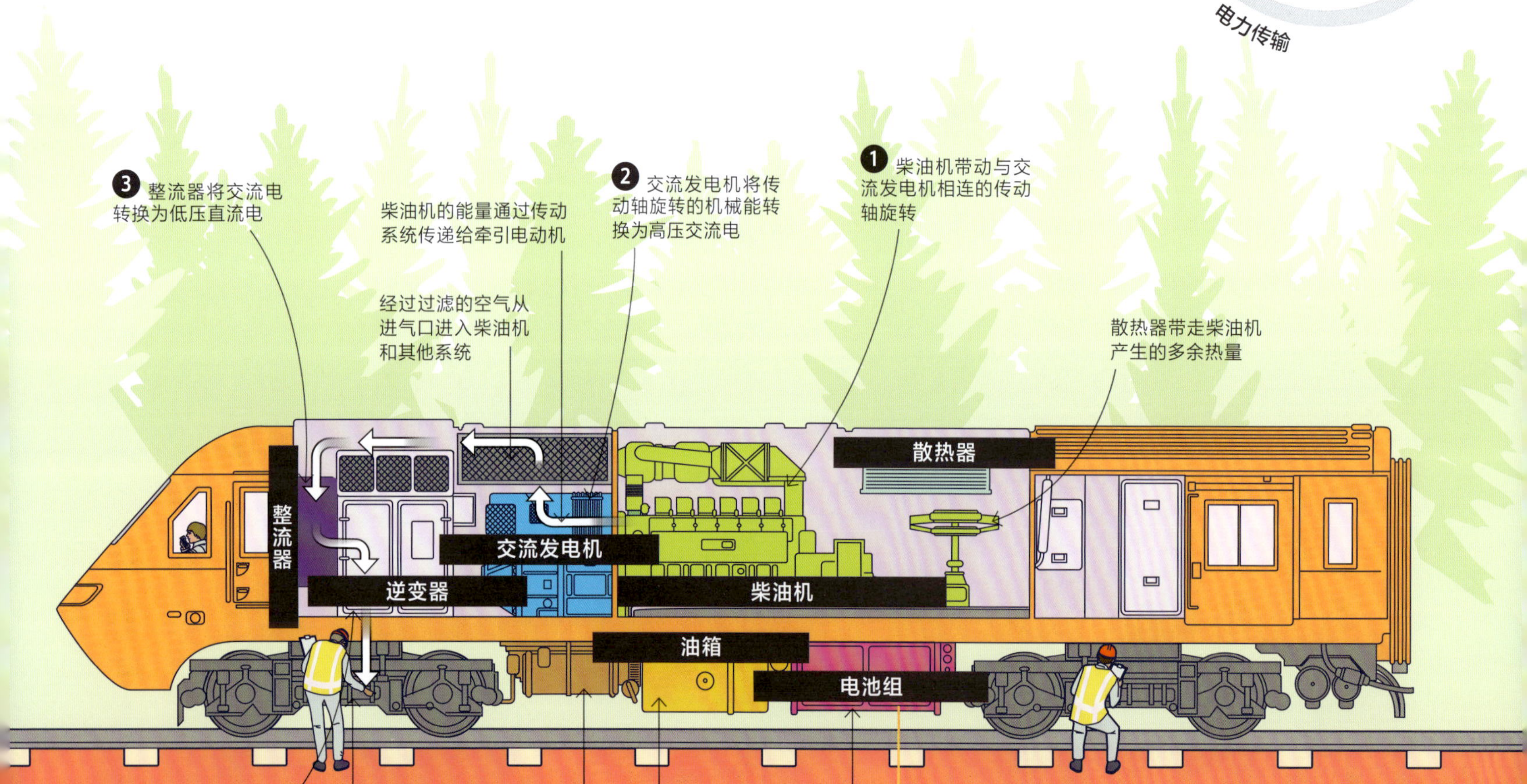

3 整流器将交流电转换为低压直流电
柴油机的能量通过传动系统传递给牵引电动机
2 交流发电机将传动轴旋转的机械能转换为高压交流电
1 柴油机带动与交流发电机相连的传动轴旋转
经过过滤的空气从进气口进入柴油机和其他系统
散热器带走柴油机产生的多余热量
散热器
整流器
交流发电机
逆变器
柴油机
油箱
电池组
4 逆变器将直流电转换为低压交流电
5 使用低压交流电的牵引电动机驱动车轮转动
油箱里的柴油供列车行驶使用
空气压缩机为电力设备降温，并为刹车装置供应空气
电池组用于启动发动机，以及为车上的设备供电

电力传动内燃机车

世界上三分之二的铁路轨道缺少电力供应。电力传动内燃机车不必依赖外界的电力供应，通常由以柴油为燃料的一个或多个发动机驱动交流发电机，为电动机供能，进而使车轮转动。

磁悬浮列车

磁悬浮列车利用磁铁同性相斥的原理，实现列车与轨道之间无接触的悬浮，从而大大减小车轮与轨道之间的摩擦力并提高列车的运行速度。

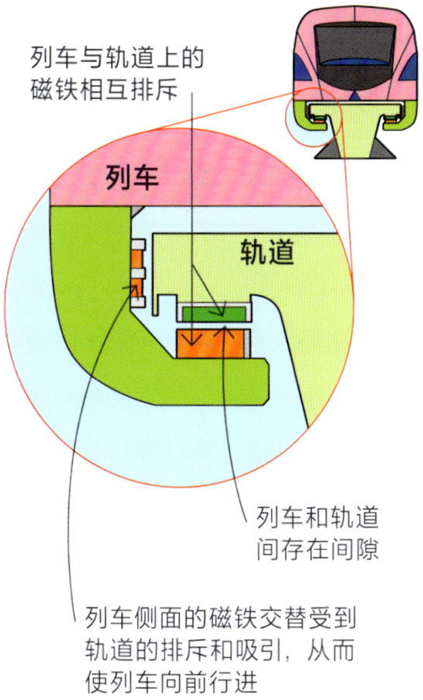
列车与轨道上的磁铁相互排斥
列车
轨道
列车和轨道间存在间隙
列车侧面的磁铁交替受到轨道的排斥和吸引，从而使列车向前行进

高速列车

上图展示的是中国的高速列车。截至 2024 年底，中国的高铁里程已达 4.8 万千米，稳居世界第一。

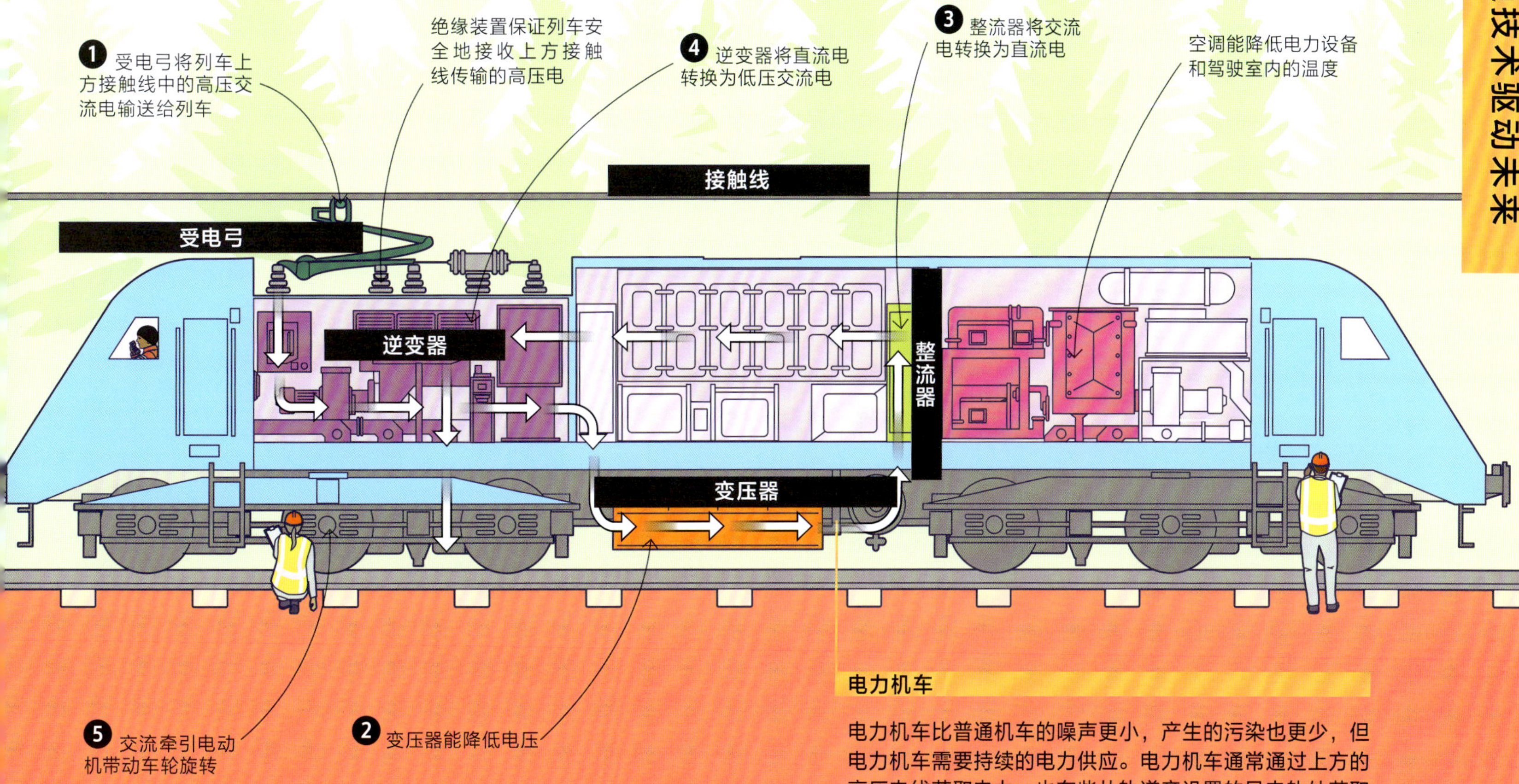
1 受电弓将列车上方接触线中的高压交流电输送给列车
绝缘装置保证列车安全地接收上方接触线传输的高压电
4 逆变器将直流电转换为低压交流电
3 整流器将交流电转换为直流电
空调能降低电力设备和驾驶室内的温度
接触线
受电弓
逆变器
整流器
变压器
5 交流牵引电动机带动车轮旋转
2 变压器能降低电压

电力机车

电力机车比普通机车的噪声更小，产生的污染也更少，但电力机车需要持续的电力供应。电力机车通常通过上方的高压电线获取电力，也有些从轨道旁设置的导电轨处获取电力。

穿山而过

铁路桥能够承受火车的重量及振动。瑞士的兰德瓦瑟高架桥高 65 米，由钢铁和石灰岩建成。

铁路

我们提到铁路时往往指的是由轨道、站台和能够安全地迅速运行的火车等组成的交通系统。铁路是很多国家运输旅客及货物的主要方式。在偏远地区和地形复杂的地区，火车可以在高架桥上或隧道里行驶。

列车自动保护系统

很多列车配备了自动保护系统，可防止列车驾驶员错过信号或超速驾驶。传感器能监测列车的位置和速度，在必要时列车自动保护系统会直接指挥列车刹车减速。

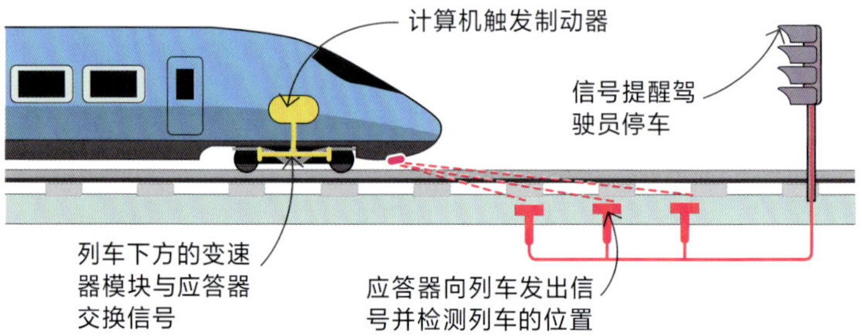

计算机触发制动器
信号提醒驾驶员停车
列车下方的变速器模块与应答器交换信号
应答器向列车发出信号并检测列车的位置

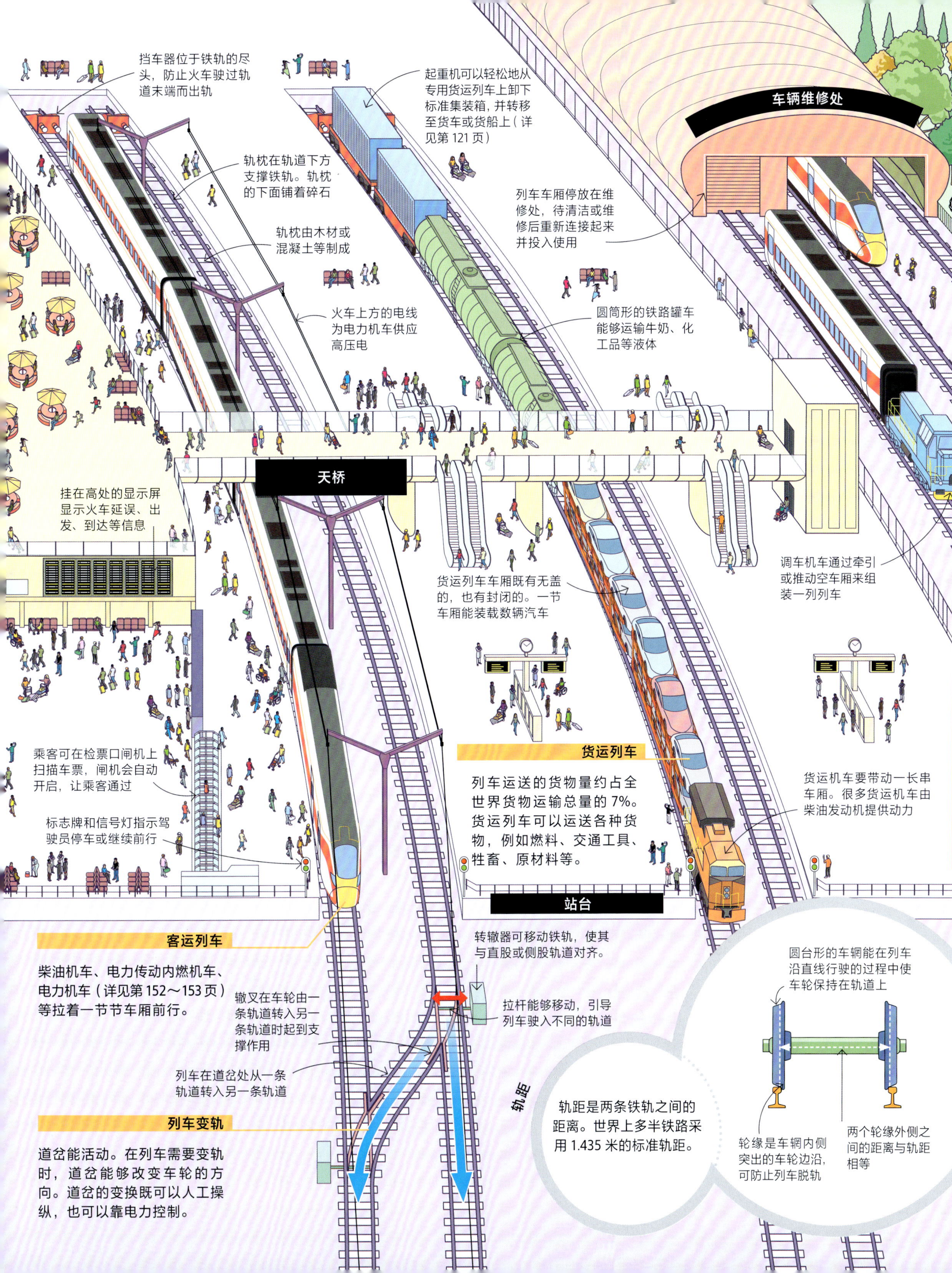
挡车器位于铁轨的尽头，防止火车驶过轨道末端而出轨
起重机可以轻松地从专用货运列车上卸下标准集装箱，并转移至货车或货船上（详见第 121 页）
车辆维修处
轨枕在轨道下方支撑铁轨。轨枕的下面铺着碎石
列车车厢停放在维修处，待清洁或维修后重新连接起来并投入使用
轨枕由木材或混凝土等制成
火车上方的电线为电力机车供应高压电
圆筒形的铁路罐车能够运输牛奶、化工品等液体
天桥
挂在高处的显示屏显示火车延误、出发、到达等信息
货运列车车厢既有无盖的，也有封闭的。一节车厢能装载数辆汽车
调车机车通过牵引或推动空车厢来组装一列列车
乘客可在检票口闸机上扫描车票，闸机会自动开启，让乘客通过
货运列车
列车运送的货物量约占全世界货物运输总量的 7%。货运列车可以运送各种货物，例如燃料、交通工具、牲畜、原材料等。
货运机车要带动一长串车厢。很多货运机车由柴油发动机提供动力
标志牌和信号灯指示驾驶员停车或继续前行
站台
客运列车
柴油机车、电力传动内燃机车、电力机车（详见第 152～153 页）等拉着一节节车厢前行。
转辙器可移动铁轨，使其与直股或侧股轨道对齐。
辙叉在车轮由一条轨道转入另一条轨道时起到支撑作用
拉杆能够移动，引导列车驶入不同的轨道
圆台形的车辋能在列车沿直线行驶的过程中使车轮保持在轨道上
列车在道岔处从一条轨道转入另一条轨道
轨距
列车变轨
道岔能活动。在列车需要变轨时，道岔能够改变车轮的方向。道岔的变换既可以人工操纵，也可以靠电力控制。
轨距是两条铁轨之间的距离。世界上多半铁路采用 1.435 米的标准轨距。
轮缘是车辋内侧突出的车轮边沿，可防止列车脱轨
两个轮缘外侧之间的距离与轨距相等

帆船横渡大西洋最快的速度纪录创造于 2009 年，平均时速高达 61 千米。

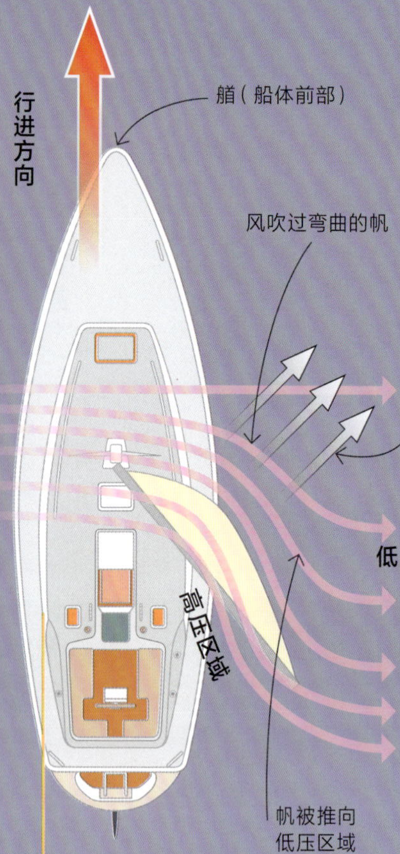

行进方向
艏（船体前部）
风吹过弯曲的帆
风向
产生向侧方和前方的作用力
低压区域
高压区域
帆被推向低压区域

帆船行进与风向

帆的前缘迎风时，帆前后两侧的空气压力不同，此时帆的作用与飞机的机翼（详见第 164 页）类似。

帆

帆布靠几条索固定。帆可以升降，角度也可以根据风向来调整。

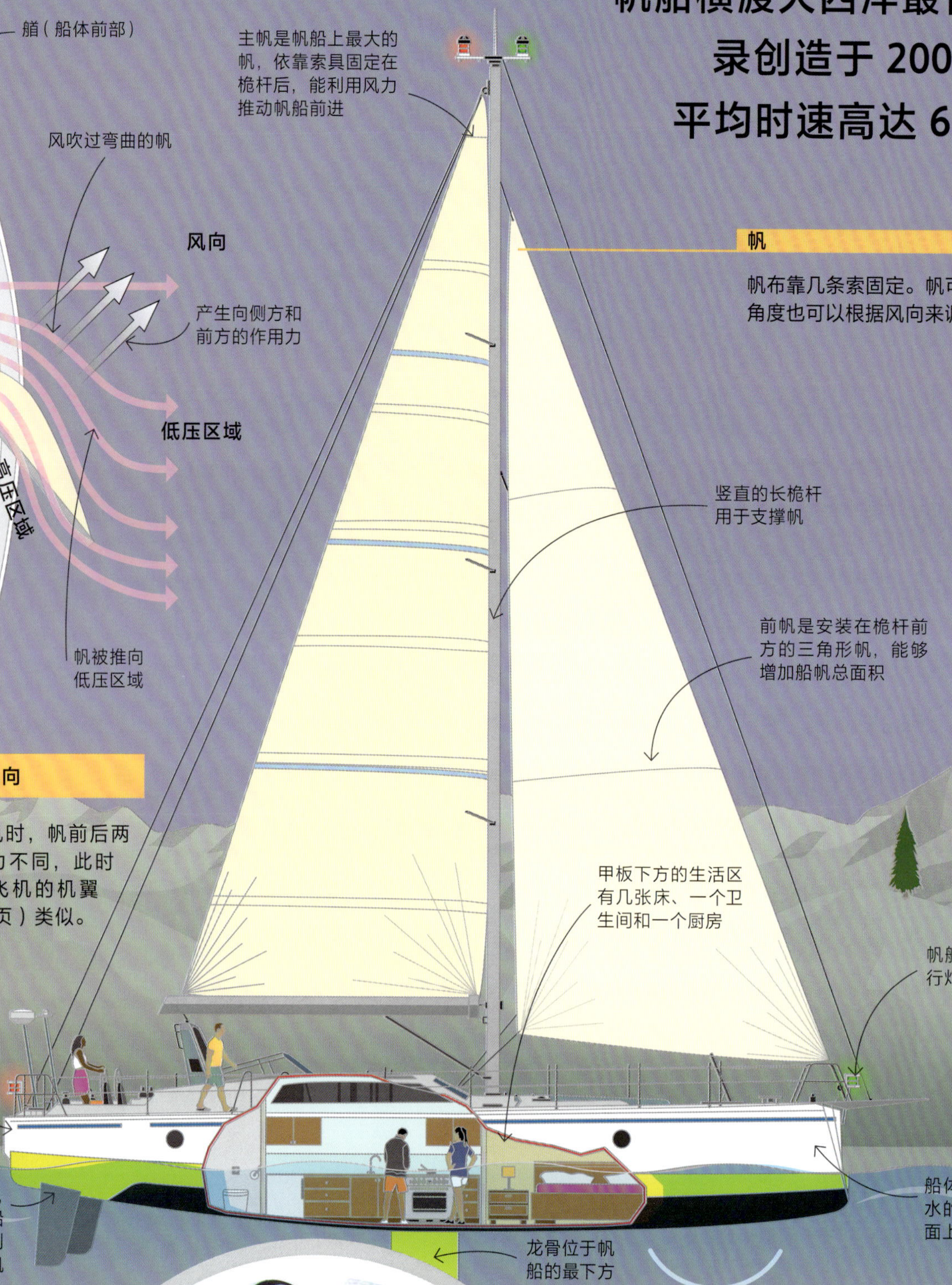

主帆是帆船上最大的帆，依靠索具固定在桅杆后，能利用风力推动帆船前进
竖直的长桅杆用于支撑帆
前帆是安装在桅杆前方的三角形帆，能够增加船帆总面积
甲板下方的生活区有几张床、一个卫生间和一个厨房
帆船右舷装有绿色的航行灯，左舷则装红灯
艉位于船体的最后端
船舵是纵向的板状结构，通过铰链结构安装在船尾。船舵可以偏转并利用水流的冲击力改变帆船的行进方向
船体是防水的，能够利用水的浮力让帆船漂浮在水面上
龙骨位于帆船的最下方
声呐利用声波反射来测量海水的深度。船员可根据声呐的反馈来确定海底的地形，选择安全的航线

电子海图仪

过去使用的纸质图表和地图已被取代。电子设备不但能显示海图，还能显示浮标和港口所在地。

帆船

帆船不需要发动机，而是利用风力前行。帆船依靠竖直的长桅杆以及水平的横杆来操控。调整帆的角度和位置能够改变风的作用力的大小。

风产生的倾斜力使帆船向一侧倾斜。如果倾斜的角度过大，帆船会面临倾倒甚至底朝天翻倒的风险
倾斜力
侧风
侧风施加给帆侧向的作用力
深深插入水下的龙骨通过水体的反作用力与倾斜力抗衡。反作用力比较强时，船仍旧会倾斜，但是不会倾倒
抵抗力

浮力

船在水中时，会排开与浸入水中的那部分船体体积相等的水。此时，船体会受到水带来的向上的浮力。当船的重力小于或等于水带来的浮力时，船就会漂浮在水面上。船身内部有大量空气，可确保船的重量小于它排开的那部分水的重量。

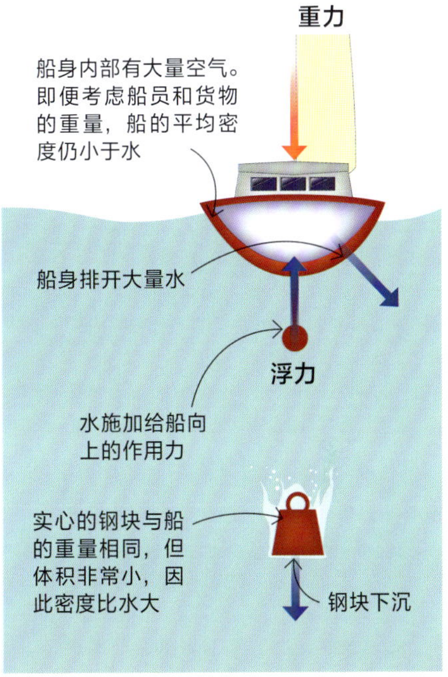
重力
船身内部有大量空气。即便考虑船员和货物的重量，船的平均密度仍小于水
船身排开大量水
浮力
水施加给船向上的作用力
实心的钢块与船的重量相同，但体积非常小，因此密度比水大
钢块下沉

力的平衡

从侧面吹来的风会向船施加倾斜力。船底的龙骨能帮助船抵抗倾斜力，使帆船向前行进。

新型帆

随着计算机建模技术的发展和新材料的应用，帆的外形和种类不断推陈出新。例如，一些货船为降低燃油消耗，采用了硬翼帆和旋筒风帆。

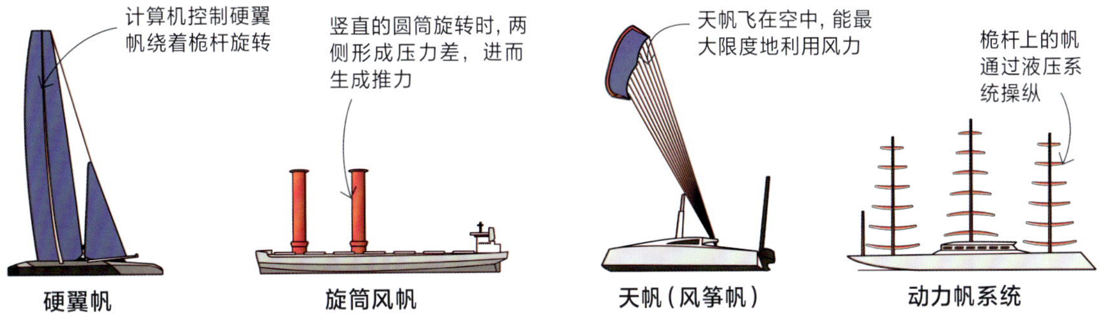
计算机控制硬翼帆绕着桅杆旋转
竖直的圆筒旋转时，两侧形成压力差，进而生成推力
天帆飞在空中，能最大限度地利用风力
桅杆上的帆通过液压系统操纵
硬翼帆
旋筒风帆
天帆（风筝帆）
动力帆系统

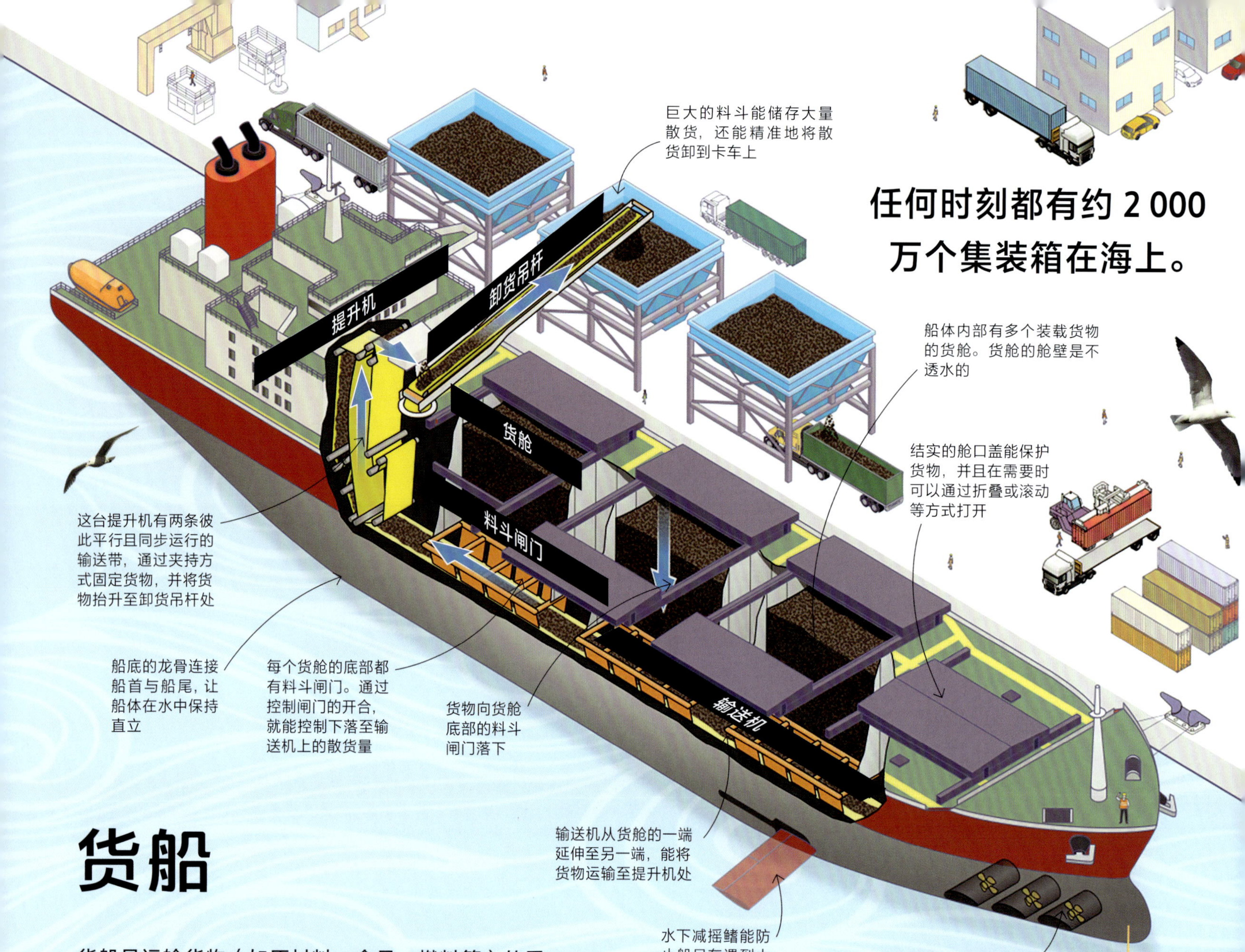
巨大的料斗能储存大量散货，还能精准地将散货卸到卡车上
提升机
卸货吊杆
货舱
料斗闸门
输送机
船体内部有多个装载货物的货舱。货舱的舱壁是不透水的
结实的舱口盖能保护货物，并且在需要时可以通过折叠或滚动等方式打开
这台提升机有两条彼此平行且同步运行的输送带，通过夹持方式固定货物，并将货物抬升至卸货吊杆处
船底的龙骨连接船首与船尾，让船体在水中保持直立
每个货舱的底部都有料斗闸门。通过控制闸门的开合，就能控制下落至输送机上的散货量
货物向货舱底部的料斗闸门落下
输送机从货舱的一端延伸至另一端，能将货物运输至提升机处
水下减摇鳍能防止船只在遇到大风浪时剧烈摇摆
船头两侧的艏侧推器能控制船头向左边或右边摆动，以便进出港口

任何时刻都有约 2 000 万个集装箱在海上。

货船

货船是运输货物（如原材料、食品、燃料等）的重要工具。大部分货物会装在标准集装箱里，依靠杂货船或者专用集装箱船运输。部分散装的谷物和矿物等靠散货船运输。

散货船

散货船运输的是没有封装在集装箱里的货物，通常为水泥、谷物以及煤炭和铁矿石等。散货船的数量约占商船总量的五分之一。

拖船能拖动较大的船只

螺旋桨

货船的发动机能带动螺旋桨轴相对缓慢地转动，但扭矩很大。螺旋桨轴带动一个或多个大型螺旋桨转动时，倾斜的叶片将大量水向后推，此时水对叶片产生同等大小的反作用力，从而推动船只前进。螺旋桨叶片的倾斜角度可以根据想要达到的船速、运输货物的重量以及航行状况进行调整。

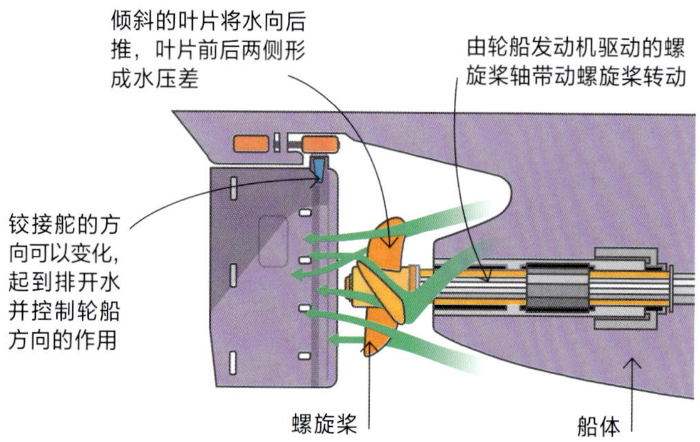
倾斜的叶片将水向后推，叶片前后两侧形成水压差
由轮船发动机驱动的螺旋桨轴带动螺旋桨转动
铰接舵的方向可以变化，起到排开水并控制轮船方向的作用
螺旋桨
船体

门式起重机依靠轮子和轨道在码头移动
门式起重机
上部结构
轮机舱
船体
双层结构的船体能更好地保护货物
货船甲板下的货舱里有竖直的导轨，作用是引导集装箱到达指定位置
受驾驶台控制的船舵通过调整角度来改变水流的作用力，从而控制船的方向
船上的柴油发动机或柴油机电力推进装置为螺旋桨提供强大动力，驱动螺旋桨轴转动
球罐的内层是铝质的
上部结构指甲板以上的建筑物，包括船员室、工具室以及驾驶台等
软管起重机吊起码头上的管道，以便装卸天然气
一层厚厚的聚氨酯或聚苯乙烯泡沫材料起到隔热的作用
球罐的外层是不锈钢质的

卸货吊杆

部分散货船可以利用船上附带的吊杆卸货。吊杆能伸到码头边，搭配上强有力的输送机，足够卸货使用。最大的卸货吊杆每小时可以卸货 500 万～1 000 万千克。

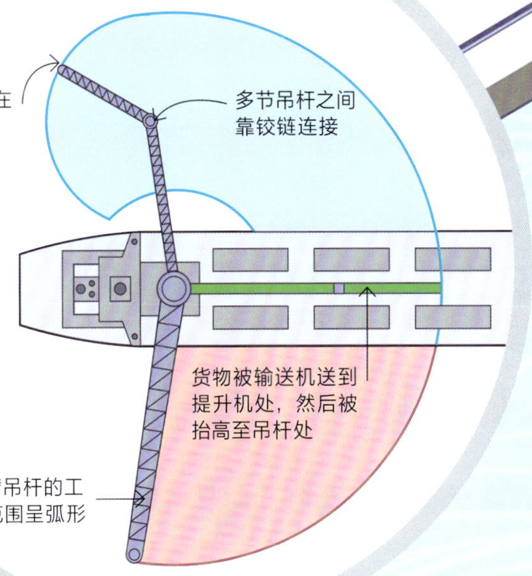
货物卸在码头边
多节吊杆之间靠铰链连接
货物被输送机送到提升机处，然后被抬高至吊杆处
直臂吊杆的工作范围呈弧形

集装箱船

集装箱船能运输成百上千甚至数万个标准集装箱。标准集装箱既能用叉车举升，也能用起重机吊起，因此容易在轮船、火车和汽车之间转移。

液化天然气船

来自油气田或炼油厂的天然气被降温至约零下 162 摄氏度后会转变为液态，储存在大型球罐里，再通过船只运输。

驾驶台

驾驶台能控制船只，如改变船只的前进方向。驾驶台上有很多仪器，其中包括天气雷达和电子海图仪。

潜水

人类无法在水中呼吸，如果潜水员想在水下换气，就必须依赖呼吸装置获取空气或其他可供呼吸的气体。自持式水下呼吸器俗称水肺，利用它潜水员能下潜至水下 40 米深处。负责油气田施工和水下管道铺设等工作的专业潜水员利用饱和潜水技术，甚至能下潜至水下 300 米深处并长时间进行水下作业。

潜水员在加压舱内生活的最长时间纪录是 28 天。

潜水工作船将潜水员运送至潜水点，并为他们提供空气
潜水工作船
水肺潜水
潜水员借助背在背上的气瓶和咬在嘴里的呼吸器完成独立潜水。这个气瓶内装有压缩空气，并与调节器相连。
气瓶里压缩空气的气压是标准大气压的 230～300 倍
气瓶
系在腰间或固定在浮力控制装置上的配重帮助潜水员下潜
潜水电脑表能显示潜水深度和剩余的安全潜水时间
潜水员通过一根气管从潜水工作船上获取空气
潜水员有时会携带应急气瓶，以备不时之需
潜水员
脚蹼为潜水员提供强大的前进动力
被某些物体缠住时，潜水员可以使用锋利的小刀割断这些物体来自救
仪表盘又大又亮，便于潜水员在昏暗环境中读取信息
水面供气式潜水
潜水员通过一根气管从船只获取空气。气管内有一条通信线，能让潜水员与船只保持联络。
面镜
面镜紧扣在潜水员面部，形成密闭区域。面镜镜片用钢化玻璃制成
调节器确保气瓶输出的空气压力合适（见左图）
一根软管将气瓶与浮力控制装置连接起来
浮力控制装置利用气瓶里的空气使潜水员漂浮在水面上。潜水员也可以改变浮力控制装置里的空气量，从而改变潜水过程中受到的浮力
调节器
强光手电可照亮昏暗的海底
浮力控制装置
身着湿式潜水服潜水时，潜水员的身体和潜水服之间会形成一层水膜，起到保温的作用
主二级阀进一步减小空气压力
仪表板能显示剩余气量
备用二级阀在主二级阀失效时启用
一级阀减小空气压力
连接浮力控制装置的软管
气瓶
数个减压阀将气瓶里的高压空气转换为可供潜水员在水下安全呼吸的低压空气。
调节器

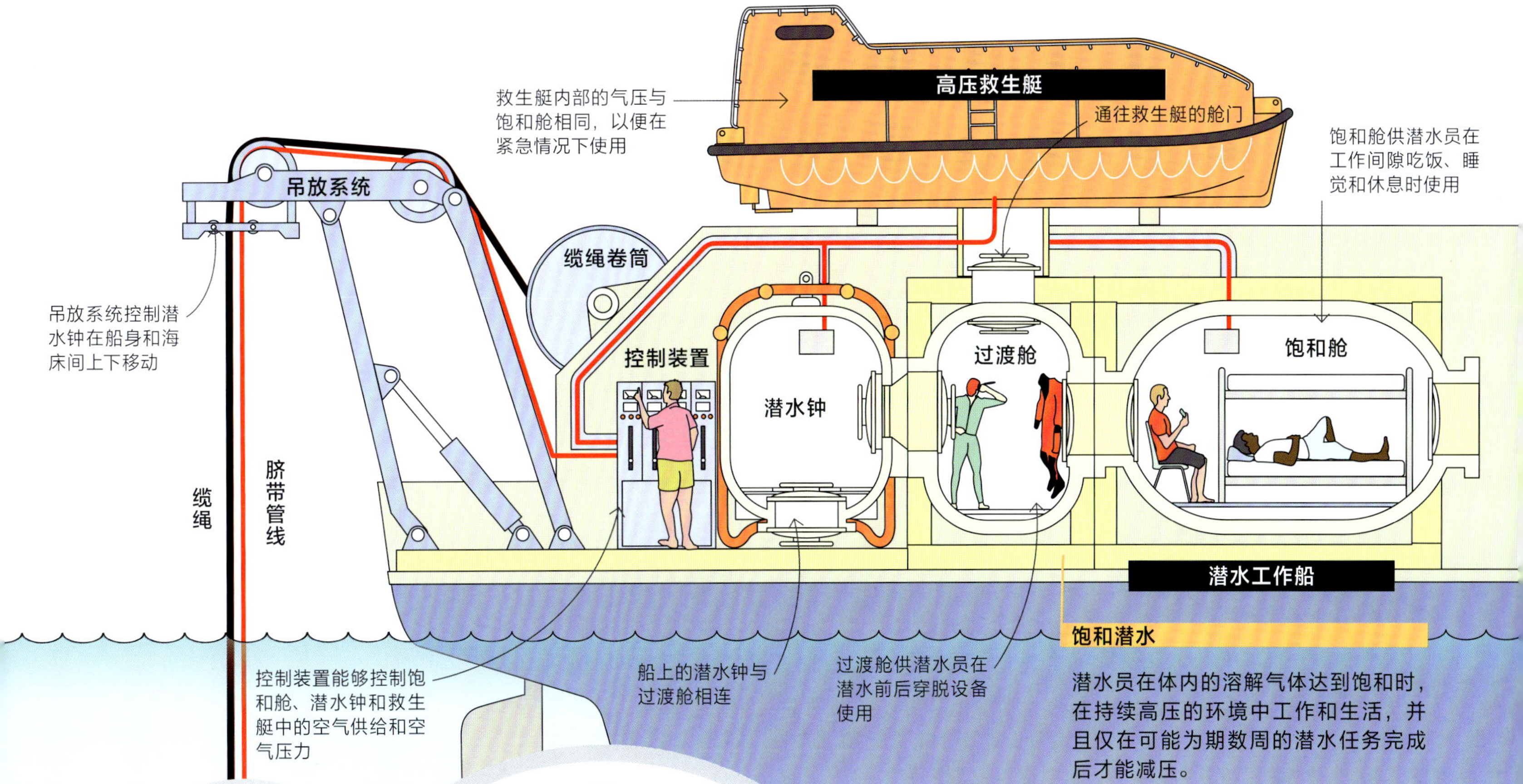
高压救生艇
救生艇内部的气压与饱和舱相同，以便在紧急情况下使用
通往救生艇的舱门
饱和舱供潜水员在工作间隙吃饭、睡觉和休息时使用
吊放系统
缆绳卷筒
吊放系统控制潜水钟在船身和海床间上下移动
控制装置
潜水钟
过渡舱
饱和舱
缆绳
脐带管线
潜水工作船
控制装置能够控制饱和舱、潜水钟和救生艇中的空气供给和空气压力
船上的潜水钟与过渡舱相连
过渡舱供潜水员在潜水前后穿脱设备使用

饱和潜水

潜水员在体内的溶解气体达到饱和时，在持续高压的环境中工作和生活，并且仅在可能为期数周的潜水任务完成后才能减压。

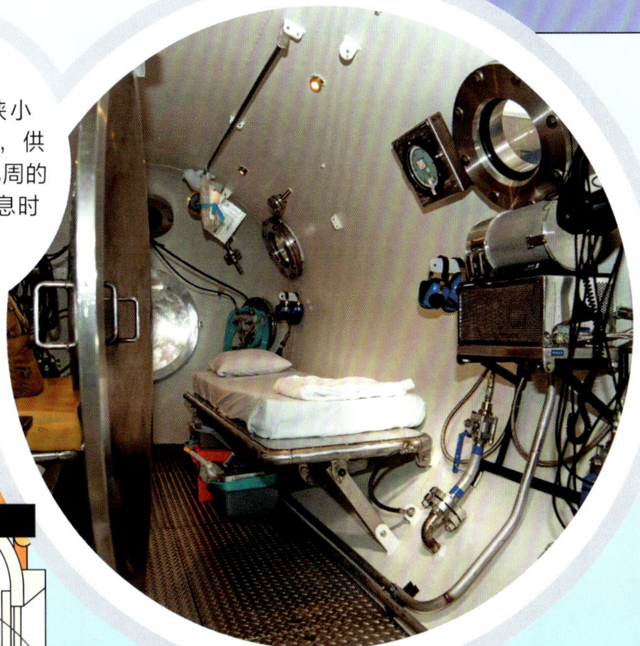

饱和舱中有空间狭小的睡眠和生活区域，供潜水员在可能长达几周的潜水工作的间隙休息时使用。

减压病

潜液员在下潜过程中会承受较大的水下压力，导致身体组织吸收氮气。若他们在上浮时速度过快，氮气就会在身体组织里和血液中形成气泡，导致减压病，造成潜水员疼痛、肌体受损甚至丧命。

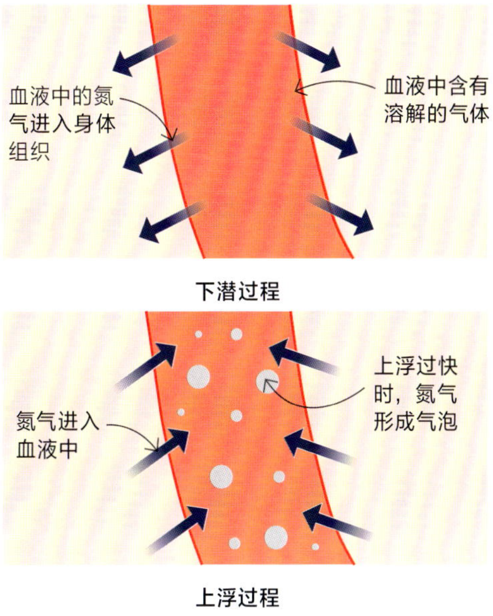
血液中的氮气进入身体组织
血液中含有溶解的气体
下潜过程
氮气进入血液中
上浮过快时，氮气形成气泡
上浮过程

饱和舱
潜水钟
潜水钟内通常留有一名潜水员，负责控制其他工作中的潜水员的空气供应，以及应对突发状况
干式潜水服的保温层不是水，而是空气
脐带管线为潜水员提供空气
空气通过脐带管线进入潜水员的头盔
配重块使潜水钟保持直立并将其拉向海底

潜艇和潜水器

新科技大大拓宽了人类探索水下世界的边界。无人水下机械能到达危险地区，潜水器和潜艇能携带空气、淡水等人类生存的必需品并带着人们在水下移动。

现在先进的核潜艇在为期 25~30 年的服役期间里不需要补充核燃料。

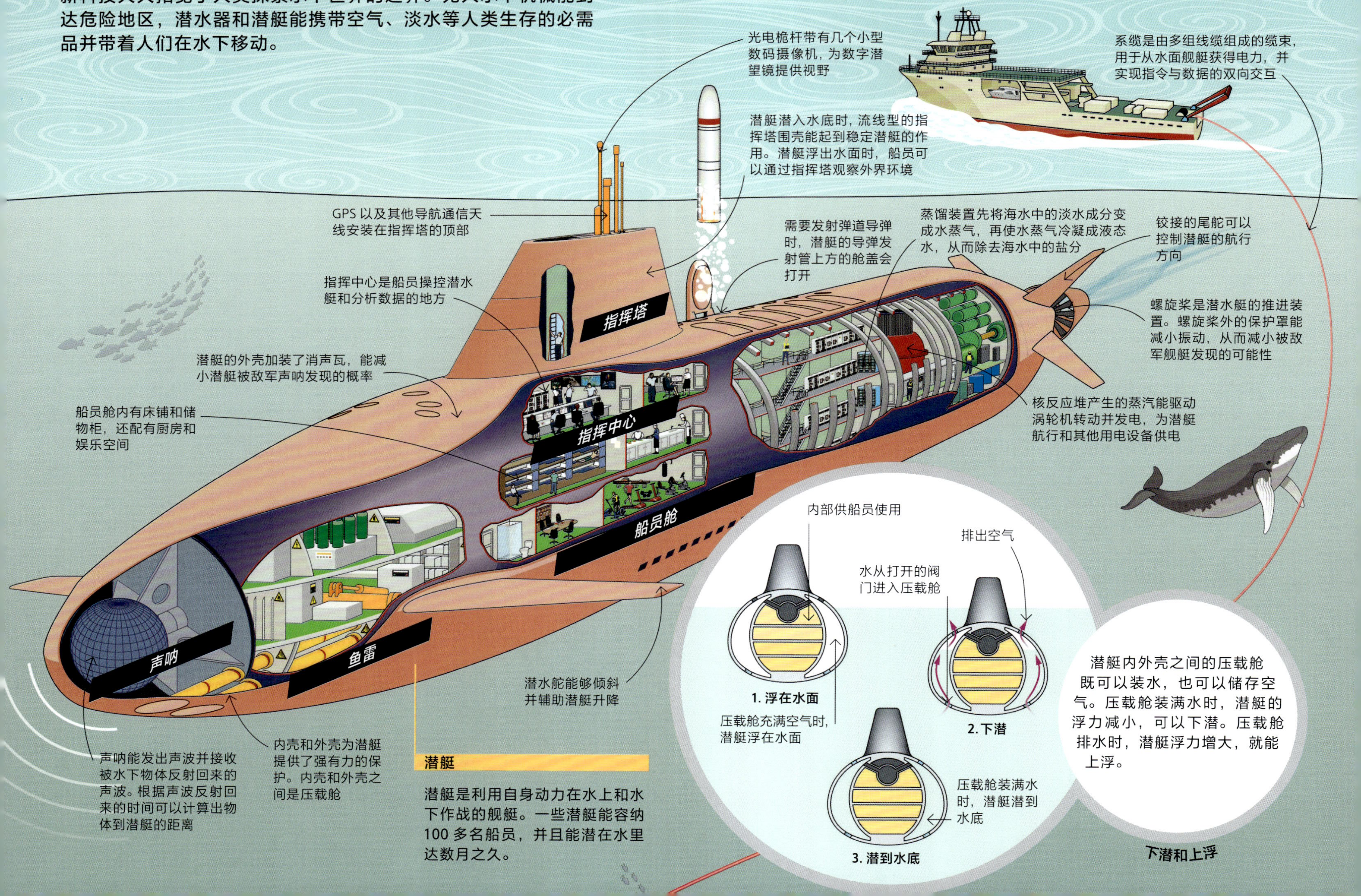

光电桅杆带有几个小型数码摄像机，为数字潜望镜提供视野
系缆是由多组线缆组成的缆束，用于从水面舰艇获得电力，并实现指令与数据的双向交互
潜艇潜入水底时，流线型的指挥塔围壳能起到稳定潜艇的作用。潜艇浮出水面时，船员可以通过指挥塔观察外界环境
GPS 以及其他导航通信天线安装在指挥塔的顶部
需要发射弹道导弹时，潜艇的导弹发射管上方的舱盖会打开
蒸馏装置先将海水中的淡水成分变成水蒸气，再使水蒸气冷凝成液态水，从而除去海水中的盐分
铰接的尾舵可以控制潜艇的航行方向
指挥中心是船员操控潜水艇和分析数据的地方
螺旋桨是潜水艇的推进装置。螺旋桨外的保护罩能减小振动，从而减小被敌军舰艇发现的可能性
潜艇的外壳加装了消声瓦，能减小潜艇被敌军声呐发现的概率
指挥塔
船员舱内有床铺和储物柜，还配有厨房和娱乐空间
指挥中心
核反应堆产生的蒸汽能驱动涡轮机转动并发电，为潜艇航行和其他用电设备供电
船员舱
声呐
鱼雷
潜水舵能够倾斜并辅助潜艇升降
声呐能发出声波并接收被水下物体反射回来的声波。根据声波反射回来的时间可以计算出物体到潜艇的距离
内壳和外壳为潜艇提供了强有力的保护。内壳和外壳之间是压载舱
内部供船员使用
排出空气
水从打开的阀门进入压载舱
1. 浮在水面
压载舱充满空气时，潜艇浮在水面
2. 下潜
压载舱装满水时，潜艇潜到水底
3. 潜到水底
潜艇内外壳之间的压载舱既可以装水，也可以储存空气。压载舱装满水时，潜艇的浮力减小，可以下潜。压载舱排水时，潜艇浮力增大，就能上浮。
下潜和上浮

潜艇

潜艇是利用自身动力在水上和水下作战的舰艇。一些潜艇能容纳 100 多名船员，并且能潜在水里达数月之久。

人型机器人

“海洋一号”等自主水下机器人无须通过通信线接收指令，而是由岸上的指挥人员远程控制。

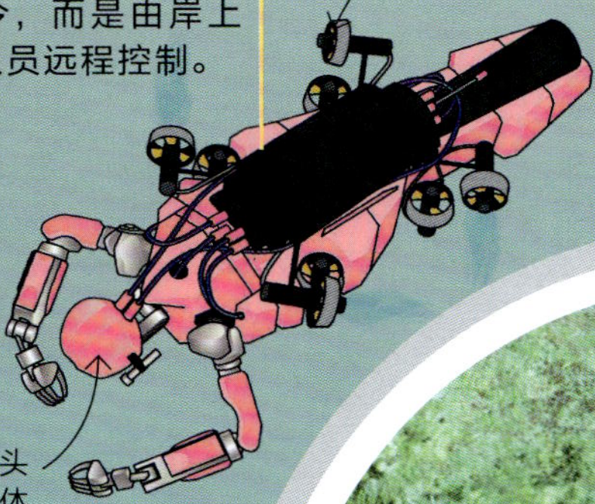

多个小型推进器为机器人提供动力
机器人的头部装有立体摄像机

采集样本

很多潜水器被用来采集海底的岩石样本。也有些潜水器被送往人类难以到达的地方，用于采集海水样本和海洋生物。

潜水器

潜艇可以独立作业，但潜水器通常离不开水面舰艇的支持。小型潜水器多用于科学研究，如日本“深海6500”号潜水器等。

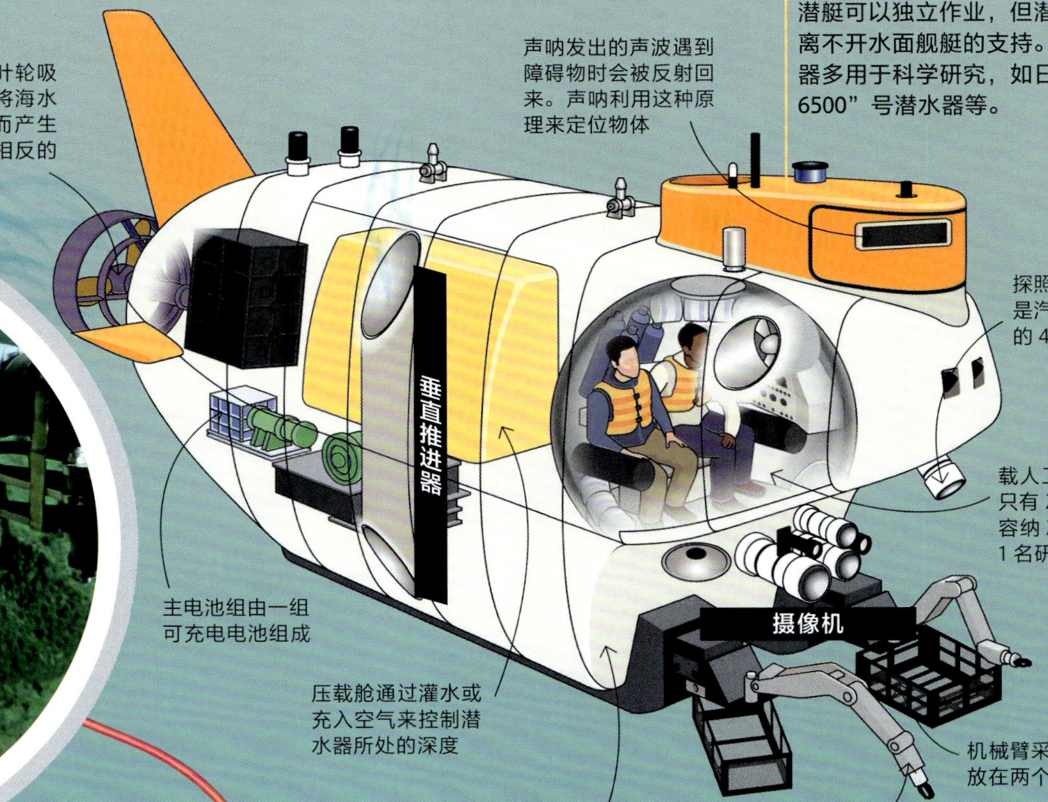

推进器通过叶轮吸入海水，再将海水排出去，从而产生与排水方向相反的推进力
声呐发出的声波遇到障碍物时会被反射回来。声呐利用这种原理来定位物体
探照灯的亮度是汽车前照灯的4倍
垂直推进器
载人工作区的直径只有2米，但可以容纳2名驾驶员和1名研究人员
摄像机
主电池组由一组可充电电池组成
压载舱通过灌水或充入空气来控制潜水器所处的深度
耐压壳体由厚钛合金制成，能承受海洋深处巨大的水压
机械臂受潜水器内工作人员的控制，能抬起100千克的重物
机械臂采集的物品存放在两个储物篮里

遥控潜水器

遥控潜水器通常通过线缆接收水面舰艇的指令。

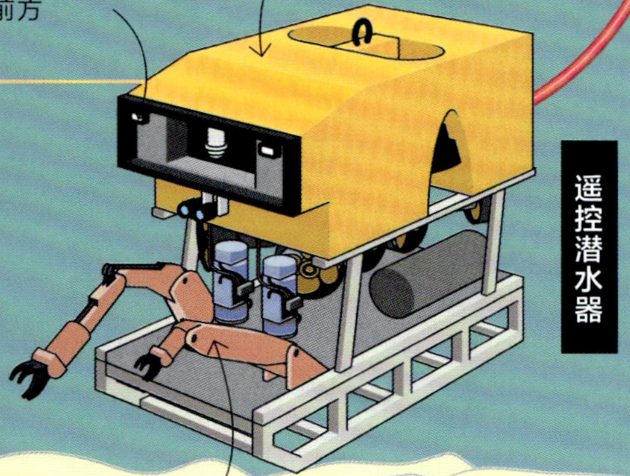

遥控潜水器
遥控潜水器的上半部分装有转质泡沫。泡沫体积大但重量轻，能帮潜水器“悬浮”在深海某处
大功率LED灯照亮遥控潜水器的正前方
机械臂为多关节铰接式结构，还会携带样本采集工具或修理工具

深度下潜

“深海挑战者”号是为数不多的能潜入6 000米以下海域的载人潜水器之一。这艘潜水器高7.3米，驾驶舱的宽度仅有109厘米，只能容纳一人。2012年，加拿大导演詹姆斯·卡梅隆驾驶这艘潜水器下潜至全世界最深的海沟，即位于太平洋的马里亚纳海沟。下潜过程持续了2小时36分钟，最大下潜深度约为10 898米。潜水器承受的最大水压相当于1 100个大气压。

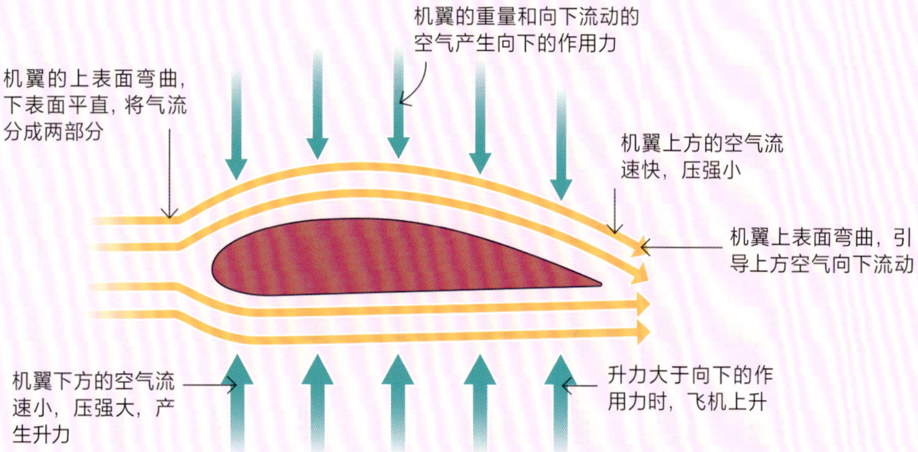
机翼的重量和向下流动的
空气产生向下的作用力
机翼的上表面弯曲，
下表面平直，将气流
分成两部分
机翼上方的空气流
速快，压强小
机翼上表面弯曲，引
导上方空气向下流动
机翼下方的空气流
速小，压强大，产
生升力
升力大于向下的作
用力时，飞机上升

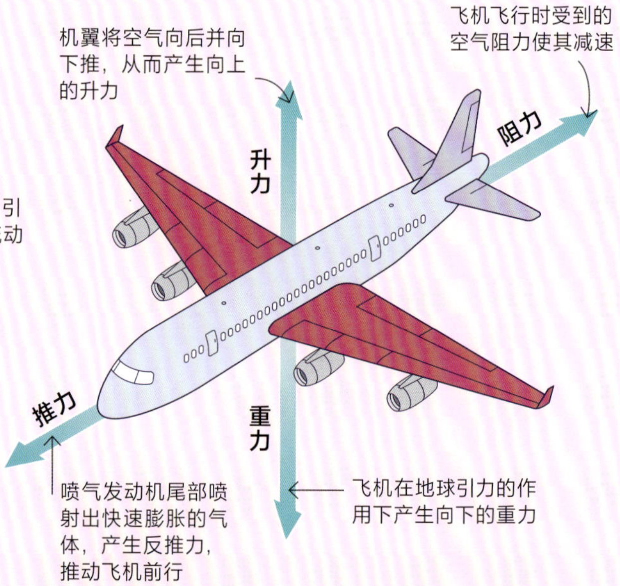
机翼将空气向后并向
下推，从而产生向上
的升力
飞机飞行时受到的
空气阻力使其减速
升力
阻力
推力
重力
喷气发动机尾部喷
射出快速膨胀的气
体，产生反推力，
推动飞机前行
飞机在地球引力的作
用下产生向下的重力

机翼

飞机之所以能够飞行，很重要的一个原因是飞机前进时机翼上下方的空气流速不同。机翼的特殊构型使得机翼下方的气压大于上方的气压，而翼面偏转角度能促使空气向下流动，二者共同作用，产生升力。当升力大于飞机的重力时，飞机就会飞向空中。

工作原理

飞机在飞行过程中主要受到升力、推力、阻力和重力的影响。只有推力大于阻力时，飞机才能向前运动。只有升力大于重力时，飞机才能上升。

双机身飞机“平流层发射”的翼展达到了117米，是世界上最长的飞机翼展。

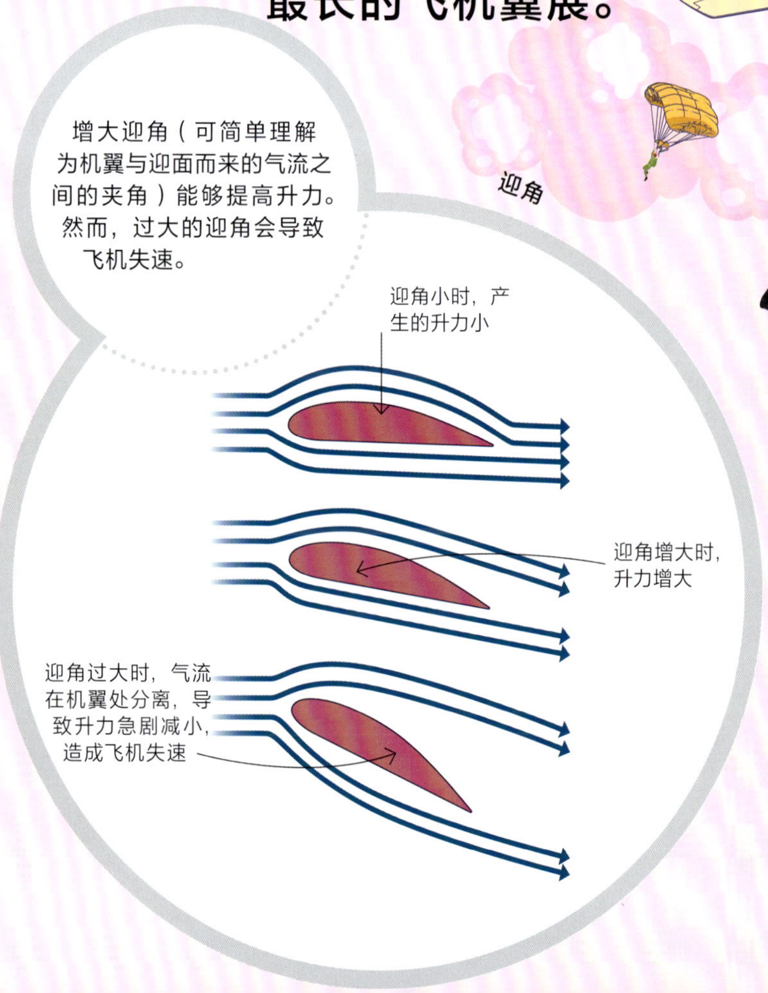
增大迎角（可简单理解
为机翼与迎面而来的气流之
间的夹角）能够提高升力。
然而，过大的迎角会导致
飞机失速。
迎角
迎角小时，产
生的升力小
迎角增大时，
升力增大
迎角过大时，气流
在机翼处分离，导
致升力急剧减小，
造成飞机失速

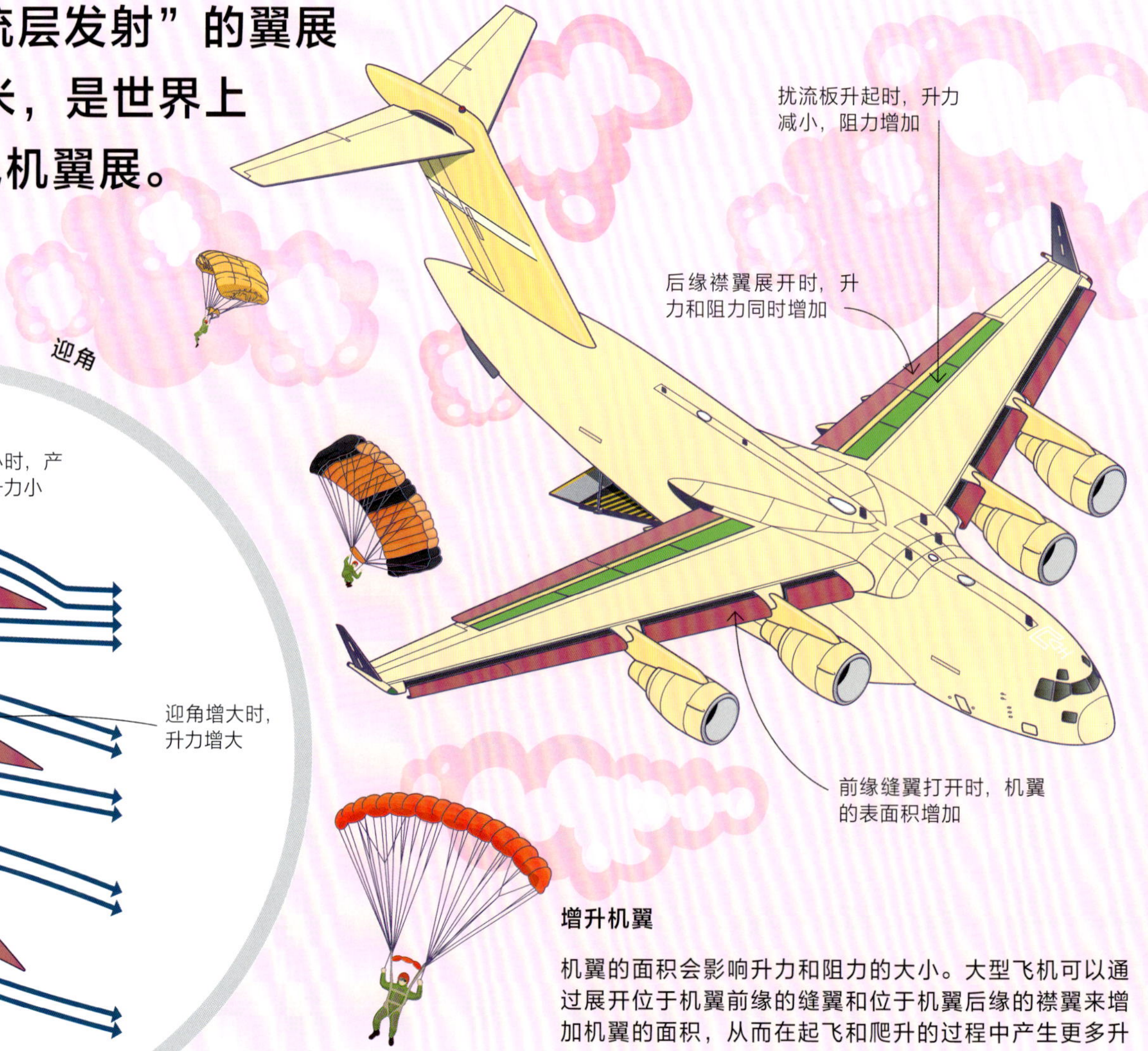
扰流板升起时，升力
减小，阻力增加
后缘襟翼展开时，升
力和阻力同时增加
前缘缝翼打开时，机翼
的表面积增加

增升机翼

机翼的面积会影响升力和阻力的大小。大型飞机可以通过展开位于机翼前缘的缝翼和位于机翼后缘的襟翼来增加机翼的面积，从而在起飞和爬升的过程中产生更多升力。飞机平飞时，襟翼和缝翼收回。

三角翼

三角翼的前缘很长，后缘平直。三角翼能减小阻力，非常适合高速军用飞机和超声速飞机使用。

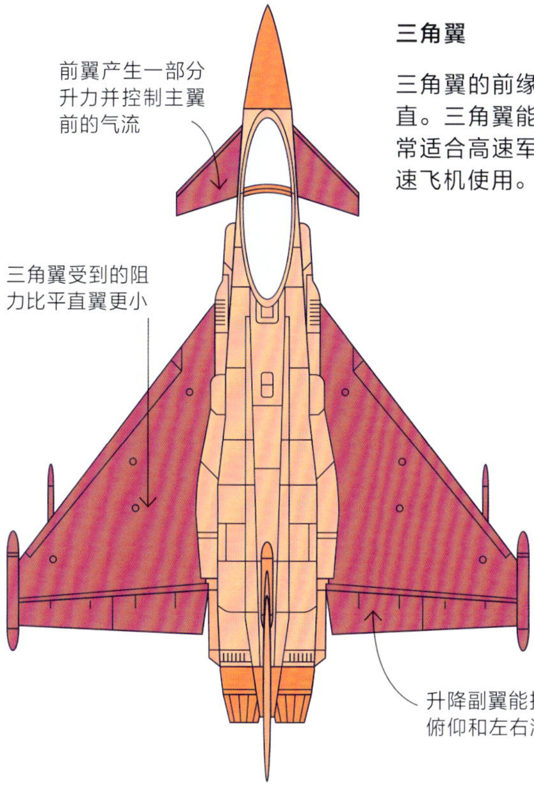
前翼产生一部分升力并控制主翼前的气流
三角翼受到的阻力比平直翼更小
升降副翼能控制飞机俯仰和左右滚转

水翼冲浪

水翼冲浪板的底部有一个水翼。冲浪时，冲浪板一直在水面之上，受到的阻力更小，所以速度更快。

2022年，一艘水翼帆船达到了100千米的时速。

翼梢小翼

机翼末端向上翘起的构件称为翼梢小翼。翼梢小翼能减小因机翼下方空气流速慢而产生的空气涡流的强度，从而减小阻力和燃料消耗。

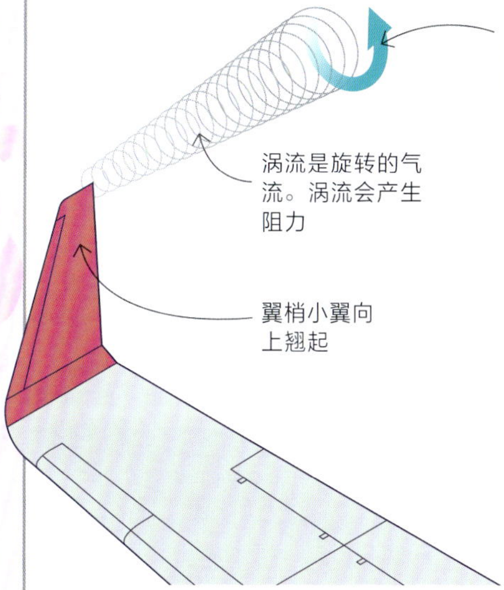
上翘的翼梢小翼比平直的翼梢产生的涡流更小，强度也更弱
涡流是旋转的气流。涡流会产生阻力
翼梢小翼向上翘起

水翼

水翼固定在船体底部，呈翼状。船只前行时，水流过水翼，产生升力，将船体向上抬升。此时，船体不再受水的阻力影响，或受到的阻力减小，从而使船加速。

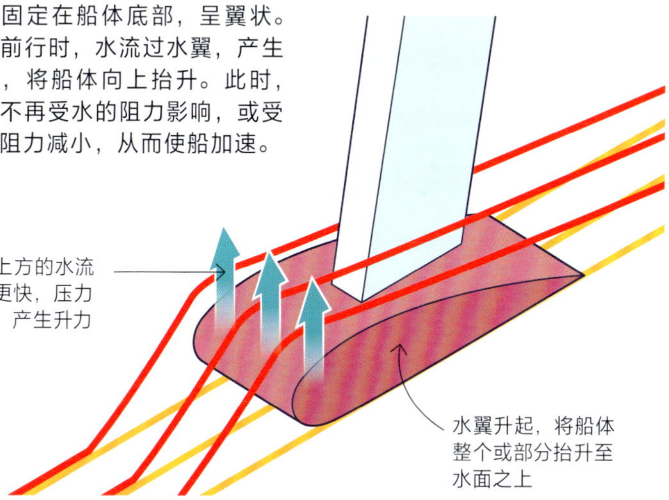
水翼上方的水流速度更快，压力更低，产生升力
水翼升起，将船体整个或部分抬升至水面之上

产生下压力

一些赛车的前翼和后翼的形状类似倒置的飞机机翼。这种翼型能产生下压力，将轮胎紧紧压在赛道上，增加赛车的抓地力和操控性。赛车转弯时，这种翼型的重要性尤为突出。

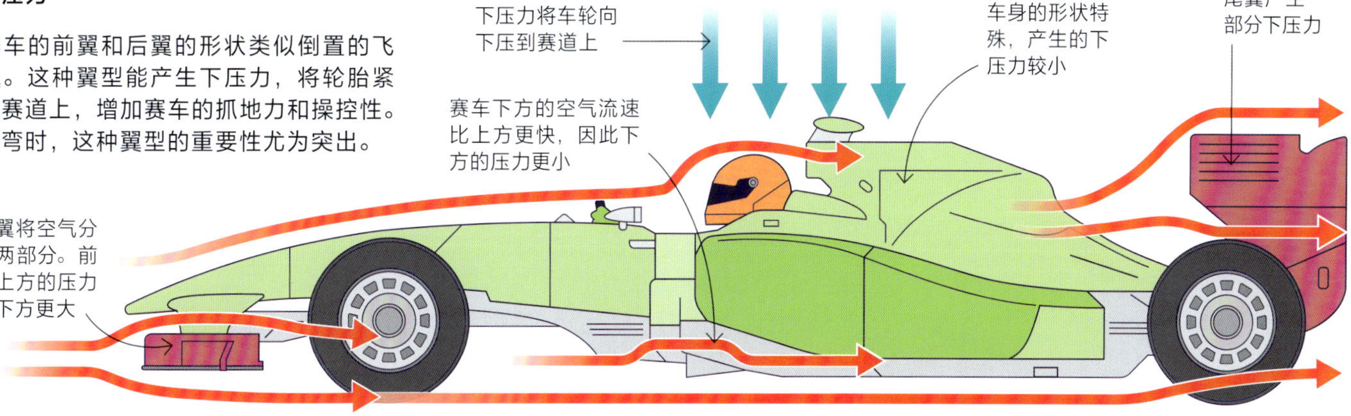
下压力将车轮向下压到赛道上
车身的形状特殊，产生的下压力较小
尾翼产生一部分下压力
赛车下方的空气流速比上方更快，因此下方的压力更小
前翼将空气分成两部分。前翼上方的压力比下方更大

飞行人员

一名驾驶员和一名副驾驶员在驾驶舱内操纵并控制飞机。有时，一名随机工程师会陪同驾驶员共同完成飞行任务。

起落架

为了使飞机外形保持流线型并减少阻力，机翼处的起落架在飞行过程中要收回到机翼中。

油箱

飞机油箱一般在机翼内部，容量可达数万升。在飞行过程中，航空燃料可以在油箱间泵送，以保持飞机的平衡。

涡轮风扇发动机的风扇转速能达到每秒 200 转。

飞机用的涡轮风扇发动机非常高效，能让飞机的时速达到 900 千米以上。它的工作原理是通过一个巨大的风扇吸入大量空气，然后高速喷出。

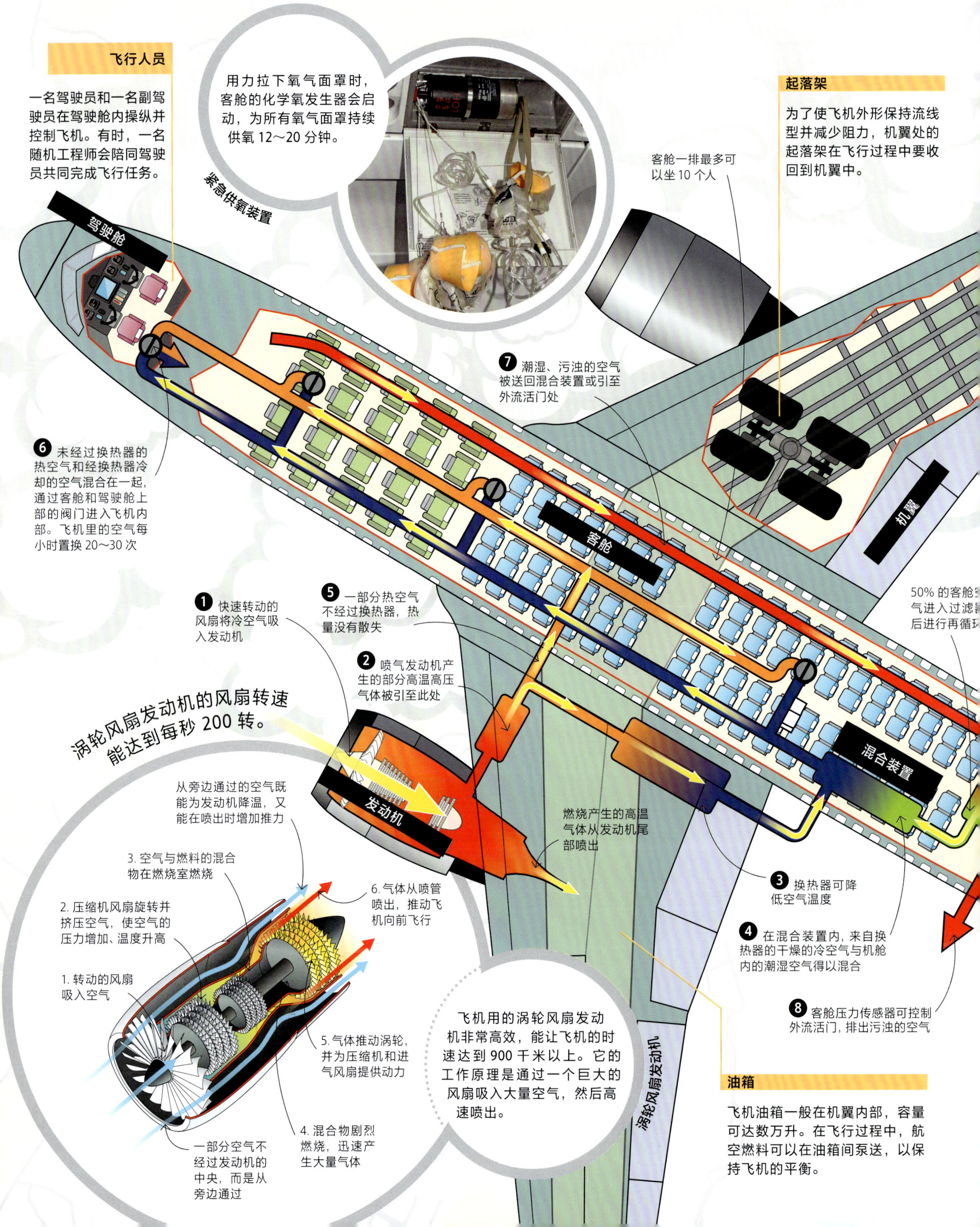

紧急供氧装置
用力拉下氧气面罩时，客舱的化学氧发生器会启动，为所有氧气面罩持续供氧 12～20 分钟。
驾驶舱
客舱
机翼
混合装置
发动机
涡轮风扇发动机
客舱一排最多可以坐 10 个人
❶ 快速转动的风扇将冷空气吸入发动机
❷ 喷气发动机产生的部分高温高压气体被引至此处
❸ 换热器可降低空气温度
❹ 在混合装置内，来自换热器的干燥的冷空气与机舱内的潮湿空气得以混合
❺ 一部分热空气不经过换热器，热量没有散失
❻ 未经过换热器的热空气和经换热器冷却的空气混合在一起，通过客舱和驾驶舱上部的阀门进入飞机内部。飞机里的空气每小时置换 20～30 次
❼ 潮湿、污浊的空气被送回混合装置或引至外流活门处
❽ 客舱压力传感器可控制外流活门，排出污浊的空气
50% 的客舱
气进入过滤
后进行再循
燃烧产生的高温气体从发动机尾部喷出
从旁边通过的空气既能为发动机降温，又能在喷出时增加推力
1. 转动的风扇吸入空气
2. 压缩机风扇旋转并挤压空气，使空气的压力增加、温度升高
3. 空气与燃料的混合物在燃烧室燃烧
4. 混合物剧烈燃烧，迅速产生大量气体
5. 气体推动涡轮，并为压缩机和进气风扇提供动力
6. 气体从喷管喷出，推动飞机向前飞行
一部分空气不经过发动机的中央，而是从旁边通过

客机

每年有超过 30 亿人次乘坐飞机出行。客机一般由喷气发动机提供动力。多数客机在高空飞行，以避免空气湍流。在飞行过程中，发动机会将外部的空气吸进飞机内部并加压，然后输送至客舱，从而提高客舱的舒适度。

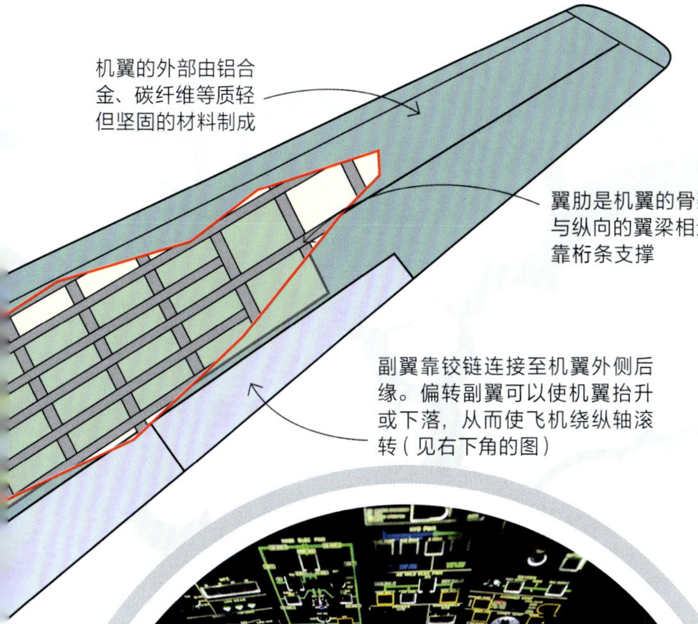

机翼的外部由铝合金、碳纤维等质轻但坚固的材料制成

翼肋是机翼的骨架，与纵向的翼梁相连，靠桁条支撑

副翼靠铰链连接至机翼外侧后缘。偏转副翼可以使机翼抬升或下落，从而使飞机绕纵轴滚转（见右下角的图）

驾驶舱内有飞行员的座位，还有很多精密的电子设备，其中包括探测航路天气的雷达以及多块显示飞行数据的屏幕。

驾驶舱

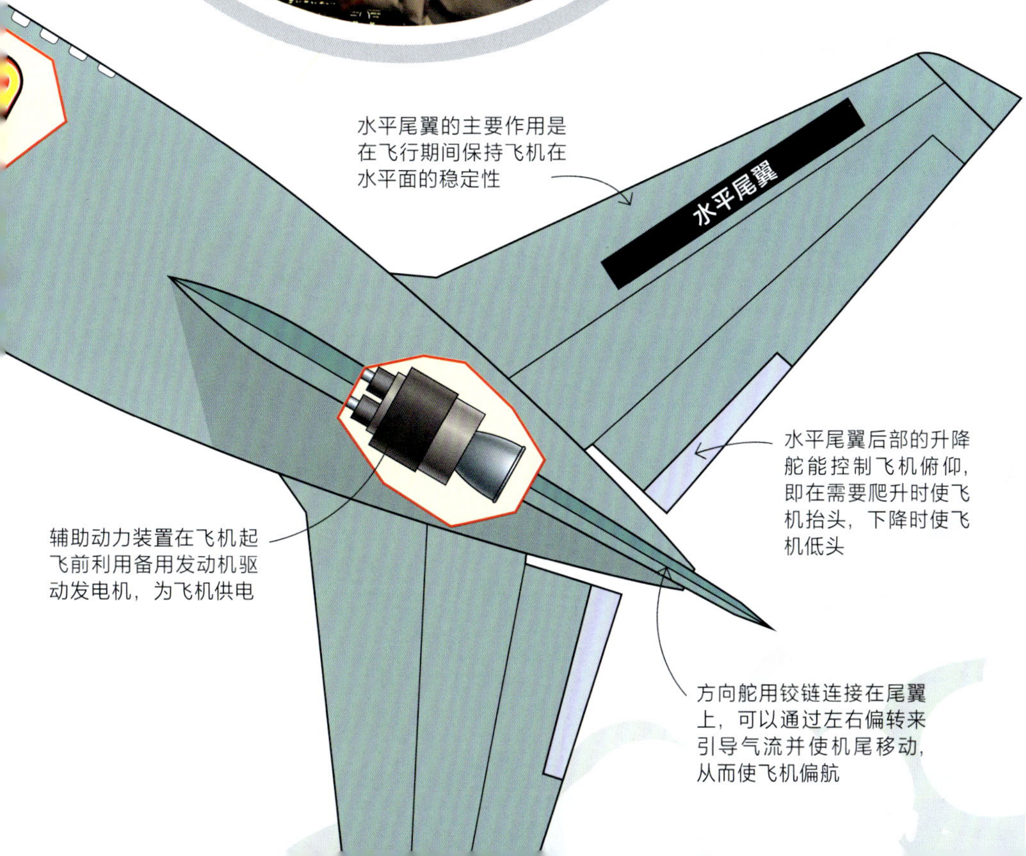

水平尾翼的主要作用是在飞行期间保持飞机在水平面的稳定性

水平尾翼后部的升降舵能控制飞机俯仰，即在需要爬升时使飞机抬头，下降时使飞机低头

辅助动力装置在飞机起飞前利用备用发动机驱动发电机，为飞机供电

方向舵用铰链连接在尾翼上，可以通过左右偏转来引导气流并使机尾移动，从而使飞机偏航

操纵面

飞机借助操纵面在 3 个方向上移动，即俯仰、滚转和偏航。飞机倾斜转弯时，需结合滚转和偏航两种移动方式。

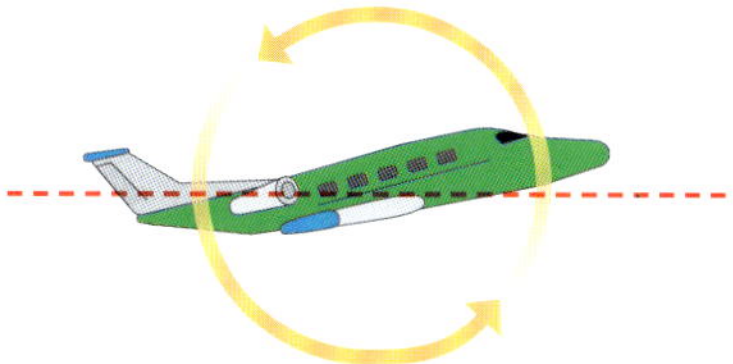

俯仰

飞机尾翼上的升降舵能向上或向下倾斜。升降舵向上倾斜时，机头抬起，飞机爬升。

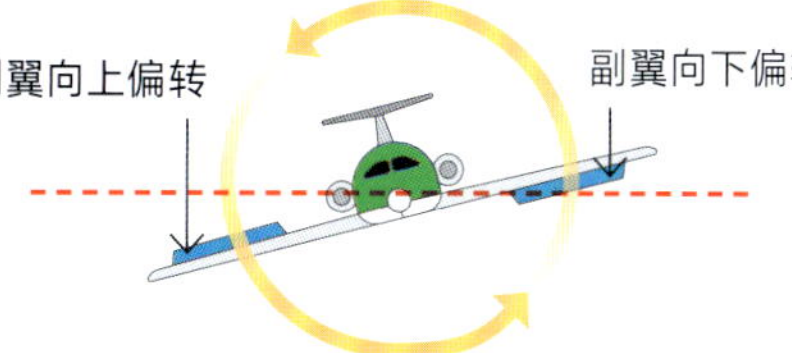

滚转

副翼偏转时，飞机的一侧机翼上升，另一侧机翼下降，使飞机绕纵轴进行旋转运动。

偏航

飞机尾翼的方向舵偏转时，飞机尾部会向相反方向移动，从而使机头向左或向右偏航。

飞行巨物

图中的喷气式货机体积巨大，运输过韦布空间望远镜的部件。货机虽体积非常大，但与同样大小的轮船或火车相比却轻得多。只要发动机能提供足够的推力，货机就能起飞。一旦离开地面并向前行进，巨大的机翼产生的升力（详见第 164 页）就足以克服飞机的重力，让飞机能在空中持续飞行。

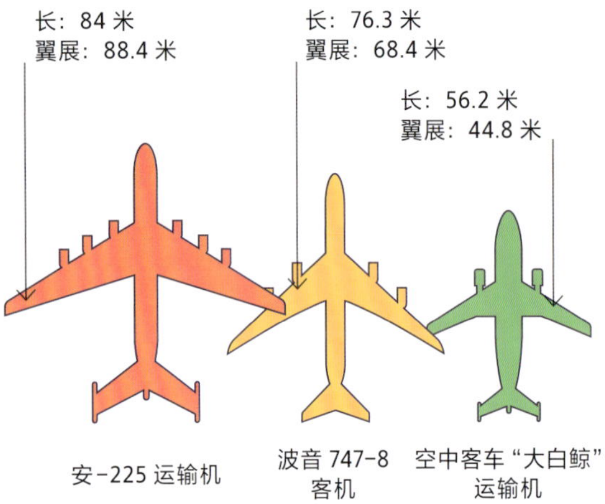

大型飞机

安-225 运输机曾用于运输航天器，空中客车“大白鲸”运输机主要用于运输飞机部件。波音 747 是世界最大的客机之一。

周期变距控制和总距控制

为了改变升力的大小和方向，直升机驾驶员需要改变旋翼的桨距（叶片的角度）。总距操纵杆能同时改变所有叶片的桨距，使直升机上升或下降。周期变距操纵杆能控制倾斜盘向前后左右移动，使不同叶片产生不同的桨距，从而使直升机向倾斜盘倾斜的方向前进。

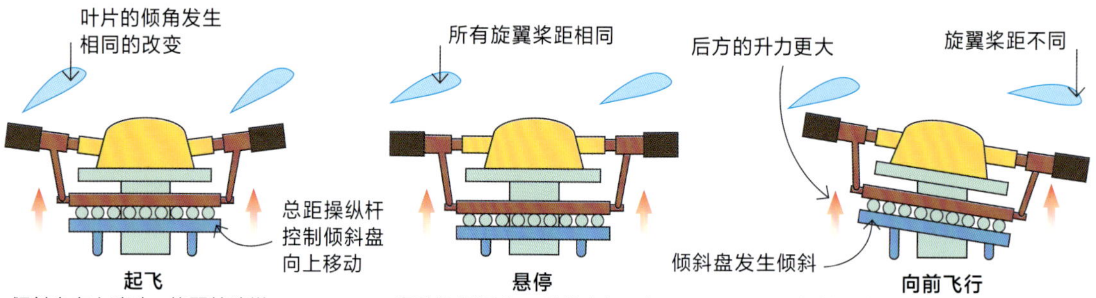

叶片的倾角发生相同的改变
总距操纵杆控制倾斜盘向上移动
所有旋翼桨距相同
后方的升力更大
旋翼桨距不同
倾斜盘发生倾斜

起飞 倾斜盘向上移动，旋翼转速增加，产生升力，直升机起飞。

悬停 直升机所受的 4 种外力相互抵消，其中直升机的重力与升力相等，使直升机在空中悬停。

向前飞行 倾斜盘向前倾斜时，后方的升力更大，推动直升机向前飞行。

直升机驾驶舱内有显示速度、高度和方向的仪表。驾驶员可以通过这些仪表随时观察直升机的情况。驾驶员可以一手控制周期变距操纵杆，一手控制总距操纵杆（配备有旋转式油门操纵装置），脚踩调节尾桨倾角的踏板。

直升机驾驶舱

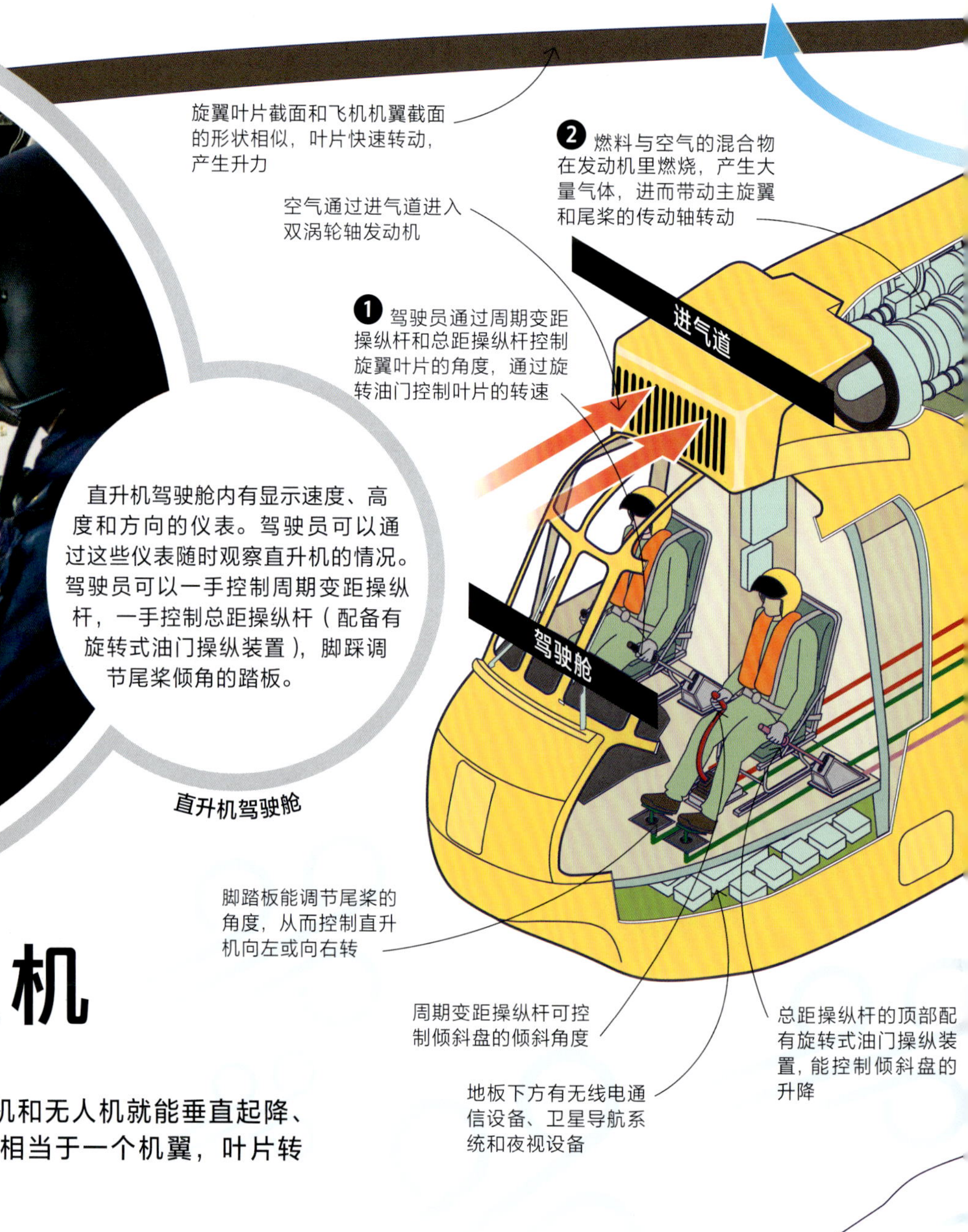

旋翼叶片截面和飞机机翼截面的形状相似，叶片快速转动，产生升力
2 燃料与空气的混合物在发动机里燃烧，产生大量气体，进而带动主旋翼和尾桨的传动轴转动
空气通过进气道进入双涡轮轴发动机
1 驾驶员通过周期变距操纵杆和总距操纵杆控制旋翼叶片的角度，通过旋转油门控制叶片的转速
进气道
驾驶舱
脚踏板能调节尾桨的角度，从而控制直升机向左或向右转
周期变距操纵杆可控制倾斜盘的倾斜角度
地板下方有无线电通信设备、卫星导航系统和夜视设备
总距操纵杆的顶部配有旋转式油门操纵装置，能控制倾斜盘的升降

直升机和无人机

只要精准控制旋翼叶片的转速和角度，直升机和无人机就能垂直起降、向任意方向飞行或在空中悬停。每个叶片都相当于一个机翼，叶片转动时上下方会出现压力差，进而产生升力。

直升机

直升机机身由质轻但坚固的材料制成。直升机顶部有一个或多个旋翼，尾部多有一个小型尾桨。

四旋翼无人机

四旋翼无人机是带有四组旋翼的远程控制飞行器。通过改变旋翼的转速，四旋翼无人机能向任意方向飞行。

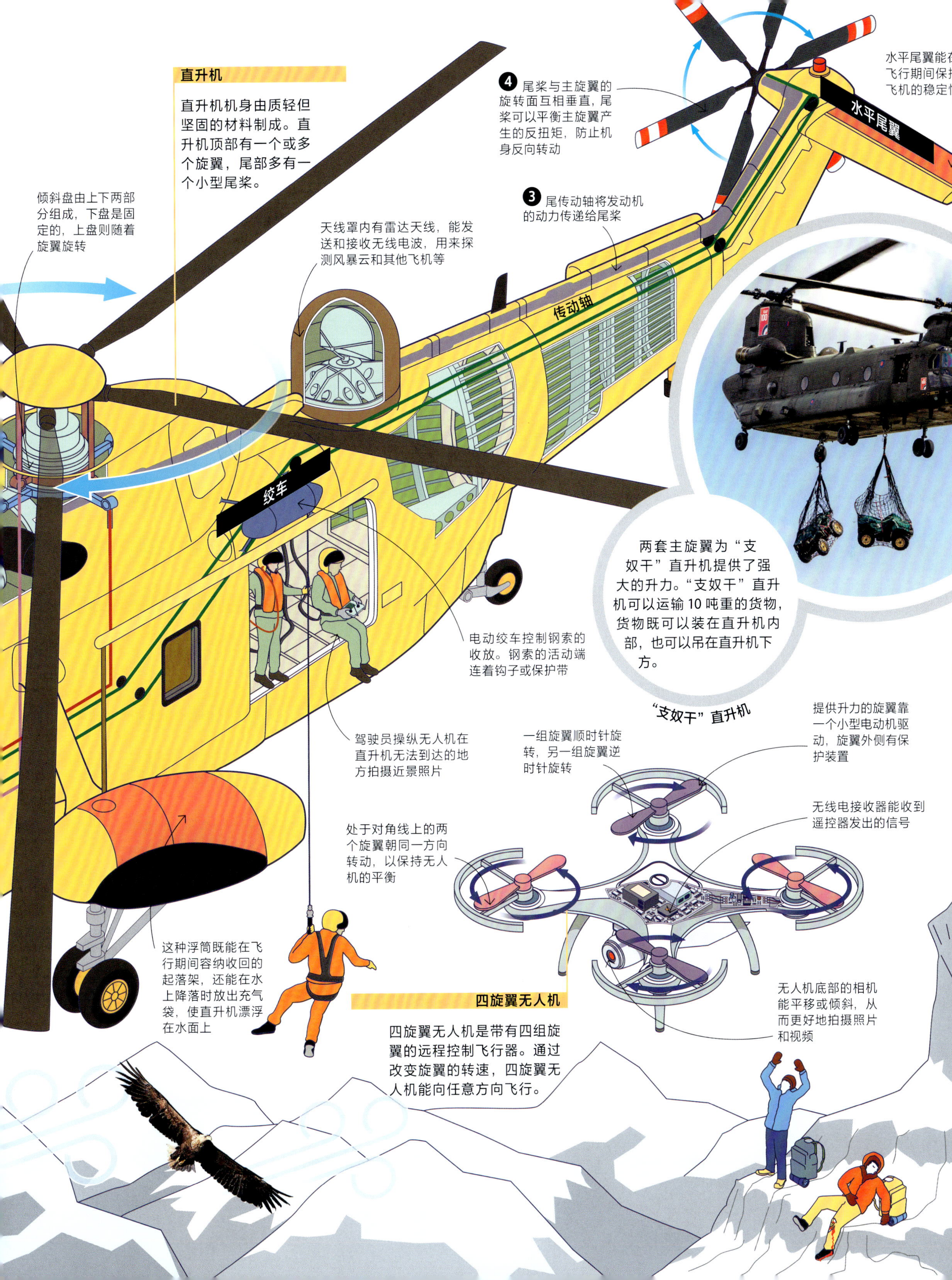
❹ 尾桨与主旋翼的旋转面互相垂直，尾桨可以平衡主旋翼产生的反扭矩，防止机身反向转动
水平尾翼
水平尾翼能在飞行期间保持飞机的稳定性
❸ 尾传动轴将发动机的动力传递给尾桨
传动轴
倾斜盘由上下两部分组成，下盘是固定的，上盘则随着旋翼旋转
天线罩内有雷达天线，能发送和接收无线电波，用来探测风暴云和其他飞机等
绞车
电动绞车控制钢索的收放。钢索的活动端连着钩子或保护带
驾驶员操纵无人机在直升机无法到达的地方拍摄近景照片
这种浮筒既能在飞行期间容纳收回的起落架，还能在水上降落时放出充气袋，使直升机漂浮在水面上
两套主旋翼为“支奴干”直升机提供了强大的升力。“支奴干”直升机可以运输 10 吨重的货物，货物既可以装在直升机内部，也可以吊在直升机下方。
“支奴干”直升机
一组旋翼顺时针旋转，另一组旋翼逆时针旋转
提供升力的旋翼靠一个小型电动机驱动，旋翼外侧有保护装置
无线电接收器能收到遥控器发出的信号
处于对角线上的两个旋翼朝同一方向转动，以保持无人机的平衡
无人机底部的相机能平移或倾斜，从而更好地拍摄照片和视频

飞机着陆

飞机驾驶员的一项重要工作就是让飞机精准降落在跑道上。为了确保着陆的安全性，驾驶员需要依赖多种仪器设备的帮助，还要仔细观察跑道标志，遵从地勤人员的指令。

这张延时照片显示了从美国旧金山国际机场起飞的飞机的机翼灯留下的痕迹。一个繁忙的机场每天可以起降1 000多架次航班，因此空中交通管制员必须精准协调机场的地面交通和空中交通，确保飞机起降安全高效。

机场交通

跑道

跑道多是长直的沥青混凝土道或水泥混凝土道。大型机场的跑道可能有3 000多米长。

飞机降落

驾驶员在驾驶飞机降落的过程中，应时刻观察灯光和标识，并留意驾驶舱仪表的指示。

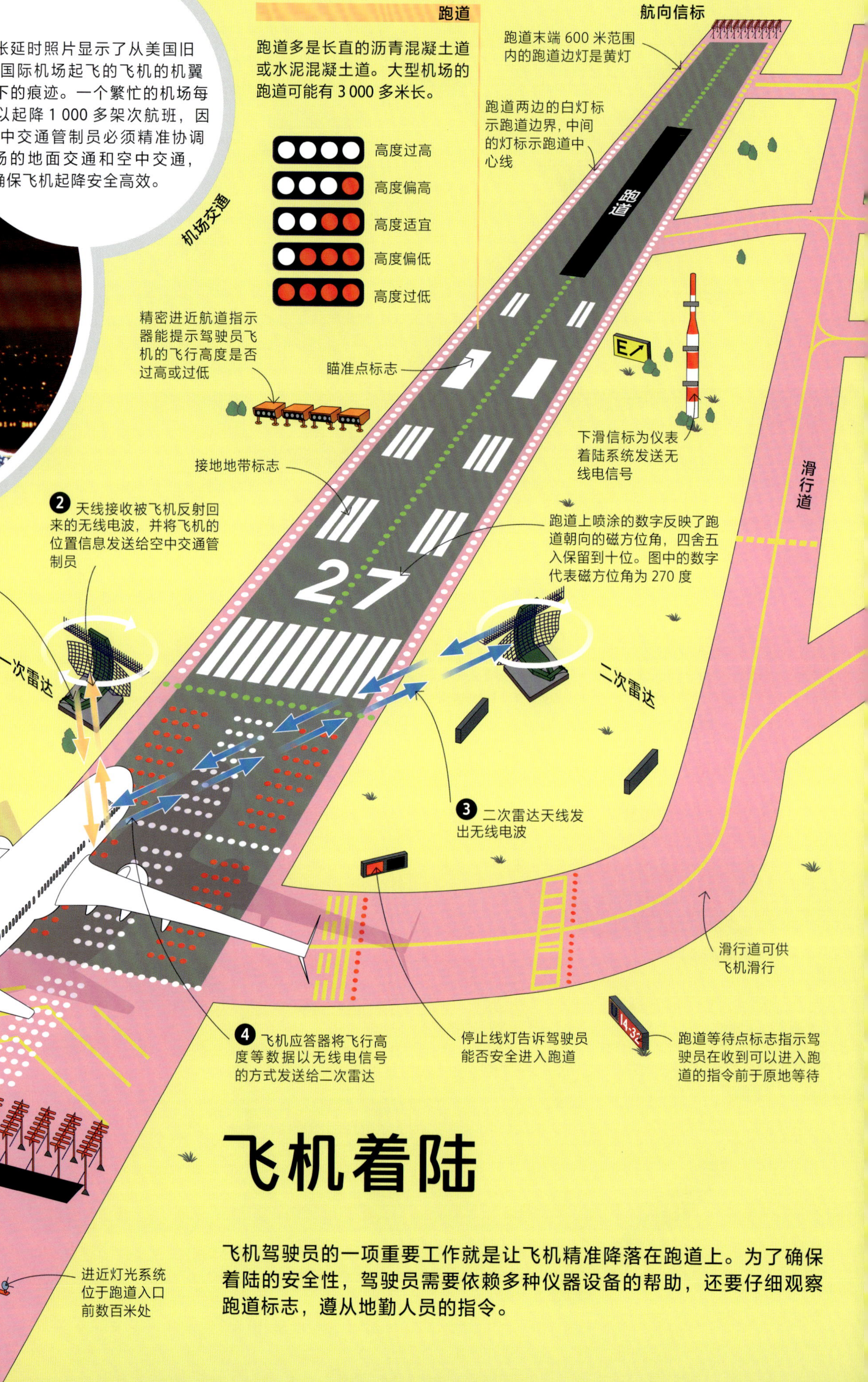

高度过高
高度偏高
高度适宜
高度偏低
高度过低
精密进近航道指示器能提示驾驶员飞机的飞行高度是否过高或过低
航向信标
跑道末端600米范围内的跑道边灯是黄灯
跑道两边的白灯标示跑道边界，中间的灯标示跑道中心线
跑道
瞄准点标志
E↗
下滑信标为仪表着陆系统发送无线电信号
接地地带标志
滑行道
2 天线接收被飞机反射回来的无线电波，并将飞机的位置信息发送给空中交通管制员
跑道上喷涂的数字反映了跑道朝向的磁方位角，四舍五入保留到十位。图中的数字代表磁方位角为270度
1 转动的一次雷达天线通过向各个方向发出无线电波来监视机场的情况
27
一次雷达
二次雷达
3 二次雷达天线发出无线电波
黄色“人”字形标线指向着陆区
滑行道可供飞机滑行
4 飞机应答器将飞行高度等数据以无线电信号的方式发送给二次雷达
停止线灯告诉驾驶员能否安全进入跑道
14-32
跑道等待点标志指示驾驶员在收到可以进入跑道的指令前于原地等待
航向信标
航向信标是仪表着陆系统（详见第173页）的组成部分
进近灯光系统位于跑道入口前数百米处
进近灯光系统

仪表着陆系统的工作原理

仪表着陆系统是一种设计巧妙的小范围导航系统，在能见度较差时可以派上大用场。地面上的无线电信号发射器会发出两束指引信号，其中一束用于水平对准，另一束则用于垂直对准。飞机上的仪器接收到这两束信号后可以进行分析，确定飞机的相对位置，帮助驾驶员将飞机降落在跑道上。

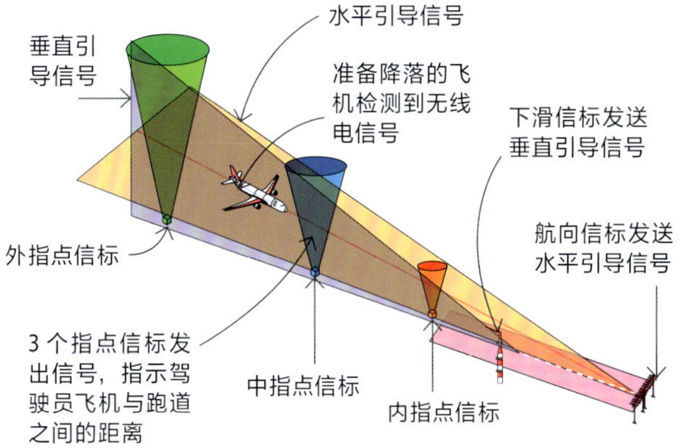
垂直引导信号
水平引导信号
准备降落的飞机检测到无线电信号
下滑信标发送垂直引导信号
航向信标发送水平引导信号
外指点信标
3 个指点信标发出信号，指示驾驶员飞机与跑道之间的距离
中指点信标
内指点信标

航站楼

航站楼是为乘飞机出发前和抵达后的旅客提供服务的场所。航站楼里设有安检设备、值机柜台和行李传送带等。

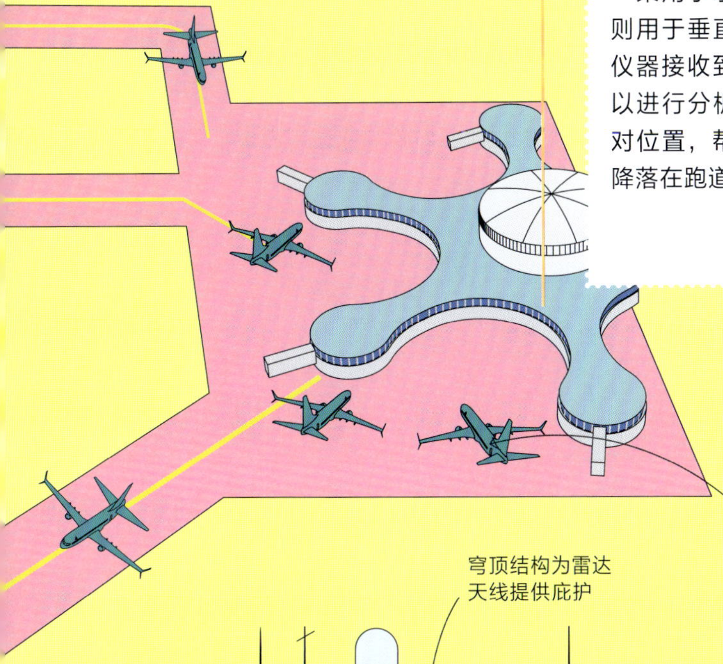
飞机滑行至航站楼停靠点或登机口，等待乘客下机

美国亚特兰大哈兹菲尔德-杰克逊国际机场的年旅客吞吐量高达 9 300 万人次。

穹顶结构为雷达天线提供庇护
管制塔台顶层的调度室有巨大的玻璃窗。身处其中的管制员能看到天空和机场的情况
管制塔台
进近管制室的管制员会引导飞机进入跑道并向准备降落的飞机发出指令

监控屏幕

飞机应答器会发出信号。这些信号与一次雷达提供的数据可标定飞机位置、飞行方向和飞行高度。这些数据会显示在控制台的监控屏幕上。管制员根据屏幕上显示的信息，就能发现可能闯入其他飞机飞行空间的飞机，并指挥该飞机的驾驶员改变飞行方向或高度。

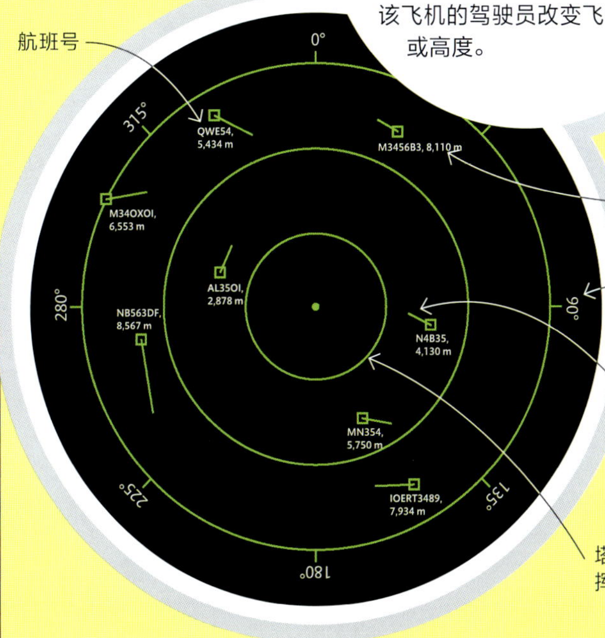
航班号
0°
315°
280°
225°
180°
135°
90°
QWE54, 5,434 m
M3456B3, 8,110 m
M34OXOI, 6,553 m
AL35OI, 2,878 m
NB563DF, 8,567 m
N4B35, 4,130 m
MN354, 5,750 m
IOERT3489, 7,934 m
飞机飞行高度
罗航向
飞机航线方向
塔台管制员指挥区域的外限

管制塔台

空中交通管制员在管制塔台中指挥所有飞机起降。管制员会关注屏幕上的飞机信息，并时刻与驾驶员保持联系。

联合收割机

联合收割机能完成 3 道耗费时间的农业生产工序：收割、脱粒和清选。它能切断作物的茎秆，将谷粒从茎秆上脱下，并去除不可食用的颖壳。联合收割机大大加快了收割速度，还减少了原来生产工序中的损失。

驾驶室内的屏幕显示了摄像机录制的实时影像以及作物和联合收割机工作情况的数据。驾驶员可以调整联合收割机的工作参数，比如割台高度和角度、拨禾轮的转速等。

驾驶室

收割

割刀将作物沿着地面切割下来。联合收割机会在田地里来回行驶，确保能收割到所有角落的作物。

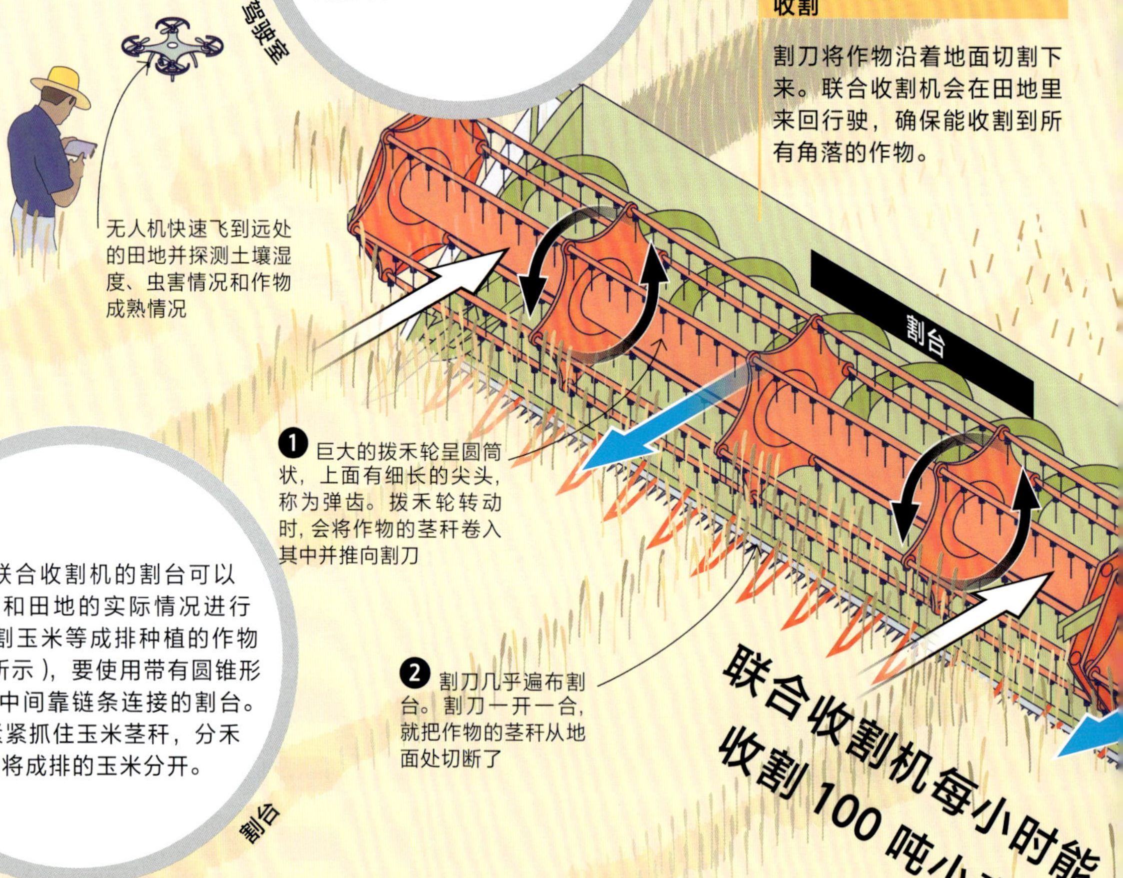

无人机快速飞到远处的田地并探测土壤湿度、虫害情况和作物成熟情况
割台
1 巨大的拨禾轮呈圆筒状，上面有细长的尖头，称为弹齿。拨禾轮转动时，会将作物的茎秆卷入其中并推向割刀
2 割刀几乎遍布割台。割刀一开一合，就把作物的茎秆从地面处切断了

CLAAS

大部分联合收割机的割台可以根据作物和田地的实际情况进行更换。收割玉米等成排种植的作物时（如图所示），要使用带有圆锥形分禾器且中间靠链条连接的割台。链条能紧紧抓住玉米茎秆，分禾器则会将成排的玉米分开。

割台

联合收割机每小时能收割 100 吨小麦。

无人驾驶联合收割机

无人驾驶的联合收割机已经在一些农场接受测试了。GPS 接收器和其他传感器会收集收割机的位置信息。软件能为收割机规划出一条高效的收割路线并控制收割机的行动。

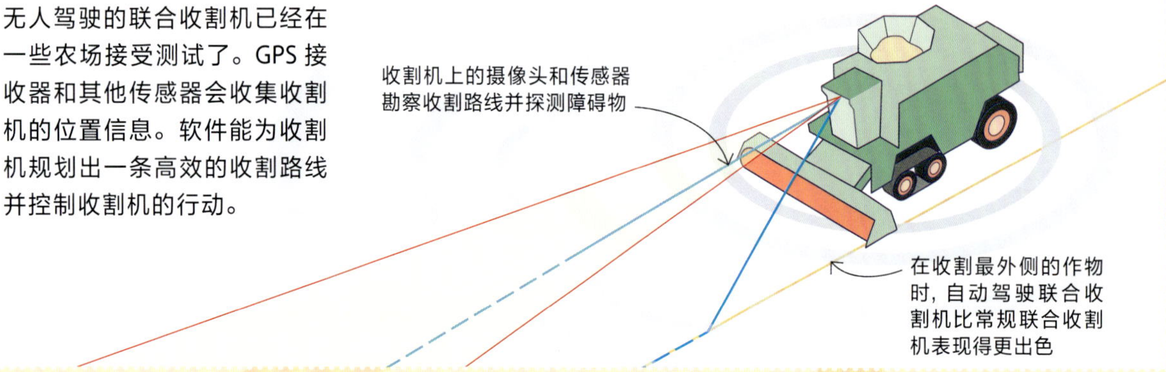

收割机上的摄像头和传感器勘察收割路线并探测障碍物
在收割最外侧的作物时，自动驾驶联合收割机比常规联合收割机表现得更出色

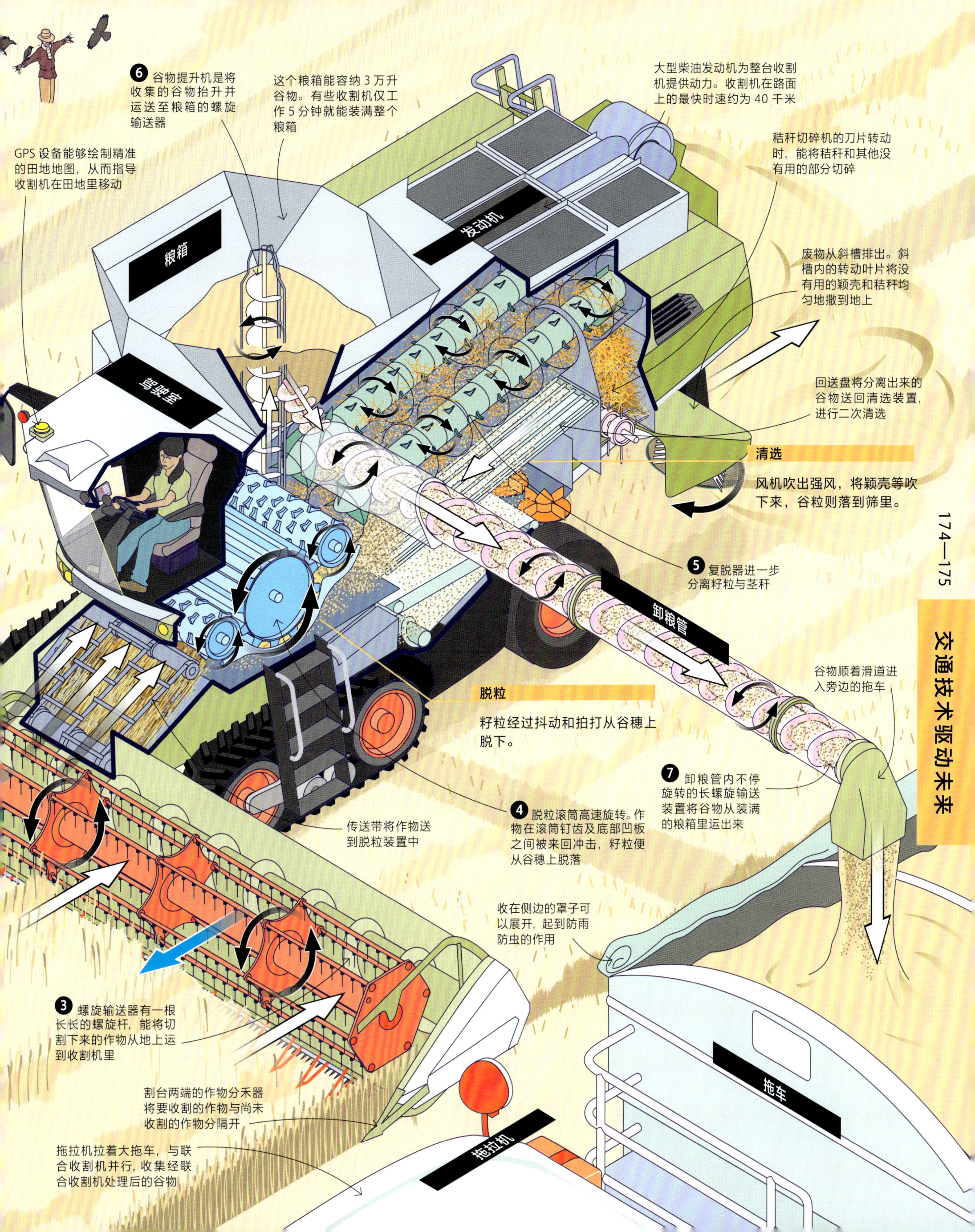

❻ 谷物提升机是将收集的谷物抬升并运送至粮箱的螺旋输送器
这个粮箱能容纳 3 万升谷物。有些收割机仅工作 5 分钟就能装满整个粮箱
大型柴油发动机为整台收割机提供动力。收割机在路面上的最快时速约为 40 千米
GPS 设备能够绘制精准的田地地图，从而指导收割机在田地里移动
秸秆切碎机的刀片转动时，能将秸秆和其他没有用的部分切碎
粮箱
发动机
废物从斜槽排出。斜槽内的转动叶片将没有用的颖壳和秸秆均匀地撒到地上
驾驶室
回送盘将分离出来的谷物送回清选装置，进行二次清选
清选
风机吹出强风，将颖壳等吹下来，谷粒则落到筛里。
❺ 复脱器进一步分离籽粒与茎秆
卸粮管
谷物顺着滑道进入旁边的拖车
脱粒
籽粒经过抖动和拍打从谷穗上脱下。
❼ 卸粮管内不停旋转的长螺旋输送装置将谷物从装满的粮箱里运出来
传送带将作物送到脱粒装置中
❹ 脱粒滚筒高速旋转。作物在滚筒钉齿及底部凹板之间被来回冲击，籽粒便从谷穗上脱落
收在侧边的罩子可以展开，起到防雨防虫的作用
❸ 螺旋输送器有一根长长的螺旋杆，能将切割下来的作物从地上运到收割机里
拖车
割台两端的作物分禾器将要收割的作物与尚未收割的作物分隔开
拖拉机
拖拉机拉着大拖车，与联合收割机并行，收集经联合收割机处理后的谷物

谷物拣选

联合收割机清选后的谷物中还会含有小秸秆、坏粒、细沙、昆虫等杂质。这些谷物要先经过处理，去除其中的杂质，然后才能储存起来。光照拣选机通过物体表面光学性质的差异来识别杂质，并向从高处落下的杂质吹风，将它们分离出来，重力拣选机则利用物体重力的不同筛选出谷物。储存谷物前，要测试谷物的湿度。若湿度过大，需要先烘干谷物再储存，以防霉变。

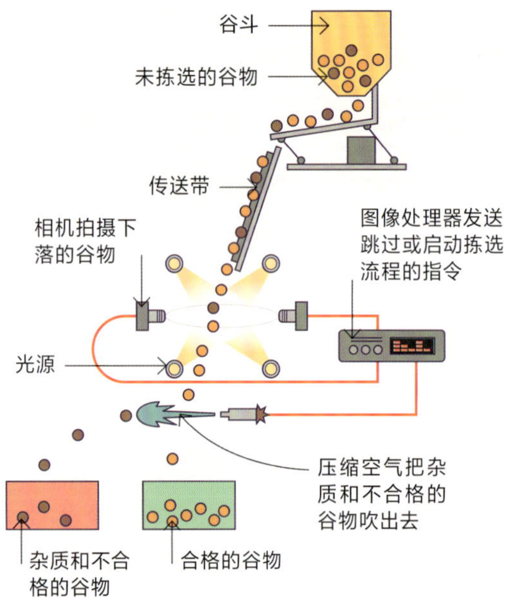

光照拣选机

光照拣选技术利用高速相机和图像处理器来识别不合格的谷物和杂质，并将它们分离出去。

利用空间技术，我们能将各种仪器发射到地球轨道上，甚至将它们送去更远的地方，探索广阔的太阳系。空间技术也可以让我们观测宇宙深处更遥远的天体。空间技术越进步，对于宇宙我们就能了解得越多。

太空科技最前线

火箭

火箭发动机通过快速消耗燃料来提供较大的推力。为了能在没有空气的太空中航行，它自行携带燃烧需要的氧气。除了在太空飞行，火箭发动机在其他需要快速产生强大推力的地方也能发挥作用。

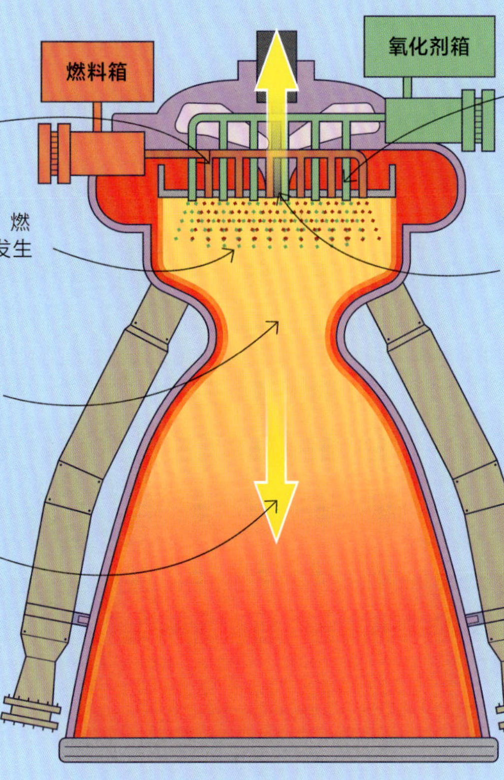
燃料箱
氧化剂箱
1. 将液体燃料（如液氢）注入燃烧室
2. 将氧化剂（如液氧）同时注入燃烧室
3. 在这个小腔室，燃料和氧化剂快速发生反应，开始燃烧
4. 膨胀的热气产生推力，驱动发动机
5. 燃烧室底部有一处狭窄的通道——喉道，能增加排出气体的压强
6. 热气从喉道喷出，然后在较粗的喷管中膨胀。气体产生得越快，推力就越强

工作原理

在火箭发动机的燃烧室，燃料和氧化剂高效地混合燃烧并产生大量热气。当这些热气膨胀的时候，它们会从喷管向下喷出，产生向上的推力。

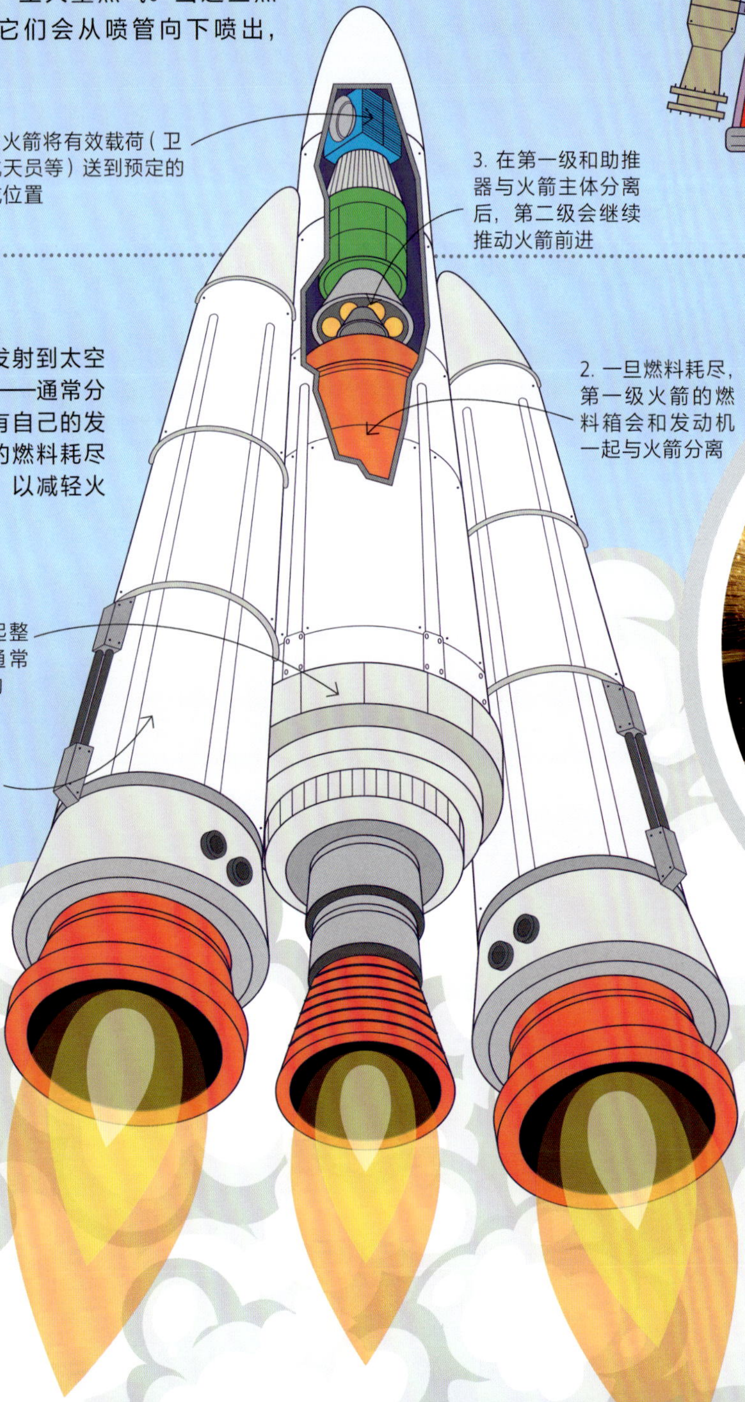
第三级火箭将有效载荷（卫星或航天员等）送到预定的轨道或位置
3. 在第一级和助推器与火箭主体分离后，第二级会继续推动火箭前进
2. 一旦燃料耗尽，第一级火箭的燃料箱会和发动机一起与火箭分离
1. 第一级需要托起整个火箭，所以它通常是最重和最强大的
有的时候也会配置固体火箭助推器为第一级提供额外的推力

多级火箭

大多数将有效载荷发射到太空中的火箭是多级的——通常分为三级，每一级都有自己的发动机。一旦某一级的燃料耗尽了，它就会被分离，以减轻火箭整体的质量。

烟花与固体燃料火箭有相似之处。烟花含有火药（燃料和氧化剂的混合物）和在高温下会产生不同颜色的光的化合物。

烟花

固体推进剂火箭

一些火箭采用固体推进剂——固体燃料和固体氧化剂的混合物，通常以压缩粉末的形式储存在火箭之中，火箭中心的通道则充当燃烧室。

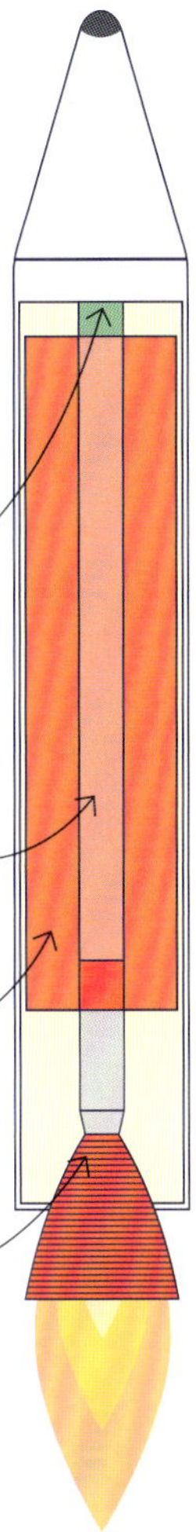
固体可燃混合物的点火通常由电流触发。通电后，推进剂就会被点燃
这个通道是推进剂燃烧的地方
推进剂迅速燃烧时，这个通道会逐渐变宽，直到所有燃料耗尽
这个狭窄的喉道用于增加气体压强

液体推进剂火箭

在液体推进剂火箭中，燃料和氧化剂进入燃烧室的比例可以通过阀门来控制。所以与固体推进剂火箭不同，它的发动机的推力是可控的。

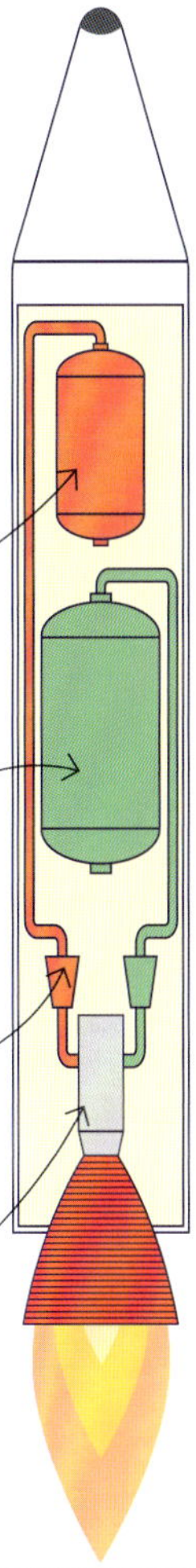
燃料箱将燃料（通常是液氢）保持在低温、高压的状态下
氧化剂（通常是液氧）也以低温、高压的状态储存在氧化剂箱中
阀门通过增加或减少燃料和氧化剂的流量来改变发动机的推力
燃烧室是燃料和氧化剂发生反应的地方，会产生大量气体

重复使用火箭

大多数火箭是一次性的。它们会在返回地球时燃烧殆尽或者直接坠入大海。可重复使用的火箭有额外的发动机，可以控制它下降的速度，因此可以安稳地着陆并被重复使用。

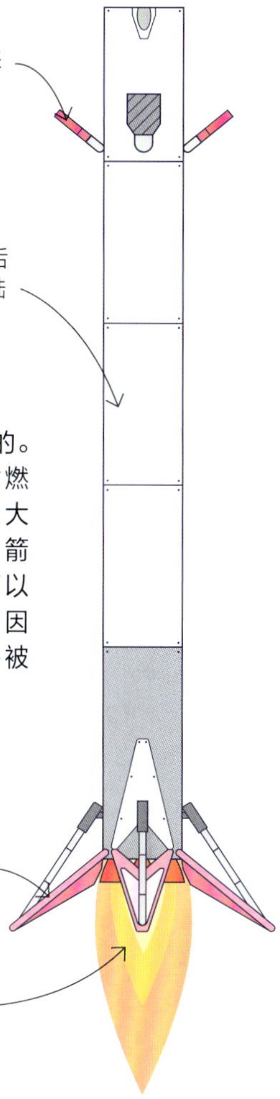
栅格翼通过改变角度来控制火箭下落的轨迹
火箭在释放有效载荷后翻转 180 度，垂直着陆
支架张开，为软着陆做准备
一个额外的火箭发动机点火，以减缓下降速度

弹射座椅

火箭像飞机一样，也有弹射座椅。固定在座椅下方的发动机会在紧急情况下启动，将航天员快速弹离飞行器。

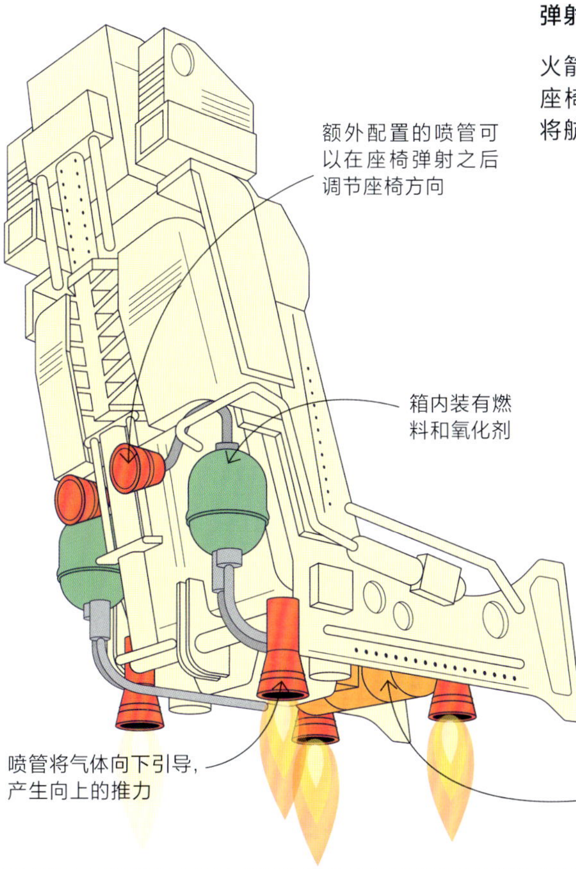
额外配置的喷管可以在座椅弹射之后调节座椅方向
箱内装有燃料和氧化剂
喷管将气体向下引导，产生向上的推力
氧气罐能供航天员在高空呼吸

当弹射座椅被激活时，顶罩会被率先弹出。座位上的计算机监控着飞行器的速度和高度，并调整发动机的推力和方向。大多数弹射座椅会配备降落伞和救生包。

快速逃离

INDIA
ISRO

火箭发射方向

火箭需要大量的燃料才能摆脱地球引力。为了节约能源，大多数发射任务会利用地球的自转将火箭弹射出去。地球绕自转轴自西向东旋转，火箭向东发射能获得初速度加成。然而并不是所有的火箭都向东发射——携带极轨卫星的火箭通常向南发射。大多数火箭发射场都在赤道附近，因为这是地表旋转最快的地方，速度约为每小时1 675千米。火箭发射后会垂直升空，穿过大气层中最厚的部分，然后平行于地球表面飞行。

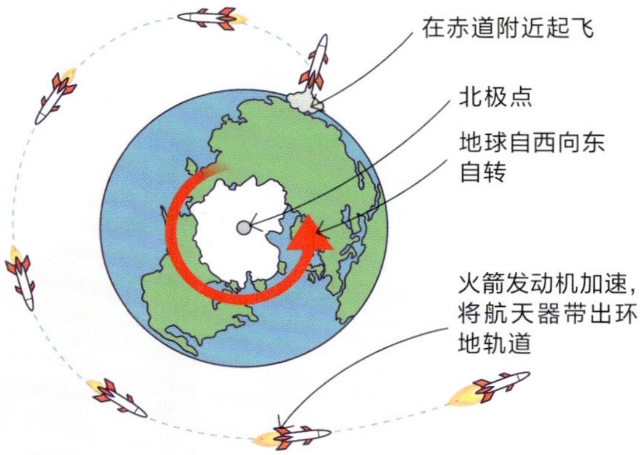

逃逸轨道

携带航天器的火箭向东发射，然后通过发动机的助推摆脱地球引力。

驾驶空间

航天员需要监测和控制返回舱上的各种系统。美国太空探索技术公司的“龙”飞船等现代载人飞船设有触控屏，能让航天员在一个面板上访问、控制所有的组件。

返回舱

返回舱是航天器运送航天员往返太空的舱室。它配备了先进的电子设备和各种生命维持系统，可为航天员提供安全的环境，保护他们免受寒冷和充满辐射的太空的危害，同时也能帮他们对抗返回地球再次进入大气层时产生的极端高温。

太阳电池阵列由多个太阳能电池板组成，为返回舱上的各系统供电
太阳能电池板
水储存在大型水箱中，并在需要的时候送入返回舱
脐带装置可保护两个舱段模块之间传输电力和数据的管线
燃料箱
适配器将不同模块对接起来
推进器燃烧较少的燃料，产生比主发动机弱的推力，以此控制飞船的飞行状态
太阳能电池板会在飞船发射后适时展开
飞船发动机通过喷出气体推动飞船向前
氧化剂和燃料分别存放在箱内，它们会在燃烧室混合并点燃，为飞船提供推力

推进舱

在大部分旅程中，返回舱与推进舱相连，推进舱为飞船提供动力和各种关键功能，还为航天员携带水和可呼吸气体。

“猎户座”飞船有 355 056 个独立元件。

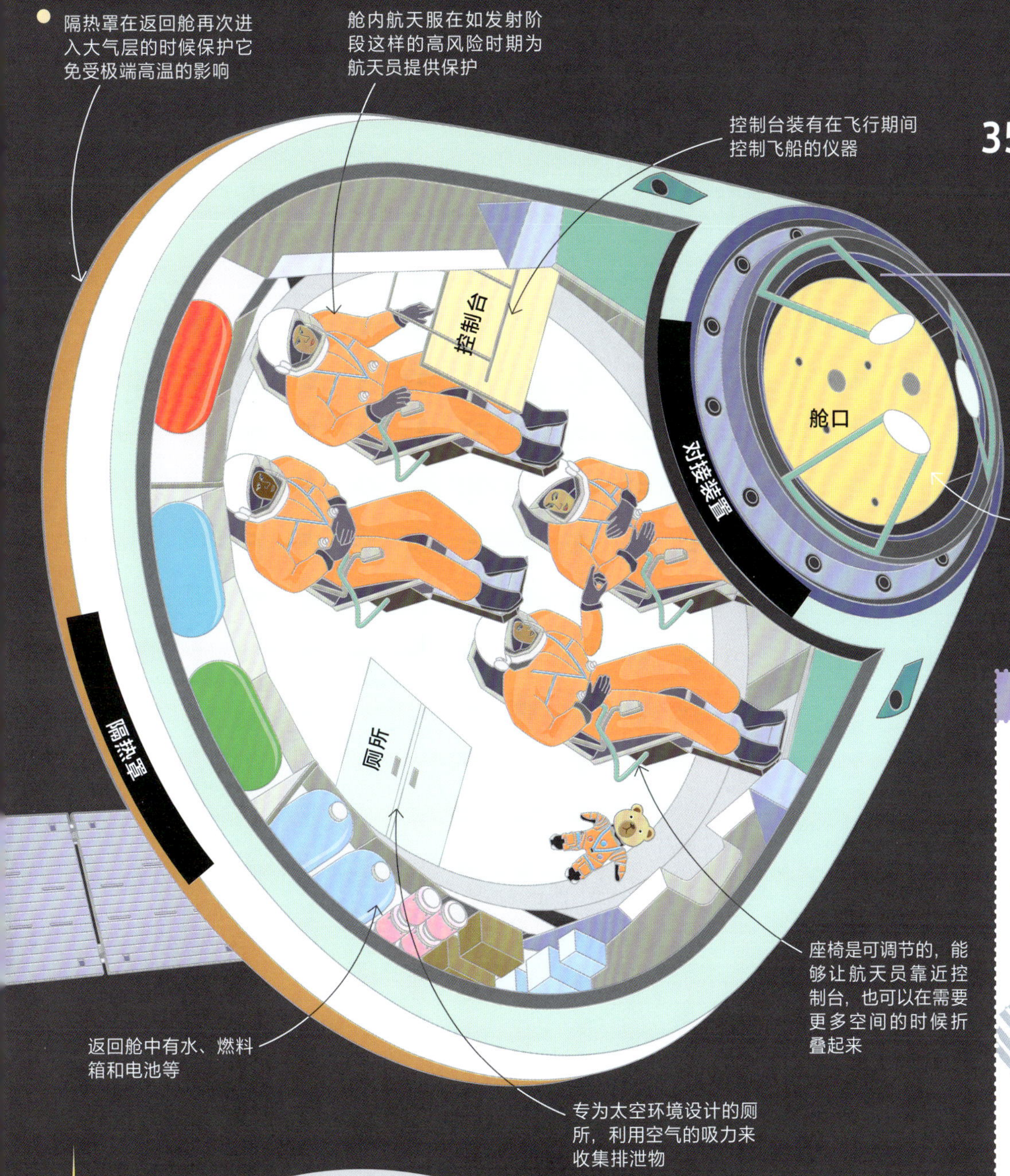
隔热罩在返回舱再次进入大气层的时候保护它免受极端高温的影响
舱内航天服在如发射阶段这样的高风险时期为航天员提供保护
控制台装有在飞行期间控制飞船的仪器
控制台
舱口
对接装置
对接舱口能让航天员从返回舱前往另一艘飞船或空间站
隔热罩
厕所
座椅是可调节的，能够让航天员靠近控制台，也可以在需要更多空间的时候折叠起来
返回舱中有水、燃料箱和电池等
专为太空环境设计的厕所，利用空气的吸力来收集排泄物

返回舱

返回舱可以让航天员安全舒适地往返太空。当它要返回地球时，推进舱会与其分离。

隔热罩

返回舱再次进入大气层的速度甚至比它发射时还要快。它在与空气摩擦时，会产生冲击波和大量热量。隔热罩由特殊材料制成，通过升华、熔化等带走热量，也有一些通过辐射带走热量。

降落

再次进入大气层后，返回舱的下降速度会非常快。此时返回舱要利用降落伞，甚至是反推发动机来减速，以安全地降落到水面（溅落）或陆地上（着陆）。

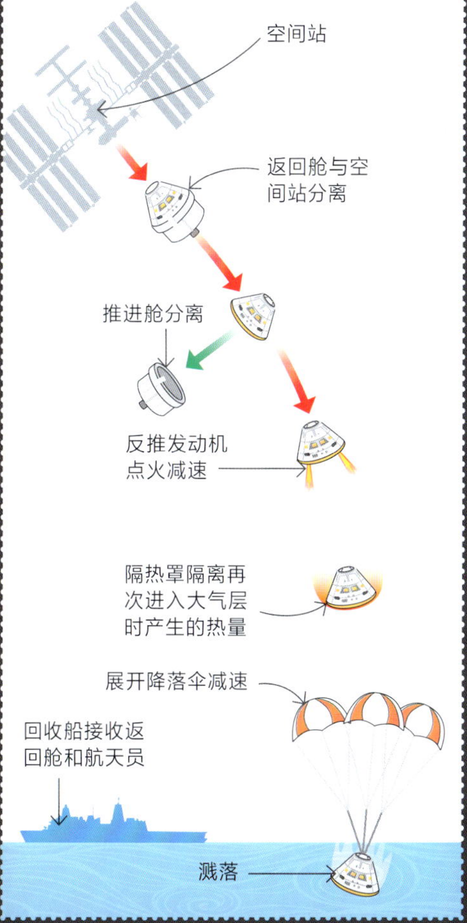
空间站
返回舱与空间站分离
推进舱分离
反推发动机点火减速
隔热罩隔离再次进入大气层时产生的热量
展开降落伞减速
回收船接收返回舱和航天员
溅落

国际空间站每天都绕地球运行 16 圈。

航天员有时需要去空间站外维修和保养空间站。除了穿着舱外航天服，他们还必须时刻被系在空间站上。

太空漫步

空间站

空间站是能让航天员常驻太空的大型航天器。它通常由多个舱室组成，可在其中开展科学实验。与地球上的实验不同，空间站上的实验可以在长期微重力的条件下进行。

太空中的重力要比在地球表面的重力小很多，这就是中国天宫空间站的航天员可以飘浮在他们的飞船中的原因。

微重力

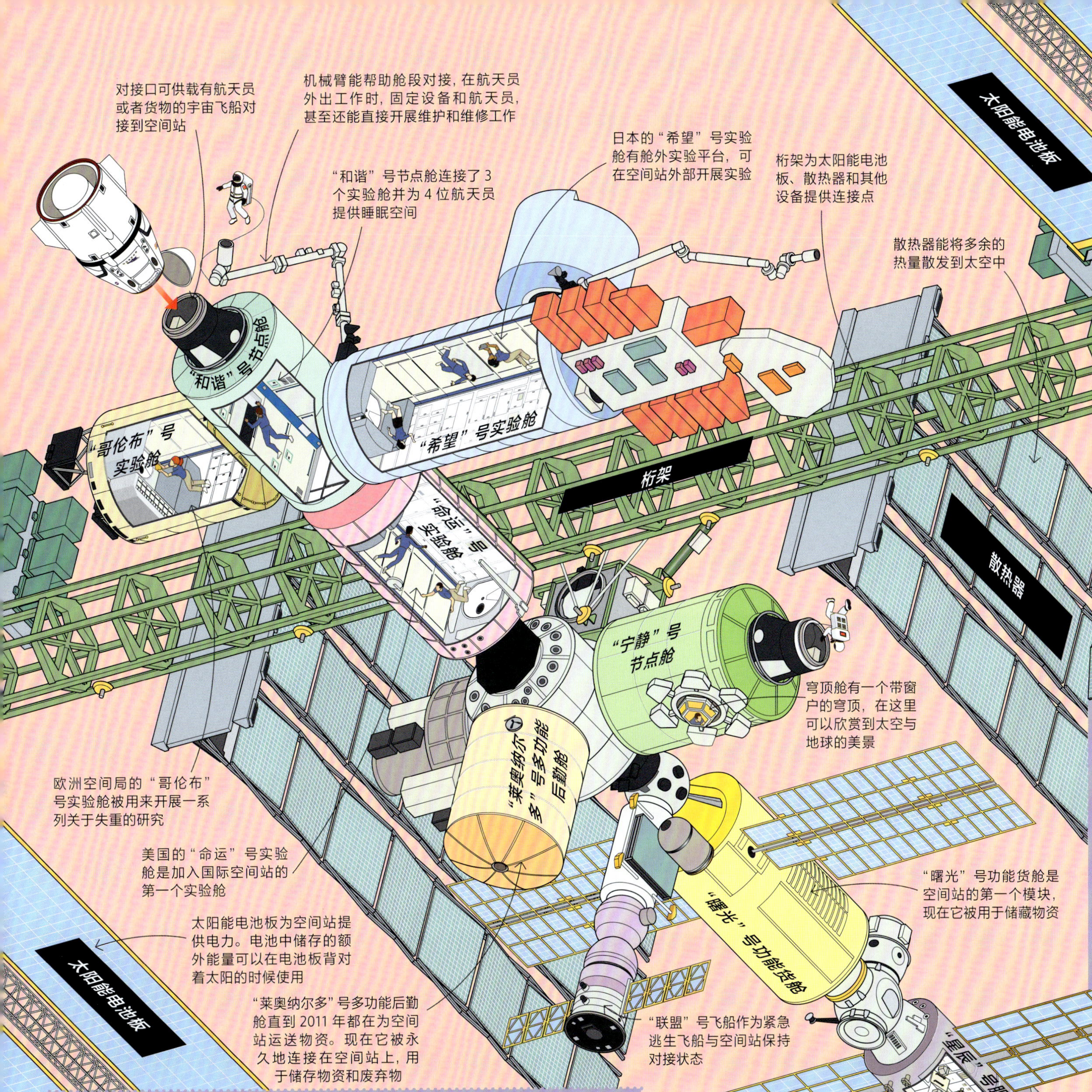
对接口可供载有航天员或者货物的宇宙飞船对接到空间站
机械臂能帮助舱段对接，在航天员外出工作时，固定设备和航天员，甚至还能直接开展维护和维修工作
"和谐"号节点舱连接了3个实验舱并为4位航天员提供睡眠空间
日本的"希望"号实验舱有舱外实验平台，可在空间站外部开展实验
桁架为太阳能电池板、散热器和其他设备提供连接点
太阳能电池板
散热器能将多余的热量散发到太空中
"和谐"号节点舱
"希望"号实验舱
"哥伦布"号实验舱
桁架
散热器
"命运"号实验舱
"宁静"号节点舱
穹顶舱有一个带窗户的穹顶，在这里可以欣赏到太空与地球的美景
"莱奥纳尔多"号多功能后勤舱
欧洲空间局的"哥伦布"号实验舱被用来开展一系列关于失重的研究
美国的"命运"号实验舱是加入国际空间站的第一个实验舱
"曙光"号功能货舱是空间站的第一个模块，现在它被用于储藏物资
太阳能电池板为空间站提供电力。电池中储存的额外能量可以在电池板背对着太阳的时候使用
太阳能电池板
"曙光"号功能货舱
"莱奥纳尔多"号多功能后勤舱直到2011年都在为空间站运送物资。现在它被永久地连接在空间站上，用于储存物资和废弃物
"联盟"号飞船作为紧急逃生飞船与空间站保持对接状态
"星辰"号服务舱
俄罗斯的"星辰"号服务舱载有空间站大部分的生命支持系统

气闸舱

航天员在气闸舱的"装备段"为太空漫步做准备，航天服和出舱设备都存放于此。气闸舱的另一半被称为"乘员段"，那里有一个气密舱门。在舱门打开之前，空气会从"乘员段"中排出，让舱内外的压力相同。

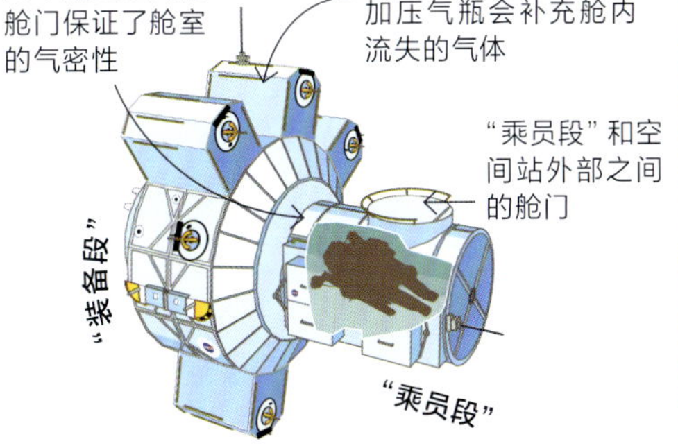
两个舱室之间的舱门保证了舱室的气密性
保存了氧气和氮气的加压气瓶会补充舱内流失的气体
"乘员段"和空间站外部之间的舱门
"装备段"
"乘员段"

国际空间站

作为目前最大的空间站，国际空间站是16个国家参与建设的合作项目。通常同时有7名航天员在空间站生活约6个月，然后会有下一批航天员来轮换工作。

着陆

漫游车需要通过软着陆方式登陆目标行星或者月球表面。方法有很多种，但最常见的还是美国国家航空航天局的“毅力”号和中国的“祝融”号所采用的方案——利用降落伞和反推发动机来减缓漫游车下降的速度，使其达到和人步行速度差不多的水平。

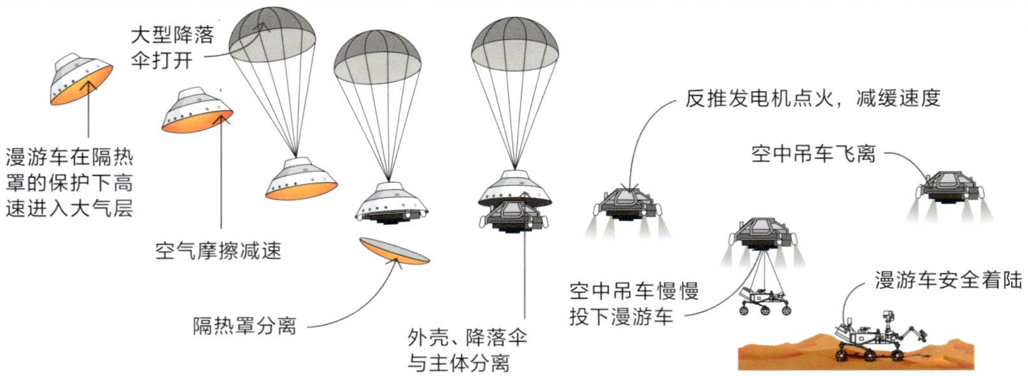

漫游车在隔热罩的保护下高速进入大气层
大型降落伞打开
空气摩擦减速
隔热罩分离
外壳、降落伞与主体分离
反推发电机点火，减缓速度
空中吊车慢慢投下漫游车
空中吊车飞离
漫游车安全着陆

小型直升机

在发射时，一架小型直升机（“机智”号）被安置在“毅力”号火星车的底部。它主要被用于测试在火星上的受控动力飞行技术，并为“毅力”号探索火星表面的任务提供支持。

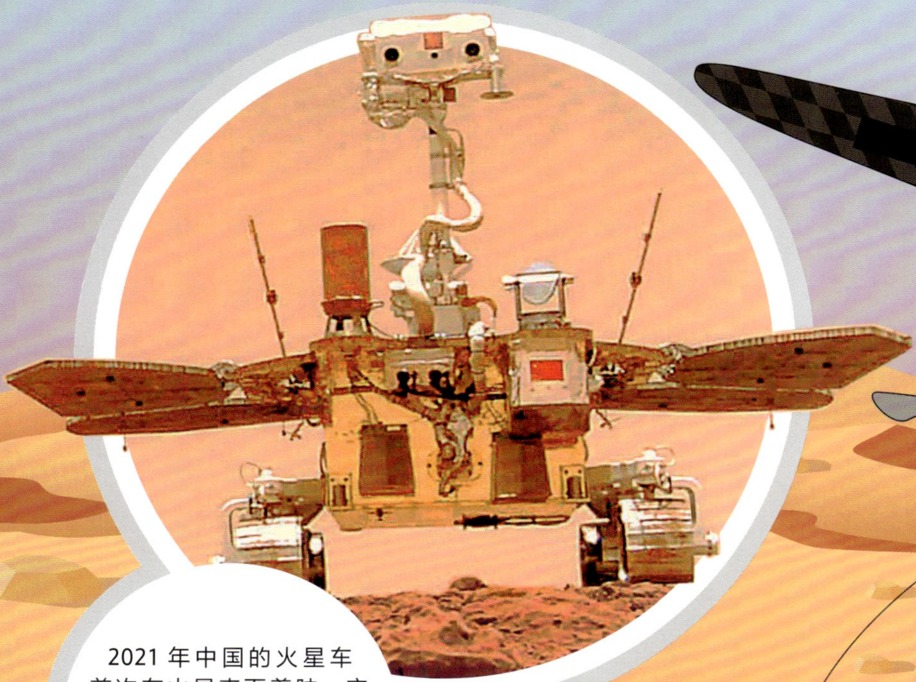

2021 年中国的火星车首次在火星表面着陆。它由 4 个折叠的太阳能电池板供电，并保持了约一年的活跃状态，研究了火星岩石、土壤和大气等。

“祝融”号火星车

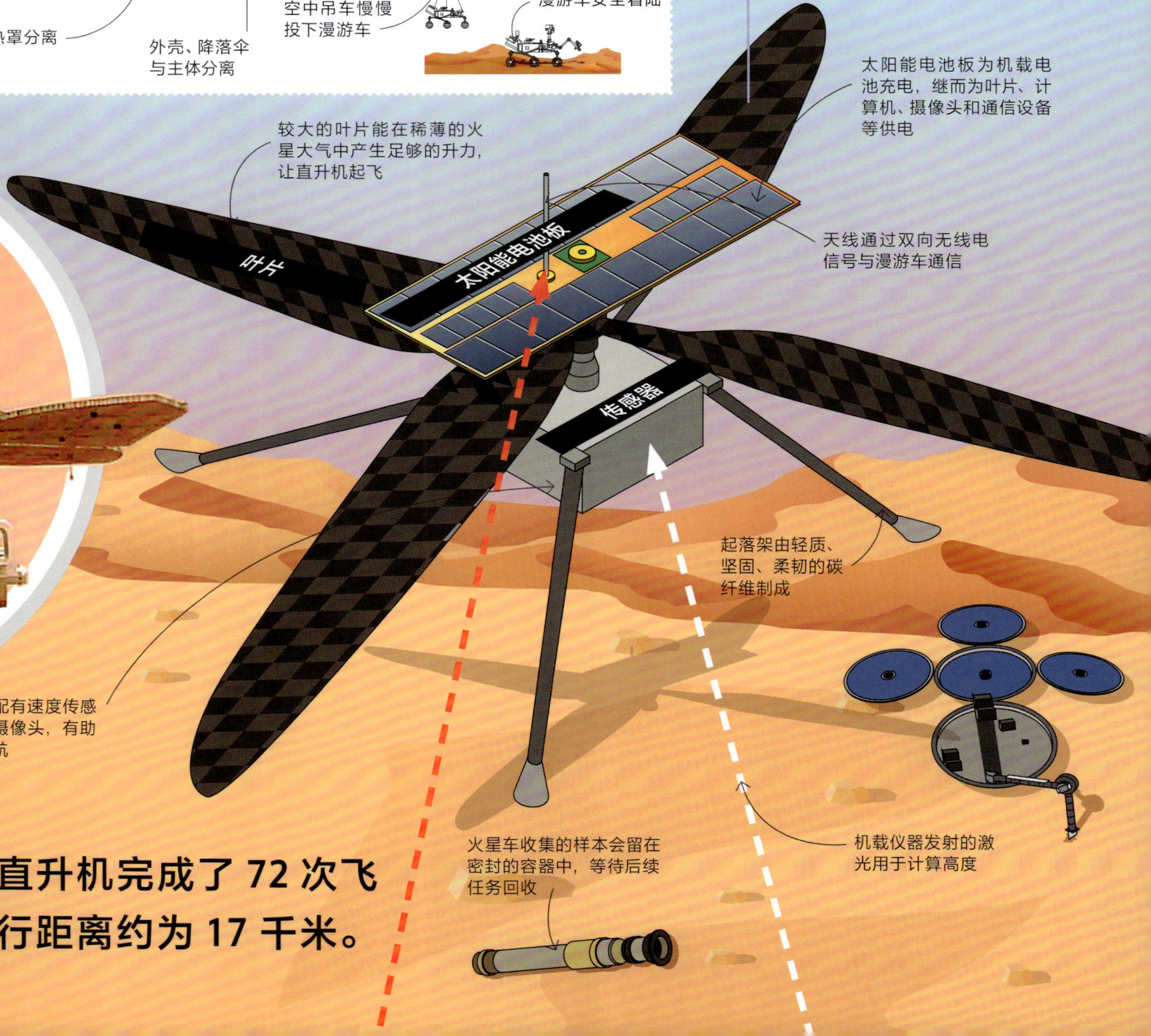

较大的叶片能在稀薄的火星大气中产生足够的升力，让直升机起飞
太阳能电池板为机载电池充电，继而为叶片、计算机、摄像头和通信设备等供电
天线通过双向无线电信号与漫游车通信
叶片
太阳能电池板
传感器
起落架由轻质、坚固、柔韧的碳纤维制成
机身配有速度传感器和摄像头，有助于导航
火星车收集的样本会留在密封的容器中，等待后续任务回收
机载仪器发射的激光用于计算高度

“机智”号直升机完成了 72 次飞行，总飞行距离约为 17 千米。

行星漫游车

行星漫游车是一种可以降落在行星（或者卫星）上并完成探测任务的设备。它可以四处移动，收集岩石样本，分析大气成分，并将这些数据传输回地球上。到目前为止，行星漫游车只在月球和火星上实现过安全着陆。

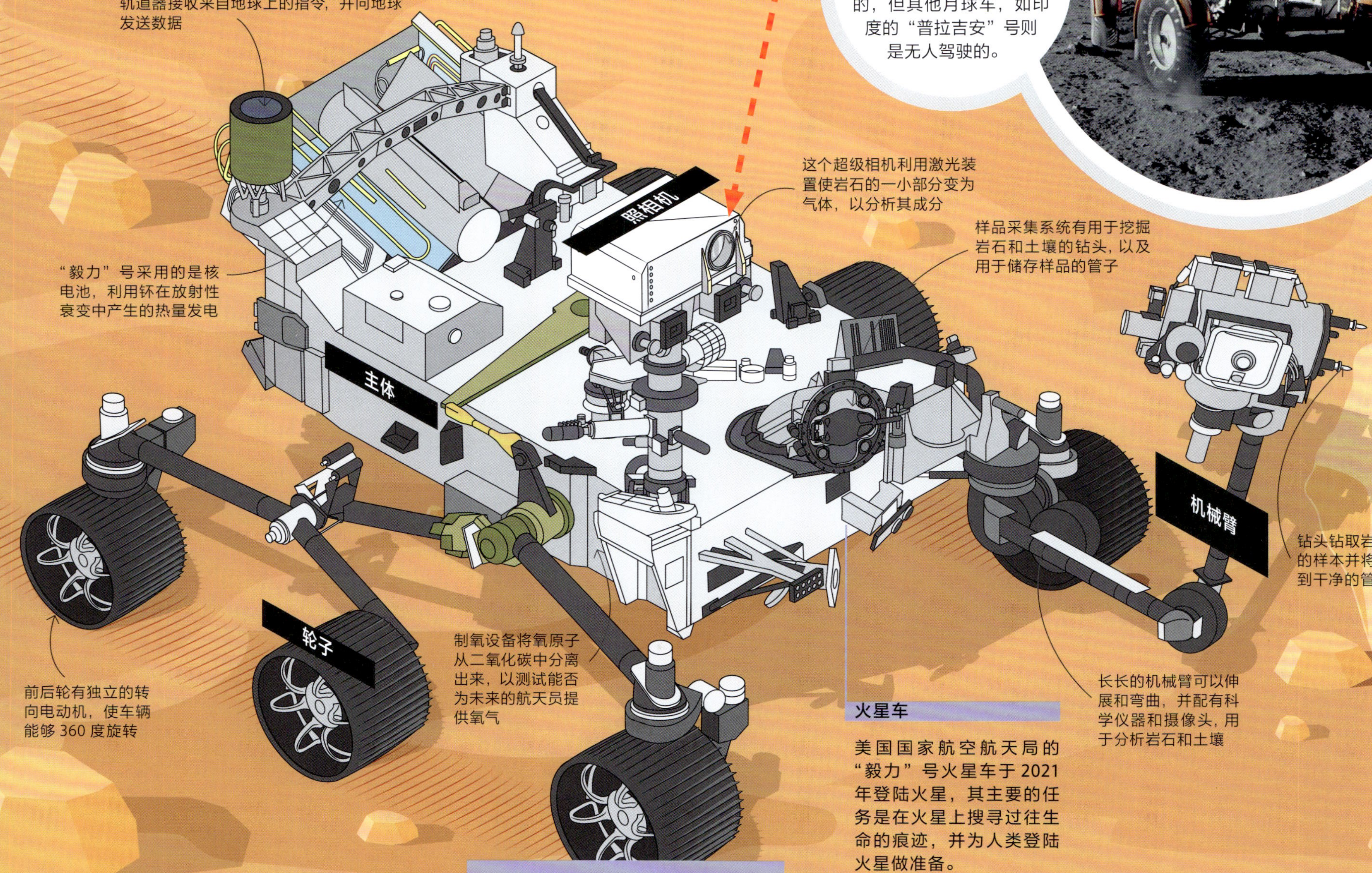
超高频无线电天线能通过环绕火星运行的轨道器接收来自地球上的指令，并向地球发送数据
向火星车发射通信信号的距离可远至 1 千米
“毅力”号采用的是核电池，利用钚在放射性衰变中产生的热量发电
照相机
这个超级相机利用激光装置使岩石的一小部分变为气体，以分析其成分
样品采集系统有用于挖掘岩石和土壤的钻头，以及用于储存样品的管子
主体
机械臂
钻头钻取岩石中心的样本并将其收纳到干净的管中
轮子
前后轮有独立的转向电动机，使车辆能够 360 度旋转
制氧设备将氧原子从二氧化碳中分离出来，以测试能否为未来的航天员提供氧气
长长的机械臂可以伸展和弯曲，并配有科学仪器和摄像头，用于分析岩石和土壤

月球车

许多月球车已经登陆月球。“阿波罗”号宇宙飞船携带的月球车（如图所示）是由人类驾驶的，但其他月球车，如印度的“普拉吉安”号则是无人驾驶的。

火星车

美国国家航空航天局的“毅力”号火星车于 2021 年登陆火星，其主要的任务是在火星上搜寻过往生命的痕迹，并为人类登陆火星做准备。

望远镜

望远镜可通过聚集尽可能多的光产生远处物体的放大图像。透镜或者曲面镜可以聚集光并创建清晰的图像。大孔径望远镜比小孔径望远镜能捕获更多的光，所以能让我们看到人眼无法看到的暗弱物体。

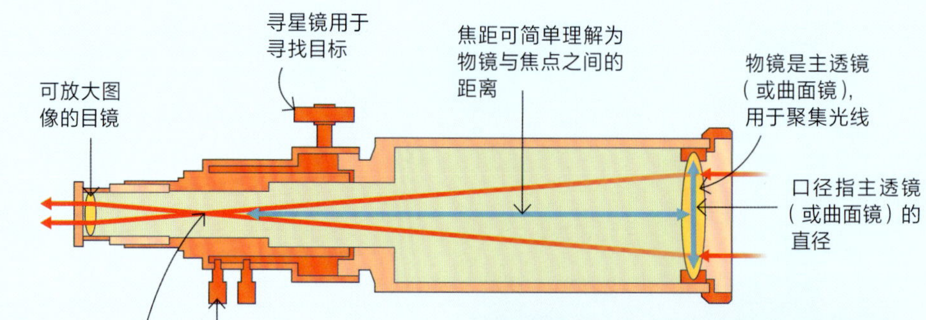

寻星镜用于寻找目标
焦距可简单理解为物镜与焦点之间的距离
可放大图像的目镜
物镜是主透镜（或曲面镜），用于聚集光线
口径指主透镜（或曲面镜）的直径
这些旋钮用于调整焦距
在焦点处，进入望远镜的平行光汇聚到一点并形成图像

工作原理

所有的望远镜都有一个物镜（一块透镜或者曲面镜）以聚焦远处传来的光并形成图像。另有一个称为目镜的镜头可以将图像放大，供人们查看。

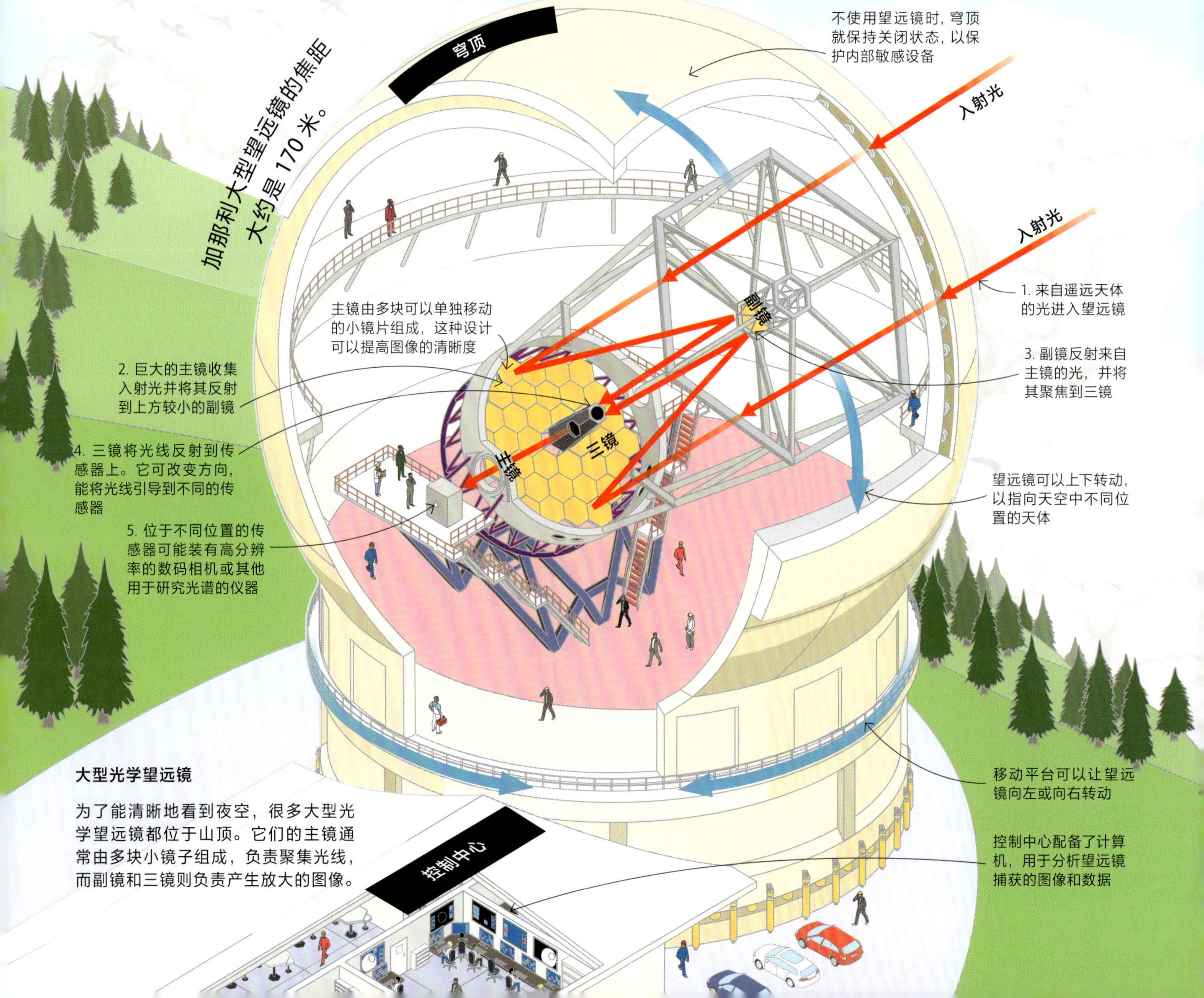

穹顶
加那利大型望远镜的焦距大约是170米。
不使用望远镜时，穹顶就保持关闭状态，以保护内部敏感设备
入射光
入射光
1. 来自遥远天体的光进入望远镜
主镜由多块可以单独移动的小镜片组成，这种设计可以提高图像的清晰度
副镜
2. 巨大的主镜收集入射光并将其反射到上方较小的副镜
3. 副镜反射来自主镜的光，并将其聚焦到三镜
三镜
主镜
4. 三镜将光线反射到传感器上。它可改变方向，能将光线引导到不同的传感器
5. 位于不同位置的传感器可能装有高分辨率的数码相机或其他用于研究光谱的仪器
望远镜可以上下转动，以指向天空中不同位置的天体
移动平台可以让望远镜向左或向右转动
控制中心配备了计算机，用于分析望远镜捕获的图像和数据
控制中心

大型光学望远镜

为了能清晰地看到夜空，很多大型光学望远镜都位于山顶。它们的主镜通常由多块小镜子组成，负责聚集光线，而副镜和三镜则负责产生放大的图像。

折射望远镜

这些望远镜的物镜和目镜使用的是透镜。折射望远镜形成的图像是倒立的。

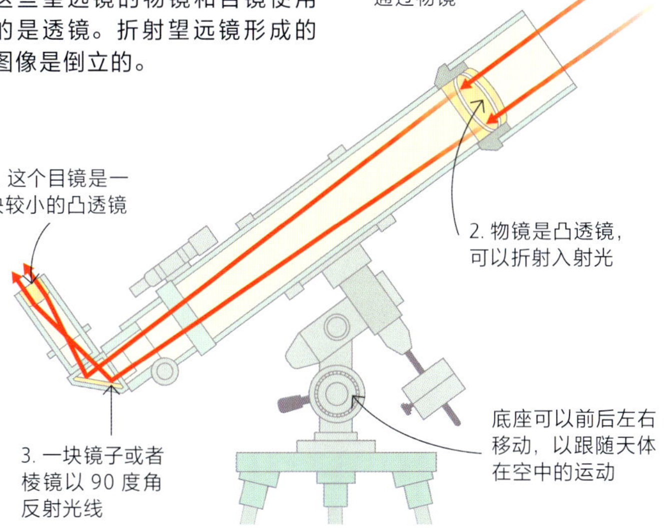
1. 光进入望远镜并通过物镜
2. 物镜是凸透镜，可以折射入射光
3. 一块镜子或者棱镜以 90 度角反射光线
4. 这个目镜是一块较小的凸透镜
底座可以前后左右移动，以跟随天体在空中的运动

射电望远镜

射电望远镜通过接受天体发出的无线电波来产生图像，它通常有一个巨大的碟形天线，用于接收来自遥远天体的信号。

反射望远镜

反射望远镜的主镜是一块凹面反射镜。它将入射光聚焦到副镜，副镜再将光反射到目镜上。

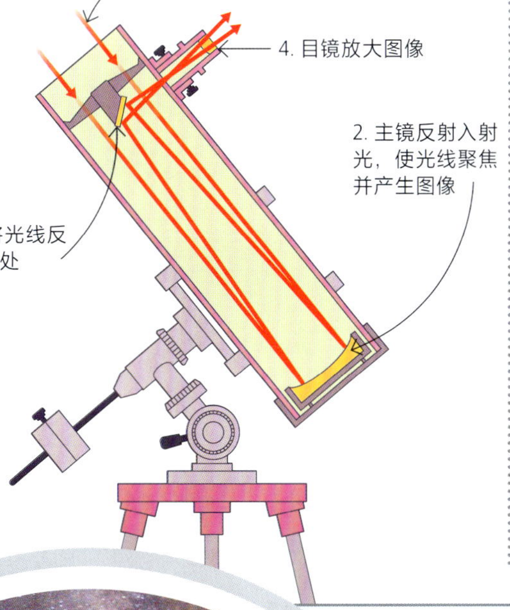
1. 光进入望远镜，沿着镜筒到达主镜
2. 主镜反射入射光，使光线聚焦并产生图像
3. 副镜将光线反射到目镜处
4. 目镜放大图像

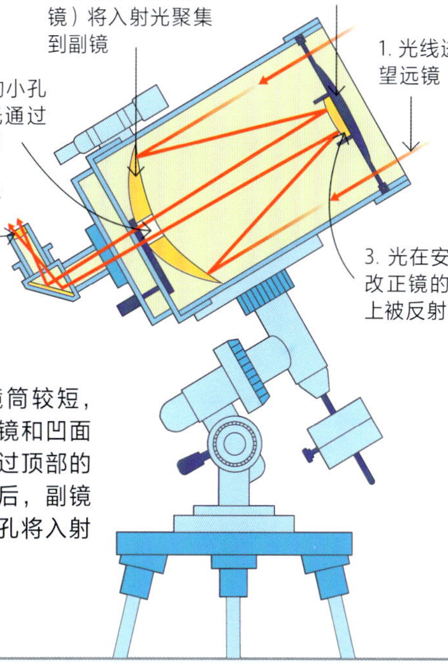
改正镜能减少镜头导致的图像偏差
1. 光线进入望远镜
2. 主镜（凹面反射镜）将入射光聚集到副镜
3. 光在安装了改正镜的副镜上被反射
4. 主镜上的小孔允许入射光通过并到达目镜
5. 目镜放大图像

折反射望远镜

这类望远镜的镜筒较短，同时使用了改正镜和凹面反射镜。光线通过顶部的薄透镜进入镜筒后，副镜会通过主镜上的孔将入射光引导至目镜。

自适应光学系统

许多大型望远镜会利用激光束和传感器来探测大气湍流。激光射向天空后，传感器会接收激光数据，计算机分析数据后再微调望远镜，以产生更清晰的图像。

目前正在建造的极大望远镜收集光的能力是人眼的 1 亿倍。

空间望远镜

除了可见光，太空中的天体还会发出其他类型的辐射，如 X 射线、红外线、无线电波等。地球的大气层吸收了大部分辐射，而大气湍流会让地面望远镜观测到的图像变得模糊和扭曲。因此，太空中的望远镜能为我们提供更清晰的视野。

韦布空间望远镜能捕捉 130 多亿年前发出的光来生成图像。

望远镜轨道

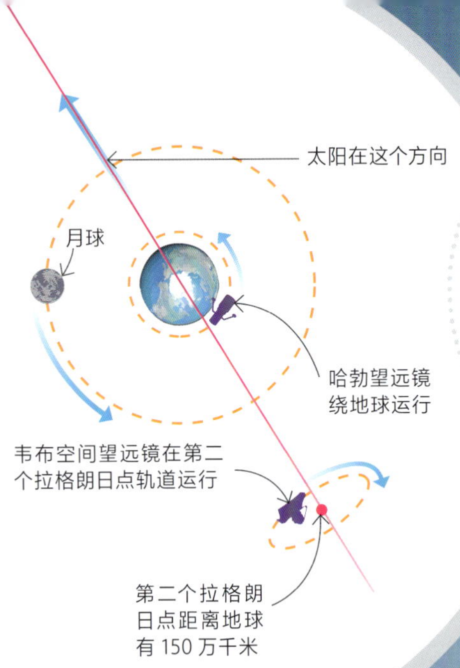

太阳在这个方向
月球
哈勃望远镜绕地球运行
韦布空间望远镜在第二个拉格朗日点轨道运行
第二个拉格朗日点距离地球有 150 万千米

大多数空间望远镜都环绕着地球运行，但也有一些在其他轨道运行。在第二个拉格朗日点，望远镜能用和地球相同的角速度绕太阳运行，且太阳、地球、月球位于望远镜的同侧，这使得望远镜的遮阳板更容易屏蔽来自其他光源（包括地球和月球）的热量和光。

月球

韦布空间望远镜

韦布空间望远镜能用部分可见光和红外辐射生成图像。红外辐射对于捕获极其古老和遥远的星系图像特别有用——从那些星系传来的辐射通常需要数十亿年才能传播到地球。

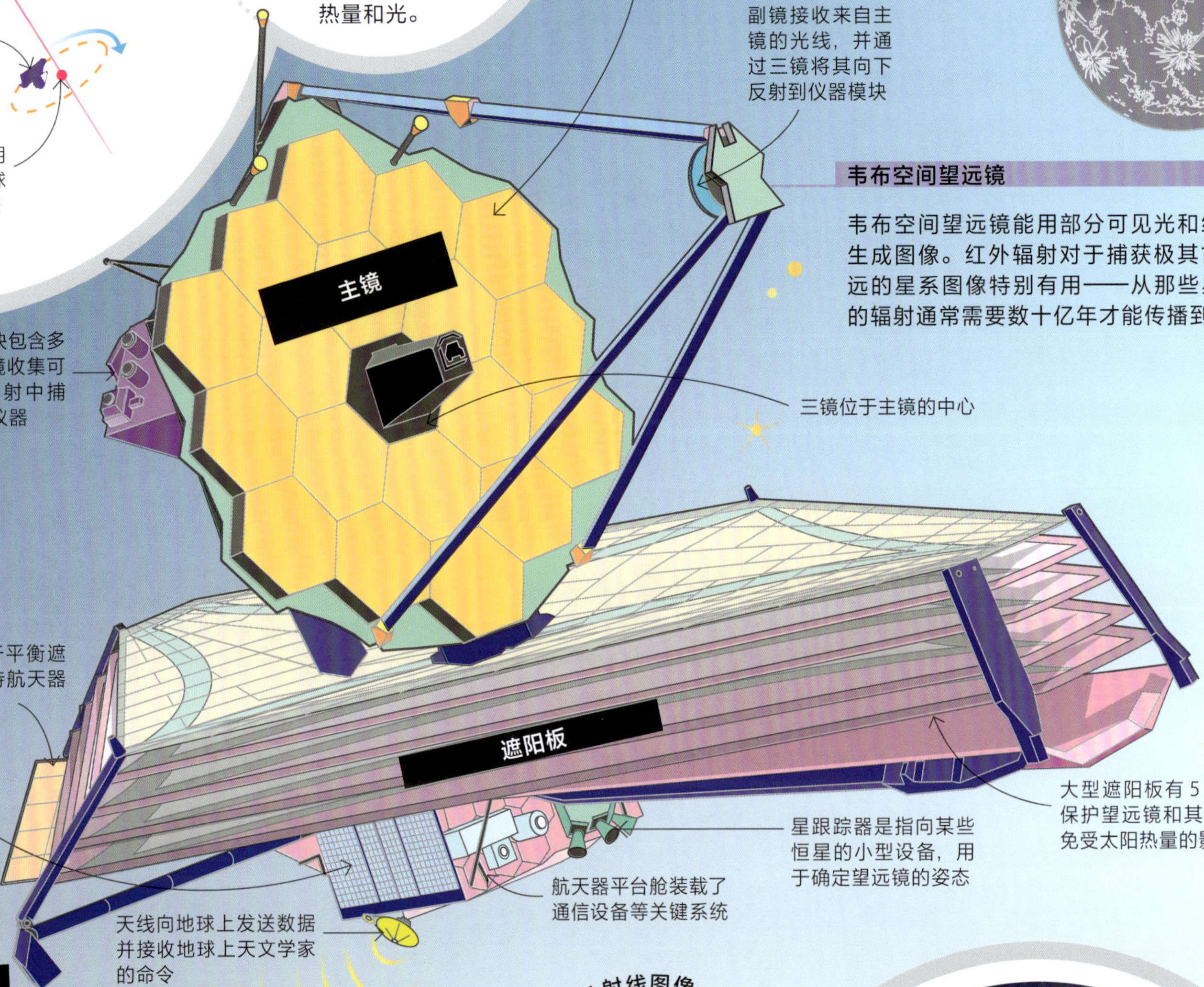

主镜由 18 个六边形镜片组成
副镜接收来自主镜的光线，并通过三镜将其向下反射到仪器模块
主镜
集成科学仪器模块包含多个仪器，如从主镜收集可见光和从其他辐射中捕获图像及数据的仪器
三镜位于主镜的中心
襟翼有助于平衡遮阳板并保持航天器稳定
遮阳板
太阳电池阵列为仪器和天线提供电力
大型遮阳板有 5 层，可保护望远镜和其他设备免受太阳热量的影响
星跟踪器是指向某些恒星的小型设备，用于确定望远镜的姿态
航天器平台舱装载了通信设备等关键系统
天线向地球上发送数据并接收地球上天文学家的命令
地球

X 射线图像

一些望远镜，如美国国家航空航天局的钱德拉 X 射线天文台，能利用恒星、黑洞等高能天体发射的 X 射线生成图像。

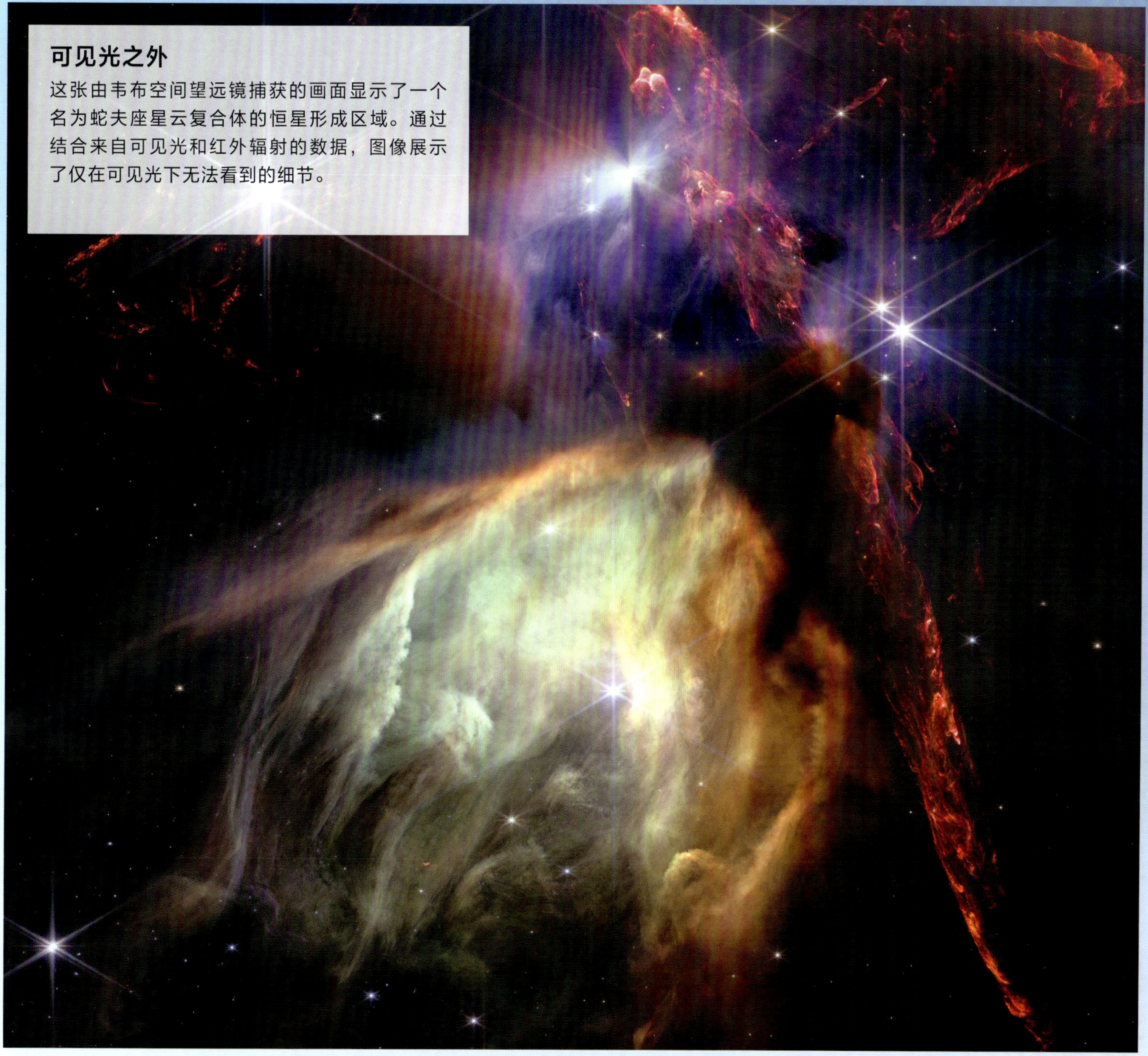

可见光之外

这张由韦布空间望远镜捕获的画面显示了一个名为蛇夫座星云复合体的恒星形成区域。通过结合来自可见光和红外辐射的数据，图像展示了仅在可见光下无法看到的细节。

展开韦布空间望远镜

韦布空间望远镜于 2021 年由阿丽亚娜 5 型火箭送入太空。由于望远镜的主镜及其支撑结构太大，无法放入有效载荷舱内，因此，在发射时望远镜被折叠起来——当它飞向目的地时，望远镜的各个部分将在一系列复杂的操作中展开。

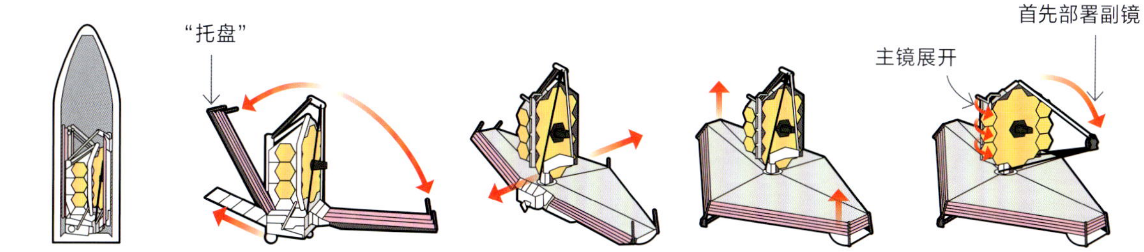

第一天
发射时，望远镜被折叠安放在舱内。

第三天
在太空中，支撑遮阳板的“托盘”结构被展开。

第六天
遮阳板展开。

第九天
遮阳板分层在 3 天内逐步展开。

第十二天
主镜部署完成。

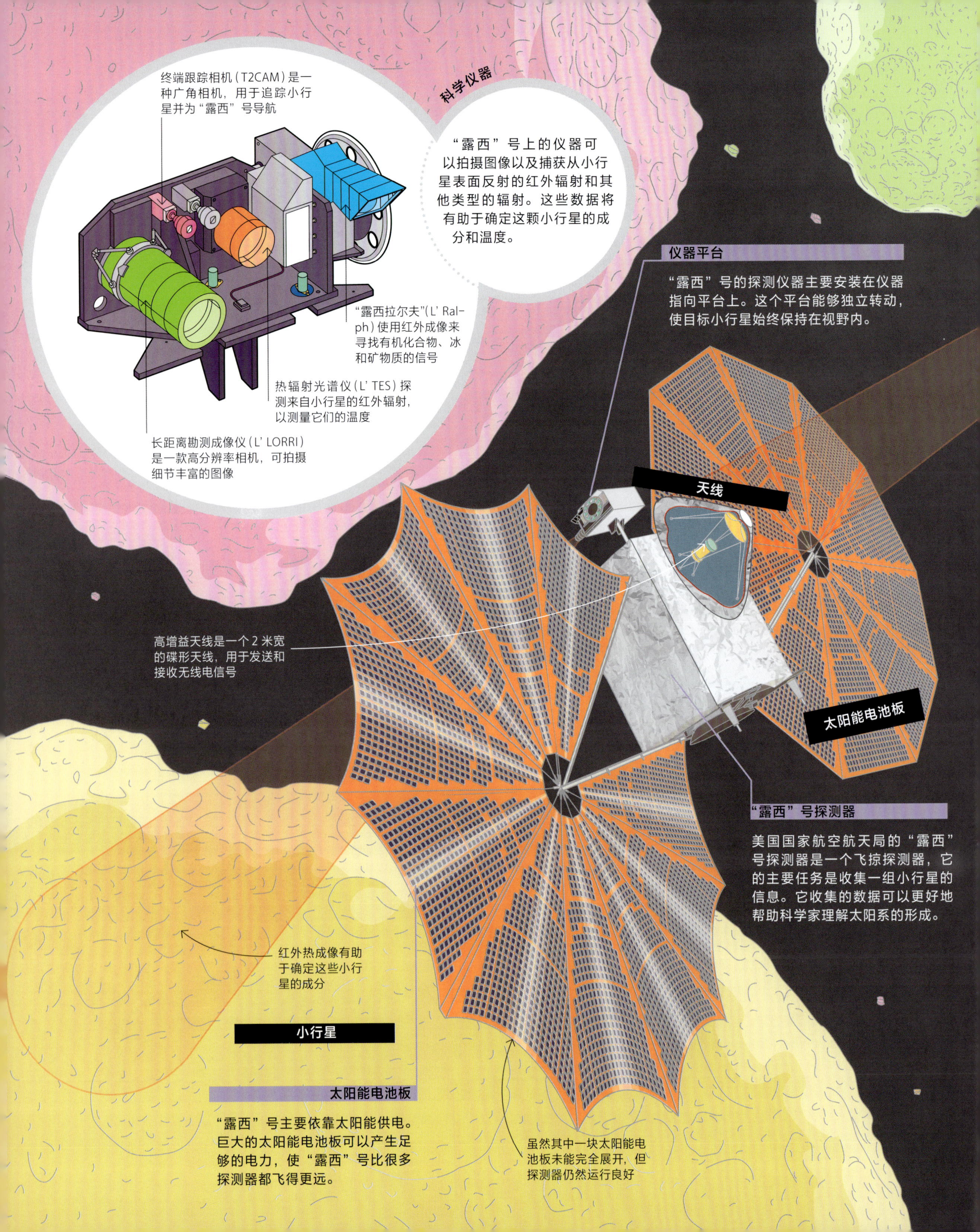

科学仪器
"露西"号上的仪器可以拍摄图像以及捕获从小行星表面反射的红外辐射和其他类型的辐射。这些数据将有助于确定这颗小行星的成分和温度。
终端跟踪相机（T2CAM）是一种广角相机，用于追踪小行星并为"露西"号导航
"露西拉尔夫"(L' Ralph)使用红外成像来寻找有机化合物、冰和矿物质的信号
热辐射光谱仪（L' TES）探测来自小行星的红外辐射，以测量它们的温度
长距离勘测成像仪（L' LORRI）是一款高分辨率相机，可拍摄细节丰富的图像
仪器平台
"露西"号的探测仪器主要安装在仪器指向平台上。这个平台能够独立转动，使目标小行星始终保持在视野内。
天线
高增益天线是一个2米宽的碟形天线，用于发送和接收无线电信号
太阳能电池板
"露西"号探测器
美国国家航空航天局的"露西"号探测器是一个飞掠探测器，它的主要任务是收集一组小行星的信息。它收集的数据可以更好地帮助科学家理解太阳系的形成。
红外热成像有助于确定这些小行星的成分
小行星
太阳能电池板
"露西"号主要依靠太阳能供电。巨大的太阳能电池板可以产生足够的电力，使"露西"号比很多探测器都飞得更远。
虽然其中一块太阳能电池板未能完全展开，但探测器仍然运行良好

空间探测器

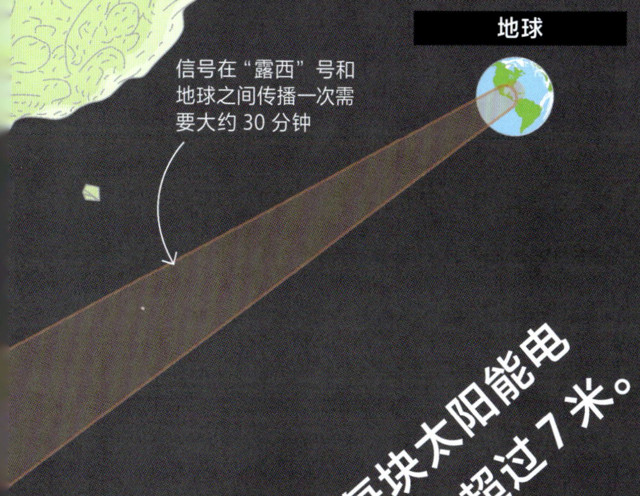

地球
信号在“露西”号和地球之间传播一次需要大约 30 分钟

无人空间探测器是用来探索行星、卫星、小行星等天体和空间的航天器。它们能发回图像和其他有价值的数据。探测器主要由太阳能电池板供电，而在太阳光非常微弱的极远之地，它们则依靠放射性元素供电。

“露西”号的每块太阳能电池板的展开长度都超过 7 米。

任务轨迹

一旦发射，空间探测器就会在空旷的太空中飞行，它很少使用火箭发动机来改变速度或方向。它的飞行轨迹会受太阳、行星或它飞过的其他天体的引力影响。有的探测器将在发射一段时间后再次接近地球，以利用精心规划的“引力助推”来改变其速度和方向。

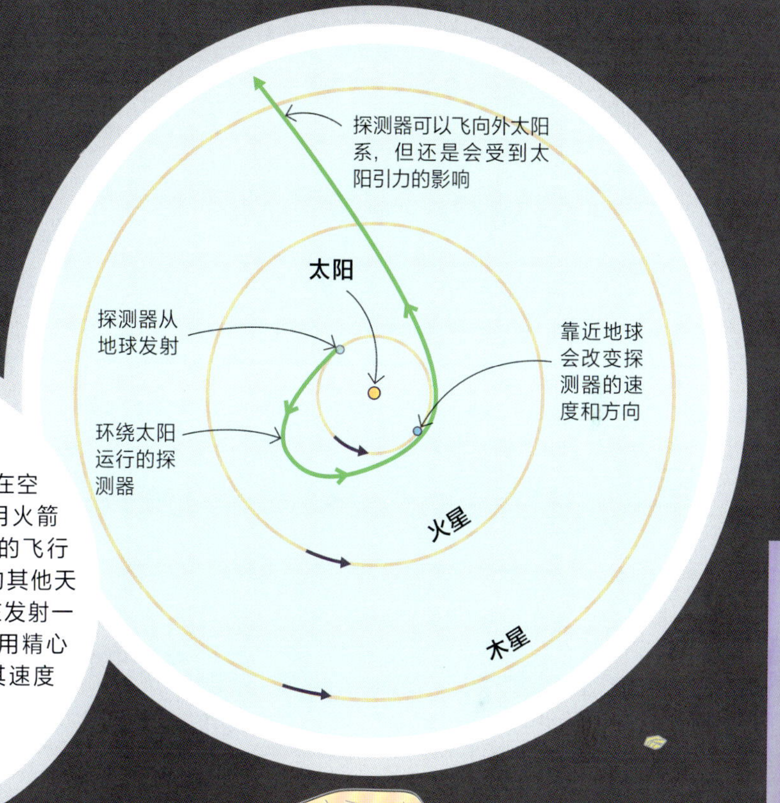

探测器可以飞向外太阳系，但还是会受到太阳引力的影响
太阳
探测器从地球发射
靠近地球会改变探测器的速度和方向
环绕太阳运行的探测器
火星
木星

空间探测器的种类

空间探测器有多种类型，要根据探测的对象以及必须收集的数据来选择合适的探测器。除了“露西”号等飞掠探测器外，空间探测器主要还包括轨道器、着陆器和漫游车。此外，还有故意撞向天体的撞击探测器，以及用于研究太阳的太阳探测器等。

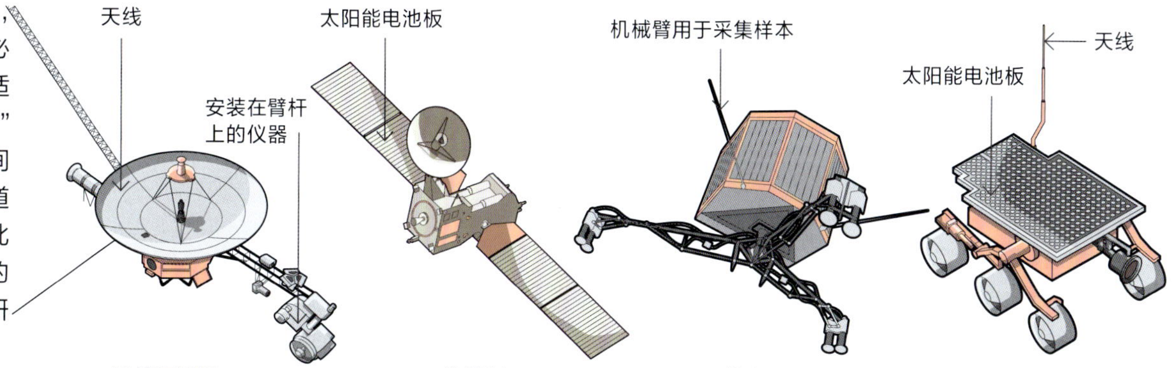

天线
安装在臂杆上的仪器
太阳能电池板
机械臂用于采集样本
天线
太阳能电池板

飞掠探测器
这种探测器只是经过目标天体，并不会被其引力捕获。

轨道器
轨道器研究太空中的单个天体并持续在其轨道上运行。

着陆器
这种探测器可以降落在另一个天体上，并停留在某个地方。

漫游车
漫游车可以在天体表面着陆并移动一段时间。

新兴技术

利用新技术解决问题的方法正不断涌现，并被推向世界。我们目前最紧迫的问题之一是减少温室气体排放并阻止因它们导致的气候变化。互联设备收集的数据可以与日益复杂的人工智能软件配合使用，这使数字技术在应对气候变化方面发展得尤为迅速。

紧凑型风力发电机

传统风力发电机的长叶片会占用大量空间。紧凑型风力发电机叶片较小且沿垂直（而不是水平）轴转动，更适合城市中的狭小空间。

直接空气碳捕集

这项技术可以直接从空气中捕集二氧化碳，以阻止全球变暖。捕获的二氧化碳与水混合后，被泵入地下，存储在岩石之中。

可持续混凝土

制作混凝土中的水泥会产生危害环境的物质，但可以用捕集的二氧化碳替代其中的某些材料，以减少负面影响。

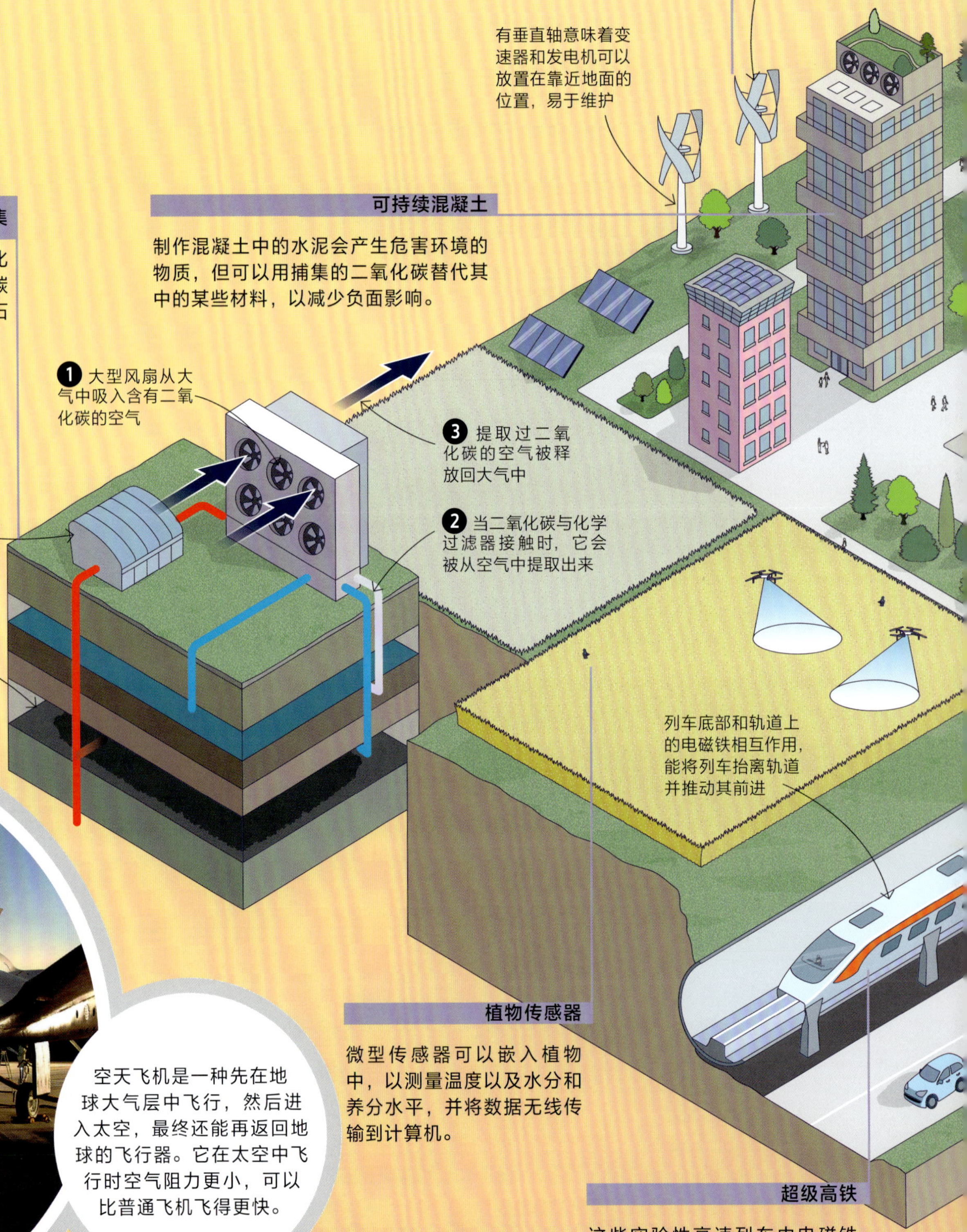

叶片绕轴排列，因此无论风从哪个方向吹来，它们都可以发电
有垂直轴意味着变速器和发电机可以放置在靠近地面的位置，易于维护
1 大型风扇从大气中吸入含有二氧化碳的空气
4 地热发电厂供应热水，加热过滤器，释放二氧化碳
5 二氧化碳与水混合，然后被泵送到地下深处，与地下物质经过复杂的化学反应，形成新的矿物质
3 提取过二氧化碳的空气被释放回大气中
2 当二氧化碳与化学过滤器接触时，它会被从空气中提取出来
列车底部和轨道上的电磁铁相互作用，能将列车抬离轨道并推动其前进

植物传感器

微型传感器可以嵌入植物中，以测量温度以及水分和养分水平，并将数据无线传输到计算机。

超级高铁

这些实验性高速列车由电磁铁推动，并在低真空管道内行驶，以减少空气阻力。

Dream Chaser
SNC

空天飞机是一种先在地球大气层中飞行，然后进入太空，最终还能再返回地球的飞行器。它在太空中飞行时空气阻力更小，可以比普通飞机飞得更快。

空天飞机

人工智能图像生成

人工智能模型可从包含真实照片和图稿的数据库中收集数据。然后，模型会使用这些材料生成新图像。

培养肉
现在，在生物反应器中可以用动物细胞直接培养出肉类。这种不屠宰动物就能生产肉类的方法可以减少温室气体排放。

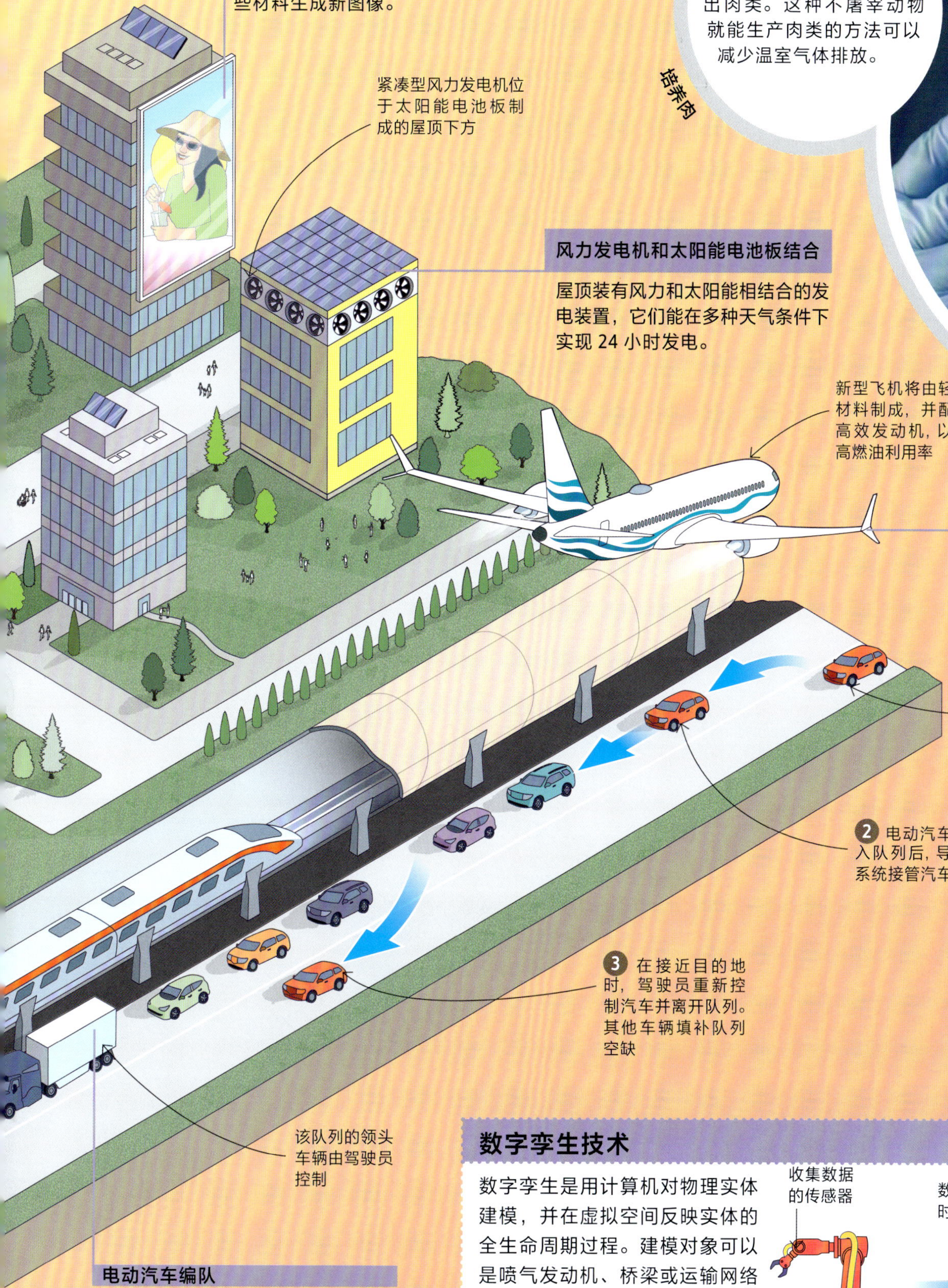
紧凑型风力发电机位于太阳能电池板制成的屋顶下方
新型飞机将由轻质材料制成，并配备高效发动机，以提高燃油利用率
1 驾驶员说出目的地后，导航系统将其引导到最近的队列
2 电动汽车加入队列后，导航系统接管汽车
3 在接近目的地时，驾驶员重新控制汽车并离开队列。其他车辆填补队列空缺
该队列的领头车辆由驾驶员控制

风力发电机和太阳能电池板结合

屋顶装有风力和太阳能相结合的发电装置，它们能在多种天气条件下实现 24 小时发电。

可持续航空燃料

飞机的二氧化碳排放量越来越多，但可以通过将普通航空燃料与生物燃料混合，甚至单独使用生物燃料来减少二氧化碳的排放。

电动汽车编队

如果电动汽车和卡车以编队形式行驶，在消耗同样电量的情况下，电动汽车可以比之前行驶得更远，因为它们遇到的空气阻力较小。该队列中的车辆运行则由计算机导航系统控制。

数字孪生技术

数字孪生是用计算机对物理实体建模，并在虚拟空间反映实体的全生命周期过程。建模对象可以是喷气发动机、桥梁或运输网络等。孪生体可从实体上收集数据（通常使用传感器），并用来研究其性能如何，怎样提高效率，或多久必须更换它等问题。

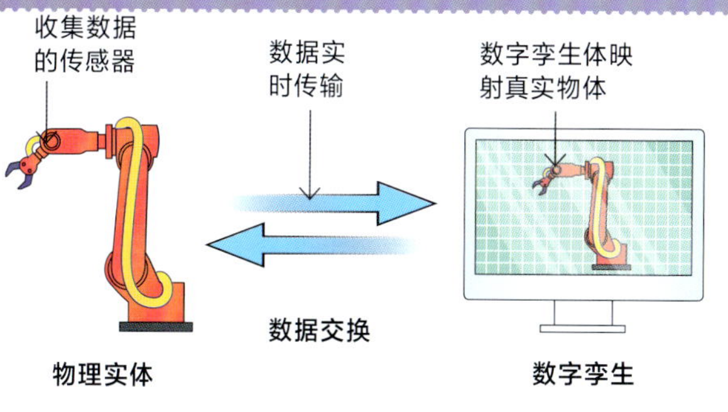
收集数据的传感器
数据实时传输
数字孪生体映射真实物体
数据交换
物理实体
数字孪生

像太阳一样热

与化石燃料不同，氢气在燃烧时不会产生温室气体。然而，从海水中提取它需要消耗大量的能源。德国科学家一直在尝试将巨大的灯的光线聚焦在小型收集器上。由于这些灯的外罩呈抛物线形，且它们本身以抛物线形式排列，所以能将光线聚焦在同一方向上。聚焦后产生的光的强度是太阳光的1万倍，光线的温度达到3 000摄氏度。

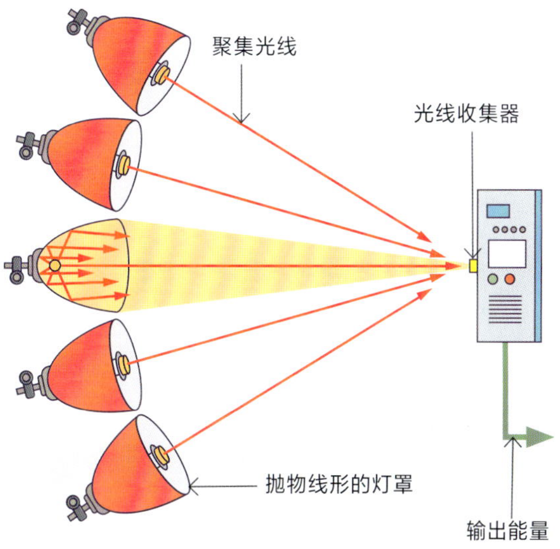

持续聚焦

该设施使用149盏灯，聚焦在10厘米乘10厘米的区域上。它们可以使水温升到非常高的温度，直至分解成氢和氧。

索引

A

“阿波罗”号宇宙飞船 189
阿丽亚娜5型火箭 193
埃菲尔铁塔 133
安-225运输机 168
安全气囊 139
凹面反射镜 191

B

扳手 132
办公区（摩天大厦） 123
半导体 74—75
瓣膜（心脏） 17
包装机器人 110
饱和潜水 161
报警系统 42
泵
　锅炉 35
　热泵 36—37
　水 80—81，88
　洗碗机 48
　洗衣机 49
　消防车 148
比色计 11
笔记本计算机 23，59，61，70—72，76
避雷针 33，122
臂架 121
变电站 91，96—97
变速箱
　电动代步车 142
　汽车 139
变压器
　电网 83，89，91，96—97
　列车 153
宾厄姆坎宁铜矿 101
滨海湾花园 52—53
冰箱 36—37，61
病原体 11，24—25
波音747 168
波音埃弗里特工厂 111
玻璃 34，114
布谷鸟钟 64
步进电动机 106，143

C

采矿 100—101
采气平台 98
采油平台 98
彩色打印 58—59
残奥会运动员 20—21
舱口
　堆肥桶 51
　航天器 185
　货船 158
厕所 80
　航天器 185
插电式混合动力汽车 144—145
插座 32，61
柴油
　发动机 138，152，155，159，175
　生物柴油 95
场效应管 69
敞篷车 139
超级高铁 196
超级相机（“毅力”号火星车） 189
超声波扫描 13
潮汐能 89
车把 130，136—137
车道保持辅助系统 151
车流量传感器 150
车牌 150
沉淀（污水处理） 80—81
成像
　热能 35，194
　数字 56
　医学影像 12—13
成型
　数控机床 113
　塑料 104
澄清池 81
池塘 51，95
齿轮
　简单机械 133
　摩托车 136
　钟表 64—65
　自行车 130—131
齿轮齿条式转向 138
冲浪板 165
充电 32，66，71，76，93，96，130，142，144，188
重复使用火箭 181
宠物喂食器 60
抽油烟机 45
除尘器 82—83
厨师（机器人） 107
储气罐 82，98—99
触控板 71
触控栏 70
触摸屏 66，70，77
穿刺器 14—15
传动轴
　列车 152
　摩托车 136
　汽车 139，145
　汽轮机 85
　涡轮机 88，90
　直升机 170—171
传感器
　半导体 75
　航天器 188
　花园 50
　机器人 107，109
　家庭安全 42—43
　假肢 18—19
　列车 154
　脉搏血氧饱和度仪 10
　脑内植入体 22
　内窥镜 15
　汽车 138—139，150—151
　扫描仪 58
　数字成像 56—57
　数字孪生技术 197
　望远镜 190—191
　植物 196
　智能头盔 101
传声器 68—69
传送带
　采矿 100—101
　工厂 110—111
　回收 115
　联合收割机 175
　挖掘隧道 116—117
船体 156，158—159，165
船员舱（潜艇） 162
吹风机 47
垂直花园 122—123
磁场（电动机） 142
磁共振成像 12
磁控管 44
磁力断路器 32
磁悬浮列车 153
催化式排气净化器 138，145

D

打印机 58—59
　喷墨式打印机 143
　三维打印机 112—113
大坝 89
大脑 22—23
单反相机 57
挡风玻璃 139
刀盘 116—117
刀片式假肢 19—20
导弹 162
导管架（风力发电机） 90
导航系统
　电动汽车编队 197
　仪表着陆系统 173
　直升机 170
道钉（高速公路） 151
道路 150—151
道路测绘 150
灯 67，198—199
登山者 54
低碳钢 103
低音喇叭 69
迪拜 39
地面站（电话） 63
地暖 34—35，47
地热发电厂 196
地下储气库 99
地下工程 119
地下开采 100
地源热泵 37
地震 29，98
点火
　锅炉 35
　火箭 181
电 32—33
　电力系统 96—97
　发电厂 82—83
　风力发电机 90—91
　加热元件 46—47
　水力发电 88—89

太阳能　92—93
电池
电动机　142
电力系统　96
光电二极管　75
计算机　71
列车　152
汽车　144—145
潜水器　163
手表　64
心脏起搏器　17
智能手机　76
自行车　130—131
电磁铁　32，142—143，196
电磁感应系统　45
电动车　142
电动代步车　142
电动方程式锦标赛　144
电动滑板车　130
电动机　142—143
电动自行车　131
电风扇　143
电荷耦合器件（CCD）　56—57
电弧炉　102—103
电话　62—63，76—77，151
电极　17，19，22—23，76，142
电烤箱　45—46
电缆　28
电话通话　62
电力　83，91，93，97
配电箱　33
电缆分支箱　96
电力传动内燃机车　152
电路板　66—67，69，74，76
电容传声器　68
电视　61
电刷　90，142
电梯
简单机械　133
摩天大厦　122—123
电网　33，91，96—97
电子　12，56，74—75，93，145
电子标志牌　150
电子海图仪　156
电子游戏　66—67
电子元件　69，74—76
吊杆　158—159
雕刻（激光切割机）　113
碟形天线　123，191，194
定影器（打印机）　59
定子　143
动力帆系统　157
动物
假肢　19—20
培养肉　197
生物燃料　94—95
斗杆（挖掘机）　116
断路器　32—33
堆肥桶　51
对接
返回舱　184—185
空间站　187
盾构掘进机（隧道掘进）　119
多参数监护仪　10，14
多级火箭　180
舵
帆船　156
飞机　167
货船　158—159
潜艇　162

E

耳机　69
二维码扫描器　57

F

发电机　83，85，88—92，97，152，167，188，196—197
发电站　97
水力发电　89
太阳能　92
发动机
船　158—159
飞机　166—168
火箭　180—181
缆车　134
联合收割机　175
列车　152，155
摩托车　136
汽车　144—145，147—148
桥梁　124
直升机　170—171
发光二极管　10，32，75
发酵　51，94，104
乏燃料贮存水池（核废料）　87
阀（机械）
供暖　34—35
供水　30—31，50，148
空气供给　41，160，166
燃料供应　181
热泵　36—37
帆船　156—157
翻斗车　151
反射望远镜　191
反推发动机　185，188
反应堆　84—85，162
返回舱　184—185
防潮层　29
防冻剂　37
防喷罩　68
房屋　28—29
纺织品　115
放射性核废料　86—87
飞行员　167
飞机
货机　168—169
机场　172—173
机翼　164—165
可持续航空燃料　197
空天飞机　196
无人机　170—171
直升机　170—171
飞机应答器　172—173
飞掠探测器　194—195
非铁磁性金属　115
废钢　102
废物
联合收割机　175
供水系统　30—31
回收　114
污水处理　81
分馏　105
风力发电机　88，90—91，196—197
风扇
抽油烟机　45
吹风机　47
电动机　142—143
发动机　166
计算机　66，71
烤箱　45
暖风机　47
热泵　36
碳捕集　196
风筝（发电）　91
风筝帆　157
蜂窝天线　76
蜂窝移动网　63
服装　54
浮力　156—157，160，162
浮力控制装置　160
浮筒　171
辅助动力装置（飞机）　167
副翼　165，167

G

感光鼓　59
感光细胞　22
感觉反馈（假肢）　19
感染　15，24—25
干酒糟　95
干式贮存桶　87
钢架（摩天大厦）　123
钢筋混凝土　28—29，85，123
杠杆　32，47，106，121，130，133
高架桥　154
高炉　102—103
高速电梯　123
高速公路　150—151
高铁　153，196
高效空气过滤器　41
高压电　41，91，96—97，153，155
高压救生艇　161
高压清洗机　51
高音喇叭　69
“哥伦布”号实验舱（国际空间站）　187
割草机　50
割刀　174
割台（联合收割机）　174—175
隔热罩　185，188
隔音材料　69
工厂　110—111
工具（数控机床）　113
工具箱（消防车）　148
工业机器人　106—107
公钥加密　72
公用电话交换网　63

拱桥　125
供水
　电热水器　47
　房屋　28
　供暖　34—35
　供水系统　30—31，81
　灌溉系统　50
　洗衣机　49
购物中心　39，123
股骨　16—17
固态硬盘　71
固体推进剂火箭　181
怪兽卡车　146—147
关节
　机械臂　143，163
　身体　16—17
管道（通风）　40—41
管制塔台　173
惯性　131
灌溉系统　50—51，81
罐
　储气罐　82，98—99
　储氢罐　145
　罐车　155
　金属罐　87，115
　泡沫罐　148
　球罐（天然气）　159
　树脂罐　80
　水罐　122，148—149
　氧气罐　181
光电二极管　56，75
光伏电池　92—93
“光环”系统（赛车）　141
光刻胶涂层　111
光缆　28，72—73
光学望远镜　190
光学字符阅读器　59
光照拣选机　115，176
硅　18，74，110
轨道　183，192
　航天器　64—65，180，183，195
　火星　56
　空间望远镜　192
　缆车　134
　起重机　121，159
　铁路　152—155，196
轨距（铁路）　155
轨枕（铁路）　155
滚筒筛（回收）　115
滚筒式烘干机　31，49
滚筒式压路机　151
锅炉
　发电厂　82—83
　家用　30—31，34—35
国际空间站　186—187
过梁　29
过滤器
　X 射线发生器　12
　高效空气过滤器　41
　洁净室　111
　客机　166
　水　51
　碳捕集　196

H

海上风力发电机　90
航空燃料　166，197
航天服　185—187
航天器
　大型飞机　168
　返回舱　184—185
　火箭　183
　空间探测器　195
　空间望远镜　192
　空间站　186
　太阳能　93
航天员　40，181，184—185，187，189
航向信标（飞机着陆）　172—173
航站楼　173
“和谐”号节点舱（国际空间站）　187
核聚变　84
核裂变　84—85
核能　84—86
核糖核酸疫苗（RNA 疫苗）　25
核心路由器　72—73
黑客　61
黑死病　24
恒温控制阀　34
桁架
　房屋　28
　国际空间站　187
桁架桥　125
烘焙　44—45
红外辐射　34，43—44，92，192—194
洪水　29
互补金属氧化物半导体传感器　56
互连板　77
互联网　62，72—73
互联网服务提供商　72—73
花园　50—53，122—123
滑板车　130—131
滑道　175
滑行道　172
滑轮　133
　缆车　134
　起重机　121
化粪池　31
化石燃料
　电力系统　97
　发电厂　82—83
　生物燃料　94—95
　天然气　98
环形电路　32
换向器　142
回路（电）　33
回收　36，114—115
回送盘（联合收割机）　175
混合动力汽车　144
混合装置　166
混流式水轮机　88
混凝剂（污水处理）　81
混凝土　28—29，82，85，86—87，113，116—117，123—125，151，155，172，196
活塞　18，116，130，136—137，139，147
火箭　180—183
火星车　56，188—189
货舱（货船）　158—159
货船　158—159
货运
　列车　155
　自行车　131

J

机舱
　风力发电机　91
　客机　166
机场　172—173
机场消防车　149
机器人
　割草机　50
　工业　106—107，110—111，116
　机械臂　143
　人型　163
　扫地机器人　61，143
　医疗　14，109
机器学习　70，110
机械钟　65
机翼　164—165
　货机　168
　客机　166—167，172
　无人机　92
　直升机　170
基础
　房屋　28—29
　风力发电机　90
　摩天大厦　122—123
　桥　123—124
基站（电话）　62—63，72
激光　57，61，188，191
激光打印机　59
激光雷达　107，150
激光切割机　113
极大望远镜　191
急救装备（消防车）　148
疾病　11，16，18，23—24
集成电路　71，74
集成科学仪器模块　192
集流环　90
集中供暖系统　34
集装箱船　158—159
计时器　47
计算机　70—71
　传声器和扬声器　69
　打印机和扫描仪　58—59，112—113
　工厂　110
　互联网　72—73
　新兴技术　197
　医学　12—13，18，22—23
　游戏机　66—67
　智能家居　61
　智能手机　76—77
计算机辅助设计　112
“机智”号火星直升机　188
加成聚合（塑料）　105
加工厂　99，102
加密　61，72
加热器　47，49，93，105
加热手套　54

加热元件　45—49，54，58
加速度传感器　76
家庭安全　42—43
夹持器　106
甲烷　82，95，99
假肢　18—21
驾驶舱
　飞机　166—167，170，172
　潜水器　163
　赛车　141
　直升机　170
驾驶室（联合收割机）　174—175
肩关节置换术　17
监控
　道路　150
　飞机着陆　173
　飞行器　181
　核能　84
　汽车　139，145，150
　挖掘隧道　116
　卫星　65
　智能手表　77
检票口闸机（火车站）　155
减压病（潜水）　161
简单机械　132—133
建模（3D 打印）　112
键盘
　计算机　70—71
　录音室　69
降落伞　181，185，188
交叉路口　150
交流电动机　142
交流发电机　152
交通工具
　电动车　142
　帆船　156—157
　返回舱　184—185
　火车（列车）　152—155
　火箭　180—183
　货船　158—159
　货机　168—169
　客机　166—167
　缆车　134—135
　摩托车　136—137
　汽车　138—141，144—147
　潜艇和潜水器　162—163
　无人机　171
　消防车　148—149
　行星漫游车　188—189
　直升机　170—171
　自行车　130—131
焦化厂　102
焦距　190
角度传感器　109
绞车　171
脚蹼　160
脚踏板　130—131，136，170
酵母　94
接地线　33
接受腔（假肢）　18—19
洁净室　111
截肢　18—19
金门大桥　124
金属
　回收　114
　炼钢厂　102—103
紧固件　29
紧急供氧装置　166
进气道（直升机）　170
晶圆（半导体）　74，110—111
精馏　95
井　80
镜头
　家庭安全　43
　摄像机　56
　望远镜　190—191
　相机　57
　虚拟现实头戴设备　66
镜子
　打印机和扫描仪　58—59
　数字成像　57，67
　望远镜　190—191
　虚拟现实头戴设备　66
　智能镜子　61
酒店（摩天大厦）　122—123
旧金山国际机场　172
救生艇　161
巨型球体建筑　75
锯机　110
聚乳酸　104
聚酯纤维　115
绝缘体　46，74

K

卡车
　电动汽车编队　197
　怪兽卡车　146—147
　核废料　86
　货船　159
　起重机　121
开关（电）　32—33
开关站　93
凯旋火箭　136
抗体　24—25
抗原　24—25
烤面包机　47
烤箱　45—46，61
颗粒（动物饲料）　95
可生物降解的塑料　104
可再生能源　88—89，91
客舱（飞机）　166—167
客机　94，166—168
空间探测器　195
空间望远镜　192—193
空间站　40，93，185—187
空气处理机组　41
空气源热泵　36
空气炸锅　44
空天飞机　196
空调系统　39—41
空中交通管制　172—173
空中客车“大白鲸”运输机　168
孔径（望远镜）　190
控制面板
　报警系统　42
　锅炉　35
　核能　84
　麻醉剂　14
　洗衣机　49
　消防车　149
控制器（游戏）　67
控制室
　电力系统　96
　核能　84
　摄像机　56
　挖掘隧道　116
　医学影像　13
控制台（游戏）　66
控制中心
　高速公路　150
　望远镜　190
裤子（登山）　54
快门（相机）　57
髋关节置换手术　16
扩音器　68

L

拉格朗日点　192
拉链　54，115
“莱奥纳尔多”号多功能后勤舱（国际空间站）　187
兰德瓦瑟高架桥　154
蓝牙（录音室）　69
缆车　134—135
雷达（机场）　172—173
冷藏（疫苗）　24
冷凝（热泵）　36
冷凝器　41
冷却塔　83
离子化　41
立交桥　151
沥青摊铺机　151
联合收割机　174—177
炼钢厂　102—103
链锯　50
“联盟”号飞船　187
链条　50，130—132，136，174
梁桥　125
粮箱　175
料斗闸门　158
列车自动保护系统　154
淋浴器　30
流动式起重机　121
六轴机器人　106
“龙”飞船　184
龙骨　156—158
龙门架（高速公路）　150
炉膛　82，103
“露西”号探测器　194—195
炉灶　44，46
录音室　69
路灯　96
路由器　60—61，67，72—73，76，112
露天开采　100—101
露天矿　100—101

轮斗挖掘机　100—101
轮毂电机　130
轮胎
　怪兽卡车　147
　摩托车　137
　汽车　138
　赛车　141，165
轮子
　电动滑板车　130
　滑轮　133
　机器人　109，143
　轮椅　23
　起重机　121，159
　行星漫游车　189
　自行车　130—131
螺旋桨
　货船　158—159
　潜艇　162
螺旋输送器（联合收割机）　175
铝
　回收　114—115
　货船　159
　客机　167
　空调系统　40
　摩天大厦　123
　塑料　105
履带　100，116，121
绿化屋顶　51
绿篱修剪机　50
氯　31
氯化消毒　80

M

麻醉药物　14
马里亚纳海沟　163
麦加大清真寺　40
锚
　发电机　90
　桥　124—125
锚式擒纵机构（钟表）　65
“猫眼”道钉　151
煤炭　82，100，158
酶（生物燃料）　94
门铃　43
免疫系统　24—25
“命运”号实验舱（国际空间站）　187
磨粉　94
摩天大厦　96，120，122—123
摩托车　136—137
模具（塑料）　105
木框架的房屋　28

N

N 型半导体　74
脑机接口　23
脑深部电刺激　23
内窥镜　14—15
内燃机　136—139，142
尼龙搭扣　54
逆变器
　列车　152—153
　太阳能电池板　93
“宁静”号节点舱（国际空间站）　187
扭矩传感器（自行车）　131
暖风机　47

P

P 型半导体　74
排放
　发电厂　82
　高速公路　151
　供水与污水处理系统　80—81
　锅炉　35
　炼钢厂　103
　新兴技术　196—197
排水系统
　高速公路　151
　供水系统　30
　核废料　87
盘形滚刀　117
跑道（飞机着陆）　172—173
培养（医疗检查）　11
培养箱（实验室）　11
配电箱　32—33
配重
　起重机　121
　潜水　160—161
　钟表　64
喷淋臂（洗碗机）　48
喷墨打印机　58
喷嘴
　吹风机　47
　激光切割机　113
　喷墨打印机　58
烹饪　44—45，51
批量生产　110
漂浮式风力发电机　90
平板计算机　61
屏幕
　LED　75
　飞机　167，173
　计算机　59，70
　汽车　138—139
　摄像头　43
　手机　76—77
　游戏　66—67
破碎机　100
“普拉吉安”号（月球车）　189
曝气池　81

Q

脐带管线　161
脐带装置　184
启动电容器　143
起落架　166，171，188
起重机　84，120—121，125，155，159
起重小车（起重机）　121
气候变化　82—83，196
气井　98
气流（机翼）　164—165
气流分级机　114
气瓶（潜水）　160
气闸舱（航天器）　187
汽车　138—139
　电动汽车　144—145
　汽车编队　197
　赛车　140—141，146—147，165
汽车驻车辅助系统　138
牵引用蓄电池组　145
钱德拉 X 射线天文台　192
潜水　160—161，163
潜水器　162—163
潜水钟　161
潜艇　162—163
墙壁　28—29，69
桥　124—127
　高速公路　151
　铁路　154
桥墩　124—125
桥面　124—125，127
桥式大梁　121
擒纵轮（钟表）　65
氢原子　12，105，145
氢原子核　12，84
倾斜盘（直升机）　170—171
清选　174—176
穹顶舱（国际空间站）　187
曲柄（自行车）　130
曲轴　136—137，139
全球定位系统（GPS）　64—65
　采矿　101
　高速公路　150
　联合收割机　174—175
　潜艇　162

R

燃料棒　85，87
燃料箱
　返回舱　184—185
　火箭　180—181
燃气锅炉　35
燃烧室
　返回舱　184
　锅炉　35
　火箭　180—181
　客机　166
热泵　36—37
热成像摄像机　35
热传递　44
热损失（房屋）　35
人工耳蜗　22
人工皮　17
人工雪场　38—39
人工智能　60，70，115，196—197
入侵者警报　43
软化水设备　80
软排线　76
锐马克“风暴”　145

S

赛车　50，140—141，144，165
三分频扬声器　69
三角翼　165
三峡大坝　89
散货船　158—159
散热器
　冰箱　37
　国际空间站　187
　列车　152
　汽车　139
扫地机器人　61，143
扫描仪　58—59
　医学影像　13
色粉盒　59
刹车
　电动车　142
　列车　152，154
　摩托车　137
　汽车　138—139
　自行车　130
上部结构（船）　159
烧结矿　102
蛇夫座　193
射电望远镜　191
身体修复　16—17
深地质处置（核废料）　86
“深海挑战者”号　163
深圳　126—127
升降副翼　165
升压变电站　96
生化分析仪　11
生铁　103
生物材料　16
生物处理池　81
生物燃料　94—95
生物质（生物燃料）　94—95，104
声波　13，22，68—69，156，162—163
声呐　156，162—163
石膏板　28
石灰石　102
石英手表　64
石油　82，105
时钟　15，64
实验室　11，16
世界一级方程式锦标赛（F1）　140—141
视力　22—23
视网膜植入体　22—23
适配器　184
室内自行车场　131
收割机　174—175
手表　64，77
手术　14—17
手套
　登山　54
　消防员　148
艏（船）　156，158
受电弓　152—153
输电控制室　96
输电塔　83，89，91，97
输电网　28
输电线路　88
“曙光”号功能货舱（国际空间站）　187
树干式电路　32
树脂罐（软化水设备）　80
竖井
　采矿　100
　核废料　86
　隧道掘进机　119
数码单反相机　57
数字成像　56—57
数字光处理投影仪　67
数字孪生技术　197
双层玻璃窗　29，34
水泵　37，80，88—89，148—149
水槽　31
水肺潜水　160
水库　53，88—89
水力发电　88—89，97
水力压裂　98
水龙头　30，35，44，92
水面供气式潜水　160
水平尾翼　167，171
水上村庄　29
水上乐园　31
水塔　80
水箱　30，51，53，92—93，184
水翼　165
水翼冲浪 165
水翼帆船　165
水闸　88
四冲程内燃机　137
四旋翼无人机　171
塑料　104—105
　打印机　59
　袋　45
　垫　47，51，69
　管　30，34—35
　回收　114—115
　计算机　71
　三维打印机　112
　运动服装　54
随机存储器（RAM）　71
隧道掘进机　116—119
缩聚（塑料）　105
锁闭阀　34

T

塔
　电　89，91，97
　冷却　83
　桥　124—125
　水　80
塔式起重机　120—121
台阶（采矿）　100—101
太空漫步　186
太阳镜　54
太阳能　89，92—93
太阳能电池板　29，53，92—93，123，184，
　187—188，194—195，197
太阳能加热系统　92
弹射座椅　181
弹跳筛（回收）　114
探测器
　比色计　11
　机器人　109
　空间　194—195
　数字成像　56
　烟雾　43
　一氧化碳　42—43，101
　医学影像　13
碳捕集　83，196
碳纤维
　飞机　161
　假肢　18—20
　赛车　141
　行星漫游车　188
　自行车和电动滑板车　130
碳中和燃料　94
糖化　94
梯子　148
体温　10
天窗　122
天沟　28—29，123
天桥　155
天然气　98—99
　发电厂　82
　房屋　28
　供暖　35
　供水系统　31
　家庭安全　43
　空气源热泵　36
　运输　159
天线
　电话　62—63，72，76
　飞机着陆　172—173
　空间探测器　194—195
　空间望远镜　192
　摩天大厦　123
　潜艇　162
　射电望远镜　191
　无线保真（Wi-Fi）　60
　行星漫游车　188—189
　直升机　171
天线罩　171
条形码　11，57
调车机车　155
调节器（潜水）　160
调谐质量阻尼器　122
铁磁性金属　114
铁矿石　102—103
铁路　96，152—155
听力　12，22
停车场　123
通风口
　供暖　35
　供水系统　30
　空气供给　40
　烧烤炉　51
通风系统　40—41
通信系统
　采矿　101
　电话　62
　房屋　28
　互联网　72—73
　计算机　71
　摩天大厦　123
　脑机接口　23

潜水　160
无线保真（Wi-Fi）　60
行星漫游车　188—189
植入体　22
智能设备　77
头盔　54，137，141，161
智能　101
投影仪　66—67
凸透镜　191
图形处理单元　71
推进舱（航天器）　184—185
推进缸（挖掘隧道）　116
推进剂　181
推进器　163，184
拖拉机　175
脱粒　175
脱硫装置　82
脱水（生物燃料）　95
陀螺仪　19，76

U

U 型管　30

V

V8 发动机　147

W

挖掘机
采矿　100—101
回收　114
隧道　116
挖掘装载机　101
瓦片　28
外骨骼　106
网络
电话　62—63
房屋　28
供暖　34
互联网　72—73
计算机　59
家庭安全　34
热泵　37
智能家居　60—61
望远镜　190—191
空间望远镜　192—193
微波　44
微处理器　18，48
微创手术　14—15
微电网　97
微生物　11，80，94，104
桅杆　123，156—157，162
韦布空间望远镜　168，192—193
艉（船）　156
卫星　62—63，65，183
卫星导航　64—65，170
卫星电话　62
温控器　31，46—47
温室气体　36，82，98—99，196—197
涡电流分选机　115
涡流（机翼）　165
涡轮风扇发动机　166
涡轮机
发电　88—90，97
潜艇　162
污泥斗　81
污水　28，30—31，81，117
无菌水（手术）　15
无人机　92，170—171，174
无人驾驶车辆　101
无刷电动机　142
无线保真（Wi-Fi）　60—61，72，76，112
无线充电　144
无障碍控制器　67
坞站（游戏）　66

X

X 射线
空间望远镜　192
医学影像　12—13
膝关节置换术　17
洗涤剂　48—49
洗碗机　31，48
洗衣店　48
洗衣机　31，48—49，61
铣刀　113
“希望”号实验舱（国际空间站）　187
系缆　162
细菌　24—25，31，41，81
下滑信标　172—173
显示屏（火车站）　155
显微镜　11，57
限速　150
线圈（电动机）　142
相机　56—57
光照拣选机　176
太空探测器　194
望远镜　190
无人机　171
行星漫游车　189
游戏　66
箱梁　127
像素　21，56—58，67
消防车　148—149
消防栓　149
消声器（汽车）　136，138
小行星　194—195
楔　54，133
协作机器人　111
斜拉桥　125
卸料臂（挖掘机）　100
心率　10，14
心室电极（起搏器）　17
心脏起搏器　17
芯片（计算机）　74，110—111
欣克利角 C 核电站　84
锌　29
新型冠状病毒 24—25
新兴技术　196—197
信号
传声器和扬声器　68—69
电话　62，76—77
计算机　71—72
空间探测器　195
铁路　154—155
卫星　64
无线电　72，101，171—173，188
无线保真（Wi-Fi）　60—61
“星辰”号服务舱（国际空间站）　187
行星漫游车　189
虚拟现实头戴设备　66
絮凝（供水和污水处理）　80
悬臂桥　125
悬挂系统
怪兽卡车　147
汽车　138
悬索桥　124，127
靴（登山）　54
血细胞分析仪　11
血压　10
血氧水平　10
血液检测　11
寻星镜　190

Y

压力计　84
压力开关　35
压气站（天然气）　99
压水反应堆　85
牙齿　16
牙冠　16
牙种植体　16
亚特兰大哈兹菲尔德-杰克逊国际机场　173
烟囱　82—83
烟花　180
烟雾探测器　43
言语处理器　22
盐箱　80
眼动　66
扬声器　68—69
阳极　12，145
氧化剂箱　180—181
样品采集系统（空间探测器）　189
遥控潜水器　163
叶轮泵　148
叶片
风力发电机　88，91，196
供水　80
回收　114
货船　158
联合收割机　175
碳捕集　83
消防车　148
直升机　170—171，188
液化天然气　99
液化天然气船　159
液体推进剂火箭　181
一氧化碳探测器　42，101
医疗技术
机器人　108—109
假肢　18—21
身体修复　16—17

监测生命体征　10
微创手术　14—15
医学成像　12—13
疫苗　24—25
植入体　22—23
仪表　170
仪表盘　110，160
仪表着陆系统　172—173
仪器指向平台　194
移动机器人　106—107
移动交换中心　62—63，72
乙醇　94—95
“毅力”号火星车　188—189
疫苗　24—25
翼梢小翼　165
翼装　55
因特网协议（IP）　73
阴极　12，145
音频编辑软件　69
引风机　35
引力助推　195
引水渠　88—89
应急车辆　149
应用程序　34，43，51，60，66，72，76—77
硬路肩　151
硬式内窥镜　14
硬翼帆　157
硬纸板（回收）　115
油（生物燃料）　94
油门　170
游丝（钟表）　64
游戏　66—67，70
鱼雷　162
雨刮器　139
预测性维修　110
原油　105
原子钟　64—65
圆柱形弹子锁　42
远程安全系统　43
运动传感器　19，43
运动服装　54—55
运输机　168
熨斗　47

Z

匝道　150
藻类（生物燃料）　95
轧钢　102
轧钢（炼钢厂）　102
栅格翼（火箭）　181
照明
家用　60
摩天大厦　122
遮阳板　192—193
折射望远镜　191
真空低温烹饪法　45
振荡器（钟表）　64—65
震荡标线　150
蒸发　36
蒸发器　41，95
蒸馏　95，162
整流器　152—153
支点　121，132—133，148
支架　16—17，19，23，121，181
“支奴干”直升机　171
织物　17，41，49，54，115
直接空气碳捕集　196
直流电动机　142
直升机　150，170—171
火星　188
直升机停机坪　122
植入体　16—17，22—23
植物　50—53，94，196
指示器（汽车）　139
制动盘　130，136—137
制冷剂
空调　41
热泵　36—37
制造
服装　54
核废料　86
机器人　106—107
机械　112
炼钢厂　102
生物燃料　94—95
塑料　104—105
疫苗　25
智能电表　32—33
智能家居　60—61
智能手表　77
智能手机　61，76—77
GPS　64
电动机　142
数字成像　56—57，60
应用程序　34，51
智能水处理系统　81
智能头盔　101
智能音箱　45，61
中性线　33
中央处理器　71，76—77
中央分隔带（高速公路）　151
中央公园一号公寓　122
钟摆　64
周期变距操纵杆（直升机）　170
主板　71，76—77
主缆（桥）　124—125
驻极体传声器　69
“祝融”号火星车　188
铸造（炼钢厂）　103
砖质房屋　29
转炉　102—103
转向
怪兽卡车　147
内窥镜　15
汽车　138—139
转子
电动机　143
发电机　88，91
装配机器人　107，111
装配线　107，110—111
着陆
飞机　172—173
怪兽卡车　147
航天器　185，188—189，195
火箭　181
子板　76
紫外线　54，111
自动车牌识别摄像机　150
自行车　130—131
自适应光学系统　191
自主式移动机器人　106
自主水下机器人　163
总距操纵杆（直升机）　170
阻尼器　122，138
组合式燃气锅炉　35
组织工程　16
钻机　98
钻井平台　124
钻头　113，189
作物　104，107，174—175
座椅
航天器　185
汽车　151
弹射　181

致谢

感谢以下人员对本书的贡献：汤姆·杰克逊（内容完善），凯蒂·约翰（校对），伊丽莎白·怀斯（索引），耶斯·陶波尔曹伊（设计），拉凯什·库马尔（桌面出版）。

感谢以下人员提供照片：
（a=上方，b=下方，c=中间，f=底图，l=左侧，r=右侧，t=顶端）

10 Dreamstime.com: Patrick Daxenbichler (cb). **13 Dreamstime.com:** Puwadol Jaturawutthichai (tr). **14 Dreamstime.com:** Atiwat Witthayanurut (clb). **Science Photo Library:** Peter Menzel (tc). **15 Getty Images / iStock:** alexey_ds (cla). **17 Dreamstime.com:** Ivan Bondarenko (bl). **Getty Images / iStock:** ivan68 (crb). **18 Getty Images:** The Image Bank Unreleased / EThamPhoto (tr). **19 Getty Images:** The Image Bank Unreleased / EThamPhoto (br). **20-21 Alamy Stock Photo:** NurPhoto SRL / Ulrik Pedersen. **22 Dreamstime.com:** Adogslifephoto (clb); Vladimir Zhuravlev (br). **23 Dreamstime.com:** Adogslifephoto (cb). **24 Science Photo Library:** Steve Gschmeissner (tr). **29 Alamy Stock Photo:** Eric Lafforgue (tc). **Depositphotos Inc:** slowmotiongli (ca). **Dreamstime.com:** Tawatchai Prakobkit (tr). **Shutterstock.com:** touch1976 (br). **30 123RF.com:** natael (cla/pigeonsx4). **31 Shutterstock.com:** New Africa (br). **32-33 Science Photo Library:** PLANETOBSERVER (bc). **33 Alamy Stock Photo:** UPI (tr). **34 Dreamstime.com:** Anatoliygleb (cla). **35 Dreamstime.com:** Ivansmuk (cra). **36 Getty Images:** Universal Images Group (tr). **37 Dreamstime.com:** Icefront (bc); Volodymyr Melnyk (bl). **38-39 Getty Images:** Dan Kitwood / Staff. **40 Dreamstime.com:** Putnik (crb). **NASA:** (bl). **41 Alamy Stock Photo:** Amanda Ahn (tr). **43 Dreamstime.com:** Kaspars Grinvalds (br). **44 Alamy Stock Photo:** Peter Devlin (tl). **46 Dreamstime.com:** Alptraum (crb); Indigolotos (br). **Shutterstock.com:** Inked Pixels (cr). **47 Dreamstime.com:** Alptraum (clb). **Shutterstock.com:** Maxx-Studio (tr). **48 Alamy Stock Photo:** imageBROKER.com GmbH & Co. KG / Frank Bienewald (tl). **50 Alamy Stock Photo:** PA Images / Ben Birchall (bl). **52-53 AWL Images:** Cahir Davitt. **55 Getty Images:** Photodisc / Reto Nyffenegger / TFA / Ascent. **56 Alamy Stock Photo:** NASA Image Collection (br). **59 Dreamstime.com:** Audiohead (tr). **60 Dreamstime.com:** Oksana Krasiuk (br). **62 123RF.com:** smileus (ca/treex2). **Dreamstime.com:** Zerbor (ca, cb/br). **63 123RF.com:** smileus (cla). **Dreamstime.com:** Zerbor (cra, bl/treex3). **Getty Images:** Photodisc / Don Farrall (cb). **65 Alamy Stock Photo:** Image Professionals GmbH / chmitz, Walter (cr). **66 Dorling Kindersley:** Richard Parry / photo used as reference (cra). **67 Getty Images:** Philip Fong / AFP (br). **Shutterstock.com:** Mohsen Vaziri (cra). **68 Alamy Stock Photo:** Addictive Stock (bl). **69 Getty Images / iStock:** E+ / SrdjanPav (cl). **70 123RF.com:** wolfhound911 (cl). **Dreamstime.com:** Kuritafsheen (br). **73 Alamy Stock Photo:** Dino Fracchia (cr). **74 Getty Images / iStock:** E+ / PonyWang (bl). **75 Alamy Stock Photo:** Amiee Stubbs / imageSPACE / Sipa USA (br). **76 Getty Images:** Wang Gang / Costfoto / Future Publishing (bl). **77 Dreamstime.com:** Christopher John (cl). **80 123RF.com:** smileus (cl/crb). **81 123RF.com:** smileus (crb). **Alamy Stock Photo:** Associated Press / Carlos Jasso (tr). **Dreamstime.com:** Zerbor (cb). **82 123RF.com:** smileus (cl). **Getty Images / iStock:** Bilanol (bl); drakuliren (tr). **83 123RF.com:** smileus (bl). **Dreamstime.com:** Zerbor (cb). **Getty Images / iStock:** drakuliren (ca). **84 Getty Images:** Luke MacGregor / Bloomberg (cl). **85 Getty Images:** Alexander Nemenov / AFP (tr). **86-87 Dreamstime.com:** Altitudevs (tc). **87 Science Photo Library:** Patrick Landmann (br). **89 Getty Images:** STR / AFP (tr). **90 Dreamstime.com:** Ken Backer (crb/skull). **Getty Images / iStock:** E+ / ZU_09 (tl). **Shutterstock.com:** Alberto Masnovo (crb). **92 Getty Images / iStock:** E+ / Mlenny (bl). **93 Dreamstime.com:** Zerbor (tc). **NASA:** (br). **95 Dreamstime.com:** Ermess (tc). **Shutterstock.com:** Olha Rohulya (tr). **96 Alamy Stock Photo:** Jochen Tack (cla). **97 Alamy Stock Photo:** Top Photo / Sipa USA (br). **98 Alamy Stock Photo:** Cavan Images (tl). **99 123RF.com:** manine99 (tr). **100 Getty Images / iStock:** E+ / ewg3D (cla). **102 Alamy Stock Photo:** Justin Kase zsixz (bl). **102-103 Dreamstime.com:** Niteen Kasle (tc). **104 Dreamstime.com:** Eq Roy (t). **106 Alamy Stock Photo:** John D. Ivanko (bl). **107 Alamy Stock Photo:** © Rodrigo Reyes Marin / ZUMA Press Wire (tr). **108-109 Getty Images:** AFP / JIJI PRESS / Stringer. **110 Alamy Stock Photo:** Filby Photography (tl). **113 Alamy Stock Photo:** dpa picture alliance / Guido Kirchner (tr). **114-115 Dreamstime.com:** Junior Braz (tc). **115 Alamy Stock Photo:** Buy my stock picture (br). **117 Alamy Stock Photo:** Associated Press / Ted S. Warren (t). **Getty Images:** Hearst Newspapers / The San Francisco Chronicle / Paul Chinn (br). **118-119 Getty Images:** Valery Hache / AFP. **120 Alamy Stock Photo:** Wendy Connett. **121 Alamy Stock Photo:** Washington Imaging (cla). **122 Alamy Stock Photo:** Agencja Fotograficzna Caro (bl). **124 Alamy Stock Photo:** qaphotos.com (tl). **125 Getty Images / iStock:** quinntheislander (tr). **126-127 Getty Images:** Qiu Xinsheng / VCG. **130 Getty Images:** Octavio Passos / Stringer (tr). **131 Alamy Stock Photo:** PA Images / Tim Goode (tr). **132 Dreamstime.com:** Sergey Uryadnikov / Surz01 (cla). **133 Getty Images / iStock:** viavado (tl). **134-135 Alamy Stock Photo:** Cultura Creative RF / Francesco Meroni. **136 Alamy Stock Photo:** pbpgalleries (tr). **138 123RF.com:** natael (pigeonsx3). **139 Alamy Stock Photo:** fStop Images GmbH / Caspar Benson (tr). **Getty Images / iStock:** Anton Minin (br). **140-141 Alamy Stock Photo:** dpa picture alliance. **143 123RF.com:** Ievgen Kovalev / genjok (bl). **Dorling Kindersley:** Neil Fletcher (bl/Pigeon); David Tipling (fbl). **Dreamstime.com:** Andreyi Armiagov (tr). **144 Alamy Stock Photo:** Fabian Sommer / dpa picture alliance (bl); Iain Masterton (cl). **Dreamstime.com:** Passakorn Umpornmaha (tr). **145 Dreamstime.com:** Passakorn Umpornmaha (bl). **146-147 Getty Images:** Quinn Rooney / Staff. **149 Getty Images:** DigitalVision / Monty Rakusen (tr). **150 Alamy Stock Photo:** Robert Haas / Sddeutsche Zeitung Photo (tl). **153 Alamy Stock Photo:** Zoonar / zhang zhiwei (tr). **154 Alamy Stock Photo:** Roberto Moiola (t). **156 Alamy Stock Photo:** Dieter Wanke (bc). **158 Dreamstime.com:** 111camellia (cb/Sharkx4). **159 Depositphotos Inc:** igor.kardasov.gmail.com (br). **160 Dreamstime.com:** Vladvitek (cra). **Getty Images / iStock:** andyKRAKOVSKI (cb). **161 Alamy Stock Photo:** Stocktrek Images (cb). **163 Alamy Stock Photo:** National Geographic / Album (tr). **Phillips, B.T., Becker, K.P., Kurumaya, S. et al. A Dexterous, Glove-Based Teleoperable Low-Power Soft Robotic Arm for Delicate Deep-Sea Biological Exploration. Sci Rep 8, 14779 (2018). https://doi.org/10.1038/s41598-018-33138-y:** Phillips, B.T., Becker, K.P., Kurumaya, S. et al. A Dexterou,Sci Rep 8, 14779 (2018) (cb). **165 Dreamstime.com:** Maksym Fesenko (tr). **166 AirTeamImages.com:** AirTeamImages (tc). **167 AirTeamImages.com:** AirTeamImages (cl). **168-169 ESA:** NASA / Chris Gunn. **170 Getty Images / iStock:** E+ / guvendemir (cl). **171 Dorling Kindersley:** Chris Gomersall Photography (bl). **Dreamstime.com:** VanderWolfImages (cra). **172 Alamy Stock Photo:** Cavan Images (tl). **174 123RF.com:** janskoda (br). **Alamy Stock Photo:** Ed Buziak (cl); GH Photos (tr). **Dreamstime.com:** Volodymyr Byrdyak (crb). **176-177 Alamy Stock Photo:** Westend61 GmbH / Martin Moxter. **180 Getty Images / iStock:** Nikada (crb). **181 Alamy Stock Photo:** Signal Photos (br). **182-183 Alamy Stock Photo:** Associated Press / Uncredited. **184 NASA:** SpaceX (tl). **185 NASA:** (bl). **186 Alamy Stock Photo:** Xinhua (br). **NASA:** (tl). **188 Alamy Stock Photo:** Xinhua (bc). **189 Getty Images:** Michael Ochs Archives / Donaldson Collection / NASA (tl). **191 123RF.com:** nsit0108 (tr). **NOIRLab:** International Gemini Observatory (bl). **192 NASA:** CXC & J. Vaughan (br). **193 ESA:** NASA, CSA, STScI, K. Pontoppidan (STScI), A. Pagan (STScI) (t). **196 NASA:** Ken Ulbrich (bl). **197 Science Photo Library:** GORODENKOFF PRODUCTIONS (tr). **198-199 Science Photo Library:** Christian Lunig